소방공무원 합격교재

# 소방학개론

## 파이널 핵심문제

**단원별 핵심 800제 + 모의고사 10회**

- 시험 전 최종 마무리 실력테스트
- 시험에 자주 출제되는 핵심주제별 문제수록
- 동형모의고사를 통한 실전대비기초이론

# 머리말

본 교재는 소방공무원 시험의 출제기준에 맞추어 시험 전 최종 실력을 체크하기 위해 시험에 자주 출제되는 핵심문제만으로 구성하였습니다. 본서를 활용 · 숙독하면 소방학의 역사, 조직론, 재난관리론 등에 대한 정확한 이해와 암기, 더 나아가 고득점 획득 및 합격에 큰 도움이 될 것입니다.

■ **본서의 특징**

1. 본 교재를 동영상 강의와 연계하여 학습하면 기초실력을 향상하는 데 도움이 됩니다.
2. 대영소방전문학원 홈페이지에서 계속 개정되는 소방법 및 그 강의내용을 확인할 수 있습니다.
3. 대영소방전문학원 홈페이지 및 유튜브(대영소방전문학원)에서 지속적으로 변경되는 법을 확인할 수 있고 질문에 대해 쉽게 답변받을 수 있습니다.

이 책이 소방공무원 수험생에게 좋은 길잡이가 되기를 바라며 교재 출간에 도움을 주신 예문사 정용수 사장님과 편집부 직원들에게 감사드립니다. 소방분야 수험생 여러분들의 합격을 기원합니다.

대영소방전문학원 홈페이지 : www.dyedu24.com
대영소방전문학원 유튜브 : YouTube – 대영소방전문학원

저 자
김 종 상

## 제1편 문제편



## 제2편 정답 및 해설편

PART

# 01

# 소방학개론

## 파이널 핵심문제

Fire protection theory

Fire protection theory

# 1장 연소 100제

**01** 일반적으로 분류하는 연소의 3요소에 해당하는 것은?

① 가연물, 점화원, 연쇄반응
② 가연물, 질소원, 산소공급원
③ 가연물, 점화원, 산소공급원
④ 가연물, 점화원, 환원물질

**02** 실내화재 시 일반적으로 산소의 양을 몇 % 이하로 감소시켜야 소화작용을 하는가?

① 5% 이하
② 10% 이하
③ 15% 이하
④ 20% 이하

**03** 섭씨 30도는 랭킨(Rankine) 온도로 나타내면 몇 도인가?

① 546도
② 515도
③ 498도
④ 463도

**04** 혼합가스가 존재할 경우 이 가스의 폭발 하한치를 계산하면?(단, 혼합가스는 프로판 70%, 부탄 20%, 에탄 10%로 혼합되었으며 각 가스의 폭발 하한치는 프로판 2.1, 부탄 1.8, 에탄 3.0이다.)

① 2.10
② 3.10
③ 4.10
④ 5.10

**05** 다음 중 연소 시 가연물질의 구비조건으로 틀린 것은?

① 산소와 결합할 때 발열량이 클 것
② 열전도율이 클 것
③ 활성화 에너지가 작을 것
④ 산소와 친화력이 좋을 것

**06** 프로판($C_3H_8$) 2몰이 완전연소하기 위해 필요한 공기의 mol수는 몇 mol인가?(공기 중의 산소는 21%이다.)

① 12.53
② 25.72
③ 47.62
④ 55.67

**07** 프로판($C_3H_8$) 2몰과 산소($O_2$) 10몰이 반응할 경우 이산화탄소($CO_2$)는 몇 g이 생성되는가?

① 200g
② 252g
③ 264g
④ 312g

**08** 산소농도가 21%일 때 메테인($CH_4$)이 완전연소하는 경우 필요한 이론공기량은 메테인($CH_4$) 체적의 몇 배인가?

① 약 2배
② 약 2.5배
③ 약 7배
④ 약 9.5배

**09** MOC(Minimum Oxygen Concentration : 최소산소농도)가 가장 작은 물질은?

① 메탄
② 에탄
③ 프로판
④ 부탄

**10** 물질의 연소범위와 화재 위험도에 대한 설명으로 틀린 것은?

① 연소범위의 폭이 클수록 화재 위험이 높다.
② 연소범위의 하한계가 낮을수록 화재 위험이 높다.
③ 연소범위의 상한계가 높을수록 화재 위험이 높다.
④ 연소범위의 하한계가 높을수록 화재 위험이 높다.

**11** 다음 중 연소범위가 넓은 순서대로 나열된 것은?

① 수소 – 메탄 – 에틸렌 – 프로판
② 에틸렌 – 수소 – 메탄 – 프로판
③ 수소 – 에틸렌 – 메탄 – 프로판
④ 메탄 – 수소 – 프로판 – 에틸렌

**12** 방호구역(실)의 체적이 $200m^3$인 곳에서 이산화탄소를 방사 후 산소의 농도가 13%가 되었다면 이 실에 방사된 이산화탄소의 체적은 몇 $m^3$인가?

① 약 $100m^3$
② 약 $123m^3$
③ 약 $150m^3$
④ 약 $173m^3$

**13** 이산화탄소를 방사해서 산소농도 17%가 되었다면, 이때 사용한 이산화탄소의 농도는 얼마인가?

① 약 19%　② 약 21%　③ 약 23%　④ 약 25%

**14** 불꽃의 색깔에 의한 온도의 측정에서 온도의 순서대로 옳게 나열한 것은?

① 암적색 < 백적색 < 황적색 < 휘백색　② 암적색 < 휘백색 < 적색 < 황적색
③ 암적색 < 황적색 < 백적색 < 휘백색　④ 암적색 < 휘적색 < 황적색 < 적색

**15** 가연성 섬유류 등의 연소성을 줄이기 위해서 화학물질을 사용하는 경우가 있는데, 그 방법과 원리로 옳지 않은 것은?

① 화학물질이 불연성 가스를 발생하여 산소를 제거시킨다.
② 화학물질의 흡열반응을 이용한다.
③ 연쇄반응을 변화시킬 수 있는 작은 입자가 생성된다.
④ 화학물질이 가연성 섬유의 표면을 용해시켜 액화시킨다.

**16** 소염에 대한 설명 중 틀린 것은?

① 가연성 기체와 산화제의 농도가 현저하게 저하될 때 일어난다.
② 불활성 기체의 농도가 피크치 농도 이상일 때 소염이 일어난다.
③ 연소반응의 활성기가 미연소 물질로 Feedback될 때 일어난다.
④ 열 방출속도가 열 발생속도보다 커질 때 소염이 일어난다.

**17** 다음 설명 중 맞지 않는 것은?

① 연소점은 어떤 물질이 연소 시 연소를 지속할 수 있는 온도로서 인화점보다 10℃ 높다.
② 물 1g을 수증기로 변화하는 데 539cal의 열량이 필요하다.
③ 원소의 주기율표에서 0족 원소는 가연물이 될 수 없다.
④ 니트로셀룰로오스, 셀룰로이드의 자연발화 형태는 산화열이다.

**18** 대두유가 침적된 기름걸레를 쓰레기통에 장시간 방치한 결과 자연발화에 의하여 화재가 발생한 경우 그 이유로 옳은 것은?

① 분해열 축적　② 산화열 축적
③ 흡착열 축적　④ 발효열 축적

## 19 1기압, 100℃에서의 물 1g의 기화잠열은 약 몇 cal인가?

① 425　② 539　③ 647　④ 734

## 20 자연발화의 예방을 위한 대책이 아닌 것은?

① 열의 축적을 방지한다.
② 주위 온도를 낮게 유지한다.
③ 열전도성을 나쁘게 한다.
④ 산소와의 접촉을 차단한다.

## 21 다음에 제시된 가연성 기체의 폭발한계범위에서 위험도가 낮은 것부터 높은 순으로 바르게 나열한 것은?

| | |
|---|---|
| ㄱ. 수소(4.0~75.0 vol%) | ㄴ. 아세틸렌(2.5~81.0 vol%) |
| ㄷ. 에테르(1.9~48.0 vol%) | ㄹ. 프로판(2.1~9.5 vol%) |

① ㄷ, ㄱ, ㄹ, ㄴ
② ㄷ, ㄹ, ㄴ, ㄱ
③ ㄹ, ㄱ, ㄷ, ㄴ
④ ㄹ, ㄷ, ㄴ, ㄱ

## 22 가연물의 구비조건으로 옳지 않은 것은?

① 열전도율이 작을수록 용이하다.
② 산소와 화합할 때 연소열이 많아야 한다.
③ 산소와 화합할 때 화학적 활성도가 커야 한다.
④ 활성화에너지가 클수록 용이하다.

## 23 위험물 탱크의 압력이 0.3MPa이고 온도가 0℃인 가스가 들어 있을 때 화재로 인하여 100℃까지 가열되었다면 압력은 약 몇 MPa인가?(단, 이상기체로 가정한다.)

① 0.32　② 0.41　③ 0.55　④ 0.68

## 24 표준상태에서 440g의 이산화탄소가 기화하는 경우 체적은 약 몇 L인가?

① 22.4　② 224　③ 509　④ 535

## 25 pH 9 정도의 물을 보호액으로 하여 보호액 속에 저장하는 물질은?

① 나트륨　② 탄화칼슘　③ 칼륨　④ 황린

**26** 표면온도가 300℃에서 안전하게 작동하도록 설계된 히터의 표면온도가 360℃로 상승하면 300℃에 비하여 약 몇 배의 열을 방출할 수 있는가?

① 1.1배 ② 1.5배 ③ 2.0배 ④ 2.5배

**27** 동일한 물질 또는 일정한 물질 상호 간의 열의 이동이며 물질의 각 분자가 지니고 있는 운동에너지가 인접한 분자에 이동해 나가는 현상으로 각각의 분자들은 진동만 일어나며 이동은 수반하지 않는다. 이것은 물질 내부에 온도차가 있을 때 온도가 높은 곳에서 낮은 곳으로 물질내부를 이동하는 것을 말하는데, 다음의 어디에 해당하는가?

① 전도 ② 대류 ③ 복사 ④ 비화

**28** 정전기에 의한 발화과정으로 옳은 것은?

① 방전 → 전하의 축적 → 전하의 발생 → 발화
② 전하의 발생 → 전하의 축적 → 방전 → 발화
③ 전하의 발생 → 방전 → 전하의 축적 → 발화
④ 전하의 축적 → 방전 → 전하의 발생 → 발화

**29** 정전기에 의한 발화를 방지하기 위한 예방대책으로 옳지 않은 것은?

① 접지시설을 한다. ② 습도를 70% 이상으로 유지한다.
③ 공기를 이온화한다. ④ 부도체물질을 사용한다.

**30** 할론 1301가스 45kg과 함께 기동가스로 질소 2kg을 충전하였다. 이때 질소가스의 몰분율은?(단, 할론 가스의 분자량은 149이다.)

① 0.19 ② 0.24 ③ 0.31 ④ 0.39

**31** 목재를 가열할 때 가열온도 160~360[℃]에서 많이 발생되는 기체는?

① 일산화탄소 ② 수소가스 ③ 아세틸렌가스 ④ 황화수소가스

**32** 다음 중 증기비중이 가장 큰 것은?

① 이산화탄소 ② 할론 1301 ③ 할론 1211 ④ 할론 2402

**33** 물질 연소 시 발생되는 열에너지원의 종류와 열원의 연결이 옳은 것을 모두 고른 것은?

ㄱ. 화학적 에너지－분해열, 연소열
ㄴ. 전기적 에너지－저항열, 유전열
ㄷ. 기계적 에너지－마찰스파크열, 아크열
ㄹ. 원자력 에너지－원자핵 중성자 입자를 충돌시킬 때 발생하는 열, 낙뢰에 의한 열

① ㄱ, ㄴ ② ㄱ, ㄹ ③ ㄴ, ㄷ ④ ㄴ, ㄹ

**34** 연소현상에서 역화(Back fire)의 원인으로 옳지 않은 것은?

① 분출 혼합가스의 압력이 비정상적으로 높을 때
② 분출 혼합가스의 양이 매우 적을 때
③ 연소속도보다 혼합가스의 분출속도가 느릴 때
④ 노즐의 부식 등으로 분출구가 커질 때

**35** 25[℃]에서 증기압이 76[mmHg]이고, 증기밀도가 2인 인화성 액체가 있다. 25[℃]에서 증기－공기의 밀도는?(단, 대기압은 760[mmHg]이다.)

① 0.9 ② 1.0 ③ 1.1 ④ 1.2

**36** 15℃의 물 10kg이 100℃의 수증기가 되기 위해서 필요한 열량은 몇 [kcal]인가?

① 860 ② 1,720 ③ 5,390 ④ 6,240

**37** 가연성 액체가 개방된 상태에서 증기를 계속 발생시키면서 연소가 지속될 수 있는 최저온도를 무엇이라고 하는가?

① 인화점 ② 연소점 ③ 발화점 ④ 기화점

**38** 어떤 기체가 0℃, 1기압에서 부피가 11.2L, 기체질량이 22g이었다면 이 기체의 분자량은? (단, 이상기체로 가정한다.)

① 22　② 35　③ 44　④ 56

**39** 고체 가연물질의 연소과정에서 거치는 4단계의 순서는?

① 용융－열분해－기화－연소
② 열분해－용융－기화－연소
③ 기화－용융－열분해－연소
④ 용융－기화－열분해－연소

**40** 에너지 방출속도에 대한 설명으로 옳지 않은 것은?

① 기화면적에 비례한다.
② 연소속도에 비례한다.
③ 유효연소열에 비례한다.
④ 기화열에 비례한다.

**41** 면적 $0.8m^2$의 목재표면에서 연소가 일어날 때 에너지 방출속도($Q$)는 몇 kW인가?(단, 목재의 최대 질량연소유속(m)=$11g/m^2 \cdot s$, 기화열($L$) = 4kJ/g, 유효 연소열 $\Delta H_C$= 15kJ/g이다.)

① 35.2　② 96.8　③ 132.0　④ 167.2

**42** 연소용어에 관한 설명으로 옳지 않은 것은?

① 인화점은 액면에서 증발된 증기의 농도가 그 증기의 연소하한계에 도달한 때의 온도이다.
② 위험도는 연소하한계가 낮고 연소범위가 넓을수록 증가한다.
③ 연소점은 연소상태에서 점화원을 제거하여도 자발적으로 연소가 지속되는 온도이다.
④ 발화점은 파라핀계 탄화수소 화합물의 경우 탄소수가 적을수록 낮아진다.

**43** 위험물화재의 연소확대 시 위험성 중 이연성(易燃性)에 관한 설명 중 옳은 것은?

① 연소열이 작다.
② 연소속도가 빠르다.
③ 낮은 산소농도에서도 연소되기 쉽다.
④ 연소점이 낮고, 연소가 계속되기 쉽다.

**44** 다음 섬유 중 발화온도가 가장 높은 것은?

① 나일론　② 순면　③ 양모　④ 폴리에스테르

**45** 최소발화(점화)에너지에 영향을 미치는 인자에 관한 설명으로 옳지 않은 것은?

① 온도가 높을수록 최소발화에너지가 낮아진다.
② 압력이 낮을수록 최소발화에너지가 낮아진다.
③ 산소의 분압이 높아지면 연소범위 내에서 최소발화에너지가 낮아진다.
④ 연소범위에 따라서 최소발화에너지는 변하며, 화학양론비 부근에서 가장 낮다.

**46** 표면연소(작열연소)에 관한 설명으로 옳지 않은 것은?

① 흑연, 목탄 등과 같이 휘발분이 거의 포함되지 않은 고체연료에서 주로 발생한다.
② 불꽃연소에 비해 일산화탄소가 발생할 가능성이 크다.
③ 화학적 소화만 소화 효과가 있다.
④ 불꽃연소에 비해 연소속도가 느리고 단위시간당 방출열량이 적다.

**47** 연소생성물 중 발생하는 연소가스에 관한 설명으로 옳지 않은 것은?

① 일산화탄소는 가연물이 불완전 연소할 때 발생하는 것으로 유독성 기체이며 연소가 가능한 물질이다.
② 시안화수소는 모직, 견직물 등의 불완전연소 시 발생하며 독성이 커서 인체에 치명적이다.
③ 염화수소는 폴리염화비닐 등과 같이 염소가 함유된 수지류가 탈 때 주로 생성되며 금속에 대한 강한 부식성이 있다.
④ 황화수소는 무색 · 무취의 기체이며 인화성과 독성이 강하여 살충제의 원료로 사용된다.

**48** 공기보다 가볍고 인체 내의 헤모글로빈과 결합하여 산소 결핍으로 질식 · 사망하게 하는 연소가스는?

① $CO$　② $CO_2$　③ $NH_3$　④ $CCl_4$

**49** 연기의 감광계수($m^{-1}$)에 대한 설명으로 옳은 것은?

① 0.5는 거의 앞이 보이지 않을 정도이다.
② 10은 화재 최성기 때의 농도이다.
③ 0.5는 가시거리가 20~30m 정도이다.
④ 10은 연기감지기가 작동하기 직전의 농도이다.

**50** 연기에 의한 감광계수가 0.1, 가시거리가 20~30m일 때 상황을 바르게 설명한 것은?

① 건물 내부에 익숙한 사람이 피난에 지장을 느낄 정도
② 연기감지기가 작동할 정도
③ 어두침침한 것을 느낄 정도
④ 거의 앞이 보이지 않을 정도

**51** 탄화칼슘이 물과 반응 시 발생하는 가연성 가스는?

① 메탄 ② 포스핀 ③ 아세틸렌 ④ 수소

**52** 과산화칼륨이 물과 접촉하였을 때 발생하는 것은?

① 산소 ② 수소 ③ 메탄 ④ 아세틸렌

**53** 자기연소를 일으키는 가연물질로만 짝지어진 것은?

① 니트로셀룰로오스, 유황, 등유
② 질산에스테르류, 셀룰로이드, 니트로화합물
③ 셀룰로이드, 발연황산, 목탄
④ 질산에스테르류, 황린, 염소산칼륨

**54** 질소 79.2vol%, 산소 20.8vol%로 이루어진 공기의 평균분자량은?

① 15.44 ② 20.21 ③ 28.83 ④ 36.00

**55** 이산화탄소 20g은 몇 mol인가?

① 0.23 ② 0.45 ③ 2.2 ④ 4.4

**56** 공기 중에서 연소범위가 가장 넓은 물질은?

① 수소　② 이황화탄소　③ 아세틸렌　④ 에테르

**57** 고분자 재료와 열적 특성의 연결이 옳은 것은?

① 폴리염화비닐수지 – 열가소성　② 페놀수지 – 열가소성

③ 폴리에틸렌수지 – 열경화성　④ 멜라민수지 – 열가소성

**58** 정전기의 발생이 가장 적은 것은?

① 자동차를 장시간 주행하는 경우　② 위험물 옥외탱크에 석유류를 주입하는 경우

③ 공기 중 습도가 높은 경우　④ 부도체를 마찰시키는 경우

**59** 가연성 혼합기의 발화지연 시간에 영향을 미치는 요인이 아닌 것은?

① 혼합가스의 농도　② 혼합가스의 활성화에너지

③ 혼합가스의 초기 압력　④ 혼합가스의 연소한계

**60** 표준상태에서 $60m^3$의 용적을 가진 이산화탄소 가스를 액화하여 얻을 수 있는 액화 탄산가스의 무게(kg)는 얼마인가?

① 110　② 117.8　③ 127　④ 130

**61** 다음 중 착화온도가 가장 높은 물질은?

① 석탄　② 프로판　③ 메탄　④ 셀룰로이드

**62** 화재 시 연기로 인한 사람의 투시거리에 영향을 주는 인자가 아닌 것은?

① 연기농도　② 연기의 질

③ 보는 표식의 휘도, 형상, 색　④ 연기의 흐름 속도

**63** 인화점이 낮은 것부터 높은 순서로 옳게 나열된 것은?

① 에틸알코올 < 이황화탄소 < 아세톤
② 이황화탄소 < 에틸알코올 < 아세톤
③ 에틸알코올 < 아세톤 < 이황화탄소
④ 이황화탄소 < 아세톤 < 에틸알코올

**64** 조연성 가스에 해당되는 것은?

① 일산화탄소
② 산소
③ 수소
④ 부탄

**65** 어떤 유기화합물의 원소를 분석한 결과 중량백분율이 C : 39.9%, H : 6.7%, O : 53.4%인 경우 이 화합물의 분자식은?(단, 원자량은 C=12, O=16, H=1이다.)

① $C_3H_8O_2$
② $C_2H_4O_2$
③ $C_2H_4O$
④ $C_2H_6O_2$

**66** 0℃, 1atm인 완전히 밀폐된 지하공간에서 화재가 발생하였다. 외부에서 관측된 화재현장의 온도는 400℃이고, 공기와 연기의 평균 분자량은 동일하며 이상기체거동이라고 한다. 화재 전에 비하여 화재 후의 압력은 몇 배인가?(소수점 둘째자리에서 반올림한다.)

① 2.1
② 2.3
③ 2.5
④ 2.7

**67** 할론 1301 기체의 비중은?(공기분자량 29, C의 원자량 12, F 원자량이 19, Br 원자량 80)

① 2.76
② 4.92
③ 5.14
④ 9.34

**68** '최고온도×연소(지속)시간'으로 나타낼 수 있고, '화재심도라고도 한다.'와 관련된 것은?

① 화재하중
② 화재강도
③ 화재가혹도
④ 탄화심도

**69** 양초와 가장 유사한 연소형태를 갖는 것은?

① 섬유
② 나프탈렌
③ 히드라진유도체
④ 목탄

**70** 최소발화에너지(MIE)에 대한 설명으로 옳지 않은 것은?

① 계의 온도가 증가하면 분자운동이 활발해져 최소발화에너지(MIE)는 작아진다.
② 계의 압력이 증가하면 분자 간의 거리가 가까워져 최소발화에너지(MIE)는 작아진다.
③ 가연성 가스의 조성이 화학양론적 조성 부근일 경우 최소발화에너지(MIE)는 최저가 된다.
④ 계의 열전도율이 커질수록 최소발화에너지는 작아진다.

**71** 다음 보기는 "연소의 정의"이다. 빈칸에 들어갈 말을 ㉠ – ㉡ – ㉢ – ㉣의 순서대로 알맞게 배열한 것은?

> 연소란 가연물이 공기 중에 있는 ㉠ (　　)와 반응하여 ㉡ (　　)과 ㉢ (　　)을 동반하며 급격히 ㉣ (　　)반응하는 현상이다.

① 질소 – 열 – 빛 – 산화　② 산소 – 열 – 빛 – 산화
③ 질소 – 빛 – 색 – 산화　④ 산소 – 빛 – 색 – 산화

**72** 불꽃연소와 관계가 없는 것은?

① 가연성 성분이 기체상태에서 연소하고 있다.
② 연쇄반응이 일어난다.
③ 다이아몬드를 연소시킨다.
④ 연소 시 발열량이 매우 크다.

**73** 연기감지기가 작동할 정도의 연기농도는 감광계수로 얼마 정도인가?

① $1.0m^{-1}$　② $2.0m^{-1}$　③ $0.1m^{-1}$　④ $10m^{-1}$

**74** 숯, 코크스가 연소하는 형태는 무엇인가?

① 표면연소　② 분해연소　③ 자기연소　④ 증발연소

**75** 황, 파라핀의 연소형태로 맞는 것은?

① 표면연소　② 자기연소　③ 분해연소　④ 증발연소

**76** 다음의 반응식은 무엇을 설명하는가?

$$N_2 + \frac{1}{2}O_2 \rightarrow N_2O - Qkcal$$

① 산화반응을 하고 발열반응을 갖는 물질
② 산화반응을 하고 흡열반응을 갖는 물질
③ 산화반응을 하지 않고 발열반응을 갖는 물질
④ 산화반응, 환원반응이 동시에 일어나는 물질

**77** 연소를 이루기 위한 열원으로서 전기에너지에 해당되지 않는 것은?

① 아크열 ② 유도열 ③ 마찰열 ④ 저항열

**78** 가스폭발 한계에 대한 설명 중 맞지 않는 것은?

① 위로 전파하는 화염에서 폭발범위가 넓게 측정된다.
② 폭발한계는 압력변화에 영향을 받는다.
③ 온도가 상승하면 폭발범위가 좁아진다.
④ 가는 관에서 측정된 폭발범위는 좁게 나타난다.

**79** 다음 중 자연발화의 위험성이 없는 것은?

① 석탄 ② 휘발유 ③ 셀룰로이드 ④ 퇴비

**80** 증기가 공기와 혼합기체를 형성하였을 때 연소범위가 가장 넓은 물질은?

① 수소($H_2$) ② 이황화탄소($CS_2$)
③ 아세틸렌($C_2H_2$) ④ 에테르($(C_2H_5)_2O$)

**81** 우리나라의 화재발생 상황을 미국, 유럽 등 외국과 비교했을 때, 나타나는 일반적인 특성이 아닌 것은?

① 발화율이 높다.(인구 1만 명당 발생건수)
② 화재건수당 사망자 수가 많다.
③ 재산 피해가 비교적 작다.(화재 1건당 피해액)
④ 전체 화재 중 건축화재의 발생비율이 높다.

**82** 고체가 열분해 없이 액체로 되었다가 기체로 되어 불꽃을 내면서 연소하는 형태는?

① 증발연소 ② 분해연소 ③ 표면연소 ④ 자기연소

**83** 가연성 가스를 사용하는 공정에서 연소 · 폭발을 예방하기 위하여 산소농도를 관리하게 된다. 다음 중 한계산소농도가 가장 낮은 물질은?

① 암모니아 ② 수소 ③ 일산화탄소 ④ 메탄

**84** 플라스틱 재료와 그 특성에 관한 대비로 옳은 것은?

① PVC 수지 – 열가소성
② 페놀수지 – 열가소성
③ 폴리에틸렌수지 – 열경화성
④ 폴리에틸렌수지 – 열경화성

**85** 열의 전달에 관한 설명 중 틀린 것은?

① 열이 전달되는 것은 전도, 대류, 복사 중 한 가지이다.
② 어떤 물체를 통해서 전달되는 것은 전도이다.
③ 공기 등 기체의 흐름으로 인해서 전달되는 것은 대류이다.
④ 전자파의 형태로 에너지를 전달하는 것은 복사이다.

**86** 가연성 혼합기의 발화지연 시간에 영향을 미치는 요인이 아닌 것은?

① 혼합가스의 농도
② 혼합가스의 활성화에너지
③ 혼합가스의 초기 압력
④ 혼합가스의 연소한계

**87** 다음 중 연기의 농도가 짙게 되는 경우는?

① 공기가 부족할 때
② 환기가 잘 될 때
③ 공기가 많을 때
④ 압력이 높을 때

**88** 다음 중 액면연소(증발연소)에 해당되지 않는 것은?

① 경계층 연소
② 포트(pot) 연소
③ 전파화염
④ 분무연소

**89** 열전달의 스테판-볼츠만의 법칙은 복사체의 복사열은 절대온도차의 몇 제곱에 비례하는가?

① 1 ② 2 ③ 3 ④ 4

**90** 다음 중 연소에 대한 설명 중 맞지 않는 것은?

① 인화점은 착화의 용이성을 나타내는 지표가 될 수 있다.
② 발화점은 점화원이 없는 상태에서 연소를 일으키는 데 필요한 최저온도이다.
③ 인화점은 화염에 의해 발화 가능한 혼합기가 형성되는 최저온도이다.
④ 인화점이 높을수록 발화점이 높다.

**91** 자기연소를 일으키는 가연물질로만 짝지어진 것은?

① 니트로셀룰로오스, 유황, 등유
② 질산에스테르류, 셀룰로이드, 니트로화합물
③ 셀룰로이드, 발연황산, 목탄
④ 질산에스테르류, 황린, 염소산 칼륨

**92** 화재의 연소한계에 관한 설명 중 옳지 않은 것은?

① 가연성 가스와 공기의 혼합가스에는 연소에 도달할 수 있는 농도의 범위가 있다.
② 농도가 낮은 편을 연소하한계라 하고, 농도가 높은 편을 연소상한계라고 한다.
③ 휘발유의 연소상한계는 10.5%이고, 연소하한계는 2.7%이다.
④ 혼합가스가 농도의 범위를 벗어날 때에는 연소하지 않는다.

**93** 다음 중 가연성 가스가 아닌 것은?

① 수소 ② 염소 ③ 에탄 ④ 메탄

**94** 제4류 위험물의 일반적인 특성이 아닌 것은?

① 인화하기 쉬운 위험물이다.
② 증기는 공기보다 가볍다.
③ 연소범위의 하한이 낮다.
④ 인화점이 낮다.

**95** 가스의 분출속도가 크거나 공기의 유동이 너무 강하여 불꽃이 노즐에서 정착하지 않고 떨어지게 되어 꺼져버리는 현상은?

① 블로오프(Blow off)　② 선화(Lifting)
③ 역화(Back fire)　④ 불완전 폭발

**96** 다음 중 역화의 주요 원인에 해당하지 않는 것은?

① 버너가 과열될 때
② 혼합가스량이 너무 적을 때
③ 연료분출속도가 연소속도보다 빠를 때
④ 버너가 과열되고 노즐을 통과하는 가스가 고온이 되어 압력이 과다할 때

**97** 연소의 3요소 중 점화원이 될 수 없는 것은?

① 단열압축　② 대기압　③ 정전기불꽃　④ 전기불꽃

**98** 난류화염으로부터 200℃의 벽으로 전달되는 대류열류는?(단, $h = 5W/m^2 \cdot ℃$, 평균시간 최대 화염온도는 800℃이다.)

① $1.0kW/m^2$　② $2.0kW/m^2$　③ $3.0kW/m^2$　④ $4.0kW/m^2$

**99** 산소의 공기 중 확산속도는 수소의 공기 중 확산속도에 비해 몇 배 정도인가?(단, 산소의 분자량은 32, 수소는 2로 본다.)

① 4　② 16　③ $\frac{1}{4}$　④ $\frac{1}{16}$

**100** 화재 시 발생하는 연소가스 중에서 유황분이 포함되어 있는 물질의 불완전연소에 의하여 발생하는 가스는?

① $H_2SO_4$　② $H_2S$　③ $SO_2$　④ $PbSO_4$

Fire protection theory

# 2장 화재 100제

**01** 화재의 위험에 관한 설명 중 맞지 않는 것은?

① 인화점 및 착화점이 낮을수록 위험하다.
② 착화에너지가 작을수록 위험하다.
③ 증기압이 클수록, 비점이 높을수록 위험하다.
④ 연소범위는 넓을수록 위험하다.

**02** 화재의 종류에 따른 가연물로 틀린 것은?

① 일반화재 – 목재, 고무, 섬유, 종이
② 유류화재 – 등유, 가솔린, 에틸알코올, 시안화수소
③ 금속화재 – 나트륨, 칼륨, 마그네슘, 철
④ 가스화재 – LNG, LPG, 도시가스, 메탄

**03** 화재 시 연기를 이동시키는 추진력으로 옳지 않은 것은?

① 굴뚝효과 ② 팽창 ③ 중력 ④ 부력

**04** 건축물 내 연기유동의 원인요소 중 하나인 중성대에 대한 설명으로 바르지 못한 것은?

① 실내의 천장쪽 고온가스와 바닥쪽 찬 공기와의 경계선을 의미한다.
② 실내외의 정압이 같게 되는 면을 말한다.
③ 중성대의 위쪽은 실내에서 실외로 기체가 유출되고 중성대 아래쪽에는 실외에서 실내로 기체가 유입된다.
④ 화재현장에서 창문으로 연기가 분출되는 상태를 보면 중성대의 위치를 알 수 있다.

**05** 건축물의 화재안전 대책 중 공간적 대응이 아닌 것은?

① 피난계단 ② 특별피난계단 ③ 방화구획 ④ 제연설비

**06** 소방대상물의 크기가 가로 8m, 세로 10m, 높이 5m인 9,000kcal/kg의 발열량을 갖는 가연물이 가득 차 있다면 이 건물 내의 화재하중은 몇 kg/$m^2$인가?(단, 특정가연물의 비중은 0.8로 한다.)

① 8,000　② 9,000　③ 10,000　④ 12,000

**07** 목재 300[kg]과 고무 500[kg]이 쌓여 있는 공간(가로 4[m], 세로 8[m], 높이 6[m]의 내부 화재하중[kg/$m^2$]은 약 얼마인가?(단, 목재의 단위발열량은 18,855[kJ/kg], 고무의 단위발열량은 42,430[kJ/kg]이다.)

① 44.54　② 46.62　③ 48.22　④ 50.62

**08** 다음 중 화재하중을 감소시키는 방법 중 틀린 것은?

① 가연물의 양을 줄인다.　② 불연화율을 낮춘다.
③ 바닥면적을 크게 한다.　④ 방출열량을 작게 한다.

**09** 피난시설의 안전구획 설정과는 관련이 없는 것은?

① 중간 피난층　② 복도
③ 계단부속실(전실)　④ 계단

**10** 일반건축물 화재 시 제2차 안전구획은?

① 복도　② 계단전실　③ 지상　④ 계단

**11** 건축물 피난계획 수립 시 Fool Proof를 적용한 사례로 옳지 않은 것은?

① 소화 · 경보설비의 위치, 유도표지에 판별이 쉬운 색채를 사용한다.
② 피난방향으로 열리는 출입문을 설치한다.
③ 도어노브는 회전식이 아닌 레버식을 사용한다.
④ 정전 시를 대비한 비상조명등을 설치하며, 피난경로는 2방향 이상 피난로를 확보한다.

## 12 피난계획의 일반적인 원칙 중 옳지 않은 것은?

① 재난 시 피난경로는 간단 · 명료하게 한다.

② 피난대책은 Fool Proof와 Fail Safe 원칙을 중시한다.

③ 피난수단으로서 원시적인 방법에 의한 것은 피해야 한다.

④ 피난구는 상시 사용할 수 있도록 하고 관리상의 이유를 들어 자물쇠를 채워 두어서는 안 된다.

## 13 인간의 피난행동 특성에 관한 설명으로 옳지 않은 것은?

① 퇴피본능 : 반사적으로 위험으로부터 멀리하려는 본능

② 폐쇄공간지향본능 : 가능한 한 좁은 공간을 찾아 이동하다가 위험성이 높아지면 의외의 넓은 공간을 찾는 본능

③ 지광본능 : 화재 시 연기 및 정전 등으로 시야가 흐려질 때 어두운 곳에서 개구부, 조명부 등의 밝은 빛을 따르려는 본능

④ 귀소본능 : 피난 시 평소에 사용하는 문, 길, 통로를 사용하거나 자신이 왔던 길로 되돌아가려는 본능

## 14 화재 가혹도에 대한 설명으로 틀린 것은?

① 화재하중이 작으면 화재 가혹도가 작다.

② 화재실 내 단위시간당 축적되는 열이 크면 화재 가혹도가 크다.

③ 화재규모를 판단하는 척도로 주수시간을 결정하는 인자이다.

④ 화재발생으로 건물 내부 수용재산 및 건물자체에 손상을 입히는 정도이다.

## 15 건축물의 화재 시 피난자들의 집중으로 패닉(panic) 현상이 일어날 수 있는 피난방향은?

① 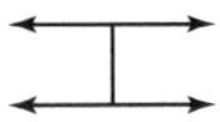 ②  ③ 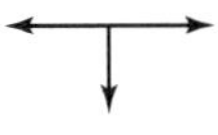 ④ 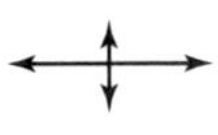

## 16 다음 중 양방향으로 피난할 수 있는 확실한 형태는?

① Z형 ② H형 ③ X형 ④ T형

## 17 보일 오버(Boil over) 현상에 대한 설명으로 옳은 것은?

① 아래층에서 발생한 화재가 위층으로 급격히 옮겨 가는 현상
② 연소유의 표면이 급격히 증발하는 현상
③ 기름이 뜨거운 표면 아래에서 끓는 현상
④ 탱크 저부의 물이 급격히 증발하여 기름이 탱크 밖으로 화재를 동반하여 방출하는 현상

## 18 유류 저장탱크의 화재에서 일어날 수 있는 현상이 아닌 것은?

① 플래시오버(Flash over)
② 보일오버(Boil over)
③ 슬롭오버(Slop over)
④ 프로스오버(Froth over)

## 19 유류탱크에 화재 시 발생하는 슬롭오버(Slop over) 현상에 관한 설명으로 틀린 것은?

① 소화 시 외부에서 방사하는 포에 의해 발생한다.
② 연소유가 비산되어 탱크 외부까지 화재가 확산된다.
③ 탱크의 바닥에 고인 물의 비등 팽창에 의해 발생한다.
④ 연소면의 온도가 100℃ 이상일 때 물을 주수하면 발생된다.

## 20 과열된 상태의 탱크 내부의 액화가스가 분출하여 기화하여 폭발하는 현상은?

① Boil over
② Slop over
③ BLEVE
④ Froth over

## 21 다음 표는 가연물의 종류에 의한 화재분류 방법을 표시한 것이다. (가)－(나)－(다)－(라)－(마)에 들어가는 용어는?

| 화재급수 | A | B | C | D | E | K |
|---|---|---|---|---|---|---|
| 화재종류 | 일반화재 | (가) | (나) | (다) | (라) | (마) |

① 전기화재－유류화재－금속화재－가스화재－주방화재
② 유류화재－금속화재－가스화재－전기화재－주방화재
③ 전기화재－유류화재－가스화재－주방화재－금속화재
④ 유류화재－전기화재－금속화재－가스화재－주방화재

**22** 화재로 인하여 산소가 부족한 건물 내에 산소가 새로 유입된 때에는 고열가스의 폭발 또는 급속한 연소가 발생하는데 이 현상을 무엇이라고 하는가?

① 플래시오버(Flash over)
② 보일오버(Boil over)
③ 백드래프트(Back draft)
④ 백파이어(Back fire)

**23** 피부가 분홍빛을 띠며 물집이 생기는 화상은 몇 도 화상인가?

① 1도 화상
② 2도 화상
③ 3도 화상
④ 4도 화상

**24** 다음 보기에 설명된 현상으로 옳은 것은?

> 대기 중에 다량의 가스나 액체가 유출되어 그것으로부터 발생하는 증기와 공기가 혼합되어 있다가 점화원에 의해서 착화하여 폭발하는 현상

① 증기운폭발(UVCE)
② 백드래프트(Back draft)
③ 슬롭오버(Slop over)
④ 블레비현상(BLEVE)

**25** 다음 중 전기화재의 직접적 발생 원인이 아닌 것은?

① 누전
② 지락
③ 과전류
④ 역기전력

**26** 화재발생 시 건물 내 재실자들의 피난 소요시간을 확보하거나 줄일 수 있는 방법 중 옳지 않은 것은?

① 난연성이나 불연성 건축내장재를 사용한다.
② 재실자들에게 화재를 가상한 피난교육을 실시한다.
③ 총 피난시간을 증가시키는 구조로 건물을 설계한다.
④ 피난 이동시간을 줄이기 위해 피난통로에 장애물 등을 제거한다.

**27** 건축물의 화재특성에 플래시오버(Flash over)와 롤오버(Roll over)에 관한 설명으로 옳지 않은 것은?

① 플래시오버는 공간 내 전체 가연물을 발화시킨다.
② 롤오버에서는 화염이 주변공간으로 확대되어간다.
③ 롤오버 현상은 플래시오버 현상과 달리 감쇠기 단계에서 발생한다.
④ 내장재에 따른 플래시오버 발생기간을 보면, 난연성 재료보다는 가연성 재료의 소요시간이 짧다.

**28** 플래시오버와 백드래프트의 현상에 대한 설명으로 옳은 것은?

① 플래시오버는 종기에 발생하고 백드래프트는 중기에 발생한다.
② 플래시오버 원인은 산소 공급이고 백드래프트 원인은 복사열이다.
③ 플래시오버는 충격파를 수반하지 않고 백드래프트는 충격파가 있다.
④ 플래시오버는 환기가 잘 안 되는 상태의 현상이고 백드래프트는 환기가 잘 되는 상태의 현상이다.

**29** 실내의 초기화재에 발생된 뜨거운 가연성 가스가 천장부근에 축적되어 실내공기압의 차이로 산발적으로 천장을 구르면서 화재가 발생되지 않은 곳으로 굴러가는 현상을 무엇이라 하는가?

① 플래시오버 ② 주염 ③ 롤오버 ④ 연소소음

**30** 공간 화재 특성에 관한 설명으로 옳지 않은 것은?

① 플래시오버는 실내의 국소화재로부터 실내 모든 가연물 표면이 연소하는 현상을 말한다.
② 백드래프트는 신선한 공기가 유입되어 실내에 축적되었던 가연성 가스가 단시간에 폭발적으로 연소하는 현상이다.
③ 환기지배형 화재란 환기가 충분한 상태에서 가연물의 양에 따라 제어되는 화재를 말한다.
④ 공간 화재에서 연기와 공기의 유동은 주로 온도상승에 의한 부력의 영향 때문이다.

**31** 다음 중 플래시오버 발생 시각에 영향을 미치는 내용에 대한 설명으로 옳지 않은 것은?

① 개구부가 클수록 플래시오버 발생시각이 늦어진다.
② 벽의 재료보다 천장재의 열전도율이 낮을수록 더 빨라진다.
③ 화원의 크기가 클수록 플래시오버에 도달하는 시간이 짧다.
④ 내장재의 열전도율이 적을수록 발생시각은 빨라진다.

**32** 다음 중 황린, 적린이 서로 동소체라는 것을 증명하는 데 있어 가장 효과적인 방법은?

① 비중을 비교한다.
② 착화점을 비교한다.
③ 유기용제에 대한 용해도를 비교한다.
④ 연소생성물을 확인한다.

**33** 다음과 관계있는 연소생성가스로 옳은 것은?

> 질소 함유물인 열경화성 수지 또는 나일론 등의 연소 시 발생하고, 냉동시설의 냉매로 많이 쓰이고 있으므로 냉동 창고 화재 시 누출가능성이 크며, 허용 농도는 25ppm이다.

① 포스겐($COCl_2$)
② 암모니아($NH_3$)
③ 일산화탄소(CO)
④ 시안화수소(HCN)

**34** 독성 가스에 대한 설명 중 틀린 것은?

① 포스겐은 PVC, 수지류가 탈 때 생성되며 허용농도는 0.1ppm이다.
② 일산화탄소는 완전연소 시 발생하고 이산화탄소는 불완전연소 후 생성되는 물질이다.
③ 염화수소는 PVC 등 수지류, 전선의 절연재, 배관재료 등이 탈 때 생성되는 무색 기체로 눈, 호흡기에 영향을 주며 금속에 대한 강한 부식성이 있다.
④ 시안화수소는 청산가스라고도 하고 질소 성분 합성수지류, 동물 털의 불완전연소 시, 나일론, 인조견 등의 직물류, 목재, 종이, 우레탄 등이 탈 때 미량이 발생한다.

**35** 질소성분을 가지고 있는 합성수지, 동물의 털, 인조견 등의 섬유가 불완전연소할 때 발생하는 맹독성 가스로서 헤모글로빈과 결합하지 않고 세포에 의한 산소의 이동을 막아 질식으로 사망에 이르게 하는 맹독성 연소생성물은?

① 시안화수소
② 일산화탄소
③ 암모니아
④ 염화수소

**36** 연기에 관한 설명 중 옳지 않은 것은?

① 연기는 공기보다 고온이기 때문에 일반적으로 천장면의 하면을 따라 순방향으로 이동한다.
② 외기가 건축물 내부의 공기보다 따뜻할 때는 건축물 내부에서 하향으로 공기가 이동하며 이러한 하향 공기의 흐름을 굴뚝효과라고 한다.
③ 저층건물에서는 굴뚝효과에 의하여 연기는 상승하고 고층건물에서 열, 대류이동, 화재압력과 같은 영향 및 바람의 영향으로 통로를 따라 연기 이동을 일으키는 원인이 된다.
④ 연기의 유동속도는 수평일 때 0.5~1m/sec, 수직일 때 2~3m/sec이다.

**37** 수직방향으로 이동하는 일반적인 연기의 유동 및 확산속도로 옳은 것은?

① 0.5~1m/sec
② 1~2m/sec
③ 2~3m/sec
④ 3~4m/sec

**38** 피난활동 중 인체의 시계(視界)에 제약요인이 가장 큰 것은?

① 연소가스
② 화염
③ 열
④ 연기

**39** 화재의 분류를 A · B · C · D급으로 급수를 정하는 기준은?

① 산소의 농도
② 전화하는 방법
③ 가연물의 성상과 종류
④ 연기의 성상

**40** 산소가 부족한 실내에서 일시적인 산소 공급으로 인하여 실내가 폭발하는 현상은?

① 플래시오버
② 백드래프트
③ 폭굉
④ 블레비현상

**41** 다음 중 내화건축물 화재 시 과정별 순서가 옳은 것은?

① 연료지배형－복사－대류－환기지배형
② 연료지배형－대류－복사－환기지배형
③ 환기지배형－복사－대류－연료지배형
④ 환기지배형－대류－복사－연료지배형

**42** 구획된 건물의 화재현상과 가장 거리가 먼 것은?

① 연소속도는 분해 · 증발률에 비례한다. 화세가 약한 초기에는 산소량이 원활하므로 화재는 공기량보다 실내의 가연물에 의해 지배되는 연료지배형의 연소형태를 갖는다.
② 연소속도는 환기요소에 비례한다. F.O(Flash Over)에 이르러서 실내온도가 급격히 상승하여 가연물의 열분해가 진행되고 화세가 강하게 되면 산소량이 급격히 소진되어 환기가 잘 되지 않으며 연소현상은 연료지배형에서 환기량에 지배되는 환기지배형으로 전환된다.
③ 일반적으로 F.O(Flash Over) 이전의 화재는 연료지배형 화재이다.
④ 화재초기 실내가연물의 양, 가연물의 연소특성에 따라 환기지배형 화재로 되어 산소가 원활하게 공급되며 연소속도가 빨라진다. 반면 지하층, 무창층 및 밀폐된 실내는 산소가 부족하며 환기가 좋지 않아 공기의 공급 상태에 지배되는 화재를 연료지배형 화재라 한다.

**43** 가로 1[m]×세로 1[m]의 개구부가 존재하는 구획실에 환기지배형 화재가 발생하여 플래시오버 이전에 개구부 높이가 2배 증가했다면 이 구획실의 환기인자는 약 몇 배 증가했는가?

① 1.4 ② 2.8 ③ 4.2 ④ 5.6

**44** 굴뚝효과(Stack Effect)에 관한 설명으로 옳은 것은?

① 건물 내부와 외부의 온도차가 클수록 발생가능성이 낮다.
② 일반적으로 고층 건물보다 저층 건물에서 더 크다.
③ 층간 공기 누설과 관계가 없다.
④ 건물 내부와 외부의 공기밀도차로 인해 발생한 압력차로 발생한다.

**45** 화재온도곡선에 따른 화재성상 중 ( ㄴ ) 단계에서 나타나는 현상으로 옳지 않은 것은?

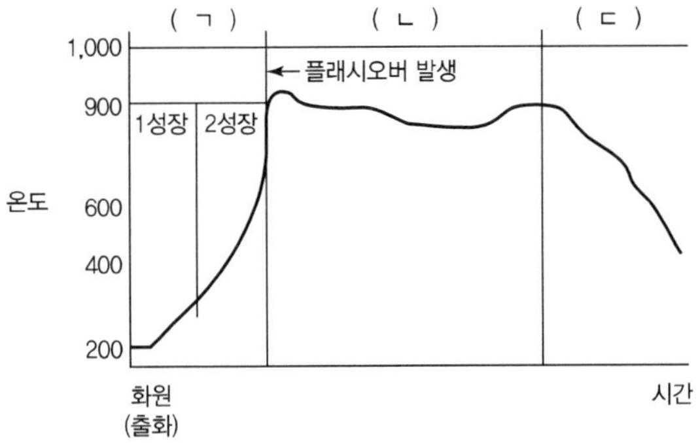


① 환기지배형보다는 연료지배형의 화재 특성이 보인다.
② 창문 등 건축물의 개구부로 화염이 뿜어져 나오는 시기이다.
③ 강렬한 복사열로 인하여 인접 건물로 연소가 확산될 수 있다.
④ 실내 전체에 화염이 충만되고 연소가 최고조에 이른다.

**46** 건물화재의 표준시간－온도곡선에서 화재발생 후 1시간이 경과할 경우 내부 온도는 약 몇 ℃ 정도 되는가?

① 225 ② 625 ③ 840 ④ 925

**47** 내화건축물의 온도－시간 표준곡선에서 약 2시간 후의 온도는 몇 ℃ 정도인가?

① 500 ② 700 ③ 1,000 ④ 1,100

**48** 훈소화재에 대한 설명이다. 옳지 않은 것은?

① 거의 밀폐된 내화구조로 된 실내화재 시 많이 일어난다.

② 신선한 공기의 공급이 불충분하여 연소가 거의 정지 또는 매우 느리게 진행된다.

③ 화재의 종기단계에 나타나는 현상으로 가연물이 거의 소진되고 더 이상 연소가 진행되지 않는 상태를 말한다.

④ 훈소 중에도 열축적은 계속되어 외부공기가 갑자기 유입될 때에는 급격한 연소가 일어날 수 있는 상태를 말한다.

**49** 목조건물의 화재가 발생하여 최성기에 도달할 때 온도는 약 몇 ℃ 정도 되는가?

① 300 ② 800 ③ 1,300 ④ 1,800

**50** 다음 그림에서 목조건물의 표준 화재 온도 시간 곡선으로 옳은 것은?

① a

② b

③ c

④ d

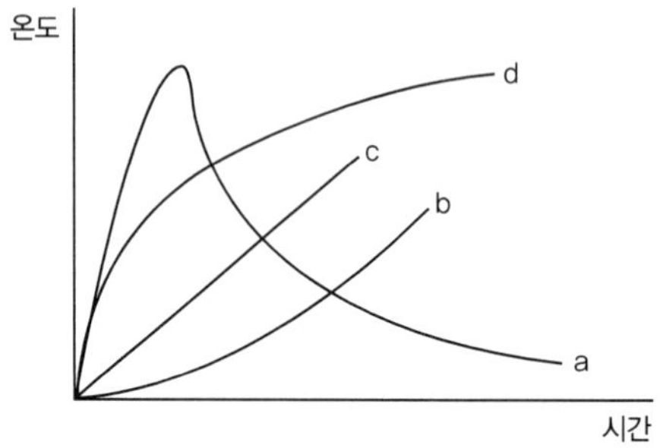


**51** 다음 중 플래시오버(Flash over) 현상의 지연대책으로 옳은 것은?

① 내장재료를 얇게 한다.

② 열전도율이 큰 내장재료를 사용한다.

③ 주요조부를 내화구조로 하고 개구부를 크게 설치한다.

④ 실내 가연물은 한 곳에 대량 저장한다.

**52** 불연재료가 아닌 것은?

① 기와 ② 석고보드 ③ 유리 ④ 콘크리트

**53** 내력벽, 기둥, 바닥, 보, 지붕틀 및 주계단을 무엇이라 부르는가?

① 내화구조부 ② 건축설비부 ③ 보조구조부 ④ 주요구조부

**54** 실의 상부에 설치된 창 또는 전용 제연구로부터 연기를 옥외로 배출하는 방식으로 전원이나 복잡한 장치가 필요하지 않으며, 평상시 환기 겸용으로 사용하는 것은?

① 밀폐 제연방식
② 스모크 타워 제연방식
③ 자연 제연방식
④ 기계 제연방식

**55** 다음 빈칸에 알맞은 것을 고르시오.

> 연면적이 1,000$m^2$ 이상인 목조의 건축물은 그 외벽 및 처마 밑의 연소할 우려가 있는 부분을 (　　　)로 하되 그 지붕은 (　　　)로 하여야 한다.

① 방화구조－불연재료
② 내화구조－불연재료
③ 방화구조－난연재료
④ 내화구조－난연재료

**56** 방화구획의 효과와 관계없는 것은?

① 화염의 제한
② 인명의 안전대피
③ 화재하중의 감소
④ 연기의 확산방지

**57** 다음 중 방화구획은 바닥면적 몇 $m^2$ 이내마다 구획하여야 하는가?(단, 9층인 건축물에 내화구조로 되어 있고 스프링클러설비가 설치되어 있다.)

① 1,000
② 1,500
③ 2,000
④ 3,000

**58** 건축법령상 방화구획 등의 설치 대상건축물 중 방화구획 설치를 적용하지 아니하거나 그 사용에 지장이 없는 범위에서 완화하여 적용할 수 있는 것이 아닌 것은?(단, 특별건축구역 등 기타 사항은 고려하지 않는다.)

① 장례시설의 용도로 쓰는 거실로서 시선 및 활동공간의 확보를 위하여 불가피한 부분
② 승강기의 승강로 부분으로서 그 건축물의 다른 부분과 방화구획으로 구획된 부분
③ 주요구조부가 난연재료로 된 주차장
④ 복층형 공동주택의 세대별 층간 바닥 부분

**59** 건축물의 피난 · 방화구조 등의 기준에 관한 규칙상 건축물의 내화구조로 옳지 않은 것은?(단, 특별건축구역 등 기타 사항은 고려하지 않는다.)

① 외벽 중 비내력벽의 경우 철골철근콘크리트조로서 두께가 5[cm] 이상인 것
② 보의 경우 철골을 두께 5[cm] 이상의 콘크리트로 덮은 것
③ 벽의 경우 철재로 보강된 콘크리트블록조 · 벽돌조 또는 석조로서 철재에 덮은 콘크리트블록 등의 두께가 5[cm] 이상의 콘크리트로 덮은 것
④ 기둥의 경우 그 작은 지름이 25[cm] 이상인 것으로서 철골을 두께 5[cm] 이상의 콘크리트로 덮은 것

**60** 건축물의 내부에 설치하는 피난계단의 구조에 관한 기준으로 옳지 않은 것은?

① 계단실에는 상용전원에 의한 비상조명설비를 할 것
② 계단실의 실내에 접하는 부분의 마감은 불연재료로 할 것
③ 계단실의 바깥쪽과 접하는 창문 등은 당해 건축물의 다른 부분에 설치하는 창문 등으로부터 2m 이상 거리를 두고 설치할 것
④ 건축물의 내부에서 계단실로 통하는 출입구의 유효너비는 0.9m 이상으로 할 것

**61** 건축물의 방화구조 기준으로 옳은 것을 모두 고른 것은?

ㄱ. 시멘트모르타르 위에 타일을 붙인 것으로 그 두께의 합계가 2cm 이상인 것
ㄴ. 철망모르타르의 바름 두께가 2cm 이상인 것
ㄷ. 작은 지름이 25cm 이상인 기둥으로서 철골을 두께 5cm 이상의 콘크리트로 덮은 것
ㄹ. 회반죽을 바른 것으로서 그 두께의 합계가 2.5cm 이상인 것

① ㄱ, ㄷ ② ㄴ, ㄹ ③ ㄱ, ㄴ, ㄹ ④ ㄱ, ㄴ, ㄷ, ㄹ

**62** 건축물의 피난 · 방화구조 등의 기준에 관한 규칙에 따른 철망모르타르로서 그 바름 두께가 최소 몇 cm 이상인 것을 방화구조로 규정하는가?

① 2 ② 2.5 ③ 3 ④ 3.5

**63** 내화구조의 기준 중 벽의 경우 벽돌조로서 두께가 최소 몇 cm 이상이어야 하는가?

① 5 ② 10 ③ 12 ④ 19

## 64 건축물에 설치하는 방화벽의 구조에 대한 기준 중 틀린 것은?

① 내화구조로서 홀로 설 수 있는 구조이어야 한다.

② 방화벽의 양쪽 끝은 지붕면으로부터 0.2m 이상 튀어 나오게 하여야 한다.

③ 방화벽의 위쪽 끝은 지붕면으로부터 0.5m 이상 튀어 나오게 하여야 한다.

④ 방화벽에 설치하는 출입문은 너비 및 높이가 각각 2.5m 이하인 60분+ 또는 60분방화문을 설치하여야 한다.

## 65 60분+방화문이란 어떠한 성능을 가지는 방화문인가?

① 비차열 30분, 차열 30분
② 비차열 60분, 차열 30분
③ 비차열 60분, 차열 60분
④ 비차열 60분

## 66 건축물의 피난 · 방화에 관한 사항으로 옳지 않은 것은?

① 건축물의 11층 이상 또는 지하 3층 이하의 층의 직통계단은 특별피난계단으로 한다.

② 종교시설 3층 이상 또는 지하 2층 이하 2천$m^2$를 넘는 경우의 층으로부터 직통계단은 특별피난계단 또는 피난계단으로 한다.

③ 11층 이상인 건축물로서 11층 이상의 층의 바닥면적이 1만$m^2$ 이상인 건축물의 옥상에는 헬리포트를 설치한다.

④ 연면적이 1,000$m^2$를 넘는 건축물의 3층 이상의 층과 지하층은 층마다 방화구획을 한다.

## 67 방염물품의 방염성능 기준으로 옳지 않은 것은?

① 탄화한 면적 50$cm^2$ 이내, 탄화한 길이 20cm 이내로

② 불꽃에 의해 완전히 녹을 때까지 불꽃접촉 횟수는 3회 이상

③ 버너의 불꽃을 올리지 아니하고 연소상태가 그칠 때까지 20초 이내

④ 발연량을 측정하는 경우 최대 연기밀도는 400 이내로 한다.

## 68 방염물품의 방염성능 측정 기준이 아닌 것은?

① 잔염시간
② 탄화면적
③ 잔진시간
④ 가연물잔존량

**69** 다음 중 방염물품에 해당되지 않는 것은?

① 2mm 이상의 종이벽지
② 전시용 합판 또는 섬유판
③ 커튼류
④ 침구류

**70** 방염성능기준 이상의 실내장식물 등을 설치하여야 하는 특정소방대상물이 아닌 것은?

① 수영장
② 숙박시설
③ 종합병원
④ 방송국 및 촬영소

**71** 연소가스에 대한 설명으로 옳지 않은 것은?

① 아황산가스 – 털, 고무, 일부 나무가 탈 때 발생하는 무색의 가스로서, 눈, 호흡기 계통에 자극이 크다.
② 암모니아 – 질소함유물인 수지류, 나무 등이 탈 때 악취가 나는 무색의 기체로서 발생 시 눈, 코, 폐의 자극이 크다.
③ 황화수소 – 건축물 내의 직선의 절연재 및 배관재료 등이 탈 때 생성되는 무색기체이다.
④ 시안화수소 – 대량 흡입되면 전신경련, 호흡 정지, 심박동정지로 사망에 이르며 동물 털의 불완전연소 시 또는 인조견 등의 직물류, 목재, 종이 특히 폴리우레탄 등이 탈 때 발생된다.

**72** LPG에 대한 설명으로 옳지 않은 것은?

① 무색, 무취의 특성이 있다.
② 주성분은 메탄과 프로판으로 구성되어 있다.
③ 기체 상태에서는 공기보다 무거워 바닥에 체류한다.
④ 화염과 접촉 시 공기 중 쉽게 연소, 폭발할 수 있다.

**73** 출화 가옥의 기둥, 벽 등은 발화부를 향하여 도괴되는 경향이 있으므로 이곳을 출화부로 추정하는 것을 무엇이라 하는가?

① 접염비교법
② 탄화심도비교법
③ 도괴방향법
④ 연소비교법

**74** 다음은 물질과 열의 정의에 관한 설명이다 옳지 않은 것은?

① 현열은 온도의 변화를 수반하지 않고 상태의 변화로 생성되는 에너지이며 잠열은 상태의 변화를 수반하지 않고 온도 1℃ 올릴 때 필요한 에너지를 말한다.

② 비열은 단위질량의 물체 1g을 1℃ 올리는 데 필요한 열량과 물 1g의 온도를 1℃ 올리는 데 필요한 열량과의 비율을 말한다.

③ 1[BTU]는 1[lb]의 물을 1[°F] 높이는 데 필요한 열량을 말한다.

④ 융점은 대기압 하에서 고체가 용융하여 액체가 되는 온도를 말한다.

**75** 특별피난계단의 계단실 및 부속실 연기의 제어 방법으로 가장 적절한 것은?

① 차단　　② 희석　　③ 환기　　④ 배기

**76** 가연물의 불꽃연소(표면화재)의 특징으로 옳지 않은 것은?

① 속도가 빠르다.

② 연쇄반응의 억제에 의한 소화대책이 적당하다.

③ 순조로운 연쇄반응이 없다.

④ 시간당 방출열량이 많다.

**77** 자연급기, 기계배기로 가장 많이 쓰이는 제연방식은?

① 제1종 기계제연방식　　② 제2종 기계제연방식

③ 제3종 기계제연방식　　④ 제4종 기계제연방식

**78** 건축물 내 연기유동의 원인을 모두 고른 것은?

| | |
|---|---|
| ㄱ. 부력효과 | ㄴ. 바람에 의한 압력 차 |
| ㄷ. 굴뚝(연돌)효과 | ㄹ. 공기조화설비의 영향 |

① ㄱ, ㄷ　　② ㄴ, ㄹ

③ ㄱ, ㄴ, ㄷ　　④ ㄱ, ㄴ, ㄷ, ㄹ

**79** 피난시설계획에 관한 설명으로 옳지 않은 것은?

① 피난수단은 원시적인 방법에 의한 것을 원칙으로 한다.
② 피난대책은 Fool proof와 Fail safe의 원칙을 중시해야 한다.
③ 피난경로에 따라 일정한 구획을 한정하여 피난 Zone을 설정하고, 안전성을 높이도록 한다.
④ 피난설비는 이동식 시설에 의해야 하고, 가구식의 기구나 장치 등은 극히 예외적인 보조수단으로 생각하여야 한다.

**80** 건축물 실내화재에서 화재성상에 영향을 주는 주된 요인으로 옳지 않은 것은?

① 인접실의 크기
② 실의 개구부 위치 및 크기
③ 실의 넓이와 모양
④ 화원의 위치와 크기

**81** 내화건축물의 화재 특성으로 옳지 않은 것은?

① 공기의 유입이 불충분하여 발염연소가 억제된다.
② 열이 외부로 방출되는 것보다 축적되는 것이 많다.
③ 저온장기형의 특성을 나타낸다.
④ 목조건축물에 비해 밀도가 낮기 때문에 초기에 연소가 빠르다.

**82** 건축물의 화재안전에 대한 공간적 대응방법에 해당되지 않는 것은?

① 건축물 내장재의 난연 · 불연화성능
② 건축물의 내화성능
③ 건축물의 방화구획성능
④ 건축물의 제연설비성능

**83** 유류 저장탱크 내부의 물이 점성을 가진 뜨거운 기름의 표면 아래에서 끓을 때 화재를 수반하지 않고 기름이 넘치는 현상은?

① 슬롭오버(Slop over)
② 플레임오버(Flame over)
③ 보일오버(Boil over)
④ 프로스오버(Froth over)

**84** 화재성장속도 분류에서 약 1MW의 열량에 도달하는 시간이 600초인 것은?

① Slow 화재
② Medium 화재
③ Fast 화재
④ Ultra Fast 화재

**85** 화재조사 용어 중 강소흔에 관한 설명으로 옳은 것은?

① 목재 등의 표면이 타 들어가 구갑상(龜甲狀)을 이루면서 탄화된 부분의 총 깊이

② 통전 상태에 있던 전선이 화재 시의 열기로 인해 전선 피복이 타버리는 과정에서 전선의 심선이 서로 접촉될 때의 방전으로 생기는 용흔

③ 목재표면이 불의 영향을 강하게 받아 심하게 탄 흔적으로 약 900℃ 수준의 불에 탄 목재 표면층에 나타나는 균열흔

④ 가연물이 탈 때 발생하는 그을음 등의 입자가 공간 속을 흘러가며 물체 또는 공간 내 표면에 연기가 접촉해서 남겨 놓은 흔적

**86** 수직 및 수평방향의 피난시설계획에 관한 설명으로 옳지 않은 것은?

① 계단실은 내화성능을 가지도록 방화구획하여야 한다.

② 계단실은 연기가 침입하지 않도록 타 실보다 높은 압력을 가하는 것이 좋다.

③ 피난복도의 천장은 불연재료를 사용하고 피난시설계획을 고려하여 낮게 설치한다.

④ 계단실의 실내에 접하는 부분의 마감은 불연재료로 한다.

**87** 다음 조건의 특정소방대상물의 총 수용인원산정으로 옳은 것은?

• 객실 30개인 콘도미니엄(온돌방)으로서 객실 1개당 바닥면적이 $66m^2$이다.
• 단, 콘도미니엄의 종사자는 10명이다.

① 660 ② 670 ③ 760 ④ 770

**88** 건축물 내의 연기유동에 관한 설명으로 옳지 않은 것은?

① 화재실의 내부온도가 상승하면 중성대의 위치는 높아지며 외부로부터의 공기유입이 많아져서 연기의 이동이 활발하게 진행된다.

② 고층 건축물에서 연기유동을 일으키는 주요한 요인으로는 온도에 의한 기체 팽창, 외부풍압의 영향 등이 있다.

③ 연기층 두께 증가속도는 연소속도에 좌우되며 연기 유동속도는 수평방향일 경우 0.5~1m/s, 계단실 등 수직방향일 경우 3~5m/s이다.

④ 연기는 부력에 의해 수직 상승하면서 확산되며 천장에서 꺾인 후 천장면을 따라 흐르다 벽과 같은 수직 장애물을 만날 경우 흐름이 정지되어 연기층을 형성한다.

**89** 화재의 종류에 관한 설명으로 옳지 않은 것은?

① 산소와 친화력이 강한 물질의 화재로 연기가 발생하고, 연소 후 재를 남기면 A급 화재이다.
② 유류에서 발생한 증기가 공기와 혼합하여 점화되면 B급 화재이다.
③ 통전 중인 전기다리미에서 발생되는 화재는 C급 화재이다.
④ 칼륨이나 나트륨 등 금속류에 의한 화재는 K급 화재이다.

**90** 배연전용 수직 샤프트를 설치하여 공기의 온도차 등에 의한 부력과 루프모니터의 흡인력으로 제연하는 방식은?

① 기계제연
② 스모크 타워제연
③ 자연제연
④ 밀폐제연

**91** 구획실 화재(훈소화재는 제외)의 특징으로 옳지 않은 것은?

① 천장의 연기층은 화재의 초기단계보다 성장단계에서 빠르게 축적된다.
② 연기층이 축적되어 개방문의 상부에 도달되면 구획실 밖으로 흘러나가기 시작한다.
③ 연기 생성속도가 연기 배출속도를 초과하지 않으면 천장 연기층은 더 이상 하강하지 않는다.
④ 화재가 성장하면서 연기층은 축적되지만 연기와 가스의 온도는 더 이상 상승하지 않는다.

**92** 플래시오버(Flash over)가 발생하기 위해 필요한 열량에 관한 설명으로 옳지 않은 것은?

① 열량은 환기구의 높이의 4제곱근에 비례한다.
② 열량은 단면적의 제곱근에 비례한다.
③ 열량은 열손실계수의 제곱근에 비례한다.
④ 열량은 접촉면의 표면적에 비례한다.

**93** 구획화재에서 화재온도 상승곡선을 정하는 온도인자에 관한 설명으로 옳은 것은?

① 개구부 크기, 개구부 높이의 제곱근 및 실내의 전체 표면적에 비례한다.
② 개구부 크기에 비례하고 개구부 높이의 제곱근에 반비례한다.
③ 개구부 크기, 개구부 높이의 제곱근에 비례하고 실내의 전체 표면적에 반비례한다.
④ 개구부 크기에 반비례하고 개구부 높이의 제곱근에 비례한다.

**94** 화재의 정의로 옳지 않은 것은?

① 불을 사용하는 사람의 부주의에 의해 불이 확대되는 연소현상이다.
② 사람의 의도에 반하여 출화되고 확대되는 연소현상이다.
③ 인명 및 경제적인 손실을 방지하기 위하여 소화할 필요성이 있는 연소현상이다.
④ 대기 중에 방치한 못이 공기 중의 산소와 반응하여 녹이 스는 연소현상이다.

**95** 화재의 분류에 관한 설명으로 옳지 않은 것은?

① A급 화재는 액체탄화수소의 화재로, 발생되는 연기의 색은 흑색이다.
② B급 화재는 유류의 화재로, 이를 예방하기 위해서는 유증기의 체류를 방지해야 한다.
③ C급 화재는 전기화재로, 화재발생의 주요인으로는 과전류에 의한 열과 단락에 의한 스파크가 있다.
④ D급 화재는 금속화재로, 수계 소화약제로 소화할 경우 가연성 가스를 발생할 위험성이 있다.

**96** 염소산염류, 과염소산염류, 알칼리 금속의 과산화물, 질산염류, 과망간산염류의 특징과 화재 시 소화방법 대한 설명 중 틀린 것은?

① 가열 등에 의해 분해하여 산소를 발생하고 화재 시 산소의 공급원 역할을 한다.
② 가연물, 유기물, 기타 산화하기 쉬운 물질과 혼합물은 가열, 충격, 마찰 등에 의해 폭발할 수도 있다.
③ 알칼리금속의 과산화물을 제외하고 다량의 물로 냉각소화한다.
④ 그 자체가 가연성이며 폭발성을 지니고 있어 화약류 취급 시와 같이 주의를 요한다.

**97** 건축물 내 방화벽에 설치하는 출입문의 너비 및 높이의 기준은 각각 몇 m 이하인가?

① 2.5
② 3.0
③ 3.5
④ 4.0

**98** 굴뚝효과에 관한 설명으로 틀린 것은?

① 건물 내 · 외부의 온도차에 따른 공기의 흐름현상이다.

② 굴뚝효과는 고층건물에서는 잘 나타나지 않고 저층건물에서 주로 나타난다.

③ 평상시 건물 내의 기류분포를 지배하는 중요 요소이며 화재 시 연기의 이동에 큰 영향을 미친다.

④ 건물외부의 온도가 내부의 온도보다 높은 경우 저층부에서는 내부에서 외부로 공기의 흐름이 생긴다.

**99** 화재의 일반적 특성이 아닌 것은?

① 확대성 ② 정형성

③ 우발성 ④ 불안정성

**100** 화재하중 계산 시 목재의 단위발열량은 약 몇 kcal/kg인가?

① 3,000 ② 4,500

③ 9,000 ④ 12,000

# 3장 폭발 100제

**01** 화재 시 열로 인하여 저장탱크 내의 액화가스가 급격히 팽창, 비등함과 동시에 내부압력이 증가되어, 탱크벽면이 파열됨으로 인해 그 탱크에서 내부의 액화가스가 분출되어 착화되었을 때 폭발하는 현상은?

① 증기운폭발 ② 파이어볼
③ 블레비현상 ④ 롤오버

**02** 블레비 현상에 대한 설명으로 옳은 것은?

① 저장탱크에서 유출된 가스가 구름을 형성하여 떠다니다가 점화원의 접촉으로 폭발하는 현상
② 실내화재 시 가연성 가스가 천장을 구르면서 화재가 발생되지 않은 곳으로 굴러가는 현상
③ 과열상태의 탱크에서 내부의 액화가스가 분출되어 착화되면서 폭발하는 현상
④ 가연성 가스가 연소하면서 바람을 타고 흘러가는 현상

**03** 물리적 폭발에 해당되는 것은?

① 분해폭발 ② 분진폭발
③ 증기운폭발 ④ 수증기폭발

**04** 디플러그레이션(Deflagration)에 대한 설명으로 맞는 것은?

① 충격파에 의해 유지되는 화학반응 현상이다.
② 물질 내 충격파가 발생하여 반응을 일으키고 또한 반응을 유지하는 현상이다.
③ 폭굉현상이 일어나기 전의 현상이다.
④ 반응의 전파속도가 음속 이상인 것을 말한다.

## 05 폭굉유도거리가 짧아질 수 있는 조건으로 옳지 않은 것은?

① 점화에너지가 클수록 짧아진다.
② 정상 연소속도가 큰 가스일수록 짧아진다.
③ 관경이 작을수록 짧아진다.
④ 압력이 낮을수록 짧아진다.

## 06 분진폭발을 일으킬 수 없는 것은 어느 것인가?

① 담뱃가루
② 알루미늄분말
③ 아연분말
④ 석회석분말

## 07 분진폭발에 영향을 미치는 요소에 관한 설명으로 옳지 않은 것은?

① 분진의 입자가 작고 밀도가 작을수록 표면적이 크고 폭발하기 쉽다.
② 분진은 발열량이 크고 휘발성이 클수록 폭발하기 쉽다.
③ 분진의 부유성이 클수록 공기 중에 체류하는 시간이 긴 동시에 위험성도 커진다.
④ 분진의 형상과 표면의 상태에 관계없이 폭발성은 일정하다.

## 08 폭발의 종류와 해당 물질의 연결이 옳지 않은 것은?

① 분해폭발 – 아세틸렌
② 증기폭발 – 염화비닐
③ 분진폭발 – 석탄가루
④ 중합폭발 – 시안화수소

## 09 폭발성 분위기 내에 표준용기의 접합면 틈새를 통하여 폭발화염이 내부에서 외부로 전파되지 않는 최대안전틈새(화염일주한계)가 가장 넓은 물질은?

① 부탄
② 에틸렌
③ 수소
④ 아세틸렌

## 10 전기불꽃, 아크 등이 발생하는 부분을 기름 속에 넣어 폭발을 방지하는 방폭구조는?

① 내압방폭구조
② 유입방폭구조
③ 안전증방폭구조
④ 특수방폭구조

**11** 다음에서 말하는 방폭구조는 무엇인가?

ㄱ. (　　　)방폭구조 – 전기설비 용기 내부에 공기, 질소, 탄산가스 등의 보호가스를 대기압 이상으로 봉입(封入)하여 당해 용기 내부에 가연성 가스 또는 증기가 침입하지 못하도록 한 구조를 말한다.
ㄴ. (　　　)방폭구조 – 위험한 장소에서 사용되는 전기회로에서 정상 시 및 사고 시에 발생하는 전기 불꽃 또는 열이 폭발성 가스에 점화되지 않는 것이 점화시험 등에 의해 확인된 구조를 말한다.
ㄷ. (　　　)방폭구조 – 전기기기의 불꽃 또는 아크를 살생하는 부분을 기름(절연유) 속에 넣어, 유면상에 존재하는 가스에 인화될 염려가 없도록 한 구조를 말한다.

① 내압 – 안전증가 – 유입
② 압력 – 안전증가 – 본질안전
③ 압력 – 본질안전 – 유입
④ 내압 – 본질안전 – 안전증가

**12** 인화성, 가연성 물질의 취급 장소에 대한 폭발의 방지방법이 아닌 것은?

① 발화원을 없앤다.
② 취급장소 주위의 공기 대신 불활성 기체로 바꾼다.
③ 밀폐된 용기 내에 보관한다.
④ 환기시설을 하지 않는다.

**13** 분진폭발의 위험성이 가장 낮은 것은?

① 알루미늄분　② 유황　③ 팽창질석　④ 소맥분

**14** 다음 중 분진폭발의 설명이 잘못된 것은?

① 분진이 가연성이어야 한다.
② 금속가루도 분진폭발 가능성 물질에 해당한다.
③ 분진폭발은 가스폭발에 비해 연소속도는 느리지만 폭발압력은 크다.
④ 분진폭발은 가스폭발에 비해 발화에너지, 발생에너지가 크다.

**15** 가스폭발과 비교하였을 때 분진폭발이 가지는 특징이 아닌 것은?

① 분진폭발은 가스폭발보다 발화에너지는 크나 발생에너지는 작다.
② 분진폭발은 일산화탄소 발생이 가스폭발에 비해 더 크다.
③ 분진폭발은 최초폭발은 가스폭발보다 작다.
④ 분진폭발은 연소속도나 폭발압력은 가스폭발에 비해 작다.

**16** 가연성 가스나 가연성 액체가 유출되어 그것에서 발생하는 증기가 공기와 혼합하여 가연성 혼합기체가 되어 떠다니다가 발화원에 의해 폭발하는 현상은?

① 증기폭발 ② 분해폭발 ③ 분진폭발 ④ 증기운폭발

**17** 다음 중 2가지 조건이 동시에 만족될 때 가스폭발이 일어나는 것은?

① 에너지조건 – 압력조건
② 에너지조건 – 농도조건
③ 농도조건 – 압력조건
④ 농도조건 – 산소조건

**18** 폭발은 화학적 폭발과 물리적 폭발로 구분할 수 있는데 다음 중 분류가 다른 하나는?

① 가스폭발
② 분무폭발
③ 중합폭발
④ 증기폭발

**19** 폭발은 화학적 폭발과 물리적 폭발로 나눌 수 있는데, 다음 중 화학적 폭발로만 묶은 것은?

① 증기폭발 – 분무폭발 – 가스폭발
② 분진폭발 – 증기폭발 – 분해폭발
③ 분진폭발 – 가스폭발 – 분무폭발
④ 산화폭발 – 가스폭발 – 증기폭발

**20** 폭발범위에 관한 설명 중 올바르지 않은 것은?

① 하한선이 높을수록 위험하다.
② 상한선이 높을수록 위험하다.
③ 상한선과 하한선의 차이가 클수록 위험하다.
④ 불활성 기체 첨가 시 연소범위는 좁아진다.

**21** 다음 설명 중 가장 적합한 것은?

① 연소는 응고상태 또는 액체상태의 연료가 관계된 인위적인 발열반응과정이다.
② 폭발은 압력의 급격한 발생 또는 해방의 결과로서 굉음을 발생하며 파괴하기도 하고, 팽창하기도 하는 것 또는 화학변화에 동반해 일어나는 압력의 급격한 상승현상으로 파괴작용을 수반하는 현상 등으로 정의할 수 있다.
③ 발화점은 물질이 공기 중에서 산소를 공급 받아 산화를 일으키는 현상이다.
④ 연소점은 가연성 액체가 개방된 용기에서 증기를 계속 발생하며 연소가 지속될 수 있는 최고온도를 말한다.

**22** 과열된 상태의 탱크 내부의 액화가스가 분출하여 기화하여 폭발하는 현상은?

① Boil over ② Slop over ③ BLEVE ④ Froth over

**23** 폭발에 관한 설명으로 가장 옳지 않은 것은?

① 혼합가스가 연소범위를 초과 시 일어난다.
② 고온과 빠른 연소속도로 인해 체적이 급격하게 팽창한다.
③ 폭발음과 함께 파괴 등 화재를 수반할 수 있다.
④ 인류가 최초로 폭발이라는 현상을 접한 것은 화산의 폭발이다.

**24** 다음 중 고무류, 섬유류, 양모, 나무 등의 연소 시 생성되는 특정한 연소가스의 종류는?

① 황화수소－아황산가스 ② 일산화질소－이산화질소
③ 일산화탄소－이산화탄소 ④ 포스겐－수소가스

**25** 다음 중 LNG의 일반적인 특성이 아닌 것은?

① 상온 · 저압에서 액화시킬 수 있다. ② －162도에서 액화의 냉각점을 가지고 있다.
③ LNG는 메탄이 주성분이다. ④ 액체에서 기화한 가스는 공기보다 가볍다.

**26** 가연성 고체의 미분 등 먼지가 공기 중 점화원을 만나서 폭발하는 현상은?

① 분무폭발 ② 분진폭발 ③ 분해폭발 ④ 가스폭발

**27** 다음 중 폭발 메커니즘(작용 · 원리)이 다른 것은?

① LPG의 폭발 ② 수증기폭발 ③ 분해가스의 폭발 ④ 분진폭발

**28** 분진폭발에 영향을 미치는 인자에 대한 설명으로 가장 옳지 않은 것은?

① 입자가 작을수록 폭발이 용이해진다.
② 분말의 형상이 둥글수록 폭발이 용이해진다.
③ 휘발성분이 많을수록 폭발이 용이해진다.
④ 공기 중에서 부유성이 클수록 위험성이 커진다.

**29** 다음 중 음속보다 느린 폭발은?

① 폭굉 ② 폭연 ③ 폭효 ④ 폭발

**30** 다음 중 폭발의 개념에 대한 설명으로 옳지 않은 것은?

① 가연물이 공기 중에 산소와 화합하거나 산화제와 반응하여 열과 빛을 발생하는 급속하고 연쇄적인 산화반응현상이다.

② 화학변화에 동반해 일어나는 급격한 상승현상으로 파괴 작용을 수반하는 현상이다.

③ 급격한 압력 발생으로 인하여 용기가 파괴된다든지 기체가 급격하게 팽창하여 폭발음과 압력파가 발생되고 때때로 발광도 나는 현상이다.

④ 밀폐된 공간에서 급격한 물리적 · 화학적 변화를 일으켜 발생된 에너지가 외부로 전환되는 과정에서 폭풍이나 파편 등을 동반하는 급격한 연소현상이다.

**31** 가연성 가스 탱크가 화재에 노출되었을 때, 탱크 내부압력이 증가하여 강도를 상실하면서 가스가 분출 · 폭발하는 현상을 무엇이라 하는가?

① 역화(백드래프트)현상 ② 자연공간증기운폭발
③ 분진(티끌)폭발 ④ 블레비(BLEVE)현상

**32** 폭발의 종류 중 그 내용과 분류가 다른 하나는?

① 분해폭발 ② 중합폭발
③ 산화폭발 ④ 폭발적 증발

**33** 폭발에 대한 설명이 잘못된 것은?

① 밀폐공간에서 물리적 · 화학적 변화의 결과로 발생한 급격한 압력상승을 동반한다.

② 폭발은 지속적인 연쇄반응을 일으키는 것을 말한다.

③ 폭발은 공정별의 분류에서 핵폭발, 화학적 폭발, 물리적 폭발, 물리적 · 화학적 병립에 의한 폭발로 나눈다.

④ 가스의 폭발조건이란 농도조건, 에너지조건과 함께 밀폐된 공간에서 일반적으로 이루어진다.

**34** 다음 중 폭발의 분류에서 폭연이 아닌 것은?

① 음속보다 느리다.
② 온도의 상승은 열에 의한 전파에 기인한다.
③ 에너지 방출속도가 물질 전달속도에 영향을 받는다.
④ 압력은 약 1,000kgf/$cm^2$로 충격파는 타 폭발에 비하여 압력상승이 10배 이상이다.

**35** 다음 중 화염전파 속도가 음속 이상이고 폭발 시 충격파를 형성하는 것은?

① 굉음 ② 디플러그레이션 ③ 폭연 ④ 폭굉

**36** 연소와 폭발현상에 대한 설명으로 가장 옳은 것은?

① 산화에틸렌은 표면화재를 일으키면서 나중에 심부화재로 변하면서 발열 · 화합 반응을 하는 물질에 의해서 상압에서 발생하는 폭발이다.
② 폭발은 개방된 공간에서 압력파의 전달로 폭음과 충격파를 가진 이상팽창을 말한다.
③ 탱크 내부의 가스가 화재 시 따뜻한 기류로 쌓여 있다가 폭발하는 것을 블레비현상이라고 한다.
④ 분진폭발은 가연성 가스가 폭발범위 내의 농도로 공기가 조연성 가스 중에 존재할 때 점화원에 의해 폭발하는 현상으로 가장 일반적인 폭발이다.

**37** 다음 중 응상폭발로 분류하지 않는 것은?

① 증기폭발 ② 혼합가스폭발
③ 폭발성 화합물의 폭발 ④ 혼합위험성 물질에 의한 폭발

**38** 다음 중 분진폭발의 조건이 아닌 것은?

① 가연성 상태의 미분이어야 한다. ② 공기가 발화점, 인화점 이상이어야 한다.
③ 공기 중에 부유하고 있어야 한다. ④ 점화원의 존재 하에 폭발이 이루어진다.

**39** 다음 중 응상폭발이 아닌 것은?

① 혼합위험성 물질에 의한 폭발 ② 폭발성 화합물의 폭발
③ 혼합가스폭발 ④ 증기폭발

**40** 과열상태의 탱크에서 내부의 액화가스가 분출되어 착화되었을 때 폭발하는 현상은?

① 블레비 ② 플래시오버 ③ 백드래프트 ④ 슬롭오버

**41** 다음 중 백드래프트의 폭발이 일어나기 전 잠재적 징후로 볼 수 없는 것은?

① 짙은 황회색으로 변하는 검은 연기 ② 연기로 얼룩진 창문
③ 과도한 열의 축적 ④ 개구부를 통하여 분출되는 화염

**42** 분진의 폭발성에 영향을 미치는 인자에 관한 내용으로 옳지 않은 것은?

① 분진의 표면적이 입자체적에 비하여 작아지면 폭발이 용이해진다.
② 평균 입자직경이 작고 밀도가 작을수록 폭발이 용이해진다.
③ 분진 속에 존재하는 수분량이 증가할수록 폭발성이 둔감하게 된다.
④ 분진의 발열량이 클수록 폭발성이 크며 휘발성분의 함유량이 많을수록 폭발하기 쉽다.

**43** 다음 중 폭연과 폭굉의 차이를 나누는 기준은?

① 화염의 전파속도 ② 에너지 전달량
③ 압력의 상승량 ④ 발생된 화염의 온도

**44** 다음 중 블레비 현상과 관련이 없는 것은?

① 가스저장탱크지역의 화재발생 시 저장탱크가 가열되어 탱크 내 액체부분은 급격히 증발하고 가스 부분은 온도상승과 비례하여 탱크 내 압력의 급격한 상승을 초래하게 된다.
② 탱크가 계속 가열되면 용기 강도는 저하되고 내부압력은 상승하여 어느 시점이 되면 저장탱크 내에서 유출된 가연성 가스가 대기 중에 공기와 혼합하여 구름을 형성하는데 거기에 점화원이 다가가면 폭발하는 현상이다.
③ 저장탱크 내에서 유출된 가연성 가스가 대기 중에 공기와 혼합하여 구름을 형성하는데 거기에 화원이 다가가면 폭발하는 현상이다.
④ 인화성 액체탱크가 가열되어 폭발하기 전에 또한 10분 경과하기 전에 냉각조치를 하지 않으면 폭발이 발생할 수 있다.

**45** 다음 설명 중 옳지 않은 것은?

① 산화폭발 : 과산화수소, 히드라진

② 분진폭발 : 금속분, 밀가루

③ 분해폭발 : 아세틸렌, 산화에틸렌

④ 중합폭발 : 염화비닐, 시안화수소

**46** 'BLEVE 현상'에 관한 설명으로 옳지 않은 것은?

① 옥외의 가스 저장탱크지역의 화재발생 시 저장탱크의 외부가 가열되어 탱크 내 액체 부분은 급격히 증발하고 가스부분은 온도상승과 비례하여 탱크 내 압력의 급격한 상승을 초래하게 된다.

② 과열상태의 탱크에서 내부의 액화가스가 분출되어 착화되었을 때 폭발하는 현상이다.

③ 천장에 열과 가스가 축적되면 복사열에 방해가 되는 두텁고 진한 연기가 아래로 쌓이는 현상으로 폭발적인 착화현상이라 한다.

④ 블레비 현상은 물리적 폭발이 순간적으로 화학적 폭발로 이어지지만 그 결과는 화염을 동반하므로 화학적 폭발로 분류하고 있다.

**47** 폭굉 및 폭연에 관한 설명 중 옳지 않은 것은?

① 폭연과 폭굉은 생성에너지를 기준으로 나눈다.

② 폭연은 화염의 전파속도가 폭굉보다 느리다.

③ 폭굉의 속도는 약 1,000~3,500m/s 이하이다.

④ 폭연은 충격파가 아닌 열에 의해 이동한다.

**48** 다음 중 산화폭발과 가장 거리가 먼 것은?

① 아세틸렌가스를 압축하여 용기에 충전할 수 없는 이유는 흡열화합물이므로 압축하면 폭발할 우려가 있기 때문이다.

② 공기나 조연성 가스 중에 가연성 가스가 폭발범위 내의 농도로 존재할 때 산소와 화합하여 점화원에 의해 폭발하는 현상으로 가장 일반적인 폭발이다.

③ 무상으로 부유한 가연성 액적인 윤활유 등이 주체가 되는 폭발이다.

④ 공기 중에 부유하고 있는 가연성 티끌이 주체가 되는 폭발이다.

## 49 가스폭발과 비교하였을 때 분진폭발이 가지는 특징이 아닌 것은?

① 분진폭발은 가스폭발보다 발화에너지는 크나 발생에너지는 작다.
② 분진폭발은 일산화탄소 발생이 가스폭발에 비해 더 크다.
③ 분진폭발의 최초폭발은 가스폭발보다 작다.
④ 분진폭발은 연소속도나 폭발압력은 가스폭발에 비해 작다.

## 50 폭연(Deflagration)에 대한 설명으로 옳지 않은 것은?

① 폭연은 폭굉으로 전이될 수 있다.
② 압력파 또는 충격파가 미반응 매질 속으로 음속보다 빠르게 이동하는 경우이다.
③ 일반적인 연소에서 벽이 받는 압력은 정압뿐이다.
④ 연소파의 파면(화염면)에서 온도, 압력, 밀도의 변화를 보면 연속적이다.

## 51 다음의 폭발 현상 중 기상폭발의 범주에 속하지 않는 것은?

① 분무폭발 ② 수증기폭발 ③ 분해폭발 ④ 분진폭발

## 52 다음 중 분진폭발의 특징이 아닌 것은?

① 분진폭발은 가연성 고체의 미분이 공기 중에 부유하고 있을 때 폭발하는 현상이다.
② 폭발입자가 비산하여 부딪히는 가연물은 탄화가 발생하며, 인체에 닿으면 화상위험이 있다.
③ 연소속도와 폭발압력은 가스폭발에 비하여 작으나 연소시간이 길고, 발생에너지가 크기 때문에 파괴력과 연소정도가 크다.
④ 수분이 많을수록 위험성이 적어지고 마그네슘, 알루미늄분을 함유하면 폭발성이 적어진다.

## 53 다음 보기에 설명된 현상으로 옳은 것은?

> 대기 중에 다량의 가스나 액체가 유출되어 그것으로부터 발생하는 증기와 공기가 혼합되어 있다가 점화원에 의해서 착화하여 폭발하는 현상

① 증기운폭발(UVCE) ② 백드래프트(Back draft)
③ 슬롭오버(Slop over) ④ 블레비현상(BLEVE)

**54** 저장 시 분해 또는 중합되어 폭발을 일으킬 수 있는 위험물은?

① 아세틸렌
② 시안화수소
③ 산화에틸렌
④ 염소산칼륨

**55** 분진폭발을 일으킬 수 없는 것은 어느 것인가?

① 담뱃가루
② 알루미늄분말
③ 아연분말
④ 석회석분말

**56** 인화성, 가연성 물질의 취급 장소에 대한 폭발의 방지방법이 아닌 것은?

① 발화원을 없앤다.
② 취급장소 주위의 공기 대신 불활성 기체로 바꾼다.
③ 밀폐된 용기 내에 보관한다.
④ 환기시설을 하지 않는다.

**57** 다음 중 전기시설에 있어서 방폭구조의 종류가 아닌 것은?

① 내압(內壓)방폭구조
② 하중방폭구조
③ 안전증방폭구조
④ 유입방폭구조

**58** 다음 중 블레비 현상의 방지대책이 아닌 것은?

① 열전도도가 좋은 알루미늄판을 사용한다.
② 탱크를 원형으로 설치한다.
③ 탱크를 각형으로 설치한다.
④ 탱크내부압력을 감압한다.

**59** 다음 중 증기운 폭발이 발생할 수 있는 조건이 아닌 것은?

① 가스누설이 적을 때
② 다량의 가연성 증기를 방출할 때
③ 증기운의 형성이 좋을 때
④ 증기운이 클 때

**60** 공기나 질소와 같이 불연성 가스를 용기 내부에 압입시켜 내부압력을 유지함으로써 외부의 폭발성 가스가 용기 내부에 침입하지 못하게 하는 구조는?

① 본질안전방폭구조
② 압력방폭구조
③ 내압방폭구조
④ 유입방폭구조

**61** 고체표면의 화염확산으로 옳지 않은 것은?

① 화염확산방향이 수평전파할 때 확산속도가 빠르다.
② 화염확산에서 중력과 바람영향은 중요변수가 된다.
③ 화염확산속도는 화재 위험성 평가에서 중요한 역할을 한다.
④ 바람과 같은 방향으로의 화염확산은 순풍에서의 화염확산이라 한다.

**62** 염화비닐 단량체(Vinylchloride monomer)가 폴리염화비닐(Polyvinylchloride)로 되는 반응 과정에서 발열을 동반하면서 압력이 급상승하여 폭발하는 현상은?

① 분해폭발
② 산화폭발
③ 분무폭발
④ 중합폭발

**63** 공기 50vol%, 프로판 35vol%, 부탄 12vol%, 메탄 3vol%인 혼합기체의 공기 중 폭발 하한계는 몇 vol%인가?(단, 공기 중 각 가스의 폭발 하한계는 메탄 5vol%, 프로판 2vol%, 부탄 1.8vol%이다.)

① 2.02
② 3.41
③ 4.04
④ 6.82

**64** 화상의 정의와 응급 처치(치료)에 관한 설명으로 옳지 않은 것은?

① 2도 화상은 표재성 화상과 심재성 화상으로 분류된다.
② 3도 화상은 흑색 화상으로 근육, 뼈까지 손상을 입는 탄화 열상이다.
③ 1도 화상은 표피손상이며 시원한 물 또는 찬 수건으로 화상 부위를 식힌다.
④ 체표면적 10% 이상의 3도 화상은 중증화상에 속한다.

## 65 폭굉 유도거리가 짧아질 수 있는 조건으로 옳은 것은?

① 관경이 클수록 짧아진다.
② 점화에너지가 클수록 짧아진다.
③ 압력이 낮을수록 짧아진다.
④ 연소속도가 늦을수록 짧아진다.

## 66 폭발범위(연소범위)에 관한 설명으로 옳지 않은 것은?

① 불활성 가스를 첨가할수록 연소범위는 넓어진다.
② 온도가 높아질수록 폭발범위는 넓어진다.
③ 혼합기를 이루는 공기의 산소농도가 높을수록 연소범위는 넓어진다.
④ 가연물의 양과 유동상태 및 방출속도 등에 따라 영향을 받는다.

## 67 액화가스 탱크폭발인 BLEVE(Boiling Liquid Expanding Vapor Explosion)의 방지대책으로 옳지 않은 것은?

① 탱크가 화염에 의해 가열되지 않도록 고정식 살수설비를 설치한다.
② 입열을 위하여 탱크를 지상에 설치한다.
③ 용기 내압강도를 유지할 수 있도록 견고하게 탱크를 제작한다.
④ 탱크내벽에 열전도도가 큰 알루미늄합금 박판을 설치한다.

## 68 다음에서 설명하는 것은?

> 미분탄, 소맥분, 플라스틱의 분말 같은 가연성 고체가 미분말로 되어 공기 중에 부유한 상태로 폭발농도 이상으로 있을 때 착화원이 존재함으로써 발생하는 폭발현상

① 산화폭발
② 분무폭발
③ 분진폭발
④ 분해폭발

## 69 정상상태에서 위험분위기가 지속적으로 또는 장기적으로 존재하는 배관 내부에 적합한 방폭구조는?

① 내압방폭구조
② 본질안전방폭구조
③ 압력방폭구조
④ 안전증방폭구조

**70** 폭발성 분위기 내에 표준용기의 접합면 틈새를 통하여 폭발화염이 내부에서 외부로 전파되지 않는 최대안전틈새(화염일주한계)가 가장 넓은 물질은?

① 메탄 ② 아세틸렌 ③ 수소 ④ 에틸렌

**71** 펌프에서 발생하는 수격작용의 방지대책이 아닌 것은?

① 관내 유속이 빠를수록 수격이 발생하므로 관경을 크게 한다.
② 에어챔버(Air Chamber)를 설치한다.
③ 펌프의 운전 중 각종 밸브를 급격히 개폐하여 충격을 최소화한다.
④ 압력강하의 경우 Fly wheel을 설치하여야 한다.

**72** 소방용 펌프에서 발생하는 공동현상(Cavitation)의 방지대책으로 틀린 것은?

① 펌프의 설치 높이를 낮추어 흡입양정을 짧게 한다.
② 펌프의 회전속도를 낮추어 흡입 비교 회전도를 크게 한다.
③ 두 대 이상의 펌프를 사용한다.
④ 양흡입펌프를 사용한다.

**73** 다음 중 공동현상 발생 원인이 아닌 것은?

① 펌프의 흡입측 수두가 작을 경우
② 펌프의 설치위치가 탱크보다 너무 높을 때
③ 펌프의 흡입압력이 액체의 증기압보다 낮을 때
④ 펌프의 임펠러 속도가 클 경우

**74** 공동현상의 방지법으로 알맞지 않은 것은?

① 펌프의 설치 위치를 저수조보다 낮게 한다.
② 펌프의 압력을 항상 높게 한다.
③ 펌프의 임펠러 속도를 적게 한다.
④ 펌프의 흡입 관경을 크게 한다.

**75** 다음은 펌프의 성능에 관한 사항이다. 괄호 안에 들어갈 사항을 순서대로 올바르게 나열하면?

> 펌프의 성능은 체절운전 시 정격토출압력의 ( )를 초과하지 아니하고, 정격토출량의 ( )로 운전 시 정격토출압력의 ( ) 이상이 되어야 한다.

① 65% − 40% − 150%
② 140% − 65% − 150%
③ 140% − 150% − 65%
④ 150% − 65% − 140%

**76** 펌프에서 유체가 이송 시 정전 등으로 펌프가 정지한 경우 혹은 밸브를 갑자기 잠글 경우 배관 내 유체의 운동에너지가 압력에너지로 변하여 고압이 발생하거나 유속이 급변하여 압력의 변화를 가져와 배관 내의 벽면을 치는 현상은?

① 공동현상
② 수격작용
③ 써징현상
④ 에어바인딩현상

**77** 소방펌프의 공동현상 방지 및 감소대책으로 옳지 않은 것은?

① 흡입거리를 짧게 하거나 배관의 굴곡부나 부속의 사용을 줄인다.
② 흡입수두나 마찰손실을 줄인다.
③ 펌프설치위치는 수원보다 낮게 한다.
④ 흡입관의 구경을 작게 한다.

**78** 건물 내부의 화재 시 발생한 연기의 농도(감광계수)와 가시거리의 관계를 나타낸 것으로 틀린 것은?

① 감광계수 0.1일 때 가시거리는 20~30m이다.
② 감광계수 0.3일 때 가시거리는 10~20m이다.
③ 감광계수 1.0일 때 가시거리는 1~2m이다.
④ 감광계수 10일 때 가시거리는 0.2~0.5m이다.

**79** 다음 중 화재하중을 나타내는 단위는?

① kcal/kg ② ℃/$m^2$ ③ kg/$m^2$ ④ kg/kcal

**80** 주된 연소의 형태가 표면연소에 해당하는 물질이 아닌 것은?

① 숯 ② 나프탈렌 ③ 목탄 ④ 금속분

**81** 가연성 액체에서 발생하는 증기와 공기의 혼합기체에 불꽃을 대었을 때 연소가 일어나는 최저 온도를 무엇이라고 하는가?

① 발화점 ② 인화점 ③ 연소점 ④ 착화점

**82** 화재 시 발생하는 연소가스 중 인체에서 혈액의 산소운반을 저해하고 두통, 근육조절의 장애를 일으키는 것은?

① $CO_2$ ② CO ③ HCN ④ H2S

**83** 열전달의 대표적인 3가지 방법에 해당하지 않는 것은?

① 전도 ② 복사 ③ 대류 ④ 대전

**84** 전열기의 표면온도가 230℃에서 730℃로 상승하면 복사열은 약 몇 배 정도로 상승하는가? [K=270+℃로 계산]

① 2 ② 8 ③ 12 ④ 16

**85** 물의 기화열이 539[cal]인 것은 어떤 의미인가?

① 0[℃]의 물 1[g]이 얼음으로 변화하는 데 539[cal]의 열량이 필요하다.
② 0[℃]의 얼음이 1[g]이 물로 변화하는 데 539[cal]의 열량이 필요하다.
③ 0[℃]의 물 1[g]이 100℃의 물로 변화하는 데 539[cal]의 열량이 필요하다.
④ 100[℃]의 물 1[g]이 수증기로 변화하는 데 539[cal]의 열량이 필요하다.

**86** 액화석유가스(LPG)에 대한 성질로 틀린 것은?

① 주성분은 프로판, 부탄이다.
② 천연고무를 잘 녹인다.
③ 물에 녹지 않으나 유기용매에 용해된다.
④ 공기보다 1.5배 가볍다.

**87** 인화점이 낮은 것부터 높은 순서로 옳게 나열된 것은?

① 에틸알코올 < 이황화탄소 < 아세톤
② 이황화탄소 < 에틸알코올 < 아세톤
③ 에틸알코올 < 아세톤 < 이황화탄소
④ 이황화탄소 < 아세톤 < 에틸알코올

**88** 자연발화 방지대책에 대한 설명 중 틀린 것은?

① 저장실의 온도를 낮게 유지한다.
② 저장실의 환기를 원활히 시킨다.
③ 촉매물질과의 접촉을 피한다.
④ 저장실의 습도를 높게 유지한다.

**89** 다음 중 MOC(Minimum Oxygen Concentration : 최소산소농도)가 가장 작은 물질은?

① 메탄
② 프로판
③ 에탄
④ 부탄

**90** 폭발의 형태 중 화학적 폭발이 아닌 것은?

① 분해폭발
② 가스폭발
③ 수증기폭발
④ 분진폭발

**91** 이산화탄소 20g은 몇 mol인가?

① 0.23
② 0.45
③ 2.2
④ 4.4

**92** 전기불꽃, 아크 등이 발생하는 부분을 기름 속에 넣어 폭발을 방지하는 방폭구조는?

① 내압방폭구조
② 유입방폭구조
③ 안전증방폭구조
④ 특수방폭구조

**93** 질소 79.2vol%, 산소 20.8vol%로 이루어진 공기의 평균분자량은?

① 15.44
② 20.21
③ 28.83
④ 36.00

**94** 다음 중 연소 시 아황산가스를 발생시키는 것은?

① 적린　② 유황
③ 트리에틸알루미늄　④ 황린

**95** 섭씨 30도는 랭킨(Rankine) 온도로 나타내면 몇 도인가?

① 546도　② 515도
③ 498도　④ 463도

**96** 화재실 혹은 화재공간의 단위바닥면적에 대한 등가가연물량의 값을 화재하중이라 하며 식으로 표시할 경우에는 $Q = \sum(H_t \cdot G_t)/H_W \cdot A$와 같이 표현할 수 있다. 여기에서 $H_W$는 무엇을 나타내는가?

① 목재의 단위발열량
② 가연물의 단위발열량
③ 화재실 내 가연물의 전체 발열량
④ 목재의 단위발열량과 가연물의 단위발열량을 합한 것

**97** 화재 발생 시 인간의 피난 특성으로 틀린 것은?

① 본능적으로 평상시 사용하는 출입구를 사용한다.
② 최초로 행동을 개시한 사람을 따라서 움직인다.
③ 공포감으로 인해서 빛을 피하여 어두운 곳으로 몸을 숨긴다.
④ 무의식 중에 발화 장소의 반대쪽으로 이동한다.

**98** 화재 및 폭발에 관한 설명으로 틀린 것은?

① 메탄가스는 공기보다 무거우므로 가스탐지부는 가스기구의 직하부에 설치한다.
② 옥외저장탱크의 방유제는 화재 시 화재의 확대를 방지하기 위한 것이다.
③ 가연성 분진이 공기 중에 부유하면 폭발할 수도 있다.
④ 마그네슘의 화재 시 주수소화는 화재를 확대할 수 있다.

**99** 화씨 95도를 켈빈(Kelvin) 온도로 나타내면 약 몇 K인가?

① 178 ② 252 ③ 308 ④ 368

**100** 목조건축물에서 발생하는 옥외 출화 시기를 나타낸 것으로 옳은 것은?

① 창, 출입구 등에 발염 착화한 때

② 천장 속, 벽 속 등에서 발염 착화한 때

③ 가옥 구조에서는 천장면에 발염 착화한 때

④ 불연천장인 경우 실내의 그 뒷면에 발염 착화한 때

# 4장 소화 100제

**01** 물소화약제에 대한 설명으로 바르지 못한 것은?

① 물을 증발 가열시키면 약 1,700배 정도로 부피가 팽창하여 질식효과가 기대된다.
② 물에 계면활성제를 첨가하게 되면 방염효과를 증진시킨다.
③ 물의 잠열(기화잠열)은 539kcal/kg 정도이다.
④ 물은 가격이 싸서 경제적이며, 쉽게 구할 수 있어 가장 널리 사용되고 있는 소화약제이다.

**02** 물의 냉각 특성으로 옳지 않은 것은?

① 물은 온도가 낮을수록 냉각효과가 크다.
② 건조한 상태에서 증발이 용이하다.
③ 분무상태일 때에는 냉각효과가 적다.
④ 물방울 크기가 작은 분무상태일 때 냉각효과가 크다.

**03** 가연물의 소화에 관한 설명으로 옳지 않은 것은?

① 물 1g은 약 1,700배의 수증기를 발산시키므로 수증기에 의한 질식효과로 소화한다.
② 물의 증발로 인한 열의 흡수효과로 소화한다.
③ 가연물의 발화점 이하로 주수냉각 소화시킨다.
④ 물을 주수하는 방법에는 직사주수, 분무주수로 대별한다.

**04** 다음의 할로겐 화합물 중 오존 파괴지수가 가장 큰 것은?

① Halon 1040
② Halon 1211
③ Halon 2402
④ Halon 1301

**05** 분말소화약제의 열분해 반응식 중 다음 (　　) 안에 알맞은 화학식은?

$$2NaHCO_3 \rightarrow Na_2CO_3 + H_2O + (\quad)$$

① CO　② $CO_2$　③ Na　④ $Na_2$

**06** 이산화탄소 소화약제의 저장 용기 충전비로서 적합하게 짝지어져 있는 것은?

① 저압식은 1.1 이상, 고압식은 1.5 이상
② 저압식은 1.4 이상, 고압식은 2.0 이상
③ 저압식은 1.9 이상, 고압식은 2.5 이상
④ 저압식은 2.3 이상, 고압식은 3.0 이상

**07** 단백포 3[%] 소화약제 3[L]을 취하여 고정포방출구로 방출시켰더니 포의 체적이 3만[L]였다. 고정포방출구로 방출된 포의 팽창비는 제 몇 종 기계포인가?

① 제1종 기계포　② 제2종 기계포
③ 제3종 기계포　④ 저발포(20배 이하)

**08** 이산화탄소의 농도가 34[%]이면 산소의 연소한계 농도를 얼마로 하여야 하는가?

① 1.38[%]　② 7.38[%]
③ 13.86[%]　④ 14.86[%]

**09** 3[%]의 단백포 15[L]를 취해서 포의 팽창비가 100이 되게 포방출구로 방출하였다. 방출된 포의 체적[L]은 얼마인가?

① 5,000[L]　② 15,000[L]
③ 50,000[L]　④ 55,000[L]

**10** GWP가 가장 큰 할론 소화약제는?

① 할론 1301　　② 할론 1211
③ 할론 2402　　④ 할론 1040

**11** 다음 중 유류 화재 시 수성막포소화약제와 혼합사용 시 소화효과를 높일 수 있는 가장 효과적인 소화약제는?

① 분말소화약제　　② 화학포소화약제
③ 이산화탄소소화약제　　④ 할로겐화합물소화약제

**12** 청정소화약제(할로겐화합물 및 불활성기체소화약제) 중 HCFC－22를 82% 포함하고 있는 것은?

① IG－541　　② HFC－227ea
③ IG－55　　④ HCFC BLEND A

**13** 할론소화설비에서 Halon 1211 약제의 분자식은?

① $CBr_2ClF$　　② $CF_2BrCl$
③ $CCl_2BrF$　　④ $BrC_2ClF$

**14** A급, B급, C급 화재에 사용이 가능한 제3종 분말소화약제의 분자식은?

① $NaHCO_3$　　② $KHCO_3$
③ $NH_4H_2PO_4$　　④ $Na_2CO_3$

**15** 소화약제의 방출수단에 대한 설명으로 가장 옳은 것은?

① 액체 화학반응을 이용하여 발생되는 열로 방출한다.
② 기체의 압력으로 폭발, 기화작용 등을 이용하여 방출한다.
③ 외기의 온도, 습도, 기압 등을 이용하여 방출한다.
④ 가스압력, 동력, 사람의 손 등에 의하여 방출한다.

**16** 가연물의 제거와 가장 관련이 없는 소화방법은?

① 촛불을 입김으로 불어서 끈다.
② 산불 화재 시 나무를 잘라 없앤다.
③ 팽창 진주암을 사용하여 진화한다.
④ 가스화재 시 중간밸브를 잠근다.

**17** 다음 원소 중 수소와의 결합력이 가장 큰 것은?

① F
② Cl
③ Br
④ I

**18** 다음 설명 중 옳지 못한 것은?

① 지방산 화재 시의 소화약제로는 중탄산나트륨이 효과적이다.
② 금속분의 화재 시에 대한 소화로 주수에 의한 방법은 오히려 위험하다.
③ 제4류 위험물 화재 시의 주수소화는 가능하고 수용성의 액체는 화학포소화약제가 적당하다.
④ 이산화탄소 가스는 질식, 냉각, 피복효과가 있다.

**19** 소화의 방법으로 틀린 것은?

① 가연성 물질을 제거한다.
② 불연성 가스의 공기 중 농도를 높인다.
③ 산소의 공급을 원활히 한다.
④ 가연성 물질을 냉각시킨다.

**20** 산림화재 시 소화효과를 증대시키기 위해 물에 첨가하는 증점제로서 적합한 것은?

① Ethylene Glycol
② Potassium Carbonate
③ Ammonium Phosphate
④ Sodium Carboxy Methyl Cellulose

**21** 억제작용을 하여 소화효과가 뛰어나지만 오존층 파괴 문제로 사용이 제한되는 소화약제는 무엇인가?

① 할론소화약제
② 이산화탄소소화약제
③ 분말소화약제
④ 청정(할로겐화합물 및 불활성기체)소화약제

**22** 포소화약제 중 분말소화약제와 병용하여 높은 효과를 갖는 것은?

① 단백포 소화약제
② 수성막포 소화약제
③ 합성계면활성제포 소화약제
④ 불화단백포 소화약제

**23** 소화의 방법 중 화학적 소화란 무엇인가?

① 연쇄반응을 차단 억제시키는 것
② 산소농도를 차단 억제시키는 것
③ 화재를 발화온도 이하로 감소시키는 것
④ 강풍을 불어 가연물을 제거하는 것

**24** 제3종 분말소화약제에서 방진소화를 할 수 있는 성분은?

① $NH_3$(암모니아)
② $P_2O_5$(오산화인)
③ $HPO_3$(메타인산)
④ $H_2O$(수증기)

**25** 다음 청정소화약제 중 주성분이 Ar에 해당하는 것은?

① IG－100
② IG－01
③ IG－541
④ IG－55

**26** 다음 중 질식소화의 방법이 아닌 것은?

① 불연성 기체로 연소물을 덮는 방법
② 불연성 폼(Foam)으로 연소물을 덮는 방법
③ 소방용수로 연소물을 덮는 방법
④ 연소실을 밀폐하여 소화하는 방법

**27** 물의 특성에 대한 설명으로 옳지 않은 것은?

① 물은 열을 흡수하는 냉각소화를 할 수 있다.
② 물은 액체에서 기화 시 1,700배 부피가 팽창한다.
③ 물은 액체로서 비교적 큰 표면장력이 있다고 할 수 있다.
④ 물은 액체로서 점성이 없다고 할 수 있다.

**28** 연소과정에 필요한 연쇄반응을 저지시키는 소화는?

① 질식소화
② 부촉매소화
③ 냉각소화
④ 유화소화

## 29 이산화탄소 소화약제에 대한 설명으로 옳지 않은 것은?

① 40도 이하의 온도변화가 없는 곳에 설치한다.
② 잠열을 이용한 부촉매 소화작용으로 동상 우려가 있다.
③ 소화약제는 가스로서 피연소물에 오염이 없다.
④ 소화약제를 방사하였을 때 인체에 질식 우려가 있다.

## 30 소화원리에 대한 설명이 옳지 않은 것은?

① 제거소화는 가연물을 제거하여 소화하는 방법으로 산림화재 시 벌목하여 방화선을 구축하므로 소화하는 경우에 해당한다.
② 냉각소화는 연소 중의 가연물에 물을 주수하여 열 방출량을 낮추어 연소가 지속되지 못하게 하는 소화방법이다.
③ 질식소화는 산소의 농도를 떨어뜨려 소화하는 방법으로 밀폐된 공간의 소화에 효과적이지 못하다.
④ 부촉매 소화는 반응속도를 조절하여 소화하는 방법으로 주로 사용되는 부촉매 물질은 할로겐화합물이다.

## 31 다음에서 설명하는 용어는?

- 생물체의 성장기능, 신진대사 등에 영향을 주는 최소량으로 인체에 미치는 독성 최소농도를 말함
- 이것보다 설계농도가 높은 소화약제는 사람이 없거나 30초 이내에 대피할 수 있는 장소에서만 사용할 수 있음

① ODP
② GWP
③ NOAEL
④ LOAEL

## 32 다음 중 TLV(Threshold Limit Value)에 대한 설명으로 옳은 것은?

① 독성 물질의 섭취량과 인간에 대한 그 반응정도를 나타내는 관계에서 손상을 입히지 않는 농도 중 가장 큰 값
② 실험쥐의 50%를 사망시킬 수 있는 물질의 양
③ 실험쥐의 50%를 사망시킬 수 있는 물질의 농도
④ 실험쥐의 50%를 10분 이내에 사망시킬 수 있는 허용농도

**33** 이산화탄소 소화약제에 관한 설명으로 옳지 않은 것은?

① 이산화탄소 소화약제는 방사 시 소리가 없다.
② 피연소물에 피해가 적고 증거보존이 용이하여 화재원인조사가 쉽다.
③ 침투성이 좋고 심부화재와 표면화재에 적합하며 전기화재에 좋다.
④ 압력이 커서 자체압으로 방사가 가능해 외부의 방출용 동력이 필요 없다.

**34** 다음 중 물과 반응하여 발생하는 가스가 다른 하나는?

① 나트륨 ② 탄화칼슘 ③ 리튬 ④ 칼륨

**35** 청정소화약제가 환경에 미치는 영향을 생각하는 것으로 가장 거리가 먼 것은?

① 오존파괴지수 ② 지구온난화지수
③ 대기 중 소멸성 ④ 전기 절연성

**36** 물의 소화효과에 대한 설명으로 옳지 않은 것은?

① 냉각소화와 질식작용에 큰 효과를 낼 수 있는 것은 봉상주수이다.
② 기름표면 등에 방사되어 유화층을 형성하여 유면을 덮는 유화작용을 갖는다.
③ 수용성 액체는 희석하여 소화하는 희석작용을 나타낼 수 있다.
④ 무상주수는 열의 차폐에도 유효하여 가스화재 및 폭발제어 설비로도 사용된다.

**37** 유류 오염이 없고 표면하 주입방식이 가능한 것은?

① 합성계면활성제포 ② 불화단백포
③ 내알코올포 ④ 단백포

**38** 기체, 고체, 액체에서 나오는 분해가스나 증기의 농도를 작게 하여 소화하는 방법은?

① 냉각소화 ② 질식소화
③ 제거소화 ④ 희석소화

**39** 다음 중 알킬알루미늄의 소화에 적합한 소화제는?

① 마른 모래　② 분무상의 물　③ 포말　④ 이산화탄소

**40** 냉각소화에 사용되는 것으로 주로 사용되는 것은?

① 포　② 물　③ 분말　④ 할론

**41** 소화기 설치장소 중 적당하지 않은 것은?

① 통행 또는 피난에 지장을 주지 않는 장소
② 사용 시 반출이 용이한 장소
③ 장난의 방지를 위하여 사람들의 눈에 띄지 않는 장소
④ 위험물 등 각 부분으로부터 규정된 거리 이내의 장소

**42** 화재 시 초기소화용으로 사용되지 않는 것은?

① 스프링클러설비　② 소화기
③ 옥내소화전설비　④ 연결송수관설비

**43** 할로겐화합물 소화약제 중 소화효과가 가장 좋고 독성이 가장 약한 것은?

① 할론 1301　② 할론 1040
③ 할론 1211　④ 할론 2402

**44** 고체 가연물질의 연소과정에서 거치는 4단계의 순서는?

① 용융 – 열분해 – 기화 – 연소　② 열분해 – 용융 – 기화 – 연소
③ 기화 – 용융 – 열분해 – 연소　④ 열분해 – 기화 – 용융 – 연소

**45** 할론소화약제의 구비 조건으로 옳지 않은 것은?

① 증발 잔유물이 없어야 한다.　② 기화되기 쉬워야 한다.
③ 고비점 물질이어야 한다.　④ 불연성이어야 한다.

## 46 다음 중 소화의 형태로 볼 수 없는 것은?

① 발열소화
② 화학소화
③ 희석소화
④ 제거소화

## 47 할로겐화합물 약제에 의한 피해의 척도와 관계없는 것은?

① 지구의 온난화 지수
② 오존층의 파괴지수
③ 분해열에 의한 복사열 지수
④ 치사농도

## 48 할론소화설비에 사용하는 소화약제가 아닌 것은?

① 할론 2402
② 할론 1211
③ 할론 1301
④ 할론 1311

## 49 포소화설비의 화재 적응성이 가장 낮은 대상물은?

① 건축물
② 가연성 고체류
③ 가연성 가스
④ 가연성 액체류

## 50 소화에 필요한 산소농도를 알 수 있다면 $CO_2$소화약제 사용 시 최소 소화농도를 구하는 식은?

① $CO_2[\%] = 21 \times \left(\frac{100 - O_2\%}{100}\right)$
② $CO_2[\%] = \frac{21 - O_2\%}{21} \times 100$
③ $CO_2[\%] = 21 \times \left(\frac{O_2\%}{100} - 1\right)$
④ $CO_2[\%] = \left(\frac{21 \times O_2\%}{100} - 1\right)$

## 51 할로겐화합물(청정소화약제)의 ODP를 현저히 낮추기 위해 배제하는 원소는?

① F ② Cl ③ Br ④ I

## 52 소화기의 형식승인 및 제품검사의 기술기준에서 정한 대형 소화기 기준으로 틀린 것은?

① 강화액 60[$l$]
② 이산화탄소 50[kg]
③ 할로겐화합물 30[kg]
④ 분말 30[kg]

**53** 화재발생 시 다량의 물로 주수소화하면 안 되는 것은?

① 과산화벤조일 ② 메틸에틸케톤퍼옥사이드
③ 과산화나트륨 ④ 질산나트륨

**54** 인간의 심장에 영향을 주지 않는 최대농도의 의미를 가지고 있는 것은?

① $LC_{50}$ ② $LD_{50}$ ③ LOAEL ④ NOAEL

**55** 다음 중 소염거리에 대한 설명 중 틀린 것은?

① 점화가 일어나지 않는 전극 간의 최대거리를 소염거리(Quenching distance)라고 한다.
② 전극의 간격이 좁은 경우 아무리 큰 전기에너지를 통해 형성된 불꽃을 가해도 점화되지 않는다.
③ 최소발화에너지는 소염거리와 연소속도에 비례한다.
④ 최소발화에너지는 화염온도에 비례한다.

**56** 연소반응속도에 관한 설명으로 옳지 않은 것은?

① 분자 간의 충돌빈도수가 증가할수록 증가한다.
② 활성화에너지가 클수록 증가한다.
③ 온도가 높을수록 증가한다.
④ 시간 변화량에 대한 농도 변화량이 클수록 증가한다.

**57** 가연성 액체탄화수소가 유출되어 화재가 발생한 경우 소화에 적합한 Twin Agent System의 약제성분은?

① 단백포+제1종 분말소화약제 ② 불화단백포+제2종 분말소화약제
③ 수성막포+제3종 분말소화약제 ④ 합성계면활성제포+제4종 분말소화약제

**58** 축압식 분말 소화기에 관한 설명으로 옳지 않은 것은?

① 충전압력은 0.7~0.98MPa이다.
② 지시압력계가 적색을 지시하면 과충전 상태이다.
③ 지시압력계가 황색을 지시하면 정상 상태이다.
④ 소화약제와 불활성 기체를 하나의 용기에 충전시켜 사용한다.

## 59 화재 시 발생하는 연기량과 발연속도에 관한 설명으로 옳지 않은 것은?

① 발연량은 고분자 재료의 종류와는 무관하다.

② 재료의 형상, 산소농도 등에 따라 발연속도는 크게 변한다.

③ 목질계보다 플라스틱계 재료의 발연량이 대체적으로 많다.

④ 재료의 발연량은 온도나 산소량 등에 크게 영향을 받는다.

## 60 소화방법에 관한 설명으로 옳지 않은 것은?

① 부촉매소화 : 이산화탄소를 화원에 뿌렸다.

② 냉각소화 : 가연물질에 물을 뿌려 연소온도를 낮추었다.

③ 제거소화 : 산불화재 시 주위 산림을 벌채하였다.

④ 질식소화 : 불연성 기체를 투입하여 산소농도를 떨어뜨렸다.

## 61 연기 속을 투과하는 빛의 양을 측정하는 농도측정법으로 옳은 것은?

① 중량농도법 ② 입자농도법

③ 한계도달법 ④ 감광계수법

## 62 물리적 소화방법이 아닌 것은?

① 질식소화 ② 냉각소화

③ 제거소화 ④ 억제소화

## 63 화재 소화방법 중 자유 라디칼(Free radical) 생성과 관계되는 것은?

① 냉각소화 ② 제거소화

③ 질식소화 ④ 억제소화

## 64 다음 중 포소화약제가 갖추어야 할 구비조건 중 틀린 것은?

① 유동성이 있어야 한다. ② 비중이 커야 한다.

③ 바람에 견디는 힘이 커야 한다. ④ 화재면에 부착하는 성질이 커야 한다.

**65** 공기포(기계포)는 포의 팽창비에 따라 구분하는데 제2종 기계포의 팽창비는 얼마인가?

① 20배 이하
② 80배 이상 250배 미만
③ 250배 이상 500배 미만
④ 500배 이상 1,000배 미만

**66** 이산화탄소소화약제의 적용 시 운무현상이 발생하였다. 그 이유는?

① 이산화탄소의 소화작용으로 다량의 연소기체가 발생한다.
② 이산화탄소의 방사 시 주위의 온도가 내려가 고체탄산의 미세분말을 형성한다.
③ 이산화탄소의 방사 시 다량의 수증기가 발생한다.
④ 이산화탄소의 방사 시 주위의 온도가 내려가 대기 중의 수분이 응결한다.

**67** 다음 중 식용유 및 지방질유의 화재에 소화력이 가장 높은 것은?

① 탄산수소나트륨
② 탄산수소칼륨
③ 인산암모늄
④ 탄산수소칼슘

**68** 식용유 화재의 소화에는 제1종 분말소화약제가 제2종 분말소화약제보다 우수한 것으로 판명되었다. 그 이유로 가장 적합한 것은?

① 분말소화약제에 결합된 알칼리 금속은 분자량이 가벼울수록 식용유 화재에 대한 소화성능이 우수하다.
② 제1종 분말소화약제는 식용유와 비누화반응을 일으켜 가연물의 가연성을 억제한다.
③ 연소의 연쇄반응을 일으키는 활성종의 흡착력이 제1종 분말소화약제가 더 크다.
④ 제2종 분말소화약제에 결합된 칼륨은 분자량이 무거워 식용유 밑으로 침전하여 소화력이 떨어진다.

**69** 제2종 소화분말의 색상은?

① 백색
② 담자색
③ 담홍색
④ 회색

**70** 다음은 분말소화약제 중 일반, 유류, 전기화재에 적합한 것은?

① $NaHCO_3$
② $KHCO_3$
③ $NH_4H_2PO_4$
④ $KHCO_3+(NH_2)2CO$

**71** 분말소화약제 중 이산화탄소를 발생하지 않는 것은?

① 제1종 분말
② 제2종 분말
③ 제3종 분말
④ 제4종 분말

**72** 분말약제의 입자표면을 실리콘으로 표면처리 하는 이유는?

① 약제의 유동성을 높이기 위해서이다.
② 약제가 습기를 흡수하지 않도록 하기 위해서이다.
③ 약제의 입자 크기를 작게 하기 위해서이다.
④ 약제가 열을 급속히 흡수하도록 하기 위해서이다.

**73** 분말소화약제가 방출된 후에는 배관 및 관로상을 어떻게 하여야 하는가?

① 물로 청소한다.
② 기름으로 청소한다.
③ 고압기체로 청소한다.
④ 그대로 두어도 된다.

**74** 물이 다른 액상의 소화약제에 비해 비등점이 높은 이유는 무엇 때문인가?

① 물은 배위결합을 하고 있다.
② 물은 이온결합을 하고 있다.
③ 물은 극성 공유결합을 하고 있다.
④ 물은 비극성 공유결합을 하고 있다.

**75** 공기포 발포배율을 측정하기 위해 중량 340g, 용량 1.5L의 포수집용기에 포를 가득 채웠다. 이 포의 포팽창률은 얼마인가?(단, 포가 가득 찼을 때의 무게는 640g이다.)

① 4m$l$/g
② 5m$l$/g
③ 6m$l$/g
④ 7m$l$/g

**76** 할로겐화합물 소화약제에 관한 설명으로 틀린 것은?

① 비열, 기화열이 작기 때문에 냉각효과는 물보다 작다.
② 할로겐 원자는 활성기의 생성을 억제하여 연쇄반응을 차단한다.
③ 사용 후에도 화재현장을 오염시키지 않기 때문에 통신기기실 등에 적합하다.
④ 약제의 분자 중에 포함되어 있는 할로겐 원자의 소화 효과는 F > Cl > Br > I의 순이다.

**77** 불활성 가스 청정소화약제인 IG－541의 성분이 아닌 것은?

① 질소 ② 아르곤 ③ 헬륨 ④ 이산화탄소

**78** 벤젠의 소화에 필요한 $CO_2$의 이론소화농도가 공기 중에서 37[vol%]일 때 한계산소농도는 약 몇 [vol%]인가?

① 13.2 ② 14.5 ③ 15.5 ④ 16.5

**79** 부촉매소화에 관한 설명으로 옳은 것은?

① 산소의 농도를 낮추어 소화하는 방법이다.
② 화학반응으로 발생한 탄산가스에 의한 소화방법이다.
③ 활성기(Free Radical)의 생성을 억제하는 소화방법이다.
④ 용융잠열에 의한 냉각효과를 이용하여 소화하는 방법이다.

**80** 이산화탄소 소화설비의 적용대상이 아닌 것은?

① 가솔린 ② 전기설비
③ 인화성 고체 위험물 ④ 니트로셀룰로오스

**81** 표준상태에서 메탄가스의 밀도는 몇 [g/L]인가?

① 0.21 ② 0.41 ③ 0.71 ④ 0.91

**82** 분말소화약제의 열분해 반응식 중 옳은 것은?

① $2KHCO_3 \rightarrow KCO_3 + 2CO_2 + H_2O$
② $2NaHCO_3 \rightarrow NaCO_3 + 2CO_2 + H_2O$
③ $NH_4H_2PO_4 \rightarrow HPO_3 + NH_3 + H_2O$
④ $2KHCO_3 \rightarrow (NH_2)2CO + K_2CO_3 + NH_2 + CO_2$

**83** 비수용성 유류의 화재 시 물로 소화할 수 없는 이유는?

① 인화점이 변하기 때문 ② 발화점이 변하기 때문
③ 연소면이 확대되기 때문 ④ 수용성으로 변하여 인화점이 상승하기 때문

**84** 건물 내에서 화재가 발생하여 실내온도가 20℃에서 600℃까지 상승했다면 온도 상승만으로 건물의 내의 공기 부피는 처음의 약 몇 배 정도 팽창하는가?(단, 화재로 인한 압력의 변화는 없다고 가정한다.)

① 3 ② 9 ③ 15 ④ 30

**85** 같은 원액으로 만들어진 포의 특성에 관한 설명으로 옳지 않은 것은?

① 발포배율이 커지면 환원시간은 짧아진다.
② 환원시간이 길면 내열성이 떨어진다.
③ 유동성이 좋으면 내열성이 떨어진다.
④ 발포배율이 작으면 유동성이 떨어진다.

**86** 제거소화의 예가 아닌 것은?

① 유류화재 시 다량의 포를 방사한다.
② 전기화재 시 신속하게 전원을 차단한다.
③ 가연성 가스 화재 시 가스의 밸브를 닫는다.
④ 산림화재 시 확산을 막기 위하여 산림의 일부를 벌목한다.

**87** 화재 발생 시 주수소화가 적합하지 않은 물질은?

① 적린 ② 마그네슘 분말
③ 과염소산칼륨 ④ 유황

**88** 이산화탄소($CO_2$)에 대한 설명으로 틀린 것은?

① 임계온도는 97.5℃이다. ② 고체의 형태로 존재할 수 있다.
③ 불연성 가스로 공기보다 무겁다. ④ 상온, 상압에서 기체 상태로 존재한다.

**89** 화학적 소화방법에 해당하는 것은?

① 모닥불에 물을 뿌려 소화한다. ② 모닥불을 모래로 덮어 소화한다.
③ 유류화재를 할론 1301로 소화한다. ④ 지하실 화재를 이산화탄소로 소화한다.

**90** 에스테르가 알칼리의 작용으로 가수분해 되어 알코올과 산의 알칼리염이 생성되는 반응은?

① 수소화분해반응　② 탄화반응
③ 비누화반응　④ 할로겐화반응

**91** 소화기구는 바닥으로부터 높이 몇 m 이하의 곳에 비치하여야 하는가?(단, 자동소화장치를 제외한다.)

① 0.5　② 1.0　③ 1.5　④ 2.0

**92** 분말소화약제 중 담홍색 또는 황색으로 착색하여 사용하는 것은?

① 탄산수소나트륨　② 탄산수소칼륨
③ 제1인산암모늄　④ 탄산수소칼륨과 요소와의 반응물

**93** 할로겐화합물소화약제(청정소화약제) 중 HCFC-22를 82% 포함하고 있는 것은?

① IG-541　② HFC-227ea
③ IG-55　④ HCFC BLEND A

**94** 다음 중 제거소화 방법과 무관한 것은?

① 산불의 확산방지를 위하여 산림의 일부를 벌채한다.
② 화학반응기의 화재 시 원료 공급관의 밸브를 잠근다.
③ 유류화재 시 가연물을 포로 덮는다.
④ 유류탱크 화재 시 주변에 있는 유류탱크의 유류를 다른 곳으로 이동시킨다.

**95** 분말소화약제의 열분해 반응식 중 다음 (　) 안에 알맞은 화학식은?

$$2NaHCO_3 \rightarrow Na_2CO_3 + H_2O + (\quad)$$

① CO　② $CO_2$　③ Na　④ $Na_2$

**96** 소화의 방법으로 틀린 것은?

① 가연성 물질을 제거한다.
② 불연성 가스의 공기 중 농도를 높인다.
③ 산소의 공급을 원활히 한다.
④ 가연성 물질을 냉각시킨다.

**97** 다음의 소화약제 중 오존파괴지수(ODP)가 가장 큰 것은?

① 할론 1040
② 할론 1301
③ 할론 1211
④ 할론 2402

**98** 포소화약제의 적응성이 있는 것은?

① 칼륨 화재
② 알킬리튬 화재
③ 가솔린 화재
④ 인화알루미늄 화재

**99** 할론계 소화약제의 주된 소화효과 및 방법에 대한 설명으로 옳은 것은?

① 소화약제의 증발잠열에 의한 소화방법이다.
② 산소의 농도를 15% 이하로 낮게 하는 소화방법이다.
③ 소화약제의 열분해에 의해 발생하는 이산화탄소에 의한 소화방법이다.
④ 자유활성기(Free radical)의 생성을 억제하는 소화방법이다.

**100** 염소산염류, 과염소산염류, 알칼리 금속의 과산화물, 질산염류, 과망간산염류의 특징과 화재 시 소화방법 대한 설명 중 틀린 것은?

① 가열 등에 의해 분해하여 산소를 발생하고 화재 시 산소의 공급원 역할을 한다.
② 가연물, 유기물, 기타 산화하기 쉬운 물질과 혼합물은 가열, 충격, 마찰 등에 의해 폭발하는 수도 있다.
③ 알칼리금속의 과산화물을 제외하고 다량의 물로 냉각소화한다.
④ 그 자체가 가연성이며 폭발성을 지니고 있어 화약류 취급 시와 같이 주의를 요한다.

# 5장 소방시설론 100제

**01** 다음 중 소방시설의 분류에서 소화활동설비가 아닌 것은?

① 제연설비　② 무선통신보조설비
③ 비상방송설비　④ 비상콘센트설비

**02** 물분무등소화설비에 해당되지 않는 것은?

① 포소화설비　② 할론소화설비
③ 연결살수설비　④ 분말소화설비

**03** 다음 중 소방시설의 연결이 바르게 된 것은?

① 소화설비 : 피난기구, 옥내소화전설비, 스프링클러설비
② 경보설비 : 비상방송설비, 자동화재속보설비, 연결살수설비
③ 피난설비 : 인명구조기구, 비상조명등, 통합감시시설
④ 소화활동설비 : 연결송수관, 무선통신보조설비, 제연설비

**04** 다음 중 소화기에 관한 설명 중 옳지 않은 것은?

① 소화기는 가압방식에 따라 축압식 소화기와 가압식 소화기로 구분한다.
② 소형 소화기의 성능은 능력단위가 1단위가 최고이며 가장 소화능력이 높다.
③ 소화기의 적응성에서 C급은 전기화재용이며 색상은 청색으로 표시한다.
④ 강화액소화기는 탄산칼륨 등의 수용액을 주원료로 한다.

**05** 소화기를 각 층마다 설치하되 소방대상물 각 부분으로부터의 보행거리가 소형 소화기 및 대형 소화기는 각각 몇 미터 이내마다 설치해야 하는가?

① 20m, 30m　② 30m, 40m
③ 40m, 50m　④ 50m, 60m

## 06 소화기 저장온도 및 사용온도의 적응성에 의한 온도가 옳은 것은?

① 강화액 소화기 : −30℃~40℃
② 분말 소화기 : −5℃~50℃
③ 포 소화기 : −0℃~40℃
④ 산 · 알칼리 소화기 : 5℃~40℃

## 07 소화기 및 간이소화용구를 설치하는 시설의 법적 설치대상이 아닌 것은?

① 아파트
② 연면적 $33m^2$ 이상
③ 터널
④ 지정문화재 및 가스시설

## 08 화재 시 화염이나 열에 따라 소화약제가 확산하여 국소적으로 소화하는 것은?

① 대형 소화기
② 자동확산소화기
③ 자동소화장치
④ 소형 소화기

## 09 다음 중 소화기구의 능력단위 1단위에 해당하는 바닥면적 기준이 가장 적은 것은?

① 공연장
② 숙박시설
③ 노유자시설
④ 위락시설

## 10 대형 소화기의 약제 충전량으로 옳은 것은?

① 물 소화기 : 50L
② 강화액 소화기 : 50L
③ 분말 소화기 : 10kg
④ 이산화탄소 소화기 : 50kg

## 11 다음 간이소화 용구를 배치했을 때 능력단위의 합은?

- 삽을 상비한 마른 모래(50[$l$], 4포)
- 삽을 상비한 팽창질석(80[$l$], 4포)

① 2단위
② 3단위
③ 4단위
④ 5단위

**12** 자동소화설비기능을 가지고 있는 소방시설은?

① 자동화재탐지설비, 이산화탄소소화설비, 할로겐화합물소화설비
② 옥내소화전설비, 옥외소화전설비, 스프링클러소화설비
③ 연결송수관설비, 스프링클러설비, 이산화탄소설비
④ 이산화탄소소화설비, 할로겐화합물소화설비, 스프링클러설비

**13** 옥내소화전 설비 중 펌프를 이용한 가압송수 장치에 대한 내용이 잘못된 것은?

① 기동용 수압개폐 장치를 사용할 경우에 압력챔버 용적은 100*l* 이상으로 한다.
② 펌프의 흡입측에는 진공계, 토출측에는 연성계를 설치한다.
③ 가압송수장치에는 체절 운전 시 수온의 상승을 방지하기 위한 순환배관상 릴리프밸브를 설치한다.
④ 가압 송수장치에는 정격부하 운전 시 펌프의 성능을 시험하기 위하여 성능시험배관을 사용한다.

**14** 옥내소화전설비의 수원저장방식 중 옥상에 설치하지 않아도 되는 경우가 아닌 것은?

① 지하층만 있는 건축물
② 고가수조를 가압송수장치로 설치한 옥내소화전설비
③ 수원이 건축물의 지붕보다 높은 위치에 설치된 경우
④ 지표면으로부터 당해 건축물의 상단까지의 높이가 15미터 이하인 경우

**15** 다음 중 옥내소화전이 6개 있을 때 수원의 최대 수량은?(단, 30층 미만일 경우)

① $13m^3$ ② $14m^3$ ③ $15m^3$ ④ $16m^3$

**16** 옥내소화전설비의 수조에 대한 설명으로 옳지 않은 것은?

① 점검이 편리한 곳에 설치할 것
② 수조의 외측에 수위계를 설치할 것
③ 보일러실은 옥내소화전설비 설치 제외 대상물이다.
④ 수조의 상단이 바닥보다 높은 때에는 수조의 외측에 이동식 사다리를 설치할 것

## 17 옥내소화전설비의 가압송수장치가 아닌 것은?

① 고가수조방식 ② 압력수조방식
③ 지하수조방식 ④ 가압수조방식

## 18 옥내소화전의 방수구와 옥외소화전의 접결구는 해당 소방대상물의 각 부분으로부터 하나의 소화전까지의 수평거리는 각각 몇 m인가?

① 옥내 – 25m, 옥외 – 50m ② 옥내 – 25m, 옥외 – 40m
③ 옥내 – 30m, 옥외 – 30m ④ 옥내 – 30m, 옥외 – 40m

## 19 건축물 내에 설치되는 고정식, 수동식 수계 소화설비는?

① 가스소화전설비 ② 분말소화전설비
③ 옥내소화전설비 ④ 옥외소화전설비

## 20 다음 (  )에 들어갈 알맞은 말은?

(  ) 스프링클러설비는 가압송수장치에서 폐쇄형 스프링클러헤드까지 배관 내에 항상 물이 가압되어 있다가 화재로 인한 열로 폐쇄형 스프링클러헤드가 개방되면 배관 내에 유수가 발생하여 (  ) 유수검지장치가 작동하게 되는 스프링클러설비이다.

① 습식 ② 건식
③ 일제살수식 ④ 준비작동식

## 21 스프링클러설비에서 소방차로부터 설비에 살수할 수 있는 송수구 설치기준으로 적합하지 않은 것은?

① 송수구 구경 65mm의 쌍구형으로 할 것
② 지면으로부터 높이가 1미터 이상 2미터 이하의 위치에 설치할 것
③ 송수구에는 가까운 곳의 보기 쉬운 곳에 송수압력범위를 표시한 표지를 할 것
④ 송수구는 화재층으로부터 지면으로 떨어지는 유리창 등이 송수 및 소화작업에 지장을 주지 않는 장소에 설치할 것

**22** 습식 스프링클러설비의 장점이 아닌 것은?

① 동결의 우려가 없다. ② 초기소화에 적합하다.
③ 소화약제가 물이므로 경제적이다. ④ 화재진화 후 복구가 용이하다.

**23** 건식 스프링클러설비 중 압축공기의 배출속도를 가속시켜 1차측 배관 내의 가압수를 2차측 헤드까지 신속히 송수할 수 있도록 하는 장치는?

① 엑셀레이터 ② 에어레귤레이터
③ 자동식 공기압축기 ④ 로우알람스위치

**24** 스프링클러설비에 관한 설명 중 옳지 않은 것은?

① 스프링클러설비는 자동식 소화설비이다.
② 일제살수식은 일반적으로 모든 배관이 건식 방식이다.
③ 일제살수식은 개방형 스프링클러헤드를 가진다.
④ 준비작동식은 폐쇄형으로 프리액션밸브 이전은 물이 차 있는 습식 방식이다.

**25** 다음 중 전기실 · 통신실에 적합한 소화설비는?

① 스프링클러설비 ② 옥내소화전설비
③ 연결살수설비 ④ 이산화탄소소화설비

**26** 천장이나 벽에 설치하며 화재 시 화재 열기에 의해 작동하여 물을 분사시키는 초기 소화설비는?

① 연결살수설비 ② 자동확산소화설비
③ 스프링클러설비 ④ 옥내소화전설비

**27** 랙크식 창고의 경우로서 특수가연물을 저장 또는 취급하는 것에 있어서는 랙크 높이는 몇 m 이하마다 스프링클러헤드를 설치하는가?

① 1.7m ② 2.5m ③ 4m ④ 6m

**28** 다음 중 스프링클러설비의 물 주수형태는?

① 직상주수 ② 봉상주수
③ 분무주수 ④ 적상주수

**29** 준비작동식 스프링클러설비에 대한 설명으로 옳지 않은 것은?

① 준비작동식 스프링클러설비에는 감지기가 설치되어 있다.
② 스프링클러설비 배관에는 압축공기와 고압가스로 채워져 있다.
③ 클래퍼를 중심으로 2차 측 배관에는 대기압 상태로 되어 있다.
④ 준비작동식 스프링클러설비 헤드는 폐쇄형 헤드로 되어 있다.

**30** 화재안전기준에서 규정하는 최소 규정 방수량이 가장 큰 소화설비로 옳은 것은?

① 옥내소화전 ② 옥외소화전
③ 스프링클러설비 ④ 간이스프링클러설비

**31** 스프링클러설비 헤드의 수평거리가 알맞게 연결된 것은?

① 무대부, 특수가연물 : 2.1m 이하 ② 비내화구조 : 2.3m 이하
③ 내화구조 : 2.5m 이하 ④ 위험물제조소 등 : 1.7m 이하

**32** 스프링클러설비를 구성하는 배관 중 헤드가 설치된 가장 가느다란 배관은?

① 입상배관 ② 수평주행배관
③ 교차배관 ④ 가지배관

**33** 다음 중 스프링클러 헤드의 종류가 다른 것은?

① 일제살수식 ② 준비작동식
③ 습식 ④ 건식

**34** 물분무설비의 가압송수장치 전동기 또는 내연기관에 따른 펌프를 이용하는 가압송수장치의 펌프 1분당 토출량 기준이 잘못된 것은?

① 특수가연물을 저장 · 취급하는 소방대상물에 있어서는 그 바닥면적 $1m^2$에 대하여 10L를 곱한 양 이상이 되도록 한다.

② 차고 또는 주차장에 있어서는 그 바닥면적 $1m^2$에 대하여 20L를 곱한 양 이상이다.

③ 케이블트레이, 케이블덕트에서는 투영된 바닥면적 $1m^2$당 12L를 곱한 양 이상이다.

④ 컨베이어벨트에 있어서는 벨트부분의 바닥면적 $1m^2$당 20L를 곱한 양 이상이다.

**35** 물분무등 소화설비에 해당되지 않는 것은?

① 포소화설비 ② 할론소화설비

③ 연결살수설비 ④ 분말소화설비

**36** 포소화설비 중 펌프와 발포기 중간에 설치된 벤투리관의 벤투리작용에 의하여 포소화약제를 흡입 · 혼합하는 방식을 무엇이라 하는가?

① 펌프 프로포셔너방식 ② 프레져 프로포셔너방식

③ 라인 프로포셔너방식 ④ 프레져사이드 프로포셔너방식

**37** 이산화탄소 소화설비의 설치 제외 장소가 아닌 것은?

① 방재실, 제어실 등 상시 사람이 근무하는 곳

② 전시장 등의 관람을 위하여 다수인이 출입 · 통행하는 통로 및 전시실 등

③ 제4류 위험물 인화성 액체가 있는 장소

④ 니트로셀룰로오스, 셀룰로이드 제품 등 자기반응성 물질이 있는 곳

**38** 이산화탄소 소화설비 작동순서로 옳은 것은?

| | |
|---|---|
| 가. 감지기 작동 | 나. 전자밸브 동작 |
| 다. 수신제어반 연결 | 라. 기동용기 개방 |
| 마. 저장용기 개방 | 바. 소화약제 방사 |

① 가, 나, 다, 라, 마, 바 ② 가, 다, 나, 라, 마, 바

③ 가, 나, 다, 마, 라, 바 ④ 가, 다, 나, 마, 라, 바

**39** 이산화탄소 소화설비에 대한 설명이 잘못된 것은?

① 저압이기 때문에 질소 등의 기체로 충전하여 방사하여야 한다.
② 약제로 인한 피연소물에 피해가 적어서 화재조사가 쉽다.
③ 자체적으로 산소를 함유하는 물질의 장소에 설치하여서는 안 된다.
④ 밀폐된 공간이나 전시장 등의 관람을 위하여 다수인이 출입 · 통행하는 통로 및 전시실 등의 장소에 설치하여서는 안 된다.

**40** 다음 중 옥외소화전설비를 설치하여야 할 특정소방대상물에 해당되는 것과 가장 거리가 먼 것은?

① 지상 1층 및 2층의 바닥면적의 합계가 9천$m^2$ 이상인 것
② 지정문화재로서 연면적 1천$m^2$ 이상인 것
③ 특수가연물을 지정수량의 750배 이상 저장하는 창고
④ 2층 건물로서 연면적이 1만$m^2$ 이상인 기계조립공장으로 화재위험도가 낮은 특정소방대상물

**41** 옥외소화전 5개를 설치 시 소화전의 수원은?

① 13$m^3$ ② 14$m^3$ ③ 5.2$m^3$ ④ 7$m^3$

**42** 옥외소화전에 대한 설명으로 옳지 않은 것은?

① 옥외소화전 1개당 필요한 확보 수원의 양은 3.5$m^3$이다.
② 방수압력은 각 노즐선단 방수압력이 0.25[MPa] 이상이 되어야 한다.
③ 호스 접결구는 소방대상물의 각 부분으로부터 수평거리가 40m 이하가 되도록 한다.
④ 옥외소화전이 30개인 경우 11개 이상의 소화전함을 각각 분산하여 설치하여야 한다.

**43** 옥외소화전과 소화전함의 이격거리는 몇 m 이내로 하여야 하는가?

① 5m ② 10m ③ 15m ④ 20m

**44** 비상방송설비의 설치기준에 관한 옳은 설명은?

① 음향장치는 정격전압 90% 전압에서도 음향 신호를 보낼 수 있다.

② 확성기는 각 층마다 설치하되 그 층의 각 부분으로부터 하나의 확성기까지의 수평거리가 30m 이하가 되도록 한다.

③ 비상방송설비의 확성기 음성입력은 실내의 경우 3W 이상이어야 한다.

④ 연면적 3,500$m^2$ 이상이면 비상방송설비를 설치해야 한다.

**45** 고층(30층 이상)건축물에서 2층 이상의 층에서 화재가 발생했을 경우 비상방송설비의 음향장치의 경보발령 범위는?

① 발화층 및 그 직상 1개층에 경보를 발할 것

② 발화층 및 그 직상 2개층에 경보를 발할 것

③ 발화층 및 그 직상 3개층에 경보를 발할 것

④ 발화층 및 그 직상 4개층에 경보를 발할 것

**46** 다음 중 자동화재속보설비에 대한 설명으로 옳지 않은 것은?

① 자동화재속보설비란 자동화재탐지설비로부터 화재신호를 받아 소방서에 자동적으로 화재발생과 위치를 신속하게 통보해 주는 설비이다.

② A형 화재속보기는 P형 수신기, R형 수신기로부터 발하는 화재의 신호를 수신하여 20초 이내에 소방관서에 통보한다.

③ B형 화재속보기는 P형 수신기, R형 수신기와 A형 화재속보기의 성능을 복합한 것으로 감지기 또는 발신기에 의해 발하는 신호나 중계기를 통해 송신된 신호를 소방대상물의 관계자에게 통보한다.

④ 자동화재속보기는 10초 이내에 3회 이상 소방대상물의 위치를 소방관서에 자동적으로 통보하는 기능을 가진다.

**47** 자동화재탐지설비의 구성요소가 아닌 것은?

① 발신기 ② 감지기 ③ 흡입기 ④ 중계기

**48** 자동화재탐지설비의 수신기 작동 시험 중 회로도통시험의 목적에 해당하는 것은?

① 도통 후 점등 및 음향장치 등의 명동을 확인하기 위한 시험
② 감지기회로의 단선 유무와 기기 등의 접속 상황을 확인하기 위한 시험
③ 감지기시설의 절연저항을 측정하여 회로의 정상기능여부를 판단하기 위한 시험
④ 감지기가 동시에 수회선 작동하였을 경우 수신기의 정상기능여부를 확인하기 위한 시험

**49** 다음 중 자동화재탐지설비의 P형 1급발신기의 구성요소가 아닌 것은?

① 응답확인램프 ② 전화잭 ③ 다이어프램 ④ 누름스위치

**50** 자동화재탐지설비 중 감지기 설치 제외 장소가 아닌 것은?

① 부식성 가스가 체류하고 있는 장소
② 천장 또는 반자의 높이가 10m 이상인 장소
③ 실내용적이 $20m^3$ 이하인 장소
④ 고온도, 저온도로서 감지기 유지관리가 어려운 장소

**51** 자동화재탐지설비의 경계구역 설정에 관한 설명으로 옳지 않은 것은?

① 하나의 경계구역이 2개 이상의 건축물에 미치지 아니한다.
② 하나의 경계구역이 2개 이상의 층에 미치지 아니하도록 한다.
③ 500제곱미터 이하의 범위 안에서는 2개 층을 하나의 경계구역으로 할 수 있다.
④ 하나의 경계구역은 면적은 600제곱미터 이하로 하고 한 변의 길이는 60미터 이하로 한다.

**52** 지하구의 길이가 1,600m이다. 여기에 설치해야 하는 자동화재탐지설비의 경계구역은 몇 개인가?

① 1개 ② 2개 ③ 3개 ④ 4개

**53** 화재에 의해 발생하는 열·연기 및 화염 등을 이용하여 화재발생 사실을 소방대상물의 관계인 등에게 알리는 소방시설로서 수신기, 감지기, 중계기, 발신기, 음향장치 등으로 구성된 소방시설을 무엇이라고 하는가?

① 비상방송설비 ② 자동화재속보설비
③ 자동화재탐지설비 ④ 옥내소화전설비

## 54 자동화재탐지설비에 관한 설명으로 옳은 것은?

① 감지기 중 이온화식 감지기는 연기감지기이다.
② 감지기 중 이온화식 감지기는 열감지기이다.
③ 감지기 중 보상식 감지기는 연기감지기이다.
④ 감지기 중 광전식 감지기는 열감지기이다.

## 55 자동화재탐지설비의 발신기 등에 대한 설명으로 옳지 않은 것은?

① 발신기는 화재발생신호를 수신기 또는 중계기에 수동으로 발신하는 것을 말한다.
② P형 2급 발신기는 누름버튼 기능만 가지며 전화잭이 없어 동시 통화가 불가능하다.
③ R형 발신기는 고유의 신호를 수신하는 것으로 숫자 등의 기록 장치에 의해 표시되며 회선수가 매우 많은 건물이나 초고층빌딩, 백화점 등에 사용된다.
④ 발신기는 설치장소에 따라 옥외형과 옥내형으로, 방폭구조 여부에 따라 방폭형 및 비방폭형으로, 방수성 유무에 따라 방수형 및 비방수형으로 구분한다.

## 56 자동화재탐지설비에 대한 설명 중 가장 올바른 것은?

① 수신기 중 P형은 고유신호로, R형은 공통신호로 사용된다.
② 발신기 구성요소에는 다이어프램이 있다.
③ 중계기는 수신 형태에 따라 일반적으로 P형 2급에 사용한다.
④ 주음향장치는 수신기 내부 또는 직근에 설치한다.

## 57 자동화재탐지설비의 수신기에 대한 설명 중 틀린 것은?

① 신호방식으로 P형, R형을 구분한다.
② 일반적으로 P형 수신기는 대형 건물에 사용되고 R형 수신기는 소형 건물에 사용한다.
③ 화재발생 시 경보장치를 기동한다.
④ 감지기, 발신기, 음향장치에 전원을 공급한다.

## 58 자동화재탐지설비의 감지기가 하는 기능이 아닌 것은?

① 센서기능 ② 판단기능 ③ 발신기능 ④ 수신기능

**59** 경보설비에 대한 설명으로 옳은 것은?

① 자동화재탐지설비는 감지기, 발신기, 수신기, 음향장치 등으로 구성되어 있다.
② 비상벨설비는 항상 자동으로서 건물 내·외에 있는 사람에게 화재사실을 알린다.
③ 자동화재속보설비는 자동화재탐지설비로부터 화재신호를 받아 통신망 음성 등의 방법으로 관계인에게 자동적으로 화재발생 위치를 신속하게 통보해주는 설비이다.
④ 단독경보형 감지기는 별도의 수신기를 통해 화재발생 상황을 알린다.

**60** 다음 중 ( )에 들어갈 내용이 알맞게 연결된 것은?

- ( )감지기 설치기준 : 복도 30m마다 설치한다.
- 통로유도등 글자색 : ( ) 바탕, ( ) 글씨
- 자동화재탐지설비 설치기준 : 근린생활시설로서 일반 목욕장업을 제외한 것 – ( )$m^2$ 이상

① 연기 – 백색 – 녹색 – 600
② 연기 – 백색 – 녹색 – 1,000
③ 열 – 녹색 – 백색 – 1,000
④ 열 – 백색 – 녹색 – 1,000

**61** 주위온도가 일정상승률 이상에 작동하는 것으로 넓은 범위 내에서 열효과 누적에 대하여 작동되는 감지기는?

① 차동식 스포트형 감지기
② 차동식 분포형 감지기
③ 정온식 스포트형 감지기
④ 보상식 스포트형 감지기

**62** 부착높이에 따른 감지기에서 차동식 분포형 감지기는 몇 m 이하로 설치가 가능한가?

① 5m
② 8m
③ 10m
④ 20m

**63** 다음 소화기에 관한 설명 중 옳지 않은 것은?

① 소화기는 가압방식에 따라 축압식 소화기와 가압식 소화기로 구분한다.
② 소형 소화기의 성능은 능력단위가 1단위가 최고이며 가장 소화능력이 높다.
③ 소화기의 적응성에서 C급은 전기화재용이며 색상은 청색으로 표시한다.
④ 강화액소화기는 탄산칼륨 등의 수용액을 주원료로 한다.

**64** 천장에 설치하는 감지기에 관한 설명 중 옳은 것은?

① 차동식 분포형 감지기는 주위온도가 일정상승률 이상이 되는 경우 작동하고 일국소에서의 열효과에 의하여 작동하는 것을 말한다.

② 차동식 분포형 감지기는 주위온도가 일정상승률 이상이 되는 경우 넓은 범위에서의 열효과에 의하여 작동하는 것을 말한다.

③ 정온식 스포트형 감지기는 일국소의 주위온도가 일정한 온도 이상이 되는 경우에 작동하며 외관이 전선으로 되어 있는 것을 말한다.

④ 연기 복합형 감지기는 이온화식 연기 감지기와 광전식 연기 감지기의 성능이 있는 것으로 두 가지 감지기능이 동시에 작동하면 작동신호를 발하는 것을 말한다.

**65** 다음 중 열감지기에 해당되지 않는 것은?

① 차동식 감지기
② 보상식 감지기
③ 정온식 감지기
④ 광전식 감지기

**66** 연기감지기를 설치해야 하는 장소가 아닌 것은?

① 천장 높이 20m 이상
② 복도
③ 계단 및 경사로
④ 엘리베이터 권상기실

**67** 천장높이가 15m 이상인 소방대상물에 감지기를 설치하고자 할 때 성능적으로 가장 적합한 것은?

① 정온식 감지기
② 차동식 감지기
③ 연기감지기 2종
④ 불꽃감지기

**68** 다음 중 열감지기의 종류가 아닌 것은?

① 열기전력을 이용한 것
② 이온전류가 변화하여 작동하는 것
③ 공기팽창을 이용한 것
④ 넓은 범위 내에서의 열 효과 누적에 의하여 작동되는 것

**69** 다음 중 이산화탄소 소화설비의 작동 순서로 옳은 것은?

① 수신반 연결 – 감지기 작동 – 전자(솔레노이드)밸브 개방 – 기동용기 동작 – 선택밸브 개방 및 $CO_2$ 저장용기 개방 – $CO_2$ 방사
② 기동용기 동작 – 감지기 작동 – 수신반 연결 – 전자(솔레노이드)밸브 개방 – 선택밸브 개방 및 $CO_2$ 저장용기 개방 – $CO_2$ 방사
③ 기동용기 동작 – 선택밸브 개방 및 $CO_2$ 저장 용기 개방 – $CO_2$ 방사 – 감지기 작동 – 수신반 연결 – 전자(솔레노이드)밸브 개방
④ 감지기 작동 – 수신반 연결 – 전자(솔레노이드)밸브 개방 – 기동용기 동작 – 선택밸브 개방 및 $CO_2$ 저장용기 개방 – $CO_2$ 방사

**70** 다음 중 화재발생 시 피난기구가 아닌 것은?

① 완강기
② 구조대
③ 미끄럼봉
④ 무선통신 보조설비

**71** 사용자 중량에 의해 하강하며 하강속도를 조절하는 피난기구는?

① 구조대
② 완강기
③ 피난교
④ 피난로프

**72** 다음 중 보기에 해당하는 내용으로 옳은 것은?

- 1인 및 다수인이 사용할 수 있다.
- 조속기, 후크, 연결금속구, 벨트, 로프로 구성되어 있다.

① 완강기
② 피난사다리
③ 피난로프
④ 구조대

**73** 다음의 피난설비 중 인명구조기구로 분류되지 않는 것은?

① 방열복
② 공기안전매트
③ 인공소생기
④ 공기호흡기

**74** 유도등의 비상전원은 축전지 설비에 의한 것으로 하고 몇 분간 작동할 수 있어야 하는가?

① 20분 ② 30분 ③ 40분 ④ 50분

**75** 건축물 실내의 피난구 유도등 설치 높이로서 옳은 것은?

① 바닥으로부터 1.2m 이상
② 바닥으로부터 1.5m 이상
③ 바닥으로부터 1.8m 이상
④ 바닥으로부터 2.0m 이상

**76** 유도등에 대한 설명으로 옳지 않은 것은?

① 피난구 유도등은 녹색바탕에 백색글씨로 표시한다.
② 피난구 유도등은 출입구 바닥으로부터 높이 1.5미터 이하에 설치한다.
③ 복도통로 유도등은 바닥으로부터 높이 1m 이하의 위치에 보행거리 20m마다 설치한다.
④ 객석 유도등은 통로바닥의 중심선 0.5m 높이에서 측정하여 0.2[lx] 이상이어야 한다.

**77** 다음 중 객석유도등의 설치 장소가 아닌 것은?

① 통로 ② 바닥 ③ 벽 ④ 기둥

**78** 다음 중 제연설비 설치장소와 제연구역 구획의 설명으로 옳지 않은 것은?

① 통로상 제연구획은 보행중심선 길이가 50m를 초과하지 아니할 것
② 거실과 통로는 상호 제연 구획할 것
③ 하나의 제연구획의 면적은 1,000$m^2$ 이내로 할 것
④ 하나의 제연구역은 직경 60m원 내에 들어갈 수 있을 것

**79** 다음 중 기계적 배기, 기계적 급기로 이루어지는 제연방식은?

① 1종기계 제연방식
② 2종기계 제연방식
③ 3종기계 제연방식
④ 4종기계 제연방식

## 80 제연설비에 대한 설명으로 옳지 않은 것은?

① 복도와 거실은 상호 제연구획한다.
② 통로상 제연구획은 보행중심선 길이가 60m를 초과하지 아니할 것
③ 하나의 제연구역의 면적은 1,500$m^2$ 이내로 할 것
④ 배출기 흡입측 풍도 안의 풍속은 15m/sec 이하로, 배출측 풍속은 20m/sec 이하로 할 것

## 81 특별피난계단의 계단실 및 부속실에서 제연설비 등에 관하여 옳지 않은 것은?

① "제연구역"이란 제연하고자 하는 계단실, 부속실 또는 비상용 승강기의 승강장을 말한다.
② 제연설비는 특별피난계단이나 그 부속실에 설치하는데 급기댐퍼로 공기를 넣고 배기댐퍼로 연기를 배출하는 설비를 포함하여 제연이라고 한다.
③ 부속실의 설정압력범위를 초과하는 경우 플랩댐퍼가 작동하지 않아야 한다.
④ 거실제연설비가 설치되어 있고 당해 옥내로부터 옥외로 배출하여야 하는 유입공기의 양을 거실제연설비의 배출량에 합하여 배출하는 경우 유입공기의 배출은 당해 거실 제연설비에 따른 배출로 갈음할 수 있다.

## 82 연결살수설비의 송수구 설치기준이 잘못된 것은?

① 송수구는 소방차가 쉽게 접근할 수 있고 노출된 장소에 설치할 것
② 송수구는 65mm의 쌍구형의 것으로 설치한다.
③ 하나의 송수구역에 부착하는 살수헤드의 수가 10개 이하인 것에 있어서는 단구형의 것으로 할 수 있다.
④ 폐쇄형 헤드를 사용하는 송수구의 호스 접결구는 송수구역별 선택밸브를 설치하지 않을 경우에도 각 송수구역 마다 설치하여야 한다.

## 83 스프링클러설비 중 리타팅챔버에 대한 설명으로 옳지 않은 것은?

① 알람체크밸브 크래퍼가 개방되어 압력수가 유입된다.
② 챔버는 만수가 되면 상단에 설치된 압력스위치를 작동시킨다.
③ 유수경보장치의 오동작을 방지하기 위한 안전장치로서 오보방지가 목적이다.
④ 많은 양의 유입수는 오리피스를 통하여 배수시키고 적은 양의 유입수는 챔버를 만수시킨다.

**84** 소방설비 중 자동감지 소화기능이 없는 것은?

① 물분무소화설비 ② 스프링클러설비
③ 연결살수설비 ④ 드렌처설비

**85** 노즐 방사압이 4배가 되었고 관창의 구경을 2배로 늘렸다. 이때 방수량의 증가비는?

① 16배 ② 8배 ③ 4배 ④ 2배

**86** 배관 내에 유체가 흐를 때 관마찰 손실은?

① 관 길이에 반비례한다. ② 관 직경에 반비례한다.
③ 중력가속도에 비례한다. ④ 유속의 제곱에 반비례한다.

**87** 발신기의 푸시버튼을 눌렀으나 수신기에는 화재표시작동이 되지 않았다. 그 원인은?(단, 배선과 수신기는 정상이다.)

① 발신기 접점의 접촉불량 ② 발신기 내에 부착한 종단저항이 없음
③ 발신기 내에 응답램프가 없음 ④ 발신기 내의 전화선 단자가 빠져 있음

**88** 기동용 수압개폐장치의 구성요소 중 압력챔버의 역할이 아닌 것은?

① 수격작용 방지
② 배관 내의 이물질 침투방지
③ 배관 내의 압력저하 시 충압펌프의 자동기동
④ 배관 내의 압력저하 시 주펌프의 자동기동

**89** 자동화재탐지설비의 감지기 부착높이가 15m 이상인 경우에 부착할 수 없는 감지기는?

① 차동식 분포형 ② 이온화식 1종
③ 광전식 1종 ④ 연기복합형

**90** 스프링클러설비의 화재안전기준에 관한 내용으로 옳은 것은?

① 50층인 초고층건축물에 스프링클러설비를 설치할 때 본 설비의 유효수량과 옥상에 설치한 수원의 양을 합한 수원의 양은 100[$m^3$]이다.

② 소방펌프의 성능은 체절운전 시 정격토출압력의 150[%]를 초과하지 아니하도록, 정격토출량의 140[%]로 운전 시 정격토출압력의 65[%] 이상이 되어야 한다.

③ 성능시험배관은 펌프의 토출측에 설치된 개폐밸브 이후에서 분기하여 설치하고, 유량측정장치를 기준으로 전단 및 후단의 직관부에 개폐밸브를 설치한다.

④ 가압송수장치에는 체절운전 시 수온의 상승을 방지하기 위한 순환배관을 설치할 것. 다만, 충압펌프의 경우에는 그러하지 아니한다.

**91** 자동화재탐지설비에 대한 다음 용어정의 중 옳은 것은?

① "경계구역"이란 특정소방대상물 중 화재신호를 발신하고 그 신호를 수신 및 유효하게 제어할 수 있는 구역을 말한다.

② "수신기"란 감지기나 중계기에서 발하는 화재신호를 직접 수신하거나 발신기를 통하여 수신하여 화재의 발생을 표시 및 경보하여 주는 장치를 말한다.

③ "감지기"란 화재 시 발생하는 열, 연기, 불꽃 또는 연소생성물을 수동으로 감지하여 수신기에 발신하는 장치를 말한다.

④ "발신기"란 화재발생 신호를 수신기에 자동으로 발신하는 장치를 말한다.

**92** 옥내소화전설비의 구성요소가 아닌 것은?

① 방수구　　② 기동용 수압개폐장치

③ 가압송수장치　　④ 말단시험장치

**93** 이산화탄소소화설비의 저장용기 설치장소기준에 대한 설명 중 틀린 것은?

① 방호구역 외의 장소에 설치할 것. 다만, 방호구역 내에 설치할 경우에는 피난 및 조작이 용이하도록 피난구 부근에 설치할 것

② 온도가 45℃ 이하이고 온도변화가 적은 곳에 설치할 것

③ 직사광선 및 빗물이 침투할 우려가 없는 곳에 설치할 것

④ 방화문으로 구획된 실에 설치할 것

**94** 제연설비를 설치하는 데 있어 하나의 제연구역 면적은 몇 제곱미터 이내인가?

① $600m^2$ ② $800m^2$
③ $1,000m^2$ ④ $12,000m^2$

**95** 물분무소화설비의 화재안전기준에서 차고 또는 주차장에서의 방수량은 바닥면적 $1m^2$에 대하여 매 분당 얼마 이상으로 20분간 방수할 수 있는 양이어야 하는가?

① $10l/min$ ② $20l/min$
③ $30l/min$ ④ $40l/min$

**96** 자동화재탐지설비와 관련된 설명으로 옳지 않은 것은?

① 수신기는 화재 시 발신기 또는 감지기로부터 신호를 직접 또는 중계기를 거쳐 수신하여 건물 관계자에게 표시 및 음향장치로 알려주는 설비이며 P형은 고유의 신호로 수신하고 R형은 공통 신호로 수신한다.
② "발신기"란 화재발생 신호를 수신기에 수동으로 발신하는 장치를 말한다.
③ 자동화재탐지설비는 화재를 감지하는 기능이 있어 화재가 발생할 때 자동적으로 작동해야 되는 자동화재 속보설비 등과 연동되어 있다.
④ "경계구역"이란 특정소방대상물 중 화재신호를 발신하고 그 신호를 수신 및 유효하게 제어할 수 있는 구역을 말한다.

**97** 3층 건물에서 1층 5개, 2층 6개, 3층 4개 옥내소화전을 설치할 때 옥상수조의 최소수원의 양은 얼마인가?(단, 30층 미만일 경우)

① 1.73 ② 2.6
③ 3.8 ④ 5.2

**98** 10층 이하의 경우 유도등의 비상전원은 축전지 설비에 의한 것으로 하고 몇 분간 작동할 수 있어야 하는가?

① 20분 ② 30분
③ 40분 ④ 50분

**99** 다음 중 스프링클러설비의 물 주수형태는?

① 직상주수 ② 봉상주수
③ 분무주수 ④ 적상주수

**100** 연기감지기를 설치해야 하는 장소가 아닌 것은?

① 천장 높이 20m 이상 ② 복도
③ 계단 및 경사로 ④ 엘리베이터 권상기실

Fire protection theory

# 6장 위험물성상 및 시설기준 100제

**01** 대부분 무색결정 또는 백색분말의 산화성 고체로서 비중이 1보다 크며, 대부분 물에 잘 녹는 위험물은?

① 제1류 위험물 ② 제2류 위험물
③ 제3류 위험물 ④ 제4류 위험물

**02** 다음 중 인화성 액체로서 전기부도체이며 화재 시 발생되는 증기가 공기보다 무거운 위험물은?

① 1류 위험물 ② 2류 위험물
③ 3류 위험물 ④ 4류 위험물

**03** 금속분 화재의 설명 중 옳지 않은 것은?

① 금속분 화재는 주수소화할 수 있다.
② 금속분 화재는 초기에 건조사, 건조분말로 소화할 수 있다.
③ 금속분 화재는 조건만 갖추면 자연발화할 수 있다.
④ 금속분 화재를 일으킬 수 있는 물질은 다른 화학물질과 잘 반응하는 칼륨, 나트륨과 같은 것이다.

**04** 위험물 성질과 지정수량이 바르게 연결된 것은?

① 질산에스테르류 – 자기반응성 물질 – 20kg
② 황린 – 자연발화성 물질 – 20kg
③ 아염소산염류 – 산화성 고체 – 30kg
④ 칼륨 · 나트륨 – 금수성 물질 – 20kg

**05** 화재에 대한 속연성과 비수용성의 성질을 띠며 강환원제이므로 산화제와 접촉을 피하며 주의사항으로 화기주의 표지를 붙여야 하는 위험물은?

① 1류 위험물　　② 2류 위험물
③ 3류 위험물　　④ 5류 위험물

**06** 위험물제조소 채광 · 조명 및 환기설비 내용 중 옳은 것은?

① 채광설비는 불연재료로 하고 면적은 크게 한다.
② 점멸스위치는 출입구 안쪽에 설치한다.
③ 강제배기방식으로 한다.
④ 급기구를 낮은 곳에 설치한다.

**07** 다음은 위험물의 분류별 성질을 연결한 것이다. 옳지 않은 것은?

① 제1류 위험물 – 산화성 고체
② 제3류 위험물 – 자연발화성 물질 및 금수성 물질
③ 제5류 위험물 – 산화성 액체
④ 제4류 위험물 – 인화성 액체

**08** 다음 보기의 설명에 해당하는 것은?

> 이황화탄소, 디에틸에테르 그 밖에 1기압에서 발화점이 섭씨 100℃ 이하인 것 또는 인화점이 섭씨 영하 20℃ 이하이고 비점이 섭씨 40℃ 이하인 것을 말한다.

① 알코올류　　② 특수인화물
③ 동식물유류　　④ 석유류

**09** 다음 중 위험물게시판 등 일반적인 주의사항이 잘못 연결된 것은?

① 1류 위험물 – "충격주의"
② 2류 위험물 중 철분, 마그네슘 – "화기주의" 및 "물기엄금"
③ 3류 위험물 중 자연발화성 물질 – "화기엄금" 및 "공기접촉엄금"
④ 5류 위험물 – "화기엄금" 및 "충격주의"

**10** 위험물안전관리법에서 규정하고 있는 위험물의 정의로 올바른 것은?

① 대통령령으로 정하는 인화성 또는 폭발성 물질
② 대통령령으로 정하는 인화성 또는 발화성 물질
③ 대통령령으로 정하는 가연성 또는 이산화성 물질
④ 대통령령으로 정하는 발화성 또는 금속성 물질

**11** 위험물안전관리법에서 규정하는 위험물 저장소가 아닌 것은?

① 옥내저장소
② 간이탱크저장소
③ 암반탱크저장소
④ 선박탱크저장소

**12** 위험물안전관리법에서 대통령령이 정하는 위험물의 품목별 최저의 기준수량을 무엇이라 하는가?

① 지정수량
② 기준수량
③ 위험수량
④ 방호수량

**13** 다음 중 위험물안전관리법상 제2류 위험물에 해당되는 것은?

① 칼륨
② 마그네슘
③ 알킬알루미늄
④ 나트륨

**14** 다음 중 동일 장소에 함께 저장할 수 없는 것은?

① 황린 – 이황화탄소
② 적린 – 칼륨
③ 황화린 – 이황화탄소
④ 황린 – 나트륨

**15** 제4류 위험물 중 지정수량이 작은 순서대로 바르게 나열된 것은?(단, 석유류는 비수용성을 기준으로 한다.)

① 특수인화물 – 1석유류 – 알코올류 – 2석유류 – 3석유류 – 동식물류
② 1석유류 – 알코올류 – 2석유류 – 3석유류 – 동식물류 – 특수인화물
③ 특수인화물 – 1석유류 – 2석유류 – 3석유류 – 알코올류 – 동식물류
④ 1석유류 – 2석유류 – 3석유류 – 특수인화물류 – 알코올류 – 동식물류

**16** 위험물제조소 등에 있어 사용의 정지가 그 이용자에게 심한 불편을 주거나 공익을 해칠 우려가 있을 경우 사용정지 처분에 갈음하여 부과하는 과징금은?

① 5천만 원 이하
② 1억 원 이하
③ 1억 5천만 원 이하
④ 2억 원 이하

**17** 위험물안전관리법에서 알코올류의 정의는?

① 1분자를 구성하는 탄소원자수가 1~4 포화1가 알코올을 말한다.(변성알코올 포함)
② 1분자를 구성하는 탄소원자수가 1~3 포화1가 알코올을 말한다.(변성알코올 포함)
③ 1분자를 구성하는 탄소원자수가 1~4 불포화1가 알코올을 말한다.(변성알코올 포함)
④ 1분자를 구성하는 탄소원자수가 1~3 불포화1가 알코올을 말한다.(변성알코올 포함)

**18** 위험물안전관리법상 예방규정을 정하여야 할 제조소의 조건에 해당하지 않는 것은?

① 지정수량 10배 이상의 제조소
② 지정수량 30배 이상의 취급소
③ 지정수량 10배 이상의 일반취급소
④ 지정수량 150배 이상의 옥내저장소

**19** 제4류 위험물인 산화프로필렌, 아세트알데히드의 저장방법으로 옳은 것은?

① 동과 함께 저장한다.
② 마그네슘과 함께 저장한다.
③ 은이나 수은 등과 함께 저장한다.
④ 알루미늄이나 철의 용기 등에 저장한다.

**20** 위험물안전관리법 시행규칙에서 규정하고 있는 주유취급소에 관한 기준 중 바른 것은?

① 주유취급소의 고정주유설비 주위에 설치하는 너비는 15m 이상, 길이는 6m 이상의 주유공지를 설치하여야 하며 이는 현수식 고정주유설비에는 해당되지 않는다.
② 급유공지라 함은 고정급유설비의 호스기기 주위에 있어야 하는 공지로서 주유공지에 준하여 그 공간을 확보하여야 한다.
③ 주유취급소에는 캐노피를 설치하여야 하며 캐노피의 면적은 당해 주유취급소의 공지의 2분의 1을 초과할 수 없다.
④ 주유취급소에는 제조소에 준하여 표지 및 게시판을 설치하여야 하며 이 외에 황색바탕에 흑색문자로 "주유 중 엔진정지"라는 게시판을 설치하여야 한다.

**21** 제조소 등에서 위험물을 유출, 방출, 확산시켜 사람의 생명 · 신체 또는 재산에 대하여 위험을 발생시킨 자에 대한 벌칙은?

① 1년 이상 10년 이하의 징역
② 무기 또는 3년 이상의 징역
③ 무기 또는 5년 이상의 징역
④ 7년 이하의 금고 또는 2천만 원 이하의 벌금

**22** 제5류 위험물에 대한 설명으로 옳지 않은 것은?

① 할로겐소화약제로 소화가 불가능하다.
② 자기반응성 물질로 고체 및 액체가 있다.
③ 물과 반응하는 물질이 없다.
④ 물질 자체가 산소를 포함하고 있으나 연소 시 공기 중 산소가 없으면 연소가 불가능하다.

**23** 제1류 위험물의 성질과 특성에 가장 적합한 설명은?

① 대부분 모두가 유기화합물이다.
② 대부분 증기비중은 공기보다 가볍다.
③ 가열, 충격, 마찰에 의해 산소가 발생한다.
④ 인화점, 발화점이 높을수록 위험하다.

**24** 제조소 등이 허가를 받지 아니하고 당해 제조소 등을 설치하거나, 그 위치 · 구조 또는 설비를 변경할 수 있으며 신고를 하지 아니하고 위험물의 품명 · 수량 또는 지정수량 배수를 변경할 수 있는 대상이 아닌 것은?

① 주택의 난방시설을 위한 저장소
② 주택의 난방시설을 위한 취급소
③ 농예용 · 축산용으로 필요한 난방 · 건조시설을 위한 지정수량 20배 이하의 저장소
④ 수산용으로 필요한 난방시설 또는 건조시설을 위한 지정수량 30배 이하의 저장소

**25** 위험물제조소 등에서 취급소의 분류에 해당하지 않는 것은?

① 이동탱크취급소
② 판매취급소
③ 주유취급소
④ 일반취급소

**26** 다음 중 위험물안전관리법에서 지정하는 위험물의 품명이 틀린 것은?

① 제1류 위험물 – 염소산염류, 질산염류
② 제2류 위험물 – 황린, 적린
③ 제3류 위험물 – 나트륨, 칼륨
④ 제6류 위험물 – 과산화수소, 과염소산

**27** 위험물 시설 중 환기구 바닥면적에 대한 급기구의 면적으로 맞는 것은?

① 바닥면적 $60m^2$ 미만일 때 급기구 $100cm^2$ 이상
② 바닥면적 $60m^2$ 이상 $90m^2$ 미만일 때 급기구 $200cm^2$ 이상
③ 바닥면적 $90m^2$ 이상 $120m^2$ 미만일 때 급기구 $400cm^2$ 이상
④ 바닥면적 $120m^2$ 이상 $150m^2$ 미만일 때 $600cm^2$ 이상

**28** 위험물안전관리법에서 규정하고 있는 위험물에 대한 설명 중 가장 옳지 않은 것은?

① 제1류 위험물은 일반적으로 냉각소화를 한다.
② 제3류 위험물인 황린은 물속에 저장한다.
③ 적린은 제2류 위험물로 물로 냉각소화를 한다.
④ 알킬알루미늄은 자연발화를 일으키므로 저장용기 상부에서 가연성 기체를 봉입해 둔다.

**29** 주유취급소에는 '주유 중 엔진정지'라는 표시를 한 게시판을 설치하여야 한다. 다음 중 게시판의 바탕 및 문자의 색으로 옳은 것은?

① 청색바탕에 백색문자
② 황색바탕에 흑색문자
③ 적색바탕에 백색문자
④ 백색바탕에 흑색문자

**30** 제2류 위험물의 인화성 고체인 고형 알코올에 대한 설명 중 옳은 것은?

① 고형 알코올 그 밖에 1기압에서 인화점이 섭씨 20℃ 미만인 고체를 말한다.
② 고형 알코올 그 밖에 1기압에서 인화점이 섭씨 40℃ 미만인 고체를 말한다.
③ 고형 알코올 그 밖에 1기압에서 인화점이 섭씨 60℃ 미만인 고체를 말한다.
④ 고형 알코올 그 밖에 1기압에서 인화점이 섭씨 80℃ 미만인 고체를 말한다.

**31** 옥외탱크저장소에서 인화점이 21℃ 미만인 옥외 탱크저장소 주입구의 게시판 색상 표기는?

① 백색바탕 황색문자
② 백색바탕 청색문자
③ 백색바탕 적색문자
④ 백색바탕 흑색문자

**32** 다음 보기에 해당하는 위험물로서 옳은 것은?

> 물질의 분해에 의해서 산소를 발생하는 산화성 액체이며 불연성이다. 모두 산소를 함유하고 있으며 물보다 무겁다.

① 제1류 위험물 ② 제3류 위험물
③ 제5류 위험물 ④ 제6류 위험물

**33** 위험물의 저장 또는 취급에 관한 기준으로 가장 옳지 않은 것은?

① 지정수량 이상의 기준에 관하여는 위험물안전관리법에 따른다.
② 지정수량 미만의 운송에 관하여는 시 · 도의 조례로 정한다.
③ 지정수량 이상의 제조 · 저장 · 취급 및 관리에 관하여는 위험물안전관리법에 따른다.
④ 지정수량 미만인 위험물의 저장 · 취급 기준은 시 · 도의 조례로 정한다.

**34** 가연성 고체에 대한 관한 설명이다. ( )에 들어 갈 말로 가장 알맞은 것은?

> "가연성 고체"라 함은 고체로서 ( ) 또는 ( )을 판단하기 위하여 고시로 정하는 시험에서 고시로 정하는 성질과 상태를 나타내는 것을 말한다.

① 화염에 의한 발화의 위험성, 인화의 위험성
② 충격에 의한 충격의 위험성, 인화의 위험성
③ 화염에 의한 발화의 위험성, 충격의 위험성
④ 충격에 의한 화염의 위험성, 인화의 위험성

**35** 철분, 금속, 마그네슘 등의 화재에 물을 사용하면 안 되는 이유는?

① 포스겐가스 발생 ② 수소가스 발생
③ 산소가스 발생 ④ 질소가스 발생

**36** 제2류 위험물의 예방대책 및 진압대책으로 옳지 않은 것은?

① 철분, 금속분, 마그네슘은 물로 주수소화하면 안 된다.
② 인화성 고체는 위험물게시판에 '화기주의'라고 표기를 한다.
③ 금속분의 경우는 물 또는 묽은 산과의 접촉을 피한다.
④ 저장용기를 밀폐하고 위험물의 누출을 방지하며 통풍이 잘 되는 냉암소에 저장한다.

**37** 위험물에 화재 시 소화대책에 대한 설명으로 옳은 것만 고른 것은?

ㄱ. 제1류 위험물 – 무기과산화물은 주수소화를 금하고 마른 모래 등을 활용한 질식소화가 효과적이다.
ㄴ. 제2류 위험물 – 철분과 황화린은 마른 모래 등의 건식소화보다는 주수소화가 효과적이다.
ㄷ. 제3류 위험물 – 황린을 제외한 나머지 위험물은 주수소화가 효과적이다.
ㄹ. 제5류 위험물 – 모든 5류 위험물은 주수소화를 금한다.

① ㄱ
② ㄱ, ㄴ, ㄷ
③ ㄴ, ㄷ, ㄹ
④ ㄱ, ㄴ, ㄷ, ㄹ

**38** 대부분 무색결정 또는 백색분말의 산화성 고체로서 비중이 1보다 크며, 대부분 물에 잘 녹는 위험물은?

① 제1류 위험물
② 제2류 위험물
③ 제3류 위험물
④ 제4류 위험물

**39** 이산화탄소 소화설비에 소화적응성이 있는 것은?

① 인화성 고체
② 알칼리금속 과산화물
③ 제3류 위험물
④ 제5류 위험물

**40** 제4류 위험물의 특성으로서 맞지 않는 것은?

① 인화위험이 높다.
② 증기는 공기보다 무겁다.
③ 연소범위의 상한(값)이 높다.
④ 밀폐공간의 증기는 점화원에 의해 연소한다.

**41** 다음 제4류 위험물 중 석유류의 분류가 옳은 것은?

① 제1석유류 : 아세톤, 가솔린, 이황화탄소
② 제2석유류 : 등유, 경유, 장뇌유
③ 제3석유류 : 중유, 송근유, 클레오소트유
④ 제4석유류 : 윤활유, 가소제, 글리세린

**42** 다음 설명 중 옳은 것은?

① 건성유는 공기 중의 산소와 반응하여 자연발화를 일으킨다.
② 요오드값이 클수록 불포화결합은 적다.
③ 불포화도가 크면 산소와의 결합이 어렵다.
④ 반건성유는 요오드가가 100 이상 150 이하이다.

**43** 산소를 함유하고 있지 않기 때문에 산화성 물질과의 혼합 위험성이 있는 위험물은?

① 제1류 위험물　② 제2류 위험물
③ 제5류 위험물　④ 제6류 위험물

**44** 제1류 위험물의 무기과산화물에 대한 설명 중 틀린 것은?

① 불연성 물질이다.
② 가열 · 충격에 의하여 폭발하는 것도 있다.
③ 물과 반응하여 발열하고 수소가스를 발생시킨다.
④ 가열 또는 산화되기 쉬운 물질과 혼합하면 분해되어 산소를 발생한다.

**45** 위험물의 자연발화의 조건으로 적당하지 않은 것은?

① 열전도율이 낮다.　② 방열속도가 발열속도보다 빠르다.
③ 공기의 이동이 적다.　④ 분말상의 형태이다.

**46** 제3류 위험물인 황린에 대한 설명으로 옳지 않은 것은?

① 황린이 발화면 검은 악취가 있는 연기를 낸다.
② 황린은 공기 중에서 산화하고 산화열이 축적되어 자연발화한다.
③ 황린 자체와 증기 모두 인체에 유해하다.
④ 황린은 수중에 저장하여야 한다.

**47** 제4류 위험물 중 착화온도가 가장 낮고 대단히 휘발하기 쉬우므로 용기나 탱크에 저장 시 물로 덮어서 증발을 막는 위험물은 어느 것인가?

① 이황화탄소　② 콜로디온
③ 에틸에테르　④ 가솔린

**48** 제2류 위험물의 저장 및 취급 시 주의사항으로 맞지 않는 것은?

① 가열이나 산화제와의 접촉을 피한다.
② 금속분은 물속에 저장한다.
③ 연소 시에 발생하는 유독가스에 주의하여야 한다.
④ 마그네슘, 금속분의 화재 시에는 마른 모래의 피복소화가 높다.

**49** 다음 중 칼륨의 성질로서 옳은 것은?

① 물과 반응하여 질소가스를 발생한다.
② 물과 반응하여 산소를 발생한다.
③ 물과 반응하여 수소를 발생한다.
④ 물과 반응하여 이산화탄소를 발생한다.

**50** 과산화수소가 상온에서 분해할 때 발생하는 물질은?

① $H_2O+O_2$
② $H_2O+N_2$
③ $H_2O+H_2$
④ $H_2O+CO_2$

**51** 다음 중 칼륨 보관 시에 사용하는 것은?

① 수은
② 에탄올
③ 글리세린
④ 경유

**52** 다음 중 제4류 위험물인 아세트알데히드의 인화점은 몇 ℃인가?

① −45℃
② −38℃
③ −30℃
④ −11℃

**53** 제4류 위험물에 가장 많이 사용하는 소화방법은?

① 물을 뿌린다.
② 연소물을 제거한다.
③ 공기를 차단한다.
④ 인화점 이하로 냉각한다.

**54** 다음 중 제6류 위험물의 공통 성질로 맞지 않는 것은?

① 비중이 1보다 크고 물에 녹지 않는다.
② 산화성 물질로 다른 물질을 산화시킨다.
③ 자신들은 모두 불연성 물질이다.
④ 대부분 분해하며 유독성 가스를 발생하여 부식성이 강하다.

**55** 다음 중 유기과산화물의 화재예방상 주의사항으로 틀린 것은?

① 모든 열원으로부터 멀리한다.
② 직사광선을 피해야 한다.
③ 용기의 파손에 의하여 누출 위험이 있으므로 정기적으로 점검한다.
④ 산화제는 상관없으나 환원제와는 멀리할 것

**56** 다음 설명 중 옳은 것은?

① 건성유는 공기 중의 산소와 반응하여 자연발화를 일으킨다.
② 요오드값이 클수록 불포화결합은 적다.
③ 불포화도가 크면 산소와의 결합이 어렵다.
④ 반건성유는 요오드가가 100 이상 150 이하이다.

**57** 다음 위험물의 류별에 따른 성질로 맞지 않는 것은?

① 제1류 위험물 - 산화성 고체
② 제2류 위험물 - 가연성 고체
③ 제4류 위험물 - 인화성 액체
④ 제5류 위험물 - 자연발화성 물질

**58** 위험물 취급 시 정전기에 의한 화재를 방지하기 위한 방법이 아닌 것은?

① 접지를 할 것
② 공기를 이온화 할 것
③ 상대습도를 70% 이상으로 할 것
④ 유속을 빠르게 할 것

**59** 인화칼슘($Ca_3P_2$)이 물과 반응 시 생성되는 가연성 가스는?

① 수소
② 아세틸렌
③ 인화수소
④ 염화수소

## 60 물과 반응하여 가연성 가스를 발생하는 위험물만으로 나열된 것은?

① $CaC_2$, $LiAlH_4$, $Al_4C_3$

② $K_2O_2$, $NaH$, $Zn(ClO_3)_2$

③ $Ba(ClO_3)_2$, $K_2O_2$, $CaC_2$

④ $Zn(ClO_3)_2$, $Ba(ClO_3)_2$, $Al_4C_3$

## 61 적린, 유황, 철의 위험물과 혼재할 수 있는 유별은?

① 1류 ② 3류 ③ 4류 ④ 6류

## 62 다음 중 제6류 위험물이 아닌 것은?

① 과염소산 ② 과산화수소 ③ 질산 ④ 과요오드산

## 63 제2석유류(비수용성) $40,000l$에 대한 위험물의 소요단위는 얼마인가?

① 10 ② 8 ③ 6 ④ 4

## 64 제3류 위험물의 공통성질에 해당되는 것은?

① 주수소화는 모두 불가능하다.

② 산화성 고체이다.

③ 대부분 무기화합물이다.

④ 저장 시는 모두 석유류 속에 저장하여야 한다.

## 65 제2류 위험물에 관한 설명으로 옳지 않은 것은?

① 금속분, 마그네슘은 위험등급 I에 해당한다.

② 인화성 고체인 고형 알코올은 지정수량이 1,000kg이다.

③ 철분, 알루미늄분은 염산과 반응하여 수소가스를 발생한다.

④ 적린, 유황의 화재 시에는 물을 이용한 냉각소화가 가능하다.

**66** 경유를 취급하는 주유취급소의 고정주유설비의 펌프기기는 주유관 선단에서의 최대 토출량이 몇 $l$/min 이하인 것으로 하여야 하는가?

① 40　② 50　③ 80　④ 180

**67** 위험물의 성질에 대한 설명이 옳은 것은?

① 1류 위험물은 강산화성이며 비중이 1보다 크다.
② 2류 위험물은 수소를 멀리하고 산소를 가지고 있는 강력한 환원성 물질이다.
③ 3류 위험물은 공기와의 접촉을 방지하고 물과 수분의 침투 및 접촉을 하여야 한다.
④ 5류 위험물은 물질자체 내부에 산소를 함유하여 냉각소화가 어렵다.

**68** 다음 중 물로 소화가 가능한 것은?

① 과산화나트륨　② 트리에틸알루미늄
③ 휘발유　④ 니트로셀룰로오스

**69** 지정수량 10배 이상을 취급하는 위험물제조소에서 피뢰침을 설치하지 않아도 되는 곳은?

① 제1류 위험물　② 제2류 위험물
③ 제5류 위험물　④ 제6류 위험물

**70** 위험물 저장탱크의 내용적을 산출하기 위한 식 중 다음 그림에 해당되는 것은?

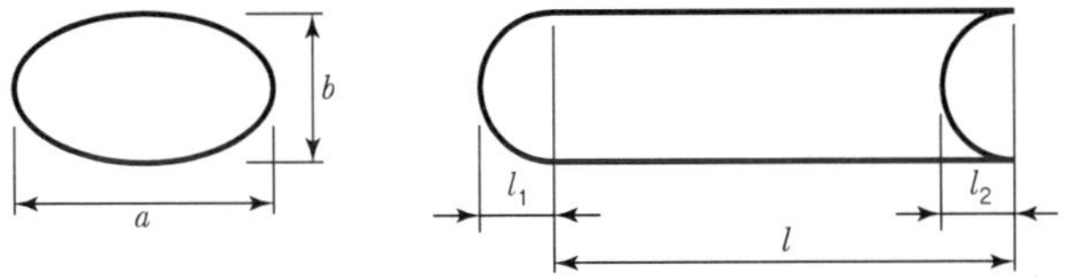


① $\frac{\pi ab}{4}\left(l+\frac{l_1+l_2}{3}\right)$　② $\frac{\pi ab}{4}\left(l+\frac{l_1-l_2}{3}\right)$
③ $\pi r^2\left(l+\frac{l_1+l_2}{3}\right)$　④ $\pi r^2 l$

**71** 옥외탱크저장소의 방유제 설치기준 중 틀린 것은?

① 면적은 80,000$m^2$ 이하로 할 것
② 방유제는 철근콘크리트 이외의 구조로 할 것
③ 높이는 0.5m 이상 3m 이하로 할 것
④ 방유제 내에는 배수구를 설치할 것

**72** 주유취급소의 주유공지란 주유를 받으려는 자동차 등이 출입할 수 있도록 너비 몇 m 이상, 길이 몇 m 이상의 콘크리트로 포장한 공지를 말하는가?

① 너비 : 3m, 길이 : 6m
② 너비 : 6m, 길이 : 3m
③ 너비 : 6m, 길이 : 15m
④ 너비 : 15m, 길이 : 6m

**73** 제4류 위험물을 저장하는 옥외탱크저장소에 설치하는 밸브 없는 통기관의 지름은?

① 30mm 이하
② 30mm 이상
③ 45mm 이하
④ 45mm 이상

**74** 옥외탱크저장소 주위에는 공지를 보유하여야 한다. 저장 또는 취급하는 위험물의 최대 저장량이 지정수량의 600배라면 몇 m 이상인 너비의 공지를 보유하여야 하는가?

① 3 ② 5 ③ 9 ④ 12

**75** 위험물제조소에서 지정수량 10배 이하일 때 보유공지는?

① 3m 이상
② 5m 이상
③ 7m 이상
④ 9m 이상

**76** 지하저장탱크의 주위에는 당해 탱크로부터 액체위험물의 누설을 검사하기 위한 관의 설치기준으로 옳지 않은 것은?

① 소공이 없는 상부는 단관으로 할 수 있다.
② 재료는 금속관 또는 경질합성수지관으로 한다.
③ 관은 탱크실의 바닥에서 0.2m 이격하여 설치한다.
④ 관의 밑부분으로부터 탱크의 중심 높이까지의 부분에는 소공이 뚫려 있어야 한다.

**77** 위험물제조소의 배출설비의 배출능력은 1시간당 배출장소 용적의 몇 배 이상으로 하여야 하는가?

① 10 ② 20 ③ 30 ④ 40

**78** 제조소 등의 경우 지하탱크의 완공검사 신청시기로 맞는 것은?

① 탱크를 완공하고 상치장소를 확보한 후
② 지하탱크를 매설하기 전
③ 공사 전체 또는 일부를 완료한 후
④ 공사의 일부를 완료한 후

**79** 고체위험물은 운반용기 내용적의 몇 % 이하의 수납률로 수납하여야 하는가?

① 36 ② 60 ③ 95 ④ 98

**80** 주유취급소의 표지 및 게시판에서 "주유 중 엔진정지"의 표시 색상은?

① 황색바탕에 흑색문자
② 흑색바탕에 황색문자
③ 적색바탕에 백색문자
④ 백색바탕에 적색문자

**81** 위험물제조소의 옥외에 있는 하나의 취급탱크에 설치하는 방유제의 용량은 당해 탱크 용량의 몇 % 이상으로 하는가?

① 50 ② 60 ③ 70 ④ 80

**82** 위험물은 1소요단위가 지정수량의 몇 배인가?

① 5배 ② 10배 ③ 20배 ④ 30배

**83** 위험물제조소의 "화기엄금"의 표지 및 게시판의 바탕색은?

① 청색 ② 적색 ③ 백색 ④ 흑색

**84** 고압가스안전관리법의 규정에 의하여 허가를 받거나 신고를 하여야 하는 고압가스 저장시설을 저장 또는 취급하는 시설은 제조소와 몇 [m] 이상의 안전거리를 두어야 하는가?

① 10 ② 15 ③ 20 ④ 25

**85** 위험물제조소의 환기설비 중 급기구의 바닥면적이 $150m^2$ 이상일 때 급기구의 크기는?

① $150cm^2$ 이상
② $30cm^2$ 이상
③ $450cm^2$ 이상
④ $800cm^2$ 이상

**86** 지정수량의 몇 배 이상의 위험물을 취급하는 제조소에는 화재예방을 위한 예방규정을 정하여야 하는가?

① 10
② 20
③ 30
④ 40

**87** 위험물제조소의 옥외에 있는 위험물 취급탱크용량이 $200m^3$ 및 $150m^3$인 2기의 탱크 주위에 설치하여야 할 방유제의 용량은?

① $30m^3$
② $50m^3$
③ $70m^3$
④ $115m^3$

**88** 다음 중 위험물제조소 등에 설치하는 경보설비의 종류가 아닌 것은?

① 자동화재탐지설비
② 비상경보설비
③ 자동화재속보설비
④ 확성장치

**89** 다음 중 위험물제조소별 주의사항으로 틀린 것은?

① 황화린 – 화기주의
② 인화성 고체 – 화기주의
③ 크레오소트유 – 화기엄금
④ 니트로화합물 – 화기엄금

**90** 위험물제조소의 안전거리로서 옳지 않은 것은?

① 3m 이상 – 7,000V 이상 35,000V 이하의 특고압가공전선
② 5m 이상 – 35,000V를 초과하는 특고압가공전선
③ 20m 이상 – 주거용으로 사용하는 것
④ 50m 이상 – 유형 문화재

**91** 위험물을 저장 또는 취급하는 위험물 탱크의 용량산정 방법은?

① 탱크의 용량 = 탱크의 내용적 + 탱크의 공간용적
② 탱크의 용량 = 탱크의 내용적 − 탱크의 공간용적
③ 탱크의 용량 = 탱크의 내용적 × 탱크의 공간용적
④ 탱크의 용량 = 탱크의 내용적 ÷ 탱크의 공간용적

**92** 위험물제조소에는 지정수량의 10배 이상이 되면 피뢰설비를 설치하여야 하는데 하지 않아도 되는 위험물은?

① 제2류 위험물　② 제3류 위험물
③ 제4류 위험물　④ 제6류 위험물

**93** 제4류 위험물을 취급하는 제조소 또는 일반취급소에는 지정 수량의 몇 배 이상일 때 자체소방대를 두어야 하는가?

① 1,000배　② 2,000배　③ 3,000배　④ 4,000배

**94** 다음 중 옥외탱크저장소의 방유제 용량은 탱크가 하나일 때 탱크용량의 몇 % 이상이어야 하는가?

① 30%　② 80%　③ 110%　④ 150%

**95** 위험물안전관리법령상 금속분, 마그네슘을 저장하는 곳에 적응성이 있는 소화설비를 다음 보기에서 모두 고른 것은?

| | |
|---|---|
| ㄱ. 팽창질석 | ㄴ. 이산화탄소소화설비 |
| ㄷ. 분말소화설비(탄산수소염류) | ㄹ. 대형 무상강화액소화기 |

① ㄱ, ㄷ　② ㄱ, ㄹ　③ ㄱ, ㄴ, ㄷ　④ ㄴ, ㄷ, ㄹ

**96** 위험물안전관리법령상 팽창진주암(삽 1개 포함)의 1.0 능력단위에 해당하는 용량으로 옳은 것은?

① 50$l$　② 80$l$　③ 100$l$　④ 160$l$

**97** 위험물안전관리법령상 위험물제조소의 채광 및 조명설비에 관한 기준으로 옳지 않은 것은?

① 전선은 내화 · 내열전선으로 할 것
② 점멸스위치는 출입구 바깥부분에 설치할 것(다만, 스위치의 스파크로 인한 화재 · 폭발의 우려가 없을 경우에는 그러하지 아니한다.)
③ 가연성 가스 등이 체류할 우려가 있는 장소의 조명등은 방폭등으로 할 것
④ 채광설비는 불연재료로 하고 연소의 우려가 없는 장소에서 설치하되 채광면적을 최대로 할 것

**98** 제5류 위험물에 관한 설명으로 옳지 않은 것은?

① 불티 · 불꽃 · 고온체와의 접근이나 과열 · 충격 또는 마찰을 피해야 한다.
② 제조소의 게시판에 표시하는 주의사항은 “화기엄금” 및 “충격주의”이며 적색바탕에 백색문자로 기재한다.
③ 운반용기의 외부에 표시하는 주의사항은 “화기엄금” 및 “충격주의”이다.
④ 유기과산화물, 니트로화합물과 같은 자기반응성 물질은 제5류 위험물에 해당된다.

**99** 제6류 위험물이 아닌 것은?

① 과염소산
② 아염소산칼륨
③ 질산(비중 1.49 이상)
④ 과산화수소(농도 36중량퍼센트 이상)

**100** 제6류 위험물에 관한 설명으로 옳지 않은 것은?

① 모두 불연성 물질이다.
② 위험물안전관리법령상 모든 품명의 위험등급은 Ⅱ등급이다.
③ 과산화수소 저장용기의 뚜껑은 가스가 배출되는 구조로 한다.
④ 질산이 목탄분, 솜뭉치와 같은 가연물에 스며들면 자연발화의 위험이 있다.

# 7장 소방조직론 100제

**01** 소방에 대한 설명 중 옳지 않은 것은?

① 소방의 궁극적 목적은 사회 공공의 안녕 및 질서 유지와 공공의 복리증진이다.
② 소방의 임무를 기본적 임무와 파생적 임무로 구별하기도 한다.
③ 기본적 임무는 정부기능 가운데 생명과 신체보호, 사회의 안전유지로 평온하고 안전한 국민 생활을 보호하는 보안기능을 담당하는 것이다.
④ 파생적 임무는 화재진압과 구조대 운영이다.

**02** 소방행정의 특수성으로 옳지 않은 것은?

① 고도의 공공행정　② 특수전문행정
③ 국민생명 유지행정　④ 소방행정의 가외성

**03** 소방행정 작용의 특성으로 옳지 않은 것은?

① 우월성　② 획일성　③ 임의성　④ 강제성

**04** 다음 보기의 빈칸에 들어갈 말로 알맞은 것은?

> 소방관서는 전통적으로 (　　) 형식으로 조직되어 있다.
> 이것은 소방조직이 다른 조직에 비하여 순응적 조직문화를 가지고 있다는 것을 의미하지만 반대로 자발적으로 상향적 혁신의 장애가 될 수 있다는 것을 의미한다.

① 준군사적　② 일방행정적
③ 사기업적　④ 수평적

**05** 다음 중 소방의 기본임무에서 사회 환경변화에 따라 추가된 임무는?

① 화재의 예방　② 화재의 진압
③ 화재의 경계　④ 구조 · 구급업무

**06** 소방역사의 변천과정 순서로서 옳은 것은?

| | |
|---|---|
| 가. 소방법 제정 | 나. 소방방재청 개청 |
| 다. 시 · 도 광역자치소방체제 개편 | 라. 소방위원회 설치 |

① 가－나－다－라　② 가－다－나－라
③ 라－다－가－나　④ 라－가－다－나

**07** 금성 서문 화재가 화재에 대한 최초의 기록으로 남아 있고 영흥사 화재 시 국가에서 구휼하는 등 화재를 사회적 재앙으로 인식한 시기는 언제인가?

① 구석기시대　② 신석기시대
③ 청동기시대　④ 삼국시대

**08** 소방에 대한 설명 중 올바른 것은?

㉠ 소방에 대하여 고려시대에는 「소재」라 칭하기도 하였다.
㉡ 고려시대에는 금화관리자가 배치되었다.
㉢ 조선시대에는 세종 8년(1426년) 최초의 소방기관인 공조소속의 금화도감이 있었다.
㉣ 1915년 최초의 소방서인 경성소방서가 세워졌다.
㉤ 1958년 소방기본법이 제정되었다.
㉥ 1995년 삼풍백화점 붕괴를 계기로 재난관리기본법이 1995년 제정되었다.

① ㉠, ㉢, ㉤　② ㉡, ㉢, ㉤　③ 모두　④ ㉠, ㉡

**09** 우리나라 역사상 처음으로 소방이라는 용어를 사용한 시기는?

① 서기 596년　② 1426년　③ 1895년　④ 1925년

**10** 다음 중 지방소방공무원의 계급으로 맞는 것은?

| | |
|---|---|
| 가. 소방총감 | 나. 소방준감 |
| 다. 소방정감 | 라. 소방감 |

① 가, 나, 다　② 나, 다, 라　③ 나, 라　④ 나, 다

**11** 수성금화도감의 기능이 아닌 것은?

① 성을 수리하고 화재를 금한다.　② 도랑과 하천을 정비한다.
③ 화재 후 건물을 수리한다.　④ 길과 다리를 수리한다.

**12** 다음 중 시대 순이 빠른 것부터 바르게 연결한 것은?

가. 화재보험회사 설립
나. 상비소방수제도의 명문화
다. 운여창 화재 이후로 창름(양고창고), 부고(府庫)에 금화관리자를 배치
라. 금화도감 설치

① 가－나－다－라　② 나－가－라－다
③ 다－가－라－나　④ 다－라－가－나

**13** 다음 중 국가소방공무원의 계급이 높은 순서대로 바르게 배열된 것은?

① 소방총감－소방정감－소방감－소방준감－소방정
② 소방총감－소방감－소방준감－소방정감－소방정
③ 소방총감－소방준감－소방정감－소방감－소방정
④ 소방총감－소방정감－소방준감－소방감－소방정

**14** 대한민국 정부수립 이후 1948년~1970년까지 소방체제는?

① 이원적 소방행정체제　② 국가소방체제
③ 자치소방체제　④ 군사소방체제

**15** 금화법령이 조직적인 체계를 갖춘 시기는?

① 삼국시대　② 고려시대
③ 조선시대　④ 정부수립 이후

**16** 금화제도가 처음으로 시작된 시기는?

① 삼국시대　② 통일신라시대
③ 고려시대　④ 조선시대

**17** 우리나라에 소방서가 처음 설치된 시기는?

① 갑오개혁 후
② 일제침략시대
③ 미군정시대
④ 정부수립 후

**18** 5가작통제도가 실시되었던 시기는?

① 고려시대
② 조선시대
③ 일제침략시대
④ 갑오개혁 후

**19** 광역자치소방체계가 시행된 시점은 언제부터인가?

① 1992년
② 1993년
③ 1994년
④ 1995년

**20** 다음 중 조선시대의 금화도감을 설치한 왕은?

① 세종
② 태종
③ 세조
④ 문종

**21** 소방행정 역사 중 민방위본부가 설치되면서 소방이 경찰로부터 분리되어 독립성을 확보한 시기는?

① 일제 강점기
② 미군정시대
③ 갑오개혁
④ 1975년

**22** 광역자치단체의 소방업무에 대한 소방책임자는?

① 시장, 군수
② 소방청장
③ 소방본부장
④ 시 · 도지사

**23** 다음에서 설명하는 것은 무슨 원리인가?

- 조직의 공동목표 달성을 위해 분업 및 전문화되어 있는 개인이나 조직을 통합하고 행동을 통일시키는 것을 말한다.
- 공동 목표를 원활히 달성할 수 있도록 구성원 간의 업무수행을 질서정연하게 배정하는 것을 말한다.
- "무니"는 제1원리라고 주장한다.

① 조정의 원리 ② 통합의 원리
③ 분업의 원리 ④ 명령통일의 원리

**24** 다음 중 중앙소방행정조직이 아닌 것은?

① 소방청 ② 중앙119구조본부
③ 국립소방연구소 ④ 중앙소방학교

**25** 소방의 3요소에 해당하지 않는 것은?

① 소방인력 ② 소방용수(수리)
③ 통신장비 ④ 소방장비

**26** 소방행정 수단 중 비권력적 수단에 해당하지 않는 것을 모두 고르면?

| | | | | |
|---|---|---|---|---|
| 가. 계몽 | 나. 명령 | 다. 지도 | 라. 봉사 | 마. 강제 |

① 가, 다, 라 ② 나, 마 ③ 가, 다 ④ 나, 라, 마

**27** 소방공무원은 공무원의 구분 중에서 어디에 해당하는가?

① 고용직 공무원 ② 특정직 공무원
③ 정무직 공무원 ④ 별정직 공무원

**28** 일산소방서장(소방정)의 임용권을 가진 사람으로 옳은 것은?

① 소방청장 ② 일산시장
③ 경기도지사 ④ 대통령

**29** 소방공무원 징계 중 경징계에 해당되는 것은?

① 감봉, 견책
② 파면, 해임
③ 정직, 경고
④ 훈계, 권고

**30** 소방공무원의 인사관리에 대한 설명 중 옳은 것은?

① 소방공무원은 별정직 공무원이다.
② 정년구분에는 연령정년만 있다.
③ 소방공무원은 소방의 모든 분야에 국가공무원법과 지방공무원법의 적용을 받는다.
④ 소방직은 국가소방공무원과 지방소방공무원으로 구분한다.

**31** 소방공무원임용령 제2조에 규정된 소방기관이 아닌 것은?

① 소방청, 소방본부, 소방서, 119안전센터
② 소방청, 시 · 도와 중앙소방학교
③ 시 · 도와 중앙소방학교 · 중앙 119구조본부
④ 지방소방학교 · 소방서 및 서울종합방재센터

**32** 다음 중 용어의 설명이 잘못된 것은?

① "직위해제"란 휴직 · 직위해제 또는 정직(강등에 따른 정직을 포함한다) 중에 있는 소방공무원을 직위에 복귀시키는 것을 말한다.
② "임용이란" 신규채용 · 승진 · 전보 · 파견 · 강임 · 휴직 · 직위해제 · 정직 · 강등 · 복직 · 면직 · 해임 및 파면을 말한다.
③ "강임"이란 동종의 직무 내에서 하위의 직위에 임명하는 것을 말한다.
④ "전보"란 소방공무원의 동일 직위 및 자격 내에서의 근무기관이나 부서를 달리하는 임용을 말한다.

**33** 119안전센터 설치 기준으로 옳지 않은 것은?

① 특별시 : 인구 5만 명 이상 또는 면적 $2km^2$ 이상
② 광역시, 인구 50만 명 이상의 시 : 인구 3만 명 이상 또는 면적 $5km^2$
③ 인구 5만 명 이상 50만 명 미만의 시 · 군 : 인구 2만 명 이상 또는 면적 $10km^2$ 이상
④ 인구 5만 명 이상 10만 명 미만의 시 · 군 : 인구 1만5천 명 이상 또는 면적 $15km^2$ 이상

**34** 다음 소방공무원 인사행정에 대한 설명으로 잘못된 것은?

① 소방청장은 중앙소방학교소속 소방공무원 중 소방령에 대한 전보 · 휴직 · 직위해제 · 정직 및 복직에 관한 권한과 소방경 이하의 소방공무원에 대한 임용권을 중앙소방학교장에게 위임한다.

② 소방령 이상 소방공무원은 소방청장의 제청으로 국무총리를 거쳐 대통령이 임용한다.

③ 소방준감 이하 소방공무원에 대한 전보 · 휴직 · 직위해제 · 정직 · 복직 · 강등은 시 · 도지사가 한다.

④ 소방청장은 중앙119구조본부 소속 소방공무원 중 소방령에 대한 전보 · 휴직 · 직위해제 · 정직 · 복직에 관한 권한을 중앙119구조단장에게 위임할 수 있다.

**35** 다음 중 소방공무원 임용에 대한 설명으로 옳지 않은 것은?

① 소방공무원인 소방정은 대통령이 임용한다.

② 소방공무원인 소방위는 소방청장이 임용한다.

③ 소방령 이상의 소방공무원은 소방청장의 제청으로 국무총리가 임용한다.

④ 소방경 이하의 소방공무원은 소방청장이 임용한다.

**36** 소방공무원의 결격사유에 대한 설명 중 올바르지 않은 것은?

① 피성년후견인

② 금고 이상의 형의 선고유예를 받은 경우에 그 선고유예기간 중에 있는 자

③ 금고 이상의 형을 받고 그 집행유예의 기간이 끝난 날부터 3년이 경과하지 아니한 자

④ 징계에 의하여 파면의 처분을 받은 때부터 5년이 경과하지 아니한 자

**37** 소방공무원에 대하여 바르게 설명한 것은?

① 소방령 이상의 소방공무원에 대한 임용권은 소방청장에게 있다.

② 시 · 도 소방본부장의 경우 소방총감이 임용된다.

③ 신규채용된 소방사의 시보기간은 6개월로 한다.

④ 임용이란 신규채용자만 의미한다.

**38** 소방서의 설치기준으로 틀린 것은?

① 시 · 군 · 구에 설치된 소방서에 119안전센터의 수가 5개를 초과하는 경우에는 5개 센터 이하마다 1개서를 추가로 설치할 수 있다.

② 소방업무의 효율을 위하여 인근 시 · 군 · 구를 포함한 지역을 단위로 설치할 수 있다.

③ 소방서는 시 · 도 단위로 설치한다.

④ 특별한 소방대책이 필요한 경우에는 소방서의 설치기준과 증설기준에 불구하고 당해 지역마다 소방서를 설치할 수 있다.

**39** 소방경 이하 국가소방공무원에 대한 임용권자는 누구인가?

① 시 · 도지사 ② 소방본부장 ③ 소방청장 ④ 대통령

**40** 다음 설명 중 틀린 것은?

① 각 시 · 도의 소방공무원 중 가장 높은 계급은 소방감이다.

② 소방위의 소방공무원의 임용권자는 소방청장이다.

③ 재직기관에서 감봉 이상의 징계를 받은 자는 소방공무원으로 특별 채용될 수 없다.

④ 소방공무원 신규채용은 채용후보자 명부의 등재순위에 의하여 임용한다.

**41** 다음 중 특수구조대 종류로 옳지 않은 것은?

① 국제구조대 ② 산악구조대

③ 고속국도구조대 ④ 화학구조대

**42** 국제구조대의 편성, 운영권자는 누구인가?

① 중앙119구조본부장 ② 소방청장

③ 외교부장관 ④ 소방본부장

**43** 구급출동 요청을 거절할 수 있는 사항에 해당하지 않는 것은?

① 단순 골절환자

② 만성질환자로서 검진 또는 입원목적의 이송 요청자

③ 술에 만취되어 있는 자로 강한 자극에도 의식이 없는 경우

④ 단순 열상 또는 찰과상으로 지속적인 출혈이 없는 외상환자

**44** 다음 중 임야화재 시 긴급구조기관은?

① 소방청 ② 국토해양부 ③ 산림청 ④ 안전행정부

**45** 용어의 정의가 잘못된 것은?

① 조사자 : 화재조사 업무를 총괄하는 간부급 소방공무원을 말한다.
② 발화지점 : 화재가 발생한 부위를 말한다.
③ 감식 : 화재 원인의 판정을 위하여 전문적인 지식, 기술 및 경험을 활용하여 주로 시각에 의한 종합적인 판단으로 구체적인 사실관계를 명확하게 규명하는 것을 말한다.
④ 감정 : 화재와 관계되는 물건의 향상, 구조 재질, 성분, 성질 등 이와 관련된 모든 현상에 대하여 과학적 방법에 의한 필요한 실험을 행하고 그 결과를 근거로 화재원인을 밝히는 자료를 얻는 것을 말한다.

**46** 소방기본법 및 동법 시행령 · 시행규칙에 의한 화재조사의 종류에 해당하지 않는 것은?

① 피난상황조사 ② 발화원인조사
③ 소방시설 등 조사 ④ 동원 소방력 조사

**47** 화재건수의 결정 및 건물의 동수 산정으로 옳지 않은 것은?

① 동일범이 아닌 각기 다른 사람에 의한 방화, 불장난은 동일 대상물에 발화했다면 한 건의 화재로 본다.
② 동일 소방대상물의 발화점이 2개소 이상 있는 누전점이 동일한 누전에 의한 화재 및 지진, 낙뢰(벼락) 등 자연현상에 의한 다발화재는 1건의 화재로 한다.
③ 화재범위가 2 이상의 관할구역에 걸친 화재에 대해서는 발화 소방대상물의 소재지를 관할하는 소방서에서 1건의 화재로 한다.
④ 주요구조부가 하나로 연결되어 있는 것은 1동으로 한다. 다만 건널 복도 등으로 2 이상의 동에 연결되어 있는 것은 그 부분을 절반으로 분리하여 각 동으로 본다.

## 48 다음 중 화재조사에 대한 설명으로 올바른 것은?

㉠ 화재 조사의 목적은 화재의 경계와 예방활동을 위한 정보 자료 획득, 화재 및 제조물 위치관련 통계 작성 추구, 방화 · 실화 수사협조 및 피해자 구체적 증거 확보 등이 있다.
㉡ 본부장 또는 서장은 과학적이고 합리적인 화재원인 규명을 위하여 화재현장에서 수거된 물품에 대하여 감정을 실시하고 원인 입증을 위한 재현 등 시험을 실시할 수 있다.
㉢ 관계인의 승낙의무가 있으나 화재조사는 협조가 잘 이루어지지 않아 관계인의 협조가 없으면 화재조사는 힘들게 된다. 따라서 관계인의 임의적 협조가 항상 필요하다.
㉣ 화재조사는 화재원인조사와 화재피해조사가 있다. 화재피해조사에서 인명피해조사 대상은 소방활동 중 발생한 사망자 및 부상자, 그 밖에 화재로 인한 사망자 및 부상자이며 재산피해조사는 소화활동 중 사용된 물로 인한 피해, 연기, 물품반출, 화재로 인한 폭발 등에 의한 피해, 열에 의한 탄화, 용융, 파손 등의 피해, 연소경로 및 연소확대물, 연소확대 사유 등이 있다.

① ㉠, ㉡, ㉢ ② ㉡, ㉣ ③ ㉣, ㉢ ④ ㉠, ㉡

## 49 화재조사의 특징이 아닌 것은?

① 강제성을 지닌다.
② 보존성을 갖는다.
③ 경제성을 가져야 한다.
④ 안전성이 반드시 보호되어야 한다.

## 50 화재발생 시 소방서 종합상황실의 경우 소방본부의 종합상황실에 보고해야 할 기준으로 옳지 않은 것은?

① 이재민이 100명 이상 발생한 화재
② 재산피해액이 50억 원 이상 발생한 화재
③ 사망자가 3명 이상 발생하거나 사상자가 15명 이상 발생한 화재
④ 관공서, 학교, 정부미도정공장, 문화재, 지하철 또는 지하구 등에 발생한 화재

## 51 화재 시 건물의 30% 이상 70% 미만이 소실됐을 경우에 해당되는 화재로 옳은 것은?

① 전소화재 ② 반소화재 ③ 부분소화재 ④ 완소화재

## 52 화재현장에서 부상자를 이송한 후 몇 시간 이내에 사망하였을 경우 사망자로 간주하는가?

① 24 ② 48 ③ 72 ④ 96

## 53 다음 중 건물 동수의 산정에 대한 내용으로 잘못된 것은?

① 주요구조부가 하나로 연결되어 있는 것은 1동으로 한다.

② 건물의 외벽을 이용하여 실을 만들어 헛간, 목욕탕, 작업실, 사무실 및 기타 건물 용도로 사용하고 있는 것은 주건물과 1동으로 본다.

③ 구조에 관계없이 지붕 및 실이 하나로 연결되어 있는 것은 동일동으로 한다.

④ 목조 또는 내화조 건물의 경우 격벽으로 방화구획이 되어 있는 경우는 별개의 동으로 한다.

## 54 건물의 소실이 70% 이상일 때 전소라고 하는데, 이때 70%는 무엇에 대한 비율인가?

① 바닥면적

② 입체면적

③ 벽면적

④ 천장과 벽면적

## 55 화재로 인한 부상의 정도에서 중상이란?

① 1주 이상의 입원치료를 필요로 하는 부상을 말한다.

② 2주 이상의 입원치료를 필요로 하는 부상을 말한다.

③ 3주 이상의 입원치료를 필요로 하는 부상을 말한다.

④ 입원치료를 필요로 하지 않는 부상을 말한다.

## 56 다음 중 소방본부장 또는 소방서장이 소방청장에게 긴급상황을 보고해야 하는 중요 화재에 해당하지 않는 것은?

① 관공서, 학교, 정부미도정공장, 문화재, 지하철, 지하구 등 공공건물 및 시설의 화재

② 관광호텔, 고층건물, 지하상가, 시장, 백화점, 대량 위험물을 제조 · 저장 · 취급하는 장소, 대형 재취약대상 및 화재경계지구화재

③ 이재민 100명 이상 발생화재

④ 철도, 항구에 매어둔 외항선, 항공기, 발전소 및 변전소의 화재

## 57 행정작용의 수인하명에 해당되는 것은?

① 소방자동차의 긴급통행

② 강제피난명령

③ 소방특별조치명령

④ 소방시설 불법사용금지

**58** 다음 소방의 발전과정에 대한 설명으로 옳은 것만 고른 것은?

ㄱ. 세종 8년에 금화도감을 설치하였다.
ㄴ. 일제 강점기에 상비소방수 제도가 있었다.
ㄷ. 대한민국 정부수립 후에 1958년에 소방법을 제정 · 공포하였다.
ㄹ. 2007년 소방방재청을 설립하였다.

① ㄱ
② ㄱ, ㄴ, ㄷ
③ ㄱ, ㄴ, ㄹ
④ ㄱ, ㄴ, ㄷ, ㄹ

**59** 광역자치단체의 소방업무를 성실히 수행하여야 하는 자는?

① 시장, 군수
② 소방청장
③ 소방본부장
④ 시 · 도지사

**60** 화재 발생 후 소실정도를 산정할 때 전소화재의 산정기준은?

① 바닥면적
② 입체면적
③ 연면적
④ 방화면적

**61** 대한민국 정부수립 이후 1948년~1970년까지 소방체제는?

① 이원적 소방행정체제
② 국가소방체제
③ 자치소방체제
④ 군사소방체제

**62** 소방의 역사 및 행정체제에 대한 설명으로 옳지 않은 것은?

① 1426년(세종 8년)에 최초의 소방관서인 금화도감을 설치하였다.
② 1925년 일제 강점기에 경성(종로)소방서가 생겨나고 동시에 소방법이 제정되었다.
③ 1972년 서울과 부산에 소방본부를 설치하여 자치소방체제를 유지하고 기타 시 · 도에는 국가소방체제를 유지함으로써 이원적 소방행정체제를 유지하였다.
④ 2004년 소방방재청을 설치하여 소방업무뿐만 아니라 민방위 재난재해업무를 관장하는 재난통합관리체제를 유지하였다.

**63** 다음 보기 중 소방행정작용의 부작위하명에 해당하지 않는 것은?

① 화재예방 조치명령으로 모닥불, 불장난, 흡연, 화기취급행위 등의 금지명령

② 소방용수시설의 정당한 사용을 방해하는 행위의 금지명령

③ 소방특별조사 결과에 따른 조치명령으로서 공사의 정지, 중지명령

④ 화재예방 조치명령으로 타고 남은 불이나 재의 처리의 명령

**64** 다음 중 화재원인조사의 내용이 아닌 것은?

① 발화원인조사 ② 피해활동조사

③ 연소상황조사 ④ 발견 통보 및 초기소화상황조사

**65** 구조대, 구급대의 편성 및 운영권자는?

① 소방청장, 소방본부장, 소방서장 ② 소방청장, 행정안전부장관, 소방본부장

③ 소방청장, 대통령, 소방본부장 ④ 소방대장, 소방본부장, 소방서장

**66** 응급처치에 대한 일반원칙이 아닌 것은?

① 신속하고 침착하게 그리고 질서 있게 대처한다.

② 환자의 쇼크를 예방한다.

③ 피가 나는 상처부위의 지혈을 처리한다.

④ 어떠한 경우라도 본인보다 환자보호를 우선한다.

**67** 지방에 배치되는 소방공무원의 계급 구분으로 옳은 것은?

① 소방총감 – 소방정감 – 소방준감 – 소방감

② 소방총감 – 소방정감 – 소방감 – 소방준감

③ 소방총감 – 소방준감 – 소방정감 – 소방감

④ 소방정감 – 소방감 – 소방준감 – 소방정

**68** 징계의 종류에 해당하지 않는 것은?

① 정직 ② 훈계 ③ 감봉 ④ 견책

## 69 용어의 설명이 잘못된 것은?

① 임용 : 신규채용 · 강임 · 휴직 · 강등 · 정직 · 직위해제 · 해임 · 승진 · 전보 · 파견 · 복직 · 면직 · 파면을 말한다.

② 전보 : 소방공무원의 동일 직위 및 자격 내에 서의 근무기관이나 부서를 달리하는 임용을 말한다.

③ 강등 : 강등은 중징계의 하나로 1계급 아래로 직급을 내리고 공무원 신분을 보유하나 1~3개월동안 직무에 종사하지 못하며 그 기간 중 보수의 3분의 2를 감한다.

④ 복직 : 휴직 · 직위해제 또는 정직(강등에 따른 정직을 포함) 중에 있는 소방공무원을 직위에 복귀시키는 것을 말한다.

## 70 화재진압 단계별 활동순서로 옳지 않은 것은?

① 화재각지 → 화재출동 → 현장도착 → 상황판단

② 화재출동 → 인명구조 → 수관연장 → 노즐배치

③ 현장도착 → 상황판단 → 인명구조 → 수관연장

④ 인명구조 → 수관연장 → 파괴활동 → 노즐배치

## 71 구조요청 시 구조대원의 거절사유에 해당되지 않는 것은?

① 단순 문 개방의 요청을 받은 경우

② 시설물에 대한 단순 안전조치 및 장애물 단순 제거의 요청을 받은 경우

③ 동물의 단순 처리 · 포획 · 구조 요청을 받은 경우

④ 주민생활 안전해소 차원의 구조활동의 필요성이 있다고 인정되는 경우

## 72 화재조사의 특징이 아닌 것은?

① 강제성

② 현장성

③ 일체성

④ 프리즘

## 73 환자이송을 위한 중증도 분류에 의할 때 성격이 다른 하나는?

① 응급환자

② 다발성 골절

③ 거북이 심벌

④ 적색

**74** 다음 중 화재조사의 내용이 아닌 것은?

① 화재 경계와 예방활동을 위한 정보 자료를 획득한다.
② 화재 및 제조물의 위치관련 통계 작성을 추구한다.
③ 방화 · 실화 수사협조 및 피해자의 구체적 증거를 확보한다.
④ 소송쟁의에 대해 조사하고 행정시책의 자료로 한다.

**75** 구조, 구급에 관한 설명으로 옳은 것은?

① 특수구조대로는 화학구조대, 수난구조대, 고속국도구조대, 항공구조대가 있다.
② 일반구조대는 119구조대 또는 119안전센터 · 119지역대마다 각각 1대 이상 설치한다.
③ 고속국도구급대는 소방대장, 소방본부장, 소방서장이 교통사고의 발생빈도 등을 고려하여 설치한다.
④ 소방청과 소방본부에 항공구조 · 구급대를 설치할 수 있다.

**76** 분무방수에 대한 설명으로 옳지 않은 것은?

① 분무방수는 유류화재에 적응이 가능하다.
② 물분무는 입자가 적당할수록 질식소화에 용이하다.
③ 분무방수는 화점에 대한 명중률이 높다.
④ 분무방수는 단거리 공격에 해당되며, 실외 등 개방된 공간에는 효과가 적다.

**77** 화재조사에 대한 설명 중 옳지 않은 것은?

① 화재조사자의 권리는 출입조사 및 검사권, 질문권, 자료제출 명령권이 있다.
② 화재조사자는 수사기관에 체포된 사람과 압수증거물에 대한 조사권이 있다.
③ 화재조사는 화재소화가 끝난 이후 즉시 실시한다.
④ 화재조사자의 의무는 경찰공무원 및 관계보험회사와 협력의무가 있다.

**78** 수분 혹은 수 시간 이내 처치하지 않으면 생명이 위험한 환자는?

① 긴급환자　　② 응급환자
③ 비응급환자　　④ 지연환자

## 79 환자의 아래턱을 전방으로 올린 뒤 앞으로 당겨 주는 일반적인 기도유지 방법은?

① 하임리히법 ② 하악거상법 ③ 하악견인법 ④ 하임거상법

## 80 119구조 · 구급에 관한 법률에 규정된 구급대원의 자격이 아닌 것은?

① 의료인

② 국가 · 지방자치단체 · 공공기관의 의료기관에서 2년 근무한 경력자

③ 응급구조사의 자격을 취득한 사람

④ 소방청장이 실시하는 구급업무에 관한 교육을 받은 사람

## 81 화재를 진압하고 화재, 재난, 재해 그 밖의 위급한 상황에서의 구조 · 구급 활동 등을 하기 위한 소방대원에 속하지 않는 것은?

① 소방공무원 ② 의용소방대원 ③ 자위소방대 ④ 의무소방원

## 82 구조활동의 우선순위를 바르게 배열한 것은?

> ㄱ. 요구조자의 구명에 필요한 조치를 한다.
> ㄴ. 안전구역으로 구출 활동을 침착히 개시한다.
> ㄷ. 위험현장에서 격리하여 재산을 보전한다.
> ㄹ. 요구조자의 상태 악화 방지를 위한 필요한 조치를 한다.

① ㄴ－ㄱ－ㄷ－ㄹ ② ㄴ－ㄱ－ㄹ－ㄷ

③ ㄱ－ㄴ－ㄷ－ㄹ ④ ㄱ－ㄴ－ㄹ－ㄷ

## 83 소방기본법상 간접적 소방행정기관에 대한 설명 중 옳지 않은 것은?

① 한국소방안전원은 법인으로 하며, 안전원에 관하여 소방기본법에 규정된 것을 제외하고는 일반적으로 민법 중 재단법인에 관한 규정을 준용한다.

② 대한소방공제회는 직무수행 중 사망하거나 상이를 입은 사람에 대한 지원 사업을 하며 소방기본법에 명시되어 있다.

③ 한국소방산업기술원은 소방산업의 진흥 · 발전을 효율적으로 지원하기 위하여 설립하며 기술원은 법인으로 하되 민법의 재단법인에 관한 규정을 준용한다.

④ 소방공무원에 대한 효율적인 공제제도를 확립 · 운영하고, 직무수행 중 사망하거나 상이를 입은 사람에 대한 지원 사업을 함으로써 이들의 생활 안정과 복지 증진에 이바지함을 목적으로 하여 대한소방공제회를 설립한다.

**84** '화재 조사 및 보고 규정'에서 뜻하는 화재의 정의가 아닌 것은?

① 사람의 의도에 반하는 화재　　② 고의에 의해 발생하는 화재
③ 화학적인 폭발현상　　④ 물리적인 폭발현상

**85** 다음 보기의 빈칸에 들어갈 말로 알맞은 것은?

> 소방관서는 전통적으로 (　　)형식으로 조직되어 있다.
> 이것은 소방조직이 다른 조직에 비하여 순응적 조직문화를 가지고 있다는 것을 의미하지만 반대로 자발적이고 상향적 혁신의 장애가 될 수 있다는 것을 의미한다.

① 준군사적　　② 일방행정적
③ 사기업적　　④ 수평적

**86** 서울의 노량진에서 화재가 발생하였다. 화재로 인하여 많은 사상자와 재산피해가 발생하였으며 불은 아직 소멸되지 않았다. 이러한 상황에서 소방행정업무의 책임자는?

① 소방청장　　② 소방본부장
③ 서울대책본부장　　④ 서울특별시장

**87** 화재 장소에 대한 출입 · 조사에 관한 설명으로 옳지 않은 것은?

① 소방청장, 소방본부장 또는 소방서장은 화재조사를 하기 위하여 필요하면 관계인에게 보고 또는 자료 제출을 명하거나 관계 공무원으로 하여금 관계 장소에 출입하여 화재의 원인과 피해의 상황을 조사하거나 관계인에게 질문하게 할 수 있다.
② 화재조사를 하는 관계 공무원은 그 권한을 표시하는 증표를 지니고 이를 관계인에게 보여주어야 한다.
③ 화재조사를 하는 관계 공무원은 관계인의 정당한 업무를 방해하거나 화재조사를 수행하면서 알게 된 비밀을 다른 사람에게 누설하여서는 아니 된다.
④ 소방청장, 소방본부장 또는 소방서장은 수사기관이 방화 또는 실화의 혐의가 있어서 이미 피의자를 체포하였거나 증거물을 압수하였을 때에는 화재조사를 위하여 수사 기관이 수사하기 전에 그 피의자 또는 압수된 증거물에 대한 조사를 할 수 있다.

**88** 화재원인을 규명하고 화재로 인한 피해를 산정하기 위하여 자료의 수집, 관계자 등에 대한 질문, 현장확인, 감식, 감정 및 실험 등을 하는 일련의 행동을 무엇이라 하는가?

① 감정　　② 감식　　③ 조사　　④ 수사

**89** 인접 건물의 화재확대방지 차원에서 블록의 4방면 중, 바람이 불어나가는 쪽이나 비화되는 쪽의 경우 화재확대가 가능한 면을 동시에 방어하는 전술을 무엇이라 하는가?

① 포위전술 ② 블록전술 ③ 중점전술 ④ 집중전술

**90** 다음 중 징계위원회 구성에 대한 설명으로 틀린 것은?

① 소방준감 이상의 소방공무원에 대한 징계의결은 「국가공무원법」에 따라 소방청장 소속으로 설치된 징계위원회에서 한다.

② 소방정 이하의 소방공무원에 대한 징계의결을 하기 위하여 소방청 및 대통령령으로 정하는 소방기관에 소방공무원 징계위원회를 둔다.

③ 시 · 도지사가 임용권을 행사하는 소방공무원에 대한 징계의결을 하기 위하여 시 · 도 및 대통령령으로 정하는 소방기관에 징계위원회를 둔다.

④ 소방공무원 징계위원회의 구성 · 관할 · 운영, 징계의결의 요구 절차, 징계 대상자의 진술권, 그 밖에 필요한 사항은 대통령령으로 정한다.

**91** 화재 조사 중 화재피해조사에 대한 내용으로 옳지 않은 것은?

① 화재로 인한 사망자 및 부상자에 대해 조사한다.

② 화재의 연소경로 및 확대원인 등 연소상황에 대해 조사한다.

③ 열에 의한 파손, 탄화, 용융 등의 피해를 조사한다.

④ 소화활동 중 사용된 물로 인한 피해 등을 조사한다.

**92** 병원 이송을 위한 중증도 분류와 색상의 연결이 옳지 않은 것은?

① 사망 또는 생존가능성이 없는 환자 – 지연환자 – 백색

② 수 시간 이내에 응급처치를 요하는 환자 – 응급환자 – 황색

③ 수 시간, 수 일 후 치료해도 생명에 지장이 없는 환자 – 비응급환자 – 녹색

④ 수 분, 수 시간 이내의 응급처치를 요하는 중증환자 – 긴급환자 – 적색

**93** 화재조사 및 보고규정에서 사용하는 화재의 정의에 의할 때 다음 빈칸에 들어갈 말로 가장 알맞은 것은?

> 사람의 의도에 반하거나 (   )에 의해 발생하는 연소현상으로서 소화시설 등을 사용하여 소화할 필요가 있거나 또는 (   )적인 폭발현상을 말한다.

① 과실 – 화학 ② 과실 – 물리 ③ 고의 – 화학 ④ 고의 – 물리

**94** 다음 중 2급 응급구조사의 업무 범위가 아닌 것은?

① 산소 투여　② 구강 내 이물질의 제거
③ 인공호흡기를 이용한 호흡의 유지　④ 기본 심폐소생술

**95** 소방조직의 기본원리 중 '특정사안에 대한 결정에 있어서 의사결정과정에서는 개인의 의견이 참여되지만 결정을 내리는 것은 개인이 아닌 소속기관의 기관장이다.'에 해당되는 것은?

① 계선의 원리　② 업무조정의 원리
③ 계층제의 원리　④ 명령통일의 원리

**96** 우리나라 소방의 발전과정에 대한 설명 중 옳지 않은 것은?

① 최초의 소방관서는 금화도감이다.
② 일제강점기에 최초의 소방서가 설치되었다.
③ 갑오개혁 이후 '소방'이라는 용어를 처음 사용하였다.
④ 대한민국 정부수립과 동시에 소방본부가 설치되었다.

**97** 다음 소방의 발전과정에 대한 설명으로 옳은 것만 고른 것은?

ㄱ. 세종 8년에 금화도감을 설치하였다.
ㄴ. 일제 강점기에 상비소방수 제도가 있었다.
ㄷ. 대한민국 정부수립 후에 1958년에 소방법을 제정 · 공포하였다.
ㄹ. 2014년 소방청을 설립하였다.

① ㄱ　② ㄱ, ㄴ, ㄷ　③ ㄱ, ㄴ, ㄹ　④ ㄱ, ㄴ, ㄷ, ㄹ

**98** 해방 이후의 소방조직 변천과정을 과거부터 현재까지 옳게 나열한 것은?

ㄱ. 중앙에는 중앙소방위원회를 두고, 지방에는 도소방위원회를 두어 독립된 자치소방제도를 시행하였다.
ㄴ. 소방행정이 경찰행정 사무에 포함되어 시 · 군까지 일괄적으로 관리하는 국가소방체제로 전환되었다.
ㄷ. 서울과 부산은 소방본부를 설치하였고, 다른 지역은 국가소방체제로 국가소방과 자치소방의 이원화 시기였다.
ㄹ. 소방사무가 시 · 도 사무로 전환되어 전국 시 · 도에 소방본부가 설치되었다.

① ㄱ → ㄴ → ㄷ → ㄹ　② ㄱ → ㄴ → ㄹ → ㄷ
③ ㄴ → ㄱ → ㄷ → ㄹ　④ ㄴ → ㄱ → ㄹ → ㄷ

**99** 화재조사활동 중 소방본부 종합상황실이 소방청의 종합 상황실에 보고해야 하는 화재에 해당하지 않는 것은?

① 사망자가 6명 발생한 화재
② 사상자가 11명 발생한 화재
③ 재산피해액이 70억 원 발생한 화재
④ 이재민이 50명 발생한 화재

**100** 소방에 대한 설명 중 옳지 않은 것은?

① 소방의 궁극적 목적은 사회 공공의 안녕 및 질서 유지와 공공의 복리증진이다.
② 소방의 임무를 기본적 임무와 파생적 임무로 구별하기도 한다.
③ 기본적 임무는 정부기능 가운데 생명과 신체보호, 사회의 안전유지로 평온하고 안전한 국민 생활을 보호하는 보안기능을 담당하는 것이다.
④ 파생적 임무는 화재진압과 구조대 운영이다.

Fire protection theory

# 8장 재난관리론 100제

**01** 다음 중 재난에 대한 "준비계획단계"에 대한 설명으로 옳은 것은?

① 미래에 발생할 가능성이 있는 재난을 사전에 예방하기 위한 활동
② 재난발생확률이 높아진 경우, 재해발생 후에 효과적으로 대응할 수 있도록 사전에 대응활동을 위한 메커니즘을 구성하는 등 운영적인 장치들을 갖추는 단계
③ 신속한 활동을 통하여 재해로 인한 인명 및 재산피해를 최소화하고, 재해의 확산을 방지하며, 순조롭게 복구가 이루어질 수 있도록 활동하는 단계
④ 재해상황이 어느 정도 안정된 후 취하는 활동단계로 재해로 인한 피해지역을 재해 이전의 상태로 회복시키는 활동을 포함한다.

**02** 재난관리체계의 설명으로 옳지 않은 것은?

① 재난안전상황실은 소방본부에 설치할 수 없다.
② 긴급 재난 시 소방청장이 중앙통제단장이 된다.
③ 중앙대책본부장은 대통령에게 특별재난선포를 건의할 수 있다.
④ 국무총리가 재난지역을 선포할 수 있다.

**03** 재난 및 안전관리기본법에 규정된 재난관리 책임기관에 대한 설명으로 가장 바른 설명은?

① 중앙재난안전대책본부의 본부장은 국무총리이다.
② 대통령 직속기관으로 중앙안전대책본부를 둔다.
③ 국무총리는 해외재난 대책 지원단을 구성하고 재난안전상황실을 설치 · 운영한다.
④ 해외재난 시 외교부장관이 중앙대책본부장의 권한을 행사한다.

**04** 다음 중 중앙 및 지역 긴급구조통제단장이 바르게 연결된 것은?

① 중앙통제단장－소방청장, 시 · 도 통제단장－소방서장, 시 · 군 · 구 통제단장－소방본부장
② 중앙통제단장－대통령, 시 · 도 통제단장－소방본부장, 시 · 군 · 구 통제단장－소방서장
③ 중앙통제단장－소방청장, 시 · 도 통제단장－소방본부장, 시 · 군 · 구 통제단장－소방서장
④ 중앙통제단장－국무총리, 시 · 도 통제단장－소방서장, 시 · 군 · 구 통제단장－소방본부장

**05** 재난 및 안전관리기본법에서의 긴급구조기관이 아닌 것은?

① 경찰청 ② 소방서
③ 소방본부 ④ 소방청

**06** 다음 중 임야화재 시 긴급구조기관은?

① 소방청 ② 국토해양부
③ 산림청 ④ 행정안전부

**07** 시 · 도 긴급구조통제단의 단장이 될 수 있는 사람은?

① 행정안전부장관 ② 소방청장 ③ 소방본부장 ④ 소방서장

**08** "재난 및 안전관리 기본법"에서 정의하는 내용으로 바르지 않은 것은?

① 재난관리책임기관－중앙행정기관, 지방자치단체, 지방행정기관 · 공공기관 · 공공단체(공공기관 및 공공단체의 지부 등 지방행정 조직을 포함) 및 재난관리의 대상이 되는 중요시설의 관리기관 등으로서 대통령령으로 정하는 기관
② 해외재난－대한민국의 영역 밖에서 대한민국 국민의 생명 · 신체 및 재산에 피해를 주거나 줄 수 있는 재난으로서 정부차원에서 대처할 필요가 있는 재난
③ 긴급구조기관－소방청, 소방본부, 소방서, 경찰청, 지방경찰청, 경찰서
④ 안전관리－시설, 물질 등으로부터 사람의 생명 · 신체, 재산의 안전확보를 위한 모든 활동

**09** 중앙재난안전대책본부의 책임자로 올바른 것은?

① 소방본부장의 책임자는 국무총리가 된다.
② 중앙재난안전대책본부장은 행정안전부장관이 된다.
③ 중앙재난안전대책본부장은 소방청장이 된다.
④ 재난의 유형에 따라 본부장이 다르다.

**10** 재난에 관한 설명으로 옳지 않은 것은?

① 중앙통제단장은 소방청장이다.
② 긴급구조기관은 소방청, 소방본부, 소방서이다.
③ 국가안전관리기본계획수립은 소방청이 5년마다 수립한다.
④ 매월 4일은 안전점검의 날이다.

**11** 국가의 안녕 및 사회질서의 유지에 중대한 영향을 미치거나 그 재난으로 인한 피해를 효과적으로 수습 및 복구하기 위하여 특별한 조치가 필요하다고 인정하면 중앙위원회의 심의를 거쳐 해당 지역을 특별재난지역으로 선포할 수 있는데 그 선포권자는?

① 소방청장
② 대통령
③ 행정안전부장관
④ 시 · 도지사

**12** 행정안전부장관, 소방청장 또는 재난관리책임기관(행정기관만을 말한다.)의 장은 긴급안전 점검 결과 재난 발생의 위험이 높다고 인정되는 시설 또는 지역에 대하여는 대통령령으로 정하는 바에 따라 그 소유자 · 관리자 또는 점유자에게 안전조치를 할 것을 명할 수 있는데 이에 포함되지 않는 것은?

① 정밀안전진단
② 보수 또는 보강 등 정비
③ 재난을 발생시킬 위험요인 제거
④ 즉시 퇴피명령

**13** 긴급구조지휘대의 구성원이 아닌 사람은?

① 상황분석요원
② 자원지원요원
③ 안전담당요원
④ 인근병원에서 파견된 연락관

**14** 재난 및 안전관리기본법에 규정된 중앙위원회에 관한 설명으로 옳은 것은?

① 중앙위원회 위원장의 간사는 소방청장이다.
② 중앙위원회의 위원장은 국무총리가 되고, 위원은 대통령령으로 정하는 중앙행정기관의 장이 된다.
③ 중앙위원회 의결은 재적의원 2/3 출석과 1/2 찬성으로 한다.
④ 중앙위원회의 위원은 그 밖에 중앙대책본부의 위원장이 지정하는 기관 및 단체의 장이 된다.

**15** 재난 및 안전관리기본법에 규정된 용어의 정의로서 옳지 않은 것은?

① 에너지, 통신, 교통, 금융, 의료, 수도 등의 국가기반체계 마비와 감염병, 가축전염병 확산 등은 사회재난이다.
② 재난관리란 재난이나 그 밖의 각종 사고로 부터 사람의 생명 · 신체 및 재산의 안전을 확보하기 위하여 하는 모든 활동을 말한다.
③ 국가재난관리기준은 모든 유형의 재난에 공통적으로 활용할 수 있도록 재난관리의 전 과정을 통일적으로 단순화, 체계화한 것으로서 행정안전부장관이 정한다.
④ 재난관리의 4대원칙은 예방, 대응, 대비, 복구이다.

**16** 재난 및 안전관리기본법에 규정된 기능별 긴급 구조 대응계획에 속하는 것이 아닌 것은?

① 비상경고
② 화재조사
③ 대중정보
④ 피해상황분석

**17** 재난관리는 단계별로 '예방, 대비, 대응, 복구'의 4단계로 구분할 수 있다. 다음에 열거된 재난관리 활동 중 그 단계가 다른 하나는?

① 재난 유형별 사전 교육 · 훈련 실시
② 비상방송시스템 구축
③ 재난 취약시설 점검
④ 자원관리체계 구축

**18** 다음 중 중앙안전관리위원회의 재난 및 안전관리에 관한 심의사항이 아닌 것은?

① 재난사태의 선포에 관한 사항
② 특별재난지역의 선포에 관한 사항
③ 재난 및 안전관리에 관한 중요 정책에 관한 사항
④ 국가기반시설의 지정에 관한 사항의 심의

**19** 다음은 재난 및 안전관리 기본법의 목적이다. 괄호에 들어갈 알맞은 내용은?

> 이 법은 각종 재난으로부터 국토를 보존하고 국민의 생명, 신체 및 재산을 보호하기 위하여 국가와 지방자치단체의 ( ㄱ )하고 재난의 ( ㄴ ), 그 밖의 재난 및 안전관리에 필요한 사항을 규정함을 목적으로 한다.

① ㄱ. 재난 ㄴ. 예방, 대비, 대응, 복구
② ㄱ. 재난 ㄴ. 예방, 대비, 대응, 복구와 안전문화 활동
③ ㄱ. 재난 및 안전관리체제를 확립 ㄴ. 예방, 대비, 대응, 복구와 안전문화 활동
④ ㄱ. 재난 및 안전관리체제를 확립 ㄴ. 예방, 대비, 대응, 복구

**20** 다음 중 재난 및 사고유형별 재난관리주관기관 중 해양경찰청에서 주관하는 재난 및 사고의 유형에 해당하는 것은?

① 지하철사고 ② 경기장 및 공연장사고
③ 유해화학물질 유출사고 ④ 해양에서 발생한 유도선 등의 수난사고

**21** 재해예방대책 실행을 위한 사고예방대책 5단계를 순서대로 나열한 것은?

① 조직체계확립 – 현황파악 – 원인규명 – 대책선정 – 목표달성
② 현황파악 – 원인규명 – 대책선정 – 목표달성 – 조직체계확립
③ 현황파악 – 조직체계확립 – 원인규명 – 대책선정 – 목표달성
④ 조직체계확립 – 원인규명 – 현황파악 – 대책선정 – 목표달성

**22** 목표달성을 위한 시정책에 활용되는 3E 정책에 해당하지 않는 것은?

① 기술(Engineer) ② 교육(Education)
③ 성분(Element) ④ 시행(Enforcement)

**23** 다음 중 위험예지훈련에 관한 설명으로 틀린 것은?

① 편안한 분위기에서 전원이 자유롭게 발언한다.
② 상대방의 발언에 대하여 비판하지 않고 논의도 하지 않는다.
③ 타인의 이야기를 잘 들어주고 서로 자기의 사고를 높일 수 있도록 한다.
④ 회의의 내용은 양보다는 질을 중요시 한다.

**24** 존스의 재해분류에 따른 방법 중 준자연재해에 해당하는 것은?

① 지진 ② 산사태 ③ 유독식물 ④ 온난화현상

**25** 아네스의 재해분류에 따른 방법 중 기후성 재해에 속하는 것은?

① 태풍 ② 지진 ③ 화산폭발 ④ 해일

**26** 재해의 분류에서 자연재해에서는 기후성 재해, 지진성 재해로 분류하며, 인위재해는 사고성 재난과 계획성 재난으로 분류되는 것으로서 현재 세계 각 국에서 이와 같이 사용하는 재해분류는 무엇을 근거로 하는가?

① 존스의 분류 ② 아네스의 분류
③ 하인리히 도미노 이론 ④ 재난 및 안전관리기본법

**27** 하인리히의 도미노 이론 중 단계순서를 옳게 나타낸 것은?

① 개인적 결함 → 유전적 요인 및 사회적 환경 → 불안전한 행동 및 불안전 상태 → 사고 → 재해
② 유전적 요인 및 사회적 환경 → 개인적 결함 → 불안전한 행동 및 불안전 상태 → 사고 → 재해
③ 불안전한 행동 및 불안전 상태 → 개인적 결함 → 유전적 요인 및 사회적 환경 → 사고 → 재해
④ 개인적 결함 → 불안전한 행동 및 불안전 상태 → 유전적 요인 및 사회적 환경 → 사고 → 재해

**28** 재해발생이론에서 고전적 도미노이론에 대한 설명으로 바르지 못한 것은?

① 하인리히 이론이다.
② 재해는 기본원인에 의해 발생한다고 주장한 것이다.
③ 재해방지를 위해서는 불안전한 행동 및 상태를 제거하여야 한다는 것이다.
④ 1 : 29 : 300의 법칙으로 재해구성 비율을 설명한 것이다.

**29** 프랭크 버드의 최신 도미노 이론에서 사고 및 재해 발생의 직접적인 원인은 무엇인가?

① 관리 ② 기원 ③ 징후 ④ 접촉

**30** 다음 중 재난의 성격이 다른 것은?

① 환경오염 ② 화산폭발 ③ 해일 ④ 황사

**31** 재난을 관리하는 각 단계에서 대응단계에 대한 설명으로 옳은 것은?

① 재난의 발생가능성을 감소하려는 활동이다.
② 재난의 위험을 경감시키기 위한 방법을 계획하는 활동이다.
③ 피해확산을 방지하기 위한 활동이다.
④ 정상적인 상태로 회복하기 위한 활동이다.

**32** 하인리히의 재해연쇄이론에서 사고발생의 직접적인 원인은?

① 사회적 환경 및 유전적 요소 ② 개인적 결함
③ 불안전한 행동 및 상태 ④ 사고

**33** 다음 중 재난 시 중앙안전관리위원장으로서 역할을 수행하고 국가안전관리기본계획을 수립하는 자는?

① 대통령 ② 국무총리
③ 행정안전부장관 ④ 소방청장

**34** 다음 중 중앙안전관리위원회의 위원이 될 수 없는 사람은?

① 교육부장관 ② 시 · 도지사
③ 소방청장 ④ 경찰청장

**35** 「재난 및 안전관리기본법」에서 준하는 긴급구조지원기관이 아닌 것은?

① 산림청 ② 항공청
③ 경찰청 ④ 기상청

**36** 다음은 「재난 및 안전관리기본법」상 재난 중 자연재해에 대한 설명이다. 괄호 안에 들어갈 내용을 올바르게 나열한 것은?

태풍, 홍수, 호우, 강풍, ( ㉠ ), 해일, 대설, 낙뢰, ( ㉡ ), 지진, 황사, 조류 대발생, ( ㉢ ), 화산활동, 소행성, 유성체 등 자연우주물체의 추락 · 충돌 그 밖에 이에 준하는 자연현상으로 인하여 발생하는 재해를 말한다.

| | ㉠ | ㉡ | ㉢ | | ㉠ | ㉡ | ㉢ |
|---|---|---|---|---|---|---|---|
| ① | 붕괴 | 가뭄 | 적조 | ② | 풍랑 | 가뭄 | 화재 |
| ③ | 풍랑 | 교통 | 적조 | ④ | 풍랑 | 가뭄 | 조수 |

**37** 다음 중 「재난 및 안전관리기본법」에서 규정하고 있는 재난의 관리단계를 가장 적절하게 표현한 것은?

① 예방 – 복구 – 대응 – 대비
② 대비 – 복구 – 예방 – 대응
③ 예방 – 대비 – 대응 – 복구
④ 대응 – 복구 – 대비 – 예방

**38** 재난현장에서의 지휘통제를 위하여 지역긴급구조통제단을 설치한다. 긴급구조통제단장이 될 수 있는 사람은 누구인가?

① 대통령
② 국무총리
③ 소방청장
④ 소방본부장, 소방서장

**39** 재난에 관한 위기경보의 발령에 대한 설명 중 잘못된 것은?

① 소방본부장 또는 소방서장이 위기경보를 발령할 수 있다.
② 재난에 대한 징후를 식별하거나 재난발생이 예상되는 경우에 발령할 수 있다.
③ 위기경보는 재난 피해의 전개 속도, 확대 가능성 등 재난상황의 심각성을 종합적으로 고려하여 관심 · 경계 · 심각으로 구분할 수 있다.
④ 재난관리책임기관의 장은 위기경보가 신속하게 발령될 수 있도록 재난과 관련한 위험정보를 얻으면 즉시 행정안전부장관, 재난관리주관기관의 장, 시 · 도지사 및 시장 · 군수 · 구청장에게 통보하여야 한다.

**40** 다음 중 재난 및 안전관리 기본법의 목적으로 가장 적절하지 못한 것은?

① 재난으로부터 국토의 보존
② 국민의 생명 · 신체 및 재산 보호
③ 국가와 중앙정부조직의 재난 및 안전관리체제 확립
④ 재난의 예방 · 대비 · 대응 · 복구와 안전문화활동, 그 밖에 재난 및 안전관리에 필요한 사항을 규정함

**41** 다음 중 재난 및 안전관리 기본법에 있어서 재난의 예방 · 대비 · 대응 및 복구를 위한 모든 활동을 무엇이라 하는가?

① 안전관리 ② 재난관리
③ 재해관리 ④ 방재관리

**42** 다음 중 재난 및 안전관리 기본법에 있어서 재난이나 그 밖의 각종 사고로부터 사람의 생명 · 신체 및 재산의 안전을 확보하기 위하여 하는 모든 활동을 무엇이라 하는가?

① 안전관리 ② 재난관리
③ 재해관리 ④ 방재관리

**43** 다음 중 재난 및 안전관리 기본법에 있어서 안전기준의 분야별 안전기준의 범위가 가장 적절하지 못한 것은?

① 건축 시설 분야－소방 관련 안전기준
② 교통 및 교통시설 분야－육상교통 · 해상교통
③ 보건 · 식품 분야－의료 · 감염, 수질환경
④ 정보통신 분야－정보통신매체 및 관련 시설과 정보보호에 관련된 안전기준

**44** 재난이나 그 밖의 각종 사고에 대하여 그 유형별로 예방 · 대비 · 대응 및 복구 등의 업무를 주관하여 수행하도록 대통령령으로 정하는 관계중앙행정기관을 무엇이라 하는가?

① 중앙안전관리위원회 ② 중앙재난안전대책본부
③ 재난관리주관기관 ④ 재난관리책임기관

## 45 다음 중 재난 및 안전관리 기본법의 용어의 정의로 가장 적절하지 못한 것은?

① 국가재난관리기준 : 모든 유형의 재난에 공통적으로 활용할 수 있도록 재난관리의 전 과정을 통일적으로 단순화 · 체계화한 것으로서 미래창조과학부장관이 고시한 것

② 안전문화활동 : 안전교육, 안전훈련, 홍보 등을 통하여 안전에 관한 가치와 인식을 높이고 안전을 생활화하도록 하는 등 재난이나 그 밖의 각종 사고로부터 안전한 사회를 만들어가기 위한 활동을 말한다.

③ 재난관리정보 : 재난관리를 위하여 필요한 재난상황정보, 동원가능 자원정보, 시설물정보, 지리정보를 말한다.

④ 긴급구조지원기관 : 긴급구조에 필요한 인력 · 시설 및 장비, 운영체제 등 긴급구조능력을 보유한 기관이나 단체로서 대통령령으로 정하는 기관과 단체

## 46 다음 중 재난 및 안전관리 기본법에 있어서 국가 등의 책무 등과 관련하여 가장 적절하지 못한 것은?

① 국가와 지방자치단체는 재난이나 그 밖의 각종 사고로부터 국민의 생명 · 신체 및 재산을 보호할 책무를 지고, 재난이나 그 밖의 각종 사고를 예방하고 피해를 줄이기 위하여 노력하여야 한다.

② 국가와 지방자치단체는 발생한 피해를 신속히 대응 · 복구하기 위한 계획을 수립 · 시행하여야 한다.

③ 재난관리책임기관의 장은 소관업무와 관련된 안전관리에 관한 계획을 수립하고 시행하여야 한다.

④ 재난관리책임기관의 장은 시 · 도와 시 · 군 · 구의 재난 및 안전관리업무에 협조할 수 있다.

## 47 다음 설명 중 가장 적절하지 못한 것은?

① 국무총리는 국가 및 지방자치단체가 행하는 재난 및 안전관리 업무를 총괄 · 조정한다.

② 국민은 국가와 지방자치단체가 재난 및 안전관리업무를 수행할 때 최대한 협조하여야 한다.

③ 국민은 자기가 소유하거나 사용하는 건물 · 시설 등으로부터 재난이 발생하지 아니하도록 노력하여야 한다.

④ 국가와 지방자치단체는 재난이나 그 밖의 각종 사고로부터 국민의 생명 · 신체 및 재산을 보호할 책무를 지고, 재난이나 그 밖의 각종 사고를 예방하고 피해를 줄이기 위하여 노력하여야 한다.

**48** 다음 중 중앙안전관리위원회의 재난 및 안전관리에 관한 심의사항이 아닌 것은?

① 재난 및 안전관리에 관한 중요 정책에 관한 사항
② 국가안전관리기본계획에 관한 사항
③ 특별재난지역의 선포에 관한 사항
④ 재난 및 안전관리 사업 관련 장기사업계획서 및 예산 확정에 관한 사항

**49** 다음 중 중앙위원회의 위원장은?

① 국무총리
② 소방청장
③ 행정안전부장관
④ 시 · 도지사

**50** 다음 중 중앙위원회에 대한 설명 중 옳은 것은?

① 중앙위원회의 위원장은 국무총리가 된다.
② 중앙위원회에 간사 1명을 두고, 간사는 행정자치부장관이 된다.
③ 중앙위원회의 위원장이 사고 또는 부득이한 사유로 직무를 수행할 수 없을 때에는 소방청장, 대통령령으로 정하는 중앙행정기관의 장 순으로 위원장의 직무를 대행한다.
④ 소방청장 등이 중앙위원회 위원장의 직무를 대행할 때에는 소방청차관이 중앙위원회 간사의 직무를 대행한다.

**51** 다음 중 재난 및 안전관리 기본법에 있어서 재난상황의 보고 등에 있어서 가장 적당하지 않은 것은?

① 최초 보고 : 인명피해 등 주요 재난 발생 시 지체 없이 서면(전자문서 포함) · 팩스 · 전화 중 가장 빠른 방법으로 하는 보고
② 중간 보고 : 전산시스템 등을 활용하여 재난의 수습기간 중에 수시로 하는 보고
③ 긴급 보고 : 소방서장이 해당 소방본부장에게 긴급한 상황 발생 시 하는 보고
④ 최종 보고 : 재난 수습이 끝나거나 소멸된 후 영 제24조 제1항의 규정에 의한 사항을 종합하여 하는 보고

**52** 다음 중 대통령령으로 정하는 바에 따라 국가의 재난 및 안전관리업무에 관한 기본계획("국가안전관리기본계획")의 수립 지침을 작성하여 관계 중앙행정기관의 장에게 누가 통보하여야 하는가?

① 국무총리 ② 소방청장
③ 행정안전부장관 ④ 기획재정부장관

**53** 재난 및 안전관리기본법상 재난의 복구단계에 해당하는 것은?

① 국가기반시설 지정 ② 정부합동 안전 점검
③ 위험구역 설정 ④ 특별재난지역 선포

**54** 다음 중 중앙안전관리위원회의 재난 및 안전관리에 관한 심의사항이 아닌 것은?

① 재난사태의 선포에 관한 사항
② 특별재난지역의 선포에 관한 사항
③ 재난 및 안전관리에 관한 중요 정책에 관한 사항
④ 국가기반시설의 지정에 관한 사항의 심의

**55** 현대적 재난관리행정에 많이 이용되고 있는 재난관리접근방식 중 IEMS(Intergrated Emergency Management System)란 어떤 재난관리 시스템을 말하는가?

① 분산적 ② 균형적 ③ 통합적 ④ 분석적

**56** 다음 현장응급의료소 이송반의 임무 중 사상자의 이송 우선순위를 바르게 연결한 것은 어느 것인가?

① 사망자 – 긴급환자 – 응급환자 – 비응급환자
② 긴급환자 – 응급환자 – 비응급환자 – 사망자
③ 긴급환자 – 응급환자 – 사망자 – 비응급환자
④ 응급환자 – 긴급환자 – 비응급환자 – 사망자

**57** 「재난 및 안전관리 기본법」상 용어에 대한 설명 중 맞지 않는 것은?

① 재난이란 태풍 · 홍수 · 호우 · 강풍 · 풍랑 · 해일 · 대설 · 낙뢰 · 가뭄 · 지진 · 황사 · 조류 대발생 · 조수 · 화산활동, 소행성 · 유성체 등 자연우주물체의 추락 · 충돌 그 밖에 이에 준하는 자연현상으로 인하여 발생하는 재해를 말한다.

② 재난이란 화재 · 붕괴 · 폭발 · 교통사고 · 화생방사고 · 환경오염사고, 그 밖에 이와 유사한 사고로 대통령령이 정하는 규모 이상의 피해를 말한다.

③ 재난이란 에너지 · 통신 · 교통 · 금융 · 의료 · 수도 등 국가기반체계의 마비와 전염병 확산 등으로 인한 피해를 말한다.

④ 재난관리란 시설 및 물질 등으로부터 사람의 생명 · 신체 및 재산의 안전을 확보하기 위하여 행하는 모든 활동을 말한다.

**58** 다음 중 「재난 및 안전관리 기본법」에서 규정하고 있는 재난의 관리단계를 가장 적절하게 표현한 것은?

① 예방 – 복구 – 대응 – 대비　　② 대비 – 복구 – 예방 – 대응

③ 예방 – 대비 – 대응 – 복구　　④ 대응 – 복구 – 대비 – 예방

**59** 국가 및 지방자치단체에서 피해주민의 생계안정을 지원하는 대책이 아닌 것은?

① 피해주민의 구호

② 고등학생 학자금 무이자 대출

③ 농림 · 어업자금의 융자, 상환기한 연기 및 이자감면

④ 정부양고 무상지급수

**60** 다음 중 화재 및 재난 발생 시 긴급구조기관으로 옳지 않은 것은?

① 소방서　　② 해양경찰서

③ 지방해양경찰청　　④ 경찰서

**61** 재해가 발생하였을 때 그 재해의 피해를 최소화하며 재해의 확산을 방지하는 단계는 어느 단계라고 할 수 있는가?

① 재난의 예방단계　　② 재난의 대비단계

③ 재난의 대응단계　　④ 재난의 복구단계

**62** 다음 중 재난의 성격이 다른 것은?

① 환경오염 ② 화산폭발 ③ 해일 ④ 황사

**63** 하인리히의 재해연쇄이론에서 사고발생의 직접적인 원인은?

① 사회적 환경 및 유전적 요소
② 개인적 결함
③ 불안전한 행동 및 상태
④ 사고

**64** 대통령령으로 정하는 재난이 발생하거나 발생할 우려가 있는 경우 재난사태를 선포할 수 있는 자는?

① 행정안전부장관
② 국무총리
③ 시 · 도지사
④ 중앙대책본부장

**65** 다음 설명 중 잘못된 것은?

① 중앙위원회의 위원장은 국무총리가 된다.
② 중앙긴급구조통제단장은 소방본부장이 된다.
③ 중앙대책본부의 본부장은 행정안전부장관이 된다.
④ 특별재난지역의 선포권자는 대통령이다.

**66** 특별재난지역 선포권자는 누구인가?

① 대통령
② 국무총리
③ 행정안전부장관
④ 소방청장

**67** 다음 중 각 긴급구조통제단장에 해당하는 사람으로 옳게 짝지어진 것은?

| |
|---|
| 중앙긴급구조통제단장, 시 · 도긴급구조통제단장, 시 · 군 · 구 긴급구조통제단장 |

① 행정안전부장관, 시 · 도지사, 시장 · 군수 · 구청장
② 소방청장, 시 · 도지사, 시장 · 군수 · 구청장
③ 행정안전부장관, 소방본부장, 소방서장
④ 소방청장, 소방본부장, 소방서장

**68** 재난현장에서의 지휘통제를 위하여 지역긴급구조통제단을 설치한다. 긴급구조통제단장이 될 수 있는 사람은 누구인가?

① 대통령　　② 국무총리
③ 소방청장　　④ 소방본부장, 소방서장

**69** 다음 중 재난 및 안전관리 기본법의 목적으로 가장 적절하지 못한 것은?

① 재난으로부터 국토의 보존
② 국민의 생명 · 신체 및 재산 보호
③ 국가와 중앙정부조직의 재난 및 안전관리체제 확립
④ 재난의 예방 · 대비 · 대응 · 복구와 안전문화활동, 그 밖에 재난 및 안전관리에 필요한 사항을 규정함

**70** 다음 중 중앙안전관리위원회의 재난 및 안전관리에 관한 심의사항이 아닌 것은?

① 재난 및 안전관리에 관한 중요 정책에 관한 사항
② 국가안전관리기본계획에 관한 사항
③ 특별재난지역의 선포에 관한 사항
④ 재난 및 안전관리 사업 관련 장기사업계획서 및 예산 확정에 관한 사항

**71** 다음 중 중앙안전관리위원회의 위원장은?

① 국무총리　　② 소방청장
③ 행정안전부장관　　④ 시 · 도지사

**72** 다음 중 중앙위원회의 위원으로 대통령령으로 정하는 중앙행정기관 또는 관계기관 · 단체의 장이 아닌 것은?

① 기획재정부장관　　② 국가정보원장
③ 서울특별시장　　④ 기상청장

**73** 재난 및 안전관리 기본법상 재난의 복구단계에 해당하는 것은?

① 국가기반시설 지정　　② 정부합동 안전 점검
③ 위험구역 설정　　④ 특별재난지역 선포

**74** 하인리히의 사고발생 연쇄성 이론과 관련하여 (    )에 들어갈 알맞은 말을 순서대로 바르게 배열한 것은?

> (가) → (나) → 불안전 행동 및 불안전 상태 → 사고 → 재해
> • (가), (나) : 간접 원인
> • 불안전 행동 및 불안전 상태 : 직접 원인

① 개인적 결함 – 유전적 요인 및 사회적 환경
② 유전적 요인 및 사회적 환경 – 개인적 결함
③ 개인적 결함 – 불안전 행동 및 불안전 상태
④ 불안전 행동 및 불안전 상태 – 개인적 결함

**75** 재난관리의 개념과 단계별 관리상황에 관한 설명 중 옳은 것은?

① 예방 및 완화 – 위험지도의 작성
② 대비단계 – 토지이용관리
③ 대응단계 – 비상방송시스템 구축
④ 복구단계 – 피해주민 수용 및 구호

**76** 긴급구조현장지휘에 관한 사항으로 옳지 않은 것은?

① 추가 재난의 방지를 위한 응급조치
② 긴급구조지원기관 및 자원봉사자 등에 대한 임무의 부여
③ 사상자의 응급처치 및 의료기관으로서의 이송
④ 재난관리 책임기관의 인력, 장비의 배치와 운용

**77** 재난현장에서 재산 및 인명보호를 위해 소방이 주도적 역할을 하는 단계는?

① 예방 ② 대비 ③ 복구 ④ 대응

**78** 「재난 및 안전관리 기본법」상 긴급구조에 대한 내용으로 옳지 않은 것은?

① "긴급구조"란 재난이 발생할 우려가 현저하거나 재난이 발생하였을 때에 국민의 생명 · 신체 및 재산을 보호하기 위하여 긴급구조기관과 긴급구조지원기관이 하는 인명구조, 응급처치, 그 밖에 필요한 모든 긴급한 조치를 말한다.
② 재난현장에서는 긴급구조통제단장이 긴급구조활동을 지휘한다.
③ "긴급구조기관"이란 행정안전부 · 소방본부 및 소방서를 말한다. 다만, 해양에서 발생한 재난의 경우에는 해양경찰청 · 지방해양경찰청 및 해양경찰서를 말한다.
④ "긴급구조지원기관"이란 긴급구조에 필요한 인력 · 시설 및 장비, 운영체계 등 긴급구조능력을 보유한 기관이나 단체로서 대통령령으로 정하는 기관과 단체를 말한다.

**79** 다음 중 지역통제단장이 재난 발생을 예방하거나 피해를 줄이기 위하여 할 수 있는 응급조치 사항에 해당하지 않는 것은?

① 긴급수송 및 구조 수단의 확보　② 경보의 발령
③ 현장지휘통신체계의 확보　④ 진화에 관한 응급조치

**80** 재난관리책임기관의 장은 지정된 특정관리대상시설 등을 특정관리대상시설 등의 지정 · 관리 등에 관한 지침에서 정하는 안전등급의 평가기준에 따라 A등급부터 E등급까지 구분하여 관리하여야 한다. 등급에 따른 안전점검 실시주기 중 D등급에 해당하는 경우 점검주기는?

① 매 분기별 1회 이상　② 매 반기별 1회 이상
③ 월 1회 이상　④ 월 2회 이상

**81** 다음 중 중앙안전관리위원회의 재난 및 안전관리에 관한 심의사항이 아닌 것은?

① 재난사태의 선포에 관한 사항
② 특별재난지역의 선포에 관한 사항
③ 재난 및 안전관리에 관한 중요 정책에 관한 사항
④ 국가기반시설의 지정에 관한 사항의 심의

**82** 중앙긴급구조통제단의 조직구성 및 부서별 임무에 의할 때 구조진압반, 현장통제반, 응급의료반은 어느 부서에 속하는가?

① 현장지휘대　② 자원지원부　③ 대응계획부　④ 긴급복구부

**83** 소방조직의 기본원리 중 '특정사안에 대한 결정에 있어서 의사결정과정에서는 개인의 의견이 참여되지만 결정을 내리는 것은 개인이 아닌 소속기관의 기관장이다.'에 해당되는 것은?

① 계선의 원리　② 업무조정의 원리
③ 계층제의 원리　④ 명령통일의 원리

**84** 화재조사 및 보고규정에서 사용하는 화재의 정의에 의할 때 다음 빈 칸에 들어갈 말로 가장 알맞은 것은?

> 사람의 의도에 반하거나 (　　)에 의해 발생하는 연소현상으로서 소화시설 등을 사용하여 소화할 필요가 있거나 또는 (　　)적인 폭발현상을 말한다.

① 과실 – 화학　② 과실 – 물리　③ 고의 – 화학　④ 고의 – 물리

**85** 병원 이송을 위한 중증도 분류와 색상의 연결이 옳지 않은 것은?

① 사망 또는 생존가능성이 없는 환자 – 지연환자 – 백색
② 수 시간 이내에 응급처치를 요하는 환자 – 응급환자 – 황색
③ 수 시간, 수 일 후 치료해도 생명에 지장이 없는 환자 – 비응급환자 – 녹색
④ 수 분, 수 시간 이내의 응급처치를 요하는 중증환자 – 긴급환자 – 적색

**86** 다음 중 소방력의 3요소와 관련이 없는 것은?

① 소방대원(인력)　② 소방장비　③ 소방시설　④ 소방용수

**87** 「소방기본법」상 화재원인 조사의 범위에 해당하지 않는 것은?

① 화재보험 가입 여부 등의 상황
② 소방시설의 사용 또는 작동 등의 상황
③ 피난경로, 피난상의 장애요인 등의 상황
④ 화재의 연소경로 및 확대원인 등의 상황

**88** 화재예방, 소방활동 또는 소방훈련을 위하여 사용되는 소방신호에 해당하는 것은?

① 대응신호　② 경계신호
③ 복구신호　④ 대비신호

**89** 화재 원인조사에 해당되지 않는 것은?

① 화재의 연소경로 및 확대원인 등의 상황
② 소화활동 중에 사용된 물에 의한 피해
③ 화재가 발생한 과정, 화재가 발생한 지점 및 불이 붙기 시작한 물질
④ 피난경로, 피난상의 장애요인 등의 상황

**90** 다음 중 원활한 소방활동을 위하여 소방활동구역에 출입할 수 있는 사람이 아닌 것은?

① 전기업무종사자
② 소방업무종사자
③ 수도업무종사자
④ 교통업무종사자

**91** 다음 중 소방안전관리자의 업무가 아닌 것은?

① 피난시설, 방화구획 및 방화시설의 유지 · 관리
② 화기(火氣) 취급의 감독
③ 소방시설이나 그 밖의 소방 관련 시설의 유지 · 관리
④ 건축허가 등의 동의

**92** 우리나라 소방의 발전과정에 대한 설명 중 옳지 않은 것은?

① 최초의 소방관서는 금화도감이다.
② 일제강점기에 최초의 소방서가 설치되었다.
③ 갑오개혁 이후 '소방'이라는 용어를 처음 사용하였다.
④ 대한민국 정부수립과 동시에 소방본부가 설치되었다.

**93** 다음 소방의 발전과정에 대한 설명으로 옳은 것만 고른 것은?

ㄱ. 세종 8년에 금화도감을 설치하였다.
ㄴ. 일제 강점기에 상비소방수 제도가 있었다.
ㄷ. 대한민국 정부수립 후에 1958년에 소방법을 제정 · 공포하였다.
ㄹ. 2004년 소방방재청을 설립하였다.

① ㄱ
② ㄱ, ㄴ, ㄷ
③ ㄱ, ㄴ, ㄹ
④ ㄱ, ㄴ, ㄷ, ㄹ

**94** 대한민국 정부수립 이후 1948~1970년까지 소방체제는?

① 이원적 소방행정체제
② 국가소방체제
③ 자치소방체제
④ 군사소방체제

**95** 재난관리의 단계에 포함되지 않는 것은?

① 경보단계 ② 예방단계 ③ 대응단계 ④ 복구단계

**96** 재난 및 안전관리기본법에서 규정하고 있는 중앙대책본부장 및 지역대책본부장이 재난사태가 선포된 지역에 할 수 있는 조치가 아닌 것은?

① 재난경보의 발령, 인력 · 장비 및 물자의 동원, 위험구역 설정, 대피명령, 응급지원 등
② 해당지역에 근무하는 행정기관 소속공무원의 비상소집
③ 재난예방에 필요한 조치
④ 해당 지역에 대한 여행 등의 금지

**97** 재해예방의 4원칙에 해당하지 않는 것은?

① 예방가능의 원칙 ② 손실필연의 원칙 ③ 원인연계의 원칙 ④ 대책선정의 원칙

**98** 다음 중 중앙긴급구조통제단(중앙통제단)에 대한 설명으로 옳지 않은 것은?

① 긴급구조에 관한 사항의 총괄 · 조정, 긴급구조기관 및 긴급구조지원기관이 하는 긴급구조 활동의 역할 분담과 지휘 · 통제를 위하여 소방청에 중앙긴급구조통제단(중앙통제단)을 둔다.
② 중앙통제단의 단장은 소방청장이다.
③ 중앙통제단의 구성 · 기능 및 운영에 필요한 사항은 대통령령으로 정한다.
④ 중앙통제단장은 긴급구조를 위하여 필요하면 긴급구조지원기관 간의 공조체제를 유지하기 위하여 시 · 도지사에게 소속 직원의 파견을 요청할 수 있다.

**99** 다음 중 자연재난에 해당하지 않는 것은?

① 화산활동 ② 환경오염 ③ 호우(豪雨) ④ 조수(潮水)

**100** 특별재난지역 선포건의자 및 선포권자가 바르게 연결된 것은?

① 건의 : 중앙대책본부장, 선포 – 대통령
② 건의 : 행정안전부장관, 선포 – 행정안전부장관
③ 건의 : 소방청장, 선포 – 행정안전부장관
④ 건의 : 소방청장, 선포 – 대통령

PART

# 02

# 소방학개론
## 파이널 핵심문제 정답 및 해설

# CHAPTER 01 연소 100제

| | | | | | | | | | |
|---|---|---|---|---|---|---|---|---|---|
| 1 | 2 | 3 | 4 | 5 | 6 | 7 | 8 | 9 | 10 |
| ③ | ③ | ① | ① | ② | ③ | ③ | ④ | ① | ④ |
| 11 | 12 | 13 | 14 | 15 | 16 | 17 | 18 | 19 | 20 |
| ③ | ② | ① | ③ | ④ | ③ | ④ | ② | ② | ③ |
| 21 | 22 | 23 | 24 | 25 | 26 | 27 | 28 | 29 | 30 |
| ③ | ④ | ② | ② | ④ | ② | ① | ② | ④ | ① |
| 31 | 32 | 33 | 34 | 35 | 36 | 37 | 38 | 39 | 40 |
| ① | ④ | ① | ① | ③ | ④ | ② | ③ | ① | ④ |
| 41 | 42 | 43 | 44 | 45 | 46 | 47 | 48 | 49 | 50 |
| ③ | ④ | ② | ③ | ② | ③ | ④ | ① | ② | ② |
| 51 | 52 | 53 | 54 | 55 | 56 | 57 | 58 | 59 | 60 |
| ③ | ① | ② | ③ | ② | ③ | ① | ③ | ③ | ② |
| 61 | 62 | 63 | 64 | 65 | 66 | 67 | 68 | 69 | 70 |
| ③ | ② | ④ | ② | ② | ③ | ③ | ③ | ② | ④ |
| 71 | 72 | 73 | 74 | 75 | 76 | 77 | 78 | 79 | 80 |
| ② | ③ | ③ | ① | ④ | ② | ③ | ③ | ② | ③ |
| 81 | 82 | 83 | 84 | 85 | 86 | 87 | 88 | 89 | 90 |
| ③ | ① | ② | ① | ① | ③ | ① | ④ | ④ | ④ |
| 91 | 92 | 93 | 94 | 95 | 96 | 97 | 98 | 99 | 100 |
| ② | ③ | ② | ② | ① | ③ | ② | ③ | ③ | ② |

## 01 답 ③

- 연소의 3요소(표면연소) : 가연물, 산소공급원, 점화원
- 연소의 4요소(불꽃연소) : 가연물, 산소공급원, 점화원, 연쇄반응

## 02 답 ③

일반가연물 MOC = 15vol%

## 03 답 ①

$$°F = \frac{9}{5}℃ + 32 = \frac{9}{5} \times 30 + 32 = 86°F$$

$$R = °F + 460 = 86 + 460 = 546R$$

## 04 답 ①

르샤틀리의 혼합가스 폭발범위 계산식에 의해

$$\frac{100}{L} = \frac{V_1}{L_1} + \frac{V_2}{L_2} + \frac{V_3}{L_3} + \frac{V_4}{L_4}$$

여기서, $L$ : 혼합가스의 폭발한계(부피%)

$L_1$, $L_2$, $L_3$, $L_4$ : 가연성 가스의 폭발한계(부피%)

$V_1$, $V_2$, $V_3$, $V_4$ : 가연성 가스의 용량(부피%)

$$L = \frac{100}{\frac{V_1}{L_1} + \frac{V_2}{L_2} + \frac{V_3}{L_3} + \frac{V_4}{L_4}} = \frac{100}{\frac{70}{2.1} + \frac{20}{1.8} + \frac{10}{3}}$$

$= 2.1\%$

## 05 답 ②

연소 시 가연물의 구비 조건

(1) 열전도율이 작을 것 (2) 발열량이 클 것

(3) 표면적이 넓을 것 (4) 산소와 친화력이 좋을 것

(5) 활성화 에너지가 작을 것 (6) 연쇄반응을 일으키는 물질

> **활성화 에너지(최소점화에너지)**
> 가연물이 연소하기 위하여 필요로 하는 최소의 에너지로서 $10^{-4} \sim 10^{-6}$[J]이 필요하다.

## 06 답 ③

$2C_3H_8 + 10O_2 \rightarrow 6CO_2 + 8H_2O + Q\,kcal$

프로판 2몰 연소 시 산소 10mol이 필요

따라서 필요한 공기의 몰수는

$$10mol \times \frac{1}{0.21} = 47.619 ≒ 47.62mol$$

## 07 답 ③

프로판가스의 완전연소 반응식

$C_3H_8 + 5O_2 \rightarrow 3CO_2 + 4H_2O$

2몰의 프로판 반응 시 이산화탄소 6몰이 생성

따라서 이산화탄소 $6 \times 44g = 264g$

## 08 답 ④

$CH_4 + 2O_2 \rightarrow CO_2 + 2H_2O$에서

메탄 1mol이 연소하기 위해서는 산소 2mol이 필요

따라서 공기는 $2mol \times \frac{100}{21} = 9.52mol$ 필요

mol%는 부피%이므로 9.52배 체적의 공기가 필요

## 09 답 ①

MOC(최소산소농도) = 산소mol수 × 하한계(vol%)

1. 메탄

$CH_4 + 2O_2 \rightarrow CO_2 + 2H_2O$

MOC = $2 \times 5 = 10$vol%

2. 에탄

$C_2H_6 + \frac{7}{2}O_2 \rightarrow 2CO_2 + 3H_2O$

$MOC = \frac{7}{2} \times 3 = 10.5vol\%$

3. 프로판

$C_3H_8 + 5O_2 \rightarrow 3CO_2 + 4H_2O$

$MOC = 5 \times 2.1 = 10.5vol\%$

4. 부탄

$C_4H_{10} + \frac{13}{2}O_2 \rightarrow 4CO_2 + 5H_2O$

$MOC = \frac{13}{2} \times 1.8 = 11.7vol\%$

## 10 답 ④

연소범위와 화재위험도

(1) 연소범위의 폭이 클수록 화재위험이 높다.
(2) 연소범위의 하한계가 낮을수록 화재위험이 높다.
(3) 연소범위의 상한계가 낮을수록 화재위험이 높다.
(4) 연소범위의 하한계가 **높을수록** 화재위험이 **낫다.**

- 연소범위 = 연소한계 = 가연한계 = 가연범위 = 폭발
- 하한계 = 연소하한값
- 상한계 = 연소상한값

## 11 답 ③

연소범위

| 가스 | 하한계(%) | 상한계(%) |
|---|---|---|
| 아세틸렌($C_2H_2$) | 2.5 | 81.0 |
| 수소($H_2$) | 4.0 | 75.0 |
| 일산화탄소(CO) | 12.5 | 74.0 |
| 암모니아($NH_3$) | 15.0 | 28.0 |
| 메탄($CH_4$) | 5.0 | 15.0 |
| 에틸렌($C_2H_4$) | 2.7 | 36.0 |
| 프로판($C_3H_8$) | 2.1 | 9.5 |
| 에테르($C_2H_5OC_2H_5$) | 1.9 | 48.0 |

## 12 답 ②

$$CO_2(m^3) = \frac{21 - O_2}{O_2} \times V = \frac{21 - 13}{13} \times 200m^3$$
$$= 123.07m^3$$

## 13 답 ①

이산화탄소 농도 계산식

$$CO_2\text{의 } \% = \frac{21 - O_2}{21} \times 100$$

$$\therefore \frac{21 - 17}{21} \times 100 = 19.0476 \quad \text{약 } 19\%$$

## 14 답 ③

연소의 색과 온도

| 색상 | 담암적색 | 암적색 | 적색 | 휘적색<br>(주황색) | 황적색 | 백색<br>(백적색) | 휘백색 |
|---|---|---|---|---|---|---|---|
| 온도<br>(℃) | 520 | 700 | 850 | 950 | 1,100 | 1,300 | 1,500<br>이상 |

## 15 답 ④

연소성을 줄이는 방법은 방염처리 물질에 응용되고 있는데 방염처리약품이 불연성 가스를 발생시키거나, 흡열반응을 하거나 연쇄반응을 차단시킬 수 있는 물질을 발생시켜 연소저하 현상을 유발한다.

## 16 답 ③

소염이란 연소가 계속되지 않고 화염이 없어지는 현상으로 연소반응의 활성기가 미연소 물질로 Feedback되지 않을 때 일어난다.

## 17 답 ④

자연발화의 형태

(1) 산화열에 의한 발화 : 석탄, 건성유, 고무분말
(2) 분해열에 의한 발화 : 니트로셀룰로오스, 셀룰로이드
(3) 미생물에 의한 발화 : 퇴비, 먼지
(4) 흡착열에 의한 발화 : 목탄, 활성탄
(5) 중합열에 의한 발화 : 시안화수소

## 18 답 ②

- 자연발화 : 열축적
- 기름걸레 : 산화열 축적

자연발화의 원인

㉠ 분해열에 의한 발열 : 셀룰로이드류, 니트로셀룰로오스 등
㉡ 산화열에 의한 발열 : 석탄, 건성유 등
㉢ 흡착열에 의한 발열 : 활성탄, 목탄 등
㉣ 미생물에 의한 발열 : 퇴비, 먼지 등
㉤ 중합열에 의한 발열 : 시안화수소 등

## 19 답 ②

물($H_2O$)

| 기화잠열(증발잠열) | 융해잠열 |
|---|---|
| 539cal/g | 80cal/g |

## 20 답 ③

자연발화(Spontaneous Ignition)

외부에서의 인위적인 에너지 공급이 없이 물질 스스로 서서히 산화되면서 발생된 열을 축적하여 발화점에 이르게 되면 발화하는 현상

① 자연발화의 원인
  ㉠ 분해열에 의한 발열 : 셀룰로이드류, 니트로셀룰로오스 등
  ㉡ 산화열에 의한 발열 : 석탄, 건성유 등
  ㉢ 흡착열에 의한 발열 : 활성탄, 목탄 등
  ㉣ 미생물에 의한 발열 : 퇴비, 먼지 등
  ㉤ 중합열에 의한 발열 : 시안화수소 등

② 자연발화가 쉬운 조건
  ㉠ 습도가 높을수록
  ㉡ 주위 온도가 높을수록
  ㉢ 열전도율이 작을수록
  ㉣ 발열량이 클수록
  ㉤ 열의 축적이 잘 될수록
  ㉥ 표면적이 넓을수록
  ㉦ 공기의 유통이 적을수록

③ 자연발화 방지법
  ㉠ 습도가 높은 것을 피한다.
  ㉡ 저장실의 온도를 낮춘다.
  ㉢ 통풍을 잘 시킨다.
  ㉣ 열의 축적을 방지한다.

## 21 답 ③

위험도

- 수소 $H=\frac{75-4}{4}=17.75$
- 아세틸렌 $H=\frac{81-2.5}{2.5}=31.4$
- 에테르 $H=\frac{48-1.9}{1.9}=24.26$
- 프로판 $H=\frac{9.5-2.1}{2.1}=3.52$

## 22 답 ④

가연물이 되기 쉬운 조건

ⓐ 열전도율이 적을수록
ⓑ 활성화에너지가 적을수록
ⓒ 발열량이 클수록
ⓓ 산소와 친화력이 클수록
ⓔ 표면적이 클수록
ⓕ 주위온도가 높을수록
ⓖ 화학적으로 불안정할수록(고체 < 액체 < 기체)

## 23 답 ②

이상기체의 경우 보일－샤를(Boyle－Charles)의 법칙을 만족한다.

$\frac{P_1V_1}{T_1}=\frac{P_2V_2}{T_2}$에서 위험물탱크의 내용적은 동일하므로

$V_1=V_2$이므로 $\frac{P_1}{T_1}=\frac{P_2}{T_2}$이다.

$$\therefore P_2=\frac{T_2}{T_1}\times P_1=\frac{373\mathrm{K}}{273\mathrm{K}}\times 0.3\mathrm{MPa}$$
$$=0.41\mathrm{MPa}$$

## 24 답 ②

$44\mathrm{g}=10\mathrm{mol}$

$22.4\mathrm{L/mol}\times 10\mathrm{mol}=224\mathrm{L}$

## 25 답 ④

물속에 저장 : 황린, 이황화탄소($CS_2$)

- 발화점 : 황린 34℃
- 이황화탄소 : 100℃

## 26 답 ②

스테판–볼츠만의 법칙(Stefan–Boltzman's low)

$$\frac{Q_2}{Q_1}=\frac{(273+t_2)^4}{(273+t_1)^4}$$

$$\frac{Q_2}{Q_1}=\frac{(273+360)^4}{(273+300)^4}\fallingdotseq 1.5\text{배}$$

## 27 답 ①

전열현상의 종류

- 전도 : 고체 간의 열전달현상으로 고온체와 저온체의 직접적인 접촉에 의해서 고온에서 저온으로 이동하는 것으로 저온

에서 지배적이며 분자 자신은 진동만 일어날 뿐 이동하지는 않는다.

$$Q(\text{kcal/hr}) = \frac{\text{추진력}}{\text{열저항}} = \frac{\lambda \cdot A \cdot \Delta T}{l}$$

여기서, $Q$ : 전도열량(kcal/hr)
$\lambda$ : 열전도도(kcal/m · hr · ℃)
$A$ : 접촉면적($m^2$)
$\Delta T$ : 온도차(℃), $l$ : 두께(m)

- 대류 : 고온유체와 저온유체 간의 온도차에 의한 밀도 차이로 열전달현상이 일어나며 유체분자 간의 이동이 있다. 실내공기의 유동 및 물을 가열하는 것은 주로 대류에 의해서 이루어진다.
- 복사 : 절대0도보다 높은 온도를 가지는 모든 물체는 그 온도에 따라 그 표면에서부터 모든 방향으로 전자파의 형태로 열에너지를 발산한다. 복사에 대한 법칙은 스테판-볼츠만의 법칙으로 다음과 같이 표현될 수 있다.

$$Q = 4.88A\varepsilon\left\{\left(\frac{T_1}{100}\right)^4 - \left(\frac{T_2}{100}\right)^4\right\}$$

여기서, $Q$ : 복사열량(kcal/hr)
$A$ : 단면적($m^2$), $\varepsilon$ : 계수
$T_1$ : 고온체의 절대온도(K)
$T_2$ : 저온체의 절대온도(K)

즉, 복사에너지는 면적에 비례하고 절대온도의 4승에 비례한다.

## 28 답 ②

정전기에 의한 발화과정

전하의 발생 → 전하의 축적 → 방전 → 발화

## 29 답 ④

정전기 방지법

- 상대습도를 70% 이상으로 한다.
- 공기를 이온화한다.
- 접지를 한다.
- 도체를 사용한다.
- 유류 수송배관의 유속을 낮춘다.

## 30 답 ①

몰분율

- $\text{몰분율} = \dfrac{\text{어떤 성분의 몰수}}{\text{전체 몰수}}$
- $\text{몰수} = \dfrac{\text{질량[kg]}}{\text{분자량[kg/kmol]}}$

㉠ $\text{할론가스의 몰수} = \dfrac{\text{질량[kg]}}{\text{분자량[kg/kmol]}} = \dfrac{45\text{kg}}{149\text{kg/kmol}} \fallingdotseq 0.3\text{kmol}$

㉡ $\text{질소가스의 몰수} = \dfrac{\text{질량[kg]}}{\text{분자량[kg/kmol]}} = \dfrac{2\text{kg}}{28\text{kg/kmol}} \fallingdotseq 0.07\text{kmol}$

- $\text{질소가스의 몰분율} = \dfrac{\text{질소의 몰수}}{\text{전체 몰수}} = \dfrac{0.07\text{kmol}}{(0.3+0.07)\text{kmol}} \fallingdotseq 0.19$

## 31 답 ①

목재의 화재는 약 500℃ 이상에서 완전연소가 되어 이산화탄소가 생성되고 200~300℃에서 불완전연소가 일어나 일산화탄소가 생성된다.

## 32 답 ④

$$\text{증기비중} = \frac{\text{측정기체의 분자량}}{\text{공기의 분자량}}$$

① 이산화탄소의 증기비중 $= \dfrac{44}{29} = 1.52$

② 할론 1301의 증기비중 $= \dfrac{149}{29} = 5.14$

③ 할론 1211의 증기비중 $= \dfrac{165.5}{29} = 5.71$

④ 할론 2402의 증기비중 $= \dfrac{260}{29} = 8.97$

※ 증기비중은 분자량에 비례한다.

## 33 답 ①

- ㄷ : 아크열은 전기적 에너지
- ㄹ : 낙뢰에 의한 열은 전기적 에너지

## 34 답 ①

역화(Back Fire)

가연성 기체의 분출속도가 연소속도보다 느릴 경우 불꽃이 버너의 염공 속으로 진입하는 현상으로 선화(Lifting)와 반대되는 현상이다.

**역화(Back Fire)의 발생원인**

- 가스의 분출압력이 낮을 때
- 가스의 분출속도가 느릴 때
- 혼합기체의 양이 과소일 때
- 버너가 과열되었을 때

## 35 답 ③

$$\text{증기}-\text{공기 밀도}=\frac{pd}{P_0}+\frac{P_0-P}{P_0}=\frac{76\times 2}{760}+\frac{760-76}{760}=1.1$$

여기서, $P_0$ : 대기압, $p$ : 증기압, $d$ : 증기밀도

## 36 답 ④

$Q=mC\Delta T+mr$

$=10\text{kg}\times 1\text{kcal/kg℃}\times 85℃+10\text{kg}\times 539\text{kcal/kg}$

$=6{,}240\text{kcal}$

## 37 답 ②

연소점

㉠ 연소상태에서 점화원을 제거하여도 자발적으로 연소가 지속되는 온도를 연소점이라 한다.

㉡ 자력에 의해 연소를 지속할 수 있는 최저온도를 말하며 인화점보다 약 10℃ 정도 높다.

㉢ 인화점에서는 점화원을 제거하면 연소가 중단되나, 연소점에서는 점화원을 제거하더라도 연소가 중단되지 않는다.

## 38 답 ③

아보가드로 법칙 이용

표준상태(0℃, 1atm)에서 모든 기체 1kmol(mol)이 차지하는 부피는 $22.4\text{m}^3$(L)이다.

$$\frac{22.4[\text{L}]}{1[\text{mol}]}\times\frac{22[\text{g}]}{11.2[\text{L}]}=44[\text{g/mol}]=44[\text{kg/kmol}]$$

## 39 답 ①

고체의 연소 과정

~~용융~~ − 열분해 − 기화 − 연소

## 40 답 ④

에너지방출속도

= 연소속도 × 기화면적 × 유효연소열

$=m\times A\times\Delta H=\text{kg/m}^2\text{s}\times\text{m}^2\times\text{kJ/kg}$

$$=\frac{q(\text{열유속})}{L(\text{기화열})}\times A\times\Delta H=\frac{\text{kJ/m}^2\text{s}}{\text{kJ/kg}}\times\text{m}^2\times\text{kJ/kg}$$

## 41 답 ③

에너지 방출속도

$Q=m\times A\times\Delta H_C=11\text{g/m}^2\cdot\text{sec}\times 0.8\text{m}^2\times 15\text{kJ/g}$

$=132\text{kJ/sec}=132\text{kW}$

## 42 답 ④

탄화수소류의 경우 탄소수가 증가할수록 발화점은 낮아진다.

파라핀계 탄화수소의 탄소수 증가에 따른 성질변화

① 인화점이 높아진다.
② 연소범위가 감소한다.
③ 휘발성(증기압)이 감소한다.
④ 점도가 커진다.
⑤ 증기비중이 커진다.
⑥ 비점이 높아진다.
⑦ 이성질체가 많아진다.
⑧ 비중이 작아진다.
⑨ 착화점이 낮아진다.
⑩ 발열량이 커진다.

## 43 답 ②

이연성 물질

특수가연물로서 소량, 평상시에는 위험하지 않으나 점화원에 의해 쉽게 불이 붙고 착화한 뒤 연소속도가 빠른 물질(연소열이 많다, 낮은 산소농도에서는 연소되기 어렵다, 고체가연물로서 연소점의 정의는 없고, 발화점이 낮다)

## 44 답 ③

발화점의 구분

① 나일론 : 532℃
② 순면 : 400℃
③ 양모 : 580℃
④ 폴리에스테르 : 485℃

## 45 답 ②

최소점화에너지(최소발화에너지 MIE)에 미치는 영향

① 온도, 압력이 높으면 최소점화에너지가 낮아진다. 따라서 위험도는 증가한다.
② 연소속도가 큰 가스일수록 MIE가 낮다.
③ 가연성 가스의 조성이 완전연소조성농도 부근일 경우 MIE가 가장 낮다.
④ 연소범위에 따라 MIE는 변하며 화학양론비 부근에서 가장 낮다.
⑤ 불활성 기체가 혼합될수록 MIE는 증가한다.

## 46 답 ③

표면연소와 불꽃연소의 비교

| 구분 | 불꽃연소 | 작열연소(표면연소) |
|---|---|---|
| 화재구분 | 표면화재 | 심부화재 |
| 연소상태 | 아세틸렌, 수소, 메탄, 프로판 등의 가연성 가스 | 코크스, 연탄, 짚, 목탄(숯) 등 고체의 연소 |
| 불꽃여부 | 불꽃을 발생 | 불꽃을 발생하지 않음 |
| CO 발생량 | 적다 | 많다 |
| 연소속도 | 빠르다 | 느리다 |
| 발열량 | 크다 | 작다 |
| 연쇄반응 | 일어남 | 일어나지 않음 |
| 적응화재 | B, C급 화재 | A급 화재 |
| 소화방법 | $CO_2$로 34[%] 질식소화 | $CO_2$로 34[%] 질식소화 및 냉각소화 |

## 47 답 ④

황화수소는 계란 썩는 냄새가 나는 무색의 인화성과 독성을 가지고 있으며, 살충제의 원료로 사용된다.

## 48 답 ①

연소생성물의 종류

① 일산화탄소(CO)
- ㉠ 탄소함유 물질의 불완전연소 시 발생된다.
- ㉡ 무색, 무취의 유독성 가스이다.
- ㉢ 일반가연물 화재 시 가장 많이 발생되는 독성 가스로 허용농도는 50ppm이다.
  - ※ CO중독 : 일반가연물이 불완전연소 시 일산화탄소가 발생되며 일산화탄소는 혈액 중에 헤모글로빈과 결합하여 COHb가 되므로 산소운반을 저해하여 두통을 일으키고 고농도의 경우 의식불명을 초래한다.

② 이산화탄소($CO_2$)
- ㉠ 탄소함유 물질의 완전 연소 시 발생된다.
- ㉡ 일산화탄소처럼 인체에 대한 독성은 없지만 화재 시 다량 발생하므로 공기 중의 산소부족에 따른 질식의 우려 및 호흡속도가 빨라져 기타 유독가스의 흡입을 촉진시킬 수 있다.
- ㉢ 일반가연물 화재 시 가장 많이 발생되는 가스로 허용농도는 5,000ppm이다.

③ 포스겐($COCl_2$)
- ㉠ 염소(Cl)가 함유된 가연물이 연소 시 발생된다.
- ㉡ 인체에 맹독성인 독성 가스이다.(허용농도 : 0.1ppm)

④ 아황산가스($SO_2$)

황화합물이 완전연소 시 발생되는 가스로 공기보다 무거운 기체이다.

$S + O_2 \rightarrow SO_2$

⑤ 염화수소(HCl)

PVC와 같이 염소(Cl)가 함유된 수지류가 탈 때 발생하고 공기보다 무겁고 물에 잘 녹으며 금속에 대한 부식성이 크다.

⑥ 황화수소($H_2S$)

황을 함유하고 있는 유기화합물이 불완전연소 시 발생되며 연소 시 유독성 기체인 아황산가스를 발생한다.

⑦ 암모니아($NH_3$)

질소를 함유한 가연물이 연소 시 발생되는 유독가스로 허용농도가 25ppm이다.

⑧ 시안화수소(HCN)

플라스틱의 불완전연소 시 발생되며, 허용농도 10ppm의 유독성 가스로 가연성 기체이다.

⑨ 질소산화물(NOX)

니트로셀룰로오스가 연소 또는 분해 시 발생되는 가스로 질소산화물 중 NO, $NO_2$ 등은 독성이 크고 특히 수분 존재 시 금속을 부식시킨다.

⑩ 아크로레인($CH_2CHCHO$)

석유제품이나 유지류 등이 탈 때 발생되는 가스로 일반적인 화재에서 발생되는 경우는 극히 드물며 10ppm 이상의 농도를 흡입하면 즉시 사망한다.

## 49 답 ②

연기의 농도에 따른 상황

| 감광계수 | 가시거리 | 상황 설명 |
|---|---|---|
| 0.1Cs($m^{-1}$) | 20~30m | • 희미하게 연기가 감도는 정도의 농도<br>• 연기감지기가 작동되는 농도<br>• 건물구조에 익숙하지 않은 사람이 피난에 지장을 받을 수 있는 농도 |
| 0.3Cs($m^{-1}$) | 5m | 건물구조를 잘 아는 사람이 피난에 지장을 받을 수 있는 농도 |
| 0.5Cs($m^{-1}$) | 3m | 약간 어두운 정도의 농도 |
| 1.0Cs($m^{-1}$) | 1~2m | 전방이 거의 보이지 않을 정도의 농도 |
| 10Cs($m^{-1}$) | 수십 cm | • 최성기 때 화재층의 연기농도<br>• 유도등도 보이지 않는 암흑상태의 농도 |
| 30Cs($m^{-1}$) | – | 출화실에서 연기가 배출될 때의 농도 |

## 50 답 ②

연기농도와 가시거리

| 감광계수 | 가시거리(m) | 상황 |
|---|---|---|
| 0.1 | 20~30 | 연기감지기가 작동할 때의 정도 |
| 0.3 | 5 | 건물내부에 익숙한 사람이 피난에 지장을 느낄 정도 |
| 0.5 | 3 | 어두침침한 것을 느낄 정도 |
| 1 | 1~2 | 거의 앞이 보이지 않을 정도 |
| 10 | 0.2~0.5 | 화재 최성기 때의 정도 |

## 51 답 ③

탄화칼슘 $CaC_2 + 2H_2O \rightarrow Ca(OH)_2 + C_2H_2$

## 52 답 ①

과산화칼륨 $2K_2O_2 + 2H_2O \rightarrow 4KOH + O_2$

## 53 답 ②

연소의 형태

(1) 고체의 연소

① 표면연소 : 목탄, 코크스, 숯, 금속분 등이 열분해에 의하여 가연성 가스를 발생하지 않고 그 물질 자체가 연소하는 현상

② 분해연소 : 석탄, 종이, 목재, 플라스틱 등의 연소 시 열분해에 의해 발생된 가스와 공기가 혼합하여 연소하는 현상

③ 증발연소 : 황, 나프탈렌, 왁스, 파라핀 등과 같이 고체를 가열하면 열분해는 일어나지 않고 고체가 액체로 되어 일정 온도가 되면 액체가 기체로 변화하여 기체가 연소하는 현상

④ 자기연소(내부연소) : 제5류 위험물인 니트로셀룰로오스, 질화면 등 그 물질이 가연물과 산소를 동시에 가지고 있는 가연물이 연소하는 현상

(2) 액체의 연소

① 증발연소 : 아세톤, 휘발유, 등유, 경유와 같이 액체를 가열하면 증기가 되어 증기가 연소하는 현상

② 분해연소 : 비점이 높아 증발이 어려운 액체가연물에 계속 열을 가하면 복잡한 경로의 열분해 과정을 거쳐 탄소수가 적은 저급탄화수소가 되어 연소하는 형태

③ 액적연소 : 벙커C유와 같이 가열하여 점도를 낮추어 버너 등을 사용하여 액체의 입자를 안개상으로 분출하여 연소하는 현상

(3) 기체의 연소

① 확산연소 : 수소, 아세틸렌, 프로판, 부탄 등 화염의 안정 범위가 넓고 조작이 용이하여 액화의 위험이 없는 연소

② 폭발연소 : 밀폐된 용기에 공기와 혼합가스가 있을 때 점화되면 연소속도가 증가하여 폭발적으로 연소하는 현상

③ 예혼합연소 : 가연성 기체와 공기 중의 산소를 미리 혼합하여 연소하는 현상

## 54 답 ③

질소 $N_2$ : $14 \times 2 \times 0.792 = 22.176$

산소 $O_2$ : $16 \times 2 \times 0.208 = 6.656$

공기의 평균분자량 $= 28.832 ≒ 6.656$

## 55 답 ②

이산화탄소 $CO_2 = 12 + 16 \times 2 = 44g/mol$

그러므로 이산화탄소는 $44g = 1mol$이다.

비례식으로 풀면 $44g : 1mol = 20g : x$

$$x = \frac{20g}{44g} = 1mol ≒ 0.45mol$$

## 56 답 ③

공기 중의 폭발한계(상온, 1atm)

| 가스 | 하한계[vol%] | 상한계[vol%] |
|---|---|---|
| 아세틸렌($C_2H_2$) | 2.5 | 81 |
| 수소($H_2$) | 4 | 75 |
| 일산화탄소(CO) | 12.5 | 74 |
| 에테르($(C_2H_5)_2O$) | 1.9 | 48 |
| 이황화탄소($CS_2$) | 1.2 | 44 |
| 에틸렌($CH_2=CH_2$) | 3.1 | 32 |
| 암모니아($NH_3$) | 15 | 28 |
| 메탄($CH_4$) | 5 | 15 |
| 에탄($C_2H_6$) | 3 | 12.4 |
| 프로판($C_3H_8$) | 2.1 | 9.5 |
| 부탄($C_4H_{10}$) | 1.8 | 8.4 |
| 가솔린($C_5H_{12}$~$C_9G_{20}$) | 1.4 | 7.6 |

## 57 답 ①

합성수지의 분류

㉮ 열가소성 수지 : 가열하면 용융되어 액체로 되고 식으면 다시 굳어지는 수지로 화재 위험성이 크다.

예 폴리에틸렌, 폴리프로필렌, 폴리스티렌, 폴리염화비닐, 아크릴수지 등

㉯ 열경화성 수지 : 가열하여도 용융되지 않고 바로 분해되는 수지로 열가소성에 비해 화재의 위험성이 작다.
예 페놀수지, 요소수지, 멜라민수지

## 58 답 ③

정전기 방지법
(1) 접지를 할 것
(2) 공기를 이온화할 것
(3) 공기 중의 상대습도를 70% 이상으로 할 것

## 59 답 ③

발화지연 시간에 영향을 미치는 요인
농도, 활성화에너지, 연소한계

## 60 답 ②

표준상태(0℃, 1atm)에서
• 기체(가스) 1g－mol이 차지하는 부피 : 22.4$l$
• 기체(가스) 1kg－mol이 차지하는 부피 : 22.4$m^3$
∴ 액화 탄산가스 무게

$$\frac{60m^3}{22.4m^3}\times 44kg = 117.8kg$$

| 이산화탄소($CO_2$)분자량 : 44 |
|---|

## 61 답 ③

착화점

| 종류 | 석탄 | 프로판 | 메탄 | 셀룰로이드 |
|---|---|---|---|---|
| 착화점 | 약 400℃ | 460～520℃ | 537℃ | 180℃ |

## 62 답 ②

연기로 인한 투시거리에 영향을 주는 요인
(1) 연기의 농도
(2) 연기의 흐름속도
(3) 보는 표식의 휘도, 형상, 색

## 63 답 ④

이황화탄소(－30℃) < 아세톤(－18℃) < 에틸알코올(13℃)

## 64 답 ②

• 조연성 가스(＝지연성 가스) : 공기, 산소, 오존, 염소, 불소
• 가연성 가스 : 수소, 메탄, 일산화탄소, 천연가스, 부탄, 에탄, 암모니아, 프로판

## 65 답 ②

화합물의 분자식 $= \frac{39.9}{12} : \frac{6.7}{1} : \frac{53.4}{16} = 3.33 : 6.7 : 3.33$

$= 1 : 2 : 1 = C_2H_4O_2$

## 66 답 ③

$\frac{P_1 V_1}{T_1} = \frac{P_2 V_2}{T_2}$ 에서 $V_1 = V_2$ [밀폐된 실]이므로

$\frac{P_1}{T_1} = \frac{P_2}{T_2}$ 가 된다.

여기서, $P_2 = P_1 \times \frac{T_2}{T_1} = 1atm \times \frac{273+400}{273} = 2.46atm$

따라서 2.46배

## 67 답 ③

비중 $= \frac{\text{할론 1301의 분자량}}{\text{공기의 분자량}} = \frac{149}{29} = 5.14$

## 68 답 ③

'최고온도×연소(지속)시간'으로 나타낼 수 있고, '화재심도'를 '화재가혹도'라 한다.

참고
화재강도 : 단위시간당 축적된 열의 양(kcal/hr)

## 69 답 ③

양초는 고체연소 중 증발연소로 나프탈렌, 왁스, 파라핀, 유황, 장뇌 등이 유사한 연소형태를 갖는다.

## 70 답 ④

계의 열전도율이 커질수록 최소발화에너지는 커진다.

최소발화에너지(MIE)
1. 개념 : 가연물이 화학반응할 때 작은 에너지로 연소하는 것을 최소발화에너지라고 한다.
2. 최소발화에너지에 영향을 주는 인자
   ① 온도가 상승하면 분자운동이 활발해져 최소발화에너지는 작아진다.
   ② 압력이 상승하면 분자 간의 거리가 가까워져서 최소발화에너지는 작아진다.

③ 농도가 짙고, 발열량이 크며, 산소분압이 높아질 때 최소발화에너지는 작아진다.
④ 계의 열전도율이 작을수록 최소발화에너지는 작아진다.

### 71 답 ②

연소의 정의

**일종의 산화반응**으로 그 반응이 너무 급격하여 **열과 빛을 동반하는 발열반응**이며 화학적인 반응이다.
① 산소와 화합하는 **산화반응**이어야 한다.
② **발열반응**이어야 한다.
③ **빛**을 발생시켜야 한다.

### 72 답 ③

① 불꽃연소는 기체상태의 연소이다.
② 불꽃연소는 연소의 4요소가 필요하다.
③ 다이아몬드는 표면연소한다.
④ 불꽃연소는 표면연소에 비해 발열량이 크다.

### 73 답 ③

연기의 농도에 따른 현상

| 감광계수 | 가시거리 | 상황 설명 |
|---|---|---|
| 0.1Cs | 20~30m | • 희미하게 연기가 감도는 정도의 농도<br>• 연기감지기가 작동되는 농도<br>• 건물구조에 익숙지 않은 사람이 피난에 지장을 받을 수 있는 농도 |
| 0.3Cs | 5m | 건물구조를 잘 아는 사람이 피난에 지장을 받을 수 있는 농도 |
| 0.5Cs | 3m | 약간 어두운 정도의 농도 |
| 1.0Cs | 1~2m | 전방이 거의 보이지 않을 정도의 농도 |
| 10Cs | 수십cm | • 최성기 때 화재층의 연기농도<br>• 유도등도 보이지 않는 암흑상태의 농도 |
| 30Cs | - | 출화실에서 연기가 배출될 때의 농도 |

### 74 답 ①

고체가연물의 연소형태는 표면연소, 증발연소, 분해연소, 자기연소 등이며 코크스, 목탄, 금속분 등과 같이 가연성 기체의 발생 없이 고체 표면에서 불꽃을 내지 않고 연소하는 연소형태를 표면연소라 한다.

### 75 답 ④

고체의 연소

(1) 표면연소 : 목탄, 코크스, 숯, 금속분 등이 열분해에 의하여 가연성 가스를 발생하지 않고 그 물질 자체가 연소하는 현상
(2) 분해연소 : 석탄, 종이, 목재, 플라스틱 등의 연소 시 열분해에 의해 발생된 가스와 공기가 혼합하여 연소하는 현상
(3) 증발연소 : 황, 나프탈렌, 왁스, 파라핀 등과 같이 고체를 가열하면 열분해는 일어나지 않고 고체가 액체로 되어 일정온도가 되면 액체가 기체로 변화하여 기체가 연소하는 현상
(4) 자기연소(내부연소) : 제5류 위험물인 니트로셀룰로오스, 질화면 등 그 물질이 가연물과 산소를 동시에 가지고 있는 가연물이 연소하는 현상

### 76 답 ②

질소 또는 질소산화물은 산소와 반응은 하지만 흡열반응(반응식에서 $-Q$kcal)을 하므로 가연물이 아니다.

> ① 발열반응 : 반응식에 붙어 있을 때는 +, $\Delta$H : −
> ② 흡열반응 : 반응식에 붙어 있을 때는 −, $\Delta$H : +

### 77 답 ③

열 에너지원의 종류

① 화학적 에너지 : 연소열, 자연발열, 분해열, 용해열 등
② 기계적 에너지 : 마찰열, 마찰스파크, 압축열
③ 전기적 에너지 : 저항가열, 유도가열, 유전가열, 아크가열, 정전기가열, 낙뢰에 의한 발열

### 78 답 ③

폭발한계에 따른 위험성

(1) 하한값이 낮을수록, 상한값이 높을수록 위험하다.
(2) 연소범위가 넓을수록 위험하다.
(3) 온도(압력)가 상승할수록 위험하다.(압력이 상승하면 하한값은 불변, 상한값은 증가한다.)(단, 일산화탄소는 압력 상승 시 연소범위가 감소한다.)

### 79 답 ②

휘발유는 제4류 위험물(인화성 액체)로서 자연발화의 위험은 없고 인화의 위험이 있다.

> 자연발화의 형태
> ① 산화열에 의한 발화 : 석탄, 건성유
> ② 분해열에 의한 발화 : 니트로셀룰로오스
> ③ 미생물에 의한 발화 : 퇴비, 먼지
> ④ 흡착열에 의한 발화 : 활성탄, 목탄
> ⑤ 중합열에 의한 발화 : 시안화수소

## 80 답 ③

각 물질의 연소범위

수소 4~75%, 이황화탄소 1.2~44%, 아세틸렌 2.5~81%, 에테르 1.9~48%

※ 모든 가연물 중 연소범위가 가장 넓은 것은 아세틸렌이다.

## 81 답 ③

외국과 비교 시 화재 특성

(1) 발화율이 높다.(인구 1만 명당 발생건수)
(2) 화재건수당 사망자 수가 많다.
(3) 재산 피해가 비교적 크다.(화재 1건당 피해액)
(4) 전체 화재 중 건축화재의 발생비율이 높다.

## 82 답 ①

고체의 연소

(1) 표면연소 : 목탄, 코크스, 숯, 금속분 등이 열분해에 의하여 가연성 가스를 발생하지 않고 그 물질 자체가 연소하는 현상
(2) 분해연소 : 석탄, 종이, 목재, 플라스틱 등의 연소 시 열분해에 의해 발생된 가스와 공기가 혼합하여 연소하는 현상
(3) 증발연소 : 황, 나프탈렌, 왁스, 파라핀 등과 같이 고체를 가열하면 열분해는 일어나지 않고 고체가 기화되어 연소하는 현상
(4) 자기연소(내부연소) : 제5류 위험물인 니트로셀룰로오스, 질화면 등 그 물질이 가연물과 산소를 동시에 가지고 있는 가연물이 연소하는 현상

## 83 답 ②

연소범위

| 종류 | 암모니아 | 수소 | 일산화탄소 | 메탄 |
|---|---|---|---|---|
| 연소범위 | 15.0~28.0% | 4.0~75.0% | 12.5~74.0% | 5.0~15.0% |

## 84 답 ①

플라스틱의 성상

(1) 열가소성 수지 : 열에 의하여 변형되는 수지(폴리에틸렌수지, 폴리스틸렌수지, PVC 수지 등)
(2) 열경화성 수지 : 열에 의하여 굳어지는 수지(페놀수지, 요소수지, 멜라민수지)

## 85 답 ①

열이 전달되는 것은 전도, 대류, 복사 중 한 가지 이상의 방법으로 열이 전달된다.

## 86 답 ③

발화지연 시간에 영향을 미치는 요인

농도, 활성화에너지, 연소한계

## 87 답 ①

공기의 양이 적을 때 온도가 낮을 때에는 연기의 농도가 짙어진다.

## 88 답 ④

액면연소는 등유의 pot bunner의 연소로서 경계층의 연소, 전파화염이 해당된다.

## 89 답 ④

스테판-볼츠만의 법칙

복사열은 절대온도차의 4제곱에 비례하고 열전달면적에 비례한다.

$Q = aAf(T_1{}^4 - T_2{}^4)$kcal/hr

$Q_1 : Q_2 = (T_1 + 273)^4 : (T_2 + 273)^4$

## 90 답 ④

인화점과 발화점

| 종류 | 휘발유 | 등유 |
|---|---|---|
| 인화점 | −43~−20℃ | 40~70℃ |
| 발화점 | ≒300℃ | 220℃ |

∴ 인화점이 높다고 해서 발화점이 높은 것은 아니다.

## 91 답 ②

연소의 형태

(1) 고체의 연소
① 표면연소 : 목탄, 코크스, 숯, 금속분 등이 열분해에 의하여 가연성 가스를 발생하지 않고 그 물질 자체가 연소하는 현상
② 분해연소 : 석탄, 종이, 목재, 플라스틱 등의 연소 시 열분해에 의해 발생된 가스와 공기가 혼합하여 연소하는 현상
③ 증발연소 : 황, 나프탈렌, 왁스, 파라핀 등과 같이 고체를 가열하면 열분해는 일어나지 않고 고체가 액체로 되어 일정온도가 되면 액체가 기체로 변화하여 기체가 연소하는 현상
④ 자기연소(내부연소) : 제5류 위험물인 니트로셀룰로오스, 질화면 등 그 물질이 가연물과 산소를 동시에 가지

고 있는 가연물이 연소하는 현상

(2) 액체의 연소
  ① 증발연소 : 아세톤, 휘발유, 등유, 경유와 같이 액체를 가열하면 증기가 되어 증기가 연소하는 현상
  ② 분해연소 : 비점이 높아 증발이 어려운 액체가연물에 계속 열을 가하면 복잡한 경로의 열분해 과정을 거쳐 탄소수가 적은 저급탄화수소가 되어 연소하는 형태
  ③ 액적연소 : 벙커C유와 같이 가열하여 점도를 낮추어 버너 등을 사용하여 액체의 입자를 안개상으로 분출하여 연소하는 현상

(3) 기체의 연소
  ① 확산연소 : 수소, 아세틸렌, 프로판, 부탄 등 화염의 안정범위가 넓고 조작이 용이하여 액화의 위험이 없는 연소
  ② 폭발연소 : 밀폐된 용기에 공기와 혼합가스가 있을 때 점화되면 연소속도가 증가하여 폭발적으로 연소하는 현상
  ③ 예혼합연소 : 가연성 기체와 공기 중의 산소를 미리 혼합하여 연소하는 현상

## 92 답 ③

휘발유의 연소범위 : 1.4~7.6%

## 93 답 ②

가스의 종류

(1) 가연성 가스 : 수소, 일산화탄소, 아세틸렌, 메탄, 에탄, 프로판, 부탄 등의 폭발한계 농도가 하한값이 10% 이하, 상한값과 하한값의 차이가 20% 이상인 가스
(2) 압축가스 : 수소, 질소, 산소 등 고압으로 저장되어 있는 가스
(3) 액화가스 : 액화석유가스(LPG), 액화천연가스(LNG) 등 액화되어 있는 가스
(4) 조연(지연)성 가스 : 산소, 오존, 공기, 염소, 불소 등 자신은 연소하지 않고 연소를 도와주는 가스

## 94 답 ②

제4류 위험물의 일반적인 성질

(1) 대단히 인화하기 쉬운 인화성 액체이다.
(2) 물보다 가볍고 물에 녹지 않는다.
(3) 증기비중은 공기보다 무겁기 때문에 낮은 곳에 체류하여 연소, 폭발의 위험이 있다.
(4) 연소범위의 하한이 낮기 때문에 공기 중 소량 누설되어도 연소한다.

## 95 답 ①

① 불완전연소 : 3요소 중 한 가지가 부족하여 완전연소하지 못하는 현상(일산화탄소, 그을음)
② 선화(Lifting) : 가연성 기체가 염공을 통해 분출되는 속도가 연소속도보다 빠를 때, 불꽃이 염공에 붙지 못하고 일정한 간격을 두며 연소하는 현상이다.

> 선화(Lifting)의 발생원인
> • 가스의 분출압력이 높을 때
> • 가스의 분출속도가 빠를 때
> • 1차 공기량이 많을 때
> • 버너가 과랭되었을 때

③ 역화(Back fire) : 가연성 기체의 분출속도가 연소속도보다 느릴 경우 불꽃이 버너의 염공 속으로 진입하는 현상으로 선화(Lifting)와 반대되는 현상이다.

> 역화(Back fire)의 발생원인
> • 가스의 분출압력이 낮을 때
> • 가스의 분출속도가 느릴 때
> • 혼합기체의 양이 과소일 때
> • 버너가 과열되었을 때

④ 블로오프(Blow off) : 화염 주변에 공기의 유동이 심하여 불꽃이 노즐에 정착되지 못하고 떨어지면서 꺼지는 현상이다.
⑤ 옐로팁(Yellow tip) : 불꽃의 끝이 적황색이 되어 연소하는 현상으로 탄화수소의 열분해로 생기는 탄소입자가 미연소 상태로 적열되어 발생되는데, 보통 1차 공기가 부족할 때 발생된다.

## 96 답 ③

가스분출속도보다 연소속도가 클 때 역화가 발생한다.

역화(back fire)의 원인

혼합가스량이 적을 때, 노즐 구경이 막혀 가스량이 정상보다 작거나 가스압력이 낮을 때, 버너가 과열되고 노즐을 통과하는 가스가 고온이 되어 연소속도나 그 압력이 과다할 때

## 97 답 ②

점화원

(1) 전기불꽃 (2) 정전기불꽃
(3) 충격마찰의 불꽃 (4) 단열압축
(5) 나화 및 고온표면 등

## 98 답 ③

대류열류

$$Q = h(T_2 - T_1)$$

여기서, $Q$ : 대류열류($W/m^2$)
$h$ : 전열계수($W/m^2 \cdot ℃$)
$T_2 - T_1$ : 온도차

$\therefore Q = 5W/m^2 \cdot ℃ \times (800-200)℃ = 3,000W/m^2$
$= 3.0kW/m^2$

## 99 답 ③

그레이엄의 확산속도 법칙

$$\frac{U_2}{U_1} = \sqrt{\frac{M_1}{M_2}} = \sqrt{\frac{\rho_1}{\rho_2}}$$

여기서, $U_1$, $U_2$ : 확산속도
$M_1$, $M_2$ : 분자량
$\rho_1$, $\rho_2$ : 밀도

$$\therefore \frac{U_2}{U_1} = \sqrt{\frac{M_1}{M_2}} = \sqrt{\frac{2}{32}} = \frac{1}{4}$$

## 100 답 ②

연소생성물

| 구분 | 완전연소 | 불완전연소 |
|---|---|---|
| 유기화합물 | 이산화탄소($CO_2$) | 일산화탄소(CO) |
| 황화합물 | 아황산가스($SO_2$) | 황화수소($H_2S$) |

## CHAPTER 02 화재 100제

| | | | | | | | | | |
|---|---|---|---|---|---|---|---|---|---|
| 1 | 2 | 3 | 4 | 5 | 6 | 7 | 8 | 9 | 10 |
| ③ | ② | ③ | ① | ④ | ① | ① | ② | ① | ② |
| 11 | 12 | 13 | 14 | 15 | 16 | 17 | 18 | 19 | 20 |
| ④ | ③ | ② | ③ | ① | ③ | ④ | ① | ③ | ③ |
| 21 | 22 | 23 | 24 | 25 | 26 | 27 | 28 | 29 | 30 |
| ④ | ③ | ② | ① | ④ | ③ | ③ | ③ | ③ | ③ |
| 31 | 32 | 33 | 34 | 35 | 36 | 37 | 38 | 39 | 40 |
| ① | ④ | ② | ② | ① | ③ | ③ | ④ | ③ | ② |
| 41 | 42 | 43 | 44 | 45 | 46 | 47 | 48 | 49 | 50 |
| ② | ④ | ② | ④ | ① | ④ | ③ | ③ | ③ | ① |
| 51 | 52 | 53 | 54 | 55 | 56 | 57 | 58 | 59 | 60 |
| ② | ② | ④ | ③ | ① | ③ | ④ | ③ | ① | ① |
| 61 | 62 | 63 | 64 | 65 | 66 | 67 | 68 | 69 | 70 |
| ② | ① | ④ | ② | ② | ② | ③ | ④ | ④ | ① |
| 71 | 72 | 73 | 74 | 75 | 76 | 77 | 78 | 79 | 80 |
| ③ | ② | ③ | ① | ① | ③ | ③ | ④ | ④ | ① |
| 81 | 82 | 83 | 84 | 85 | 86 | 87 | 88 | 89 | 90 |
| ④ | ④ | ④ | ① | ③ | ③ | ② | ① | ④ | ② |
| 91 | 92 | 93 | 94 | 95 | 96 | 97 | 98 | 99 | 100 |
| ④ | ④ | ③ | ④ | ① | ④ | ① | ② | ② | ② |

### 01 답 ③

화재의 위험성

(1) 인화점 및 착화점이 낮을수록 위험하다.
(2) 착화에너지(최소점화에너지)가 작을수록 위험하다.
(3) 증기압이 클수록, 비점 및 융점이 낮을수록 위험하다.
(4) 하한값이 낮을수록, 연소범위는 넓을수록 위험하다.

### 02 답 ②

시안화수소(HCN)는 맹독성의 유독가스로서 목재나 종이류가 탈 때는 공기 중의 질소가 탄소와 결합하면서 생성되기도 하지만, 주로 질소함유물로 제조되는 수지류, 모직물 및 견직물이 불완전연소되어 발생되는 연소생성물이다.

### 03 답 ③

고층건물에서 연기유동을 일으키는 요인

① 온도에 의한 가스의 팽창(화재에 의한 부력)
② 굴뚝 효과(실내 · 외의 온도차)
③ 외부 풍압의 영향(바람에 의한 압력차)
④ 건물 내에서의 강제적인 공기유동(공기조화설비에 의한 영향)
⑤ 중성대(실내 · 외의 압력차)

### 04 답 ①

실내의 천장쪽의 고온가스와 바닥쪽의 찬공기와의 경계선은 불연속선(Thermal discontinuity)이라고 한다.

중성대란 건물화재가 발생하면 연소열에 의한 온도가 상승함으로써 부력에 의해 실의 천장 쪽으로 고온기체가 축적되고 온도가 높아져 기체가 팽창하여 실내 · 외의 압력이 달라지는데 대체적으로 실의 상부는 실외보다 압력이 높고 하부는 압력이 낮다. 따라서 그사이 어느 지점에 실내 · 외의 정압이 같아지는 경계면(0포인트)이 형성되는데 그 면을 중성대(neutral plane)라고 한다. 그러므로 중성대의 위쪽은 실내정압이 실외보다 높아 실내에서 기체가 외부로 유출되고 중성대 아래쪽에는 실외에서 기체가 유입되며, 중성대의 상부는 열과 연기로부터 생존할 수 없는 지역이고 중성대의 하층부는 신선한 공기에 의해 생존할 수 있는 지역이 된다.

### 05 답 ④

화재에 대한 인간의 대응

① 공간적 대응
 ㉠ 대항성(對抗性) : 건축물의 내화성능, 방화구획성능, 화재방어력, 방연성능, 초기소화대응력 등의 화재사상과 대항하여 저항하는 성능을 가진 항력
 ㉡ 회피성(回避性) : 건축물의 불연화, 난연화, 내장제한, 구획의 세분화, 방화훈련, 불조심 등과 화기취급의 제한 등과 같은 화재의 예방적 조치 및 상황
 ㉢ 도피성(逃避性) : 화재발생 시 사람이 궁지에 몰리지 않고 안전하게 피난할 수 있는 공간성과 시스템을 말하며 거실의 배치, 피난통로의 확보, 피난시설의 설치 및 건축물의 구조계획서, 방재계획서 등
② 설비적 대응 : 화재에 대응하여 설치하는 소화설비, 경보설비, 피난설비 등의 소방시설

### 06 답 ①

화재하중

$$Q=\frac{\Sigma(G_t\times H_t)}{H\times A}$$

여기서, $Q$ : 화재하중(kg/m$^2$), $G_t$ : 가연물 질량(kg)
$H_t$ : 가연물의 단위발열량(kcal/kg)
$H$ : 목재의 단위발열량(4,500kcal/kg)
$A$ : 화재실의 바닥면적(m$^2$)

$$\therefore Q=\frac{\Sigma(G_t\times H_t)}{H\times A}$$
$$=\frac{800\text{kg/m}^3\times(8\times10\times5)\text{m}^3\times9{,}000\text{kcal/kg}}{4{,}500\text{kcal/kg}\times(8\times10)\text{m}^2}$$
$$=8{,}000\text{kg/m}^2$$

## 07 답 ①

화재하중

$$Q=\frac{\Sigma(G_t \times H_t)}{H \times A}$$

여기서, $Q$ : 화재하중($kg/m^2$)
$G_t$ : 가연물 질량(kg)
$H_t$ : 가연물의 단위발열량(kcal/kg)
$H$ : 목재의 단위발열량(4,500kcal/kg)
$A$ : 화재실의 바닥면적($m^2$)

$$\therefore Q=\frac{\Sigma(G_t \times H_t)}{H \times A}$$

$$=\frac{[300kg \times 18,855kJ/kg + 500kg \times 42,430kJ/kg] \times 0.24kcal/kJ}{4,500kcal/kg \times (4 \times 8)m^2}$$

$$=44.785 \fallingdotseq 44.79kg/m^2$$

## 08 답 ②

화재하중

단위면적당 가연성 수용물의 양으로서 건물화재 시 발열량 및 화재의 위험성을 나타내는 용어이고, 화재의 규모를 결정하는 데 사용되며 건축물을 불연화율을 증가시키면 화재 하중을 감소시킬 수 있다.

$$Q=\frac{\Sigma(G_t \times H_t)}{H \times A}=\frac{Q_t}{4,500 \times A}(kg/m^2)$$

여기서, $G_t$ : 가연물의 질량
$H_t$ : 가연물의 단위발열량(kcal/kg)
$H$ : 목재의 단위발열량(4,500kcal/kg)
$A$ : 화재실의 바닥면적($m^2$)
$Q_t$ : 가연물의 전발열량(kcal)

## 09 답 ①

안전구획의 구분

㉠ 제1차 안전구획 : 일시적으로 안전하게 수용하기 위한 구획 -복도
㉡ 제2차 안전구획 : 불과 연기로부터 장시간 안전하게 보호되는 구획-계단전실 또는 부속실
㉢ 제3차 안전구획 : 최종적인 피난 경로-계단

## 10 답 ②

건축물 화재의 안전구획

| 구분 | 1차 안전구획 | 2차 안전구획 | 3차 안전구획 |
|---|---|---|---|
| 종류 | 복도 | 계단부속실(전실) | 계단 |

## 11 답 ④

2방향 피난의 경우 Fail safe 원칙을 적용한 원리임

## 12 답 ③

피난계획의 기본원칙

㉠ 피난수단은 원시적인 방법으로 한다.
㉡ 피난통로는 2개 방향의 피난으로 한다.
㉢ 피난설비는 고정적인 시설로 한다.
㉣ 피난계단 및 특별피난계단 등은 가급적 분산 배치한다.
㉤ 피난통로의 종단에는 충분한 안전공간을 확보한다.
㉥ 피난의 경로는 간단, 명료하게 한다.
㉦ 인간의 피난특성을 고려한다.
㉧ Fool proof, Fail safe의 원칙에 따른다.

## 13 답 ②

인간의 피난특성

갑작스런 화재가 발생하여 맹렬한 불꽃을 뿜을 경우 혼란이 가중되어 이성적인 판단이 어렵게 된다. 그때부터는 동물적 본능에 지배되어 활동하게 되므로 인간의 본능에 따른 피난특성을 고려한 피난계획을 검토하여야 한다.

① 귀소본능(歸巢本能) : 본능적으로 자신의 신체를 보호하기 위하여 자주 이용하는 경로 및 원래 온 길로 돌아가려는 특성이 있다. 따라서 많은 사람의 이동경로가 되는 부분을 가장 안전한 피난경로가 되도록 하고, 피난설비 등도 그 곳에 설치하도록 한다.
② 퇴피본능(退避本能) : 위험사태가 발생하면 반사적으로 그 부분에서 멀어지려는 경향이 있다. 가연물이 많고 화재위험이 있는 부분으로부터 먼 곳으로 피난경로를 설정하고 피난설비를 설치하도록 한다.
③ 지광본능(智光本能) : 화재 시 정전이나 검은 연기에 의해 암흑상태가 되면 사람들은 밝은 곳으로 모이게 된다. 화재가 발생하는 경우 안전한 피난경로부분은 밝게 유지하고 그렇지 않은 부분은 소등하는 것이 바람직하다.
④ 좌회본능(左廻本能) : 사람의 대부분은 오른손잡이이며 이로 인해 오른발이 발달해 있어 어둠 속에서 걷게 되면 왼쪽으로 돌게 된다. 따라서 벽체에 설치하는 피난구는 왼쪽에 설치하는 것이 바람직하다.
⑤ 추종본능(追從本能) : 화재와 같은 급박한 상황에서 리더(Leader) 한 사람의 행동을 따라하는 경향이 있다. 즉, 최초 한 사람의 행동이 옳고 그름에 따라 많은 사람의 생명을 지배하는 경우가 많다. 따라서 불특정 다수인이 모이는 시설에는 잘 훈련된 리더의 육성이 필요하다.

## 14 　　　　　　　　　　　　　　　　　　답 ③

화재하중과 화재가혹도의 비교

- **화재하중** : 화재의 규모를 판단하는 척도로 주수시간을 결정하는 인자이다.
- **화재가혹도** : 화재강도를 판단하는 척도로 주수율($l/m^2 \cdot min$)을 결정하는 인자이다.

## 15 　　　　　　　　　　　　　　　　　　답 ①

피난형태

| 형태 | 피난방향 | 상황 |
|---|---|---|
| X형 |  | 확실한 피난통로가 보장되어 신속한 피난이 가능하다. |
| Y형 |  | |
| CO형 | 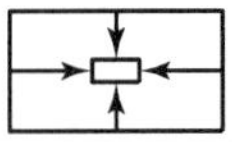 | 피난자들의 집중으로 패닉(Panic) 현상이 일어날 수 있다. |
| H형 | 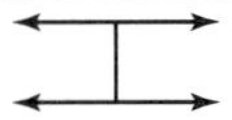 | |

## 16 　　　　　　　　　　　　　　　　　　답 ③

피난형태

| 구분 | 특징 |
|---|---|
| T형 | 피난자에게 피난경로를 확실히 알려주는 형태 |
| X형 | 양방향으로 피난할 수 있는 확실한 형태 |
| H형 | 중앙코너방식으로 피난자의 집중으로 패닉현상이 일어날 우려가 있는 형태 |
| Z형 | 중앙복도형 건축물에서의 피난경로로서 코너식 중 제일 안전한 형태 |

## 17 　　　　　　　　　　　　　　　　　　답 ④

**보일오버(Boil over) 현상**

유류탱크 화재 시 액체 위험물 밑부분에 존재하고 있는 물이 열파에 의해 비점 이상으로 되어 급격히 증발하면서 가연성 액체를 탱크 밖으로 비산시키는 현상

## 18 　　　　　　　　　　　　　　　　　　답 ①

① 보일오버(Boil over) 현상
유류탱크 화재 시 액체 위험물 밑부분에 존재하고 있는 물이 열파에 의해 비점 이상으로 되어 급격히 증발하면서 가연성 액체를 탱크 밖으로 비산시키는 현상

② 슬롭오버(Slop over) 현상
액체 위험물 화재 시 화재의 계속 진행에 의해 연소 유면이 가열된 상태에서 물이 포함되어 있는 소화약제를 방사할 경우 물이 갑자기 기화하면서 액체위험물을 탱크 밖으로 비산시키는 현상

③ 프로스오버(Floth over) 현상
화재 이외의 경우에 발생할 수 있는 현상으로 점도가 높은 유류를 저장하는 탱크의 바닥에 있는 수분이 어떤 원인에 의해 비등하면서 액체위험물과 물이 넘치는 현상

## 19 　　　　　　　　　　　　　　　　　　답 ③

18번 해설 참조

## 20 　　　　　　　　　　　　　　　　　　답 ③

**블레비(BLEVE ; Boiling Liquid Expanding Vapor Explosion, 비등액체팽창증기폭발)**

액화가스를 저장하는 용기 주변에 화재 등의 발생으로 용기가 가열되는 경우 액화가스의 비등으로 급격한 압력의 상승이 있다. 이때 안전장치(안전밸브, 봉판)를 통하여 이루어지는 압력의 완화율보다 내부의 압력증가율이 큰 경우 용기가 파열되는 현상을 BLEVE라 한다. 또한 액화가스가 가연성인 경우 거대한 화구를 형성하게 되는데 이런 현상을 파이어볼(Fire ball)이라고 한다.

## 21 　　　　　　　　　　　　　　　　　　답 ④

가연물의 종류에 따라 화재를 분류하면 다음과 같다.

| 화재의 분류 | | 소화기 표시색 | 소화 방법 | 특징 |
|---|---|---|---|---|
| A급 | 일반 화재 | 백색 | 냉각효과 | ① 백색 연기 발생<br>② 연소 후 재를 남김 |
| B급 | 유류 화재 | 황색 | 질식효과 | ① 검은색 연기 발생<br>② 연소 후 재가 없음<br>③ 정전기로 인한 착화 가능성 있음 |
| C급 | 전기 화재 | 청색 | 질식효과 | 통전 중인 전기시설물이 점화원의 기능을 함 |
| D급 | 금속 화재 | − | 건조사 피복 | 금속이 열을 생성 |
| E급 | 가스 화재 | − | 질식효과 | 재를 남기지 않음 |
| K급 | 주방 화재 | − | 질식, 냉각효과 | K급 강화액 사용<br>(탄산칼륨＋산알칼리수) |

## 22 　　　　　　　　　　　　　　　　　　답 ③

발생 현상

(1) 플래시오버(Flash over) : 가연물이 연소하여 다량의 가연성 가스를 동반하는 연기와 유독가스가 방출하여 실내의 온

도가 급격히 상승하여 순간적으로 실내전체가 확산되어 연소하는 현상
(2) 보일오버(Boil over) : 저유를 저장한 개방탱크의 화재 발생 시에 자연히 발생하는 현상, 장시간 조용히 연소하다가 탱크 내의 잔존 기름의 갑작스런 오버플로나 분출이 일어나는 현상이다. 급속히 팽창하는 증기-기름거품을 형성하는 것은 끓는 물이 원인이다.
(3) 백드래프트(Back draft) : 화재로 인하여 산소가 부족한 건물 내에 산소가 새로 유입된 때에는 고열가스의 폭발 또는 급속한 연소가 발생하는 현상으로 감쇠기에서 발생한다.
(4) 백파이어(Back fire) : 연료가스의 분출속도가 연소속도보다 느릴 때 불꽃이 연소기의 내부로 들어가 혼합관 속에서 연소하는 현상

## 23 ▤ ②

화상의 구분

화상은 화상을 입은 넓이와 깊이에 따라 4가지로 구분한다.

| | |
|---|---|
| 1도 화상<br>(홍반성 화상) | 일광욕 후에도 발생될 정도의 가벼운 화상으로 표피층에만 손상을 입어 피부가 붉게 변하는 정도의 화상 |
| 2도 화상<br>(수포성 화상) | 화상부의 표피와 진피의 일부가 손상을 받아 수포가 생기는 정도의 화상 |
| 3도 화상<br>(괴사성 화상) | 진피 전체와 피하지방까지 손상을 받아 회색 또는 다갈색으로 변하며 감각이 마비되는 정도의 화상 |
| 4도 화상<br>(흑색화상) | 뼛속까지 손상되는 정도의 화상 |

## 24 ▤ ①

## 25 ▤ ④

전기화재의 원인

누전, 지락, 과전류, 단락, 저항가열, 유도가열, 아크가열, 정전기 등

## 26 ▤ ③

총 피난시간은 감소시키는 구조로 설계하여야 한다.

## 27 ▤ ③

감쇠기단계에서 발생하는 현상은 백드래프트이다.

롤오버(Roll over)

① 플래시오버 전 단계로 화재 초기에 발생된 뜨거운 가연성 가스가 천장 부근에 축적되어 있다가 화재 중기에 이르면 실내 공기의 압력 차이가 생기고 그 압력 차이로 천장을 산발적으로 구르다가 화재가 발생하지 않은 쪽으로 빠르게 굴러가는 현상이다.
② 실내 상층부 천장 쪽의 초고온 증기인 가연성 가스의 이동과 착화현상이다.

## 28 ▤ ③

백드래프트와 플래시오버의 비교

| 구분 | 백드래프트 | 플래시오버 |
|---|---|---|
| 발생시기 | 감퇴기 | 성장기 사이에서 최성기사이 |
| 주요인 | 산소의 갑작스런 유입 | 복사열 |
| 폭발유무 | 비정상 연소를 동반한 폭발 | 비정상 연소로 순간 착화현상<br>(→ 폭발 아님) |
| 전단계 연소 | 불완전연소상태<br>(밀폐된 공간의 훈소상태) | 자유연소상태 |
| 산소량 | 산소부족 | 산소공급은 충분 |
| 방지대책 | • 폭발력 억제<br>• 격리<br>• 소화<br>• 환기-천장 개방 | • 개구부 제한<br>• 가연물의 양의 제한<br>• 화원의 억제<br>• 천장 내장제의 불연화 |

## 29 ▤ ③

롤오버(Roll over)

① 플래시오버 전 단계로 화재 초기에 발생된 뜨거운 가연성 가스가 천장 부근에 축적되어 있다가 화재 중기에 이르면 실내 공기의 압력 차이가 생기고 그 압력 차이로 천장을 산발적으로 구르다가 화재가 발생하지 않은 쪽으로 빠르게 굴러가는 현상이다.
② 실내 상층부 천장 쪽의 초고온 증기인 가연성 가스의 이동과 착화현상이다.

## 30 ▤ ③

환기지배화재란 환기가 부족한 상태에서 연소하여 공기공급량에 따라 화재의 크기가 결정되는 화재로서 플래시오버 이후 화재의 특성이며 또한 지하층, 무창층 등에서의 화재특성이다.

## 31 ▤ ①

• 내장재가 열분해되기 쉽고, 열전도율이 적을수록
• 내장재의 두께가 얇고, 표면적이 클수록
• 화원의 크기가 클수록
• 개구부의 크기가 클수록[기존 기출문제 풀이]
• 불에 잘 타는 재질일수록
  – 가연성 재료 : 3~4분

– 난연성 재료 : 5~6분
– 준불연성 재료 : 7~8분

**32** 답 ④

• 황린 : $P_4$
• 적린 : P
• 동소체 확인법 : 연소생성물을 확인한다.

**33** 답 ②

• 암모니아($NH_3$) : 질소를 함유한 가연물이 연소 시 발생되는 유독가스로 허용농도가 25ppm이다.
• 포스겐($COCl_2$)
  ㉠ 염소(Cl)가 함유된 가연물이 연소 시 발생된다.
  ㉡ 인체에 맹독성인 독성 가스이다.(허용농도 : 0.1ppm)
• 일산화탄소(CO)
  ㉠ 탄소함유 물질의 불완전연소 시 발생된다.
  ㉡ 무색, 무취의 유독성 가스이다.
  ㉢ 일반가연물 화재 시 가장 많이 발생되는 독성 가스로 허용농도는 50ppm이다.
• 시안화수소(HCN) : 플라스틱의 불완전연소 시 발생되며, 허용농도 10ppm의 유독성 가스로 가연성 기체이다.

**34** 답 ②

일산화탄소 – 불완전연소 시 / 이산화탄소 – 완전연소 시
• 일산화탄소(CO)
  ㉠ 탄소함유 물질의 불완전연소 시 발생된다.
  ㉡ 무색, 무취의 유독성 가스이다.
  ㉢ 일반가연물 화재 시 가장 많이 발생되는 독성 가스로 허용농도는 50ppm이다.
• 이산화탄소($CO_2$)
  ㉠ 탄소함유 물질의 완전 연소 시 발생된다.
  ㉡ 일산화탄소처럼 인체에 대한 독성은 없지만 화재 시 다량 발생하므로 공기 중의 산소부족에 따른 질식의 우려 및 호흡속도가 빨라져 기타 유독가스의 흡입을 촉진시킬 수 있다.
  ㉢ 일반가연물 화재 시 가장 많이 발생되는 가스로 허용농도는 5,000ppm이다.

**35** 답 ①

• 시안화수소의 발생조건 : 우레탄, 나일론, 폴리에틸렌, 고무, 모직물 등의 연소 시 발생
• 시안화수소의 특성 : 질소성분을 가지고 있는 합성수지 동물의 털, 인조견 등의 섬유가 불완전 연소할 때 발생하는 맹독성 가스로 0.3%의 농도에서 즉시 사망할 수 있다. 청산가스라고도 하며 인화성이 매우 강한 무색의 화학물질로 연소 시 유독가스를 발생시키고 특히 수분이 2% 이상 포함되어 있거나 알칼리 등이 포함되어 있으면 폭발할 우려가 크다.

**36** 답 ③

연기 유동의 요인
• 저층건축물 : 열, 대류에 의한 이동, 화재에 의한 압력상승 등
• 고층건축물 : 온도상승에 의한 기체의 팽창, 굴뚝효과, 외부 풍압의 영향, 건물 내에서의 강제적인 공기유동 등

굴뚝효과(Stack effect)
건물의 내 · 외부 공기 사이의 온도와 밀도차에 의하여 건물의 수직공간을 통한 자연적인 공기의 수직이동현상

**37** 답 ③

연기의 유동속도
수평방향 : 0.5~1m/sec, 수직방향 : 2~3m/sec,
수직공간 : 3~5m/sec의 속도로 이동한다.

**38** 답 ④

연기의 시계적 유해성
연기농도의 증가에 따라 시계가 좁아져 피난 및 소화활동에 많은 지장을 초래하게 된다.

| 감광계수 | 가시거리 | 상황 설명 |
|---|---|---|
| 0.1Cs | 20~30m | • 희미하게 연기가 감도는 정도의 농도<br>• 연기감지기가 작동되는 농도<br>• 건물구조에 익숙지 않은 사람이 피난에 지장을 받을 수 있는 농도 |
| 0.3Cs | 5m | 건물구조를 잘 아는 사람이 피난에 지장을 받을 수 있는 농도 |
| 0.5Cs | 3m | 약간 어두운 정도의 농도 |
| 1.0Cs | 1~2m | 전방이 거의 보이지 않을 정도의 농도 |
| 10Cs | 수십 cm | • 최성기 때 화재층의 연기 농도<br>• 유도등도 보이지 않는 암흑상태의 농도 |
| 30Cs | – | 출화실에서 연기가 배출될 때의 농도 |

**39** 답 ③

화재의 분류별 가연물의 종류
• 일반화재 : 목재, 종이, 섬유류, 합성수지류, 특수가연물 등
• 유류화재 : 가솔린, 등유 등과 같은 4류 위험물
• 전기화재 : 발전실, 변전실 등 통전 중인 전기시설물
• 금속화재 : Na, K, Al, Mg, 알킬알미늄, 알킬리튬, 무기과산화물 등 금속성 물질
• 가스화재 : LNG, LPG, 도시가스 등

## 40 답 ②

백드래프트(Back draft) 현상

실내화재는 실외화재에 비하여 공기의 유통이 자유롭지 못하다. 화재가 최성기로 접어들면 많은 양의 공기를 필요로 하지만 개구부가 폐쇄되어 있는 실내라면 공기의 공급이 어렵게 되어 연소현상이 원활치 못하게 된다. 이때 문을 열거나 공기를 공급하게 되면 실내에 축적되어 있던 가연성 가스가 폭발적으로 연소하는데 이를 백드래프트 현상이라 한다.

① 백드래프트 현상은 최성기 이후에 발생된다.
② 개방된 개구부를 통하여 화염이 외부로 분출된다.
③ 급격한 압력상승으로 건물이 붕괴될 수 있다.
④ 백드래프트가 발생되기 위한 조건
　ⓐ 밀폐된 공간에서 연소가 일어날 때
　ⓑ 실내에 다량의 가연성 가스가 존재할 때
　ⓒ 실내의 온도가 매우 높을 때

## 41 답 ②

화재전파 : 대류 → 전도 → 복사

## 42 답 ④

화재 초기는 연료지배형, 공기의 공급상태에 지배되는 화재는 환기지배형 화재이다.

## 43 답 ②

연료지배형과 환기지배형 화재의 구분 방법

$A\sqrt{H}$(환기인자)와 $R$(연소속도)의 관계

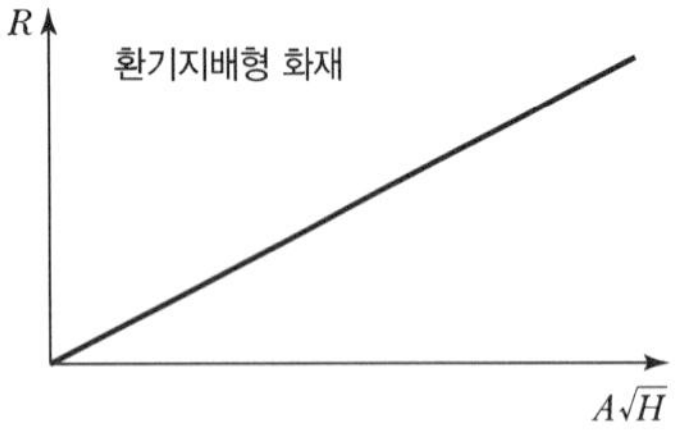


⟹ 환기인자가 클수록 연소속도 증대

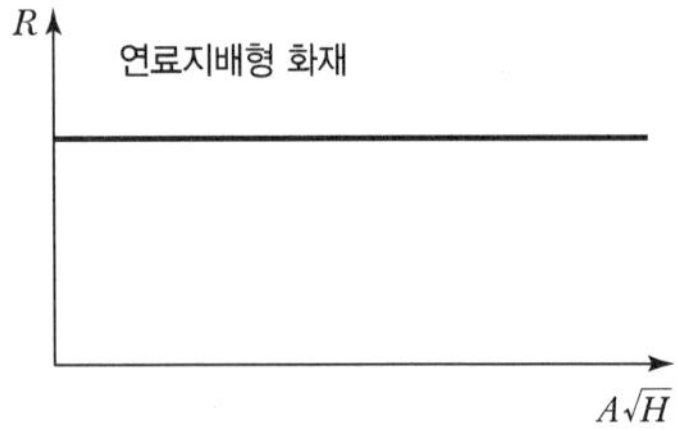


⟹ 환기인자 크기와 연소속도 무관

- 최초 환기인자 $A\sqrt{H} = (1\times1)\times\sqrt{1} = 1$
- 이후 환기인자 $A\sqrt{H} = (1\times2)\times\sqrt{2} = 2.828$

## 44 답 ④

굴뚝효과(Stack Effect) : 건물의 내 · 외부 공기 사이의 온도와 밀도차에 의하여 건물의 수직공간을 통한 자연적인 공기의 수직 이동현상

굴뚝효과에 영향을 주는 요인

① 건물의 높이
② 외벽의 기밀성
③ 건물의 층간 공기누설
④ 누설틈새
⑤ 공조시설
⑥ 내 · 외부 온도차

## 45 답 ①

플래시오버 이후에는 환기지배형 화재의 특성을 가진다.

## 46 답 ④

시간경과 시의 온도

| 경과시간 | 상황 |
|---|---|
| 30분 후 | 840℃ |
| 1시간 후 | 925~950℃ |
| 2시간 후 | 1,010℃ |

## 47 답 ③

내화구조건축물의 화재 시 온도

| 시간 | 30분 후 | 1시간 후 | 2시간 후 | 3시간 후 |
|---|---|---|---|---|
| 온도 | 840℃ | 950℃ | 1,010℃ | 1,050℃ |

## 48 답 ③

훈소화재

(1) 정의 : 물질이 착화되어 불꽃 없이 연기를 내면서 타거나 타다가 어느 정도 시간이 지나면서 발염될 때까지의 연소상태
(2) 훈소화재의 특성
　① 거의 밀폐된 내화구조로 된 실내 화재 시 많이 일어난다.
　② 신선한 공기의 공급이 불충분하여 연소가 거의 정지 또는 매우 느리게 진행된다.
　③ 화재의 초기단계에 나타나는 현상이다.
　④ 훈소 중에도 열축적은 계속되어 외부공기가 갑자기 유입될 때에는 급격한 연소가 일어날 수 있는 상태를 말한다.

| 훈소흔 : 목재에 남겨진 흔적 |
|---|

## 49 답 ③

건축물의 화재 성상

(1) 목조건축물
  ① 화재형태 : 고온단기형
  ② 최성기 때 온도 : 1,200℃~1,300℃
(2) 내화건축물
  ① 화재형태 : 저온장기형
  ② 최성기 때 온도 : 800℃

## 50 답 ①

- d－내화건축물(저온 장기) : 800℃
- a－목조건축물(고온 단기) : 1,300℃

## 51 답 ②

플래시오버의 지연대책

(1) 두꺼운 내장재를 사용한다.
(2) 열전도율이 큰 내장재를 사용한다.
(3) 실내에 가연물을 분산하여 적재한다.
(4) 개구부 제한(규모가 큰 실의 경우 개구부를 많이, 크게 하고 규모가 작은 실의 경우 개구부를 작게, 밀폐)

## 52 답 ②

불연재료

- 불에 타지 않는 성질을 가진 재료로서 불연성 시험 및 가스유해성 시험결과 기준을 만족하는 것
- 종류 : 콘크리트, 석재, 벽돌, 기와, 석면판, 철강, 알루미늄, 유리, 시멘트모르타르, 회 기타 난연 1급에 해당하는 것

준불연재료

- 불연재료에 준하는 성질을 가진 재료로서 열방출률 시험 및 가스유해성 시험결과 기준을 만족하는 것
- 종류 : 석고보드, 목모시멘트판 기타 난연 2급에 해당하는 것

난연재료

- 불에 잘 타지 않는 성질을 가진 재료로서 열방출률 시험 및 가스유해성 시험결과 기준을 만족하는 것
- 종류 : 난연합판, 난연플라스틱 기타 난연 3급에 해당하는 것

## 53 답 ④

주요구조부

내력벽, 기둥, 바닥, 보, 지붕틀 및 주계단

## 54 답 ③

제연방식의 종류

(1) 밀폐 제연방식 : 화재발생 시 연기를 밀폐하여 연기의 외부 유출, 외부의 신선한 공기의 유입을 막아 제연하는 방식
(2) 자연 제연방식 : 화재 시 발생되는 온도 상승에 의해 발생한 부력 또는 외부 공기의 흡출효과에 의하여 내부의 실 상부에 설치된 창 또는 전용의 제연구로부터 연기를 옥외로 배출하는 방식
(3) 스모크 타워 제연방식 : 전용 샤프트를 설치하여 건물 내·외부의 온도차와 화재 시 발생되는 열기에 의한 밀도 차이를 이용하여 지붕외부의 루프모니터 등을 이용하여 옥외로 배출·환기시키는 방식
(4) 기계 제연방식
  ① 제1종 기계 제연방식 : 화재 발생지역이나 복도나 계단을 통해서 기계력에 의한 제연을 행하는 방식으로서 급기와 제연 모두가 기계에 의존하므로 풍력조절에 주의해야 하며 장치가 복잡하다.
  ② 제2종 기계 제연방식 : 화재 발생 시 발생한 연기를 발생한 곳의 상부에 설치되어 있는 제연기로 흡입하여 외부로 방출하는 방식
  ③ 제3종 기계 제연방식 : 화재 발생 시 발생한 연기를 발생한 곳의 상부에 설치되어 있는 제연기로 흡입하여 외부로 방출하는 방식으로 제연기의 흡입력에 의해서 연기가 다른 구역으로 이동되지 않는 장점이 있어 많이 사용하고 있다.

## 55 답 ①

건축물의 피난·방화구조 등의 기준에 관한 규칙 제22조

연면적이 1,000$m^2$ 이상인 목조의 건축물은 그 외벽 및 처마 밑의 연소할 우려가 있는 부분을 방화구조로 하되, 그 지붕은 불연재료로 하여야 한다.

## 56 답 ③

방화구획과 화재하중과는 관계가 없다.

## 57 답 ④

방화구획

| 구획 종류 | 구획 단위 | 구획부분의 구조 |
|---|---|---|
| 면적별 구획 | ① 10층 이하의 층 : 바닥면적 1,000$m^2$ 이내마다 구획(자동식 소화설비가 설치된 경우 : 3,000$m^2$ 이내마다 구획)<br>② 11층 이상의 층 : 바닥면적 200$m^2$ 이내마다 구획(자동식 소화설비가 설치된 경우 : 600$m^2$ 이내마다 구획)<br>③ 11층 이상의 층(불연재료를 사용한 경우) : 바닥면적 500$m^2$ 이내마다 구획(자동식 소화설비가 설치된 경우 : 1,500$m^2$ 이내마다 구획) | ① 내화구조의 바닥, 벽<br>② 60분+, 60분방화문<br>③ 자동방화셔터 |
| 층별 구획 | 모든 층마다 구획 | |
| 용도별 구획 | 주요 구조부를 내화구조로 하여야 하는 대상 부분과 기타 부분 사이의 구획 | |
| 목조건축물 등의 방화벽 | 바닥면적 1,000$m^2$ 이내마다 구획 | ① 방화벽<br>② 60분+, 60분방화문 |

## 58 답 ③

건축법 시행령 제46조(방화구획 등의 설치)

① 법 제49조제2항에 따라 주요구조부가 내화구조 또는 불연재료로 된 건축물로서 연면적이 1천 제곱미터를 넘는 것은 국토교통부령으로 정하는 기준에 따라 내화구조로 된 바닥·벽 및 제64조에 따른 갑종방화문(국토교통부장관이 정하는 기준에 적합한 자동방화셔터를 포함한다. 이하 이 조에서 같다)으로 구획(이하 "방화구획"이라 한다)하여야 한다. 다만, 「원자력안전법」 제2조에 따른 원자로 및 관계시설은 「원자력안전법」에서 정하는 바에 따른다. 〈개정 2011. 10. 25., 2013. 3. 23.〉

② 다음 각 호의 어느 하나에 해당하는 건축물의 부분에는 제1항을 적용하지 아니하거나 그 사용에 지장이 없는 범위에서 제1항을 완화하여 적용할 수 있다. 〈개정 2010. 2. 18., 2017. 2. 3.〉

1. 문화 및 집회시설(동·식물원은 제외한다), 종교시설, 운동시설 또는 장례시설의 용도로 쓰는 거실로서 시선 및 활동공간의 확보를 위하여 불가피한 부분
2. 물품의 제조·가공·보관 및 운반 등에 필요한 고정식 대형 기기 설비의 설치를 위하여 불가피한 부분. 다만, 지하층인 경우에는 지하층의 외벽 한쪽 면(지하층의 바닥면에서 지상층 바닥 아래면까지의 외벽 면적 중 4분의 1 이상이 되는 면을 말한다) 전체가 건물 밖으로 개방되어 보행과 자동차의 진입·출입이 가능한 경우에 한정한다.
3. 계단실 부분·복도 또는 승강기의 승강로 부분(해당 승강기의 승강을 위한 승강로비 부분을 포함한다)로서 그 건축물의 다른 부분과 방화구획으로 구획된 부분
4. 건축물의 최상층 또는 피난층으로서 대규모 회의장·강당·스카이라운지·로비 또는 피난안전구역 등의 용도로 쓰는 부분으로서 그 용도로 사용하기 위하여 불가피한 부분
5. 복층형 공동주택의 세대별 층간 바닥 부분
6. 주요구조부가 내화구조 또는 불연재료로 된 주차장
7. 단독주택, 동물 및 식물 관련 시설 또는 교정 및 군사시설 중 군사시설(집회, 체육, 창고 등의 용도로 사용되는 시설만 해당한다)로 쓰는 건축물

## 59 답 ①

외벽 중 비내력벽

① 철근콘크리트조 또는 철골철근콘크리트조로서 두께가 7cm 이상인 것
② 골구를 철골조로 하고 그 양면을 두께 3cm 이상의 철망모르타르 또는 두께 4cm 이상의 콘크리트블록·벽돌 또는 석재로 덮은 것
③ 철재로 보강된 콘크리트블록조·벽돌조 또는 석조로서 철재에 덮은 콘크리트 블록 등의 두께가 4cm 이상인 것
④ 무근콘크리트조·콘크리트블록조·벽돌조 또는 석조로서 그 두께가 7cm 이상인 것

## 60 답 ①

건축물의 내부에 설치하는 피난계단의 구조

① 계단실은 창문·출입구 기타 개구부(이하 "창문 등"이라 한다)를 제외한 당해 건축물의 다른 부분과 내화구조의 벽으로 구획할 것
② 계단실의 실내에 접하는 부분(바닥 및 반자 등 실내에 면한 모든 부분을 말한다)의 마감(마감을 위한 바탕을 포함한다)은 불연재료로 할 것
③ 계단실에는 예비전원에 의한 조명설비를 할 것
④ 계단실의 바깥쪽과 접하는 창문 등(망이 들어 있는 유리의 붙박이창으로서 그 면적이 각각 1제곱미터 이하인 것을 제외한다)은 당해 건축물의 다른 부분에 설치하는 창문 등으로부터 2미터 이상의 거리를 두고 설치할 것
⑤ 건축물의 내부와 접하는 계단실의 창문 등(출입구를 제외한다)은 망이 들어 있는 유리의 붙박이창으로서 그 면적을 각각 1제곱미터 이하로 할 것
⑥ 건축물의 내부에서 계단실로 통하는 출입구의 유효너비는 0.9미터 이상으로 하고, 그 출입구에는 피난의 방향으로 열 수 있는 것으로서 언제나 닫힌 상태를 유지하거나 화재로 인한 연기, 온도, 불꽃 등을 가장 신속하게 감지하여 자동적으로 닫히는 구조로 된 60분+ 또는 60분방화문을 설치할 것

⑦ 계단은 내화구조로 하고 피난층 또는 지상까지 직접 연결되도록 할 것

## 61 ▤ ②

방화구조

방화구조란 화염의 확산을 막을 수 있는 성능을 가진 구조로 다음의 기준에 적합한 구조

① 철망모르타르로서 그 바름두께가 2cm 이상인 것
② 석면시멘트판 또는 석고판 위에 시멘트모르타르 또는 회반죽을 바른 것으로서 그 두께의 합계가 2.5cm 이상인 것
③ 시멘트모르타르 위에 타일을 붙인 것으로서 그 두께의 합계가 2.5cm 이상인 것
④ 심벽에 흙으로 맞벽치기한 것
⑤ 기타 방화 2급 이상에 해당하는 것

## 62 ▤ ①

61번 해설 참조

## 63 ▤ ④

내화구조의 벽

① 철근콘크리트조 또는 철골콘크리트조로서 두께가 10cm 이상인 것
② 골구를 철골조로 하고 그 양면을 두께 4cm 이상의 철망모르타르 또는 두께 5cm 이상의 콘크리트블록 · 벽돌 또는 석재로 덮은 것
③ 철재로 보강된 콘크리트블록조 · 벽돌조 또는 석조로서 철재에 덮은 콘크리트 블록의 두께가 5cm 이상인 것
④ 벽돌조로서 두께가 19cm 이상인 것
⑤ 고온 · 고압의 증기로 양생된 경량기포 콘크리트판넬 또는 경량기포 콘크리트블록조로서 두께가 10cm 이상인 것

## 64 ▤ ②

방화벽의 구조

| | |
|---|---|
| 대상 건축물 | 주요구조부가 내화구조 또는 불연재료가 아닌 연면적 1,000m$^2$ 이상인 건축물 |
| 구획단지 | 연면적 1,000m$^2$ 미만마다 구획 |
| 방화벽의 구조 | • 내화구조로서 홀로 설 수 있는 구조일 것<br>• 방화벽의 양쪽 끝과 위쪽 끝을 건축물의 외벽면 및 지붕면으로부터 0.5m 이상 튀어나오게 할 것<br>• 방화벽에 설치하는 출입문의 너비 및 높이는 각각 2.5m 이하로 하고 이에 60분+ 또는 60분방화문을 설치할 것 |

## 65 ▤ ②

- 60분+방화문 : 비차열 60분 이상, 차열 30분 이상
- 60분방화문 : 비차열 60분 이상
- 30분방화문 : 비차열 30분 이상

## 66 ▤ ②

피난계단의 설치기준

건축물의 5층 이상 또는 지하 2층 이하의 층으로부터 피난층 또는 지상으로 통하는 직통계단은 피난계단 또는 특별피난계단으로 설치하여야 한다.

특별피난계단

- 건축물의 11층(공동주택의 경우에는 16층) 이상 또는 지하 3층 이하의 층(바닥면적이 400m$^2$ 미만인 층은 제외)의 직통계단은 특별피난계단으로 한다.
- 계단실의 노대 또는 부속실에 접하는 창문 등(출입구 제외)은 망이 들어 있는(망입유리) 유리의 붙박이창으로서 그 면적을 각각 1m$^2$ 이하로 할 것
- 건축물의 내부에서 노대 또는 부속실로 통하는 출입구에는 갑종방화문을 설치하고, 노대 또는 부속실로부터 계단실로 통하는 출입구에는 갑종방화문 또는 을종방화문을 설치할 것
- 출입구의 유효너비는 0.9m 이상으로 하고 피난의 방향으로 열 수 있을 것

## 67 ▤ ③

20초 → 30초

방염성능기준

- 버너의 불꽃을 제거한 때부터 불꽃을 올리며 연소하는 상태가 그칠 때까지 시간은 20초 이내일 것
- 버너의 불꽃을 제거한 때부터 불꽃을 올리지 아니하고 연소하는 상태가 그칠 때까지 시간은 30초 이내일 것
- 탄화한 면적은 50cm$^2$ 이내, 탄화한 길이는 20cm 이내일 것
- 불꽃에 완전히 녹을 때까지 불꽃의 접촉횟수는 3회 이상일 것
- 소방청장이 정하여 고시한 방법으로 발연량을 측정하는 경우 최대연기밀도는 400 이하일 것

## 68

답 ④

가연물의 종류별 방염성능의 기준

| 가연물의 종류 | 잔염 시간 | 잔진 시간 | 탄화 면적 | 탄화 길이 | 접염 횟수 |
|---|---|---|---|---|---|
| 불꽃에 용융되는 물품 | 10초 이내 | 30초 이내 | $50cm^2$ 이내 | 20cm 이내 | 3~10회 |
| 카펫 | 20초 이내 | – | – | 10cm 이내 | 3회 |
| 얇은 포 | 3초 이내 | 5초 이내 | $30cm^2$ 이내 | 20cm 이내 | 3회 |
| 두꺼운 포 | 5초 이내 | 20초 이내 | $40cm^2$ 이내 | 20cm 이내 | 3회 |
| 합판 및 섬유판 | 10초 이내 | 30초 이내 | $50cm^2$ 이내 | 20cm 이내 | 3회 |

## 69

답 ④

방염대상물품의 종류

1. 제조 또는 가공 공정에서 방염처리를 한 물품(합판 · 목재류의 경우에는 설치 현장에서 방염처리를 한 것을 포함한다)으로서 다음 각 목의 어느 하나에 해당하는 것
   가. 창문에 설치하는 커튼류(블라인드를 포함한다)
   나. 카펫, 두께가 2밀리미터 미만인 벽지류(종이벽지는 제외한다)
   다. 전시용 합판 또는 섬유판, 무대용 합판 또는 섬유판
   라. 암막 · 무대막(영화상영관에 설치하는 스크린과 골프 연습장업에 설치하는 스크린을 포함한다)
   마. 섬유류 또는 합성수지류 등을 원료로 하여 제작된 소파 · 의자(단란주점영업, 유흥주점영업 및 노래연습장업의 영업장에 설치하는 것만 해당한다)
2. 건축물 내부의 천장이나 벽에 부착하거나 설치하는 것으로서 다음 각 목의 어느 하나에 해당하는 것을 말한다. 다만, 가구류(옷장, 찬장, 식탁, 식탁용 의자, 사무용 책상, 사무용 의자 및 계산대, 그 밖에 이와 비슷한 것을 말한다)와 너비 10센티미터 이하인 반자돌림대 등과 「건축법」 제52조에 따른 내부마감재료는 제외한다.
   가. 종이류(두께 2밀리미터 이상인 것을 말한다) · 합성수지류 또는 섬유류를 주원료로 한 물품
   나. 합판이나 목재
   다. 공간을 구획하기 위하여 설치하는 간이 칸막이(접이식 등 이동 가능한 벽체나 천장 또는 반자가 실내에 접하는 부분까지 구획하지 아니하는 벽체를 말한다)
   라. 흡음(吸音)이나 방음(防音)을 위하여 설치하는 흡음재(흡음용 커튼을 포함한다) 또는 방음재(방음용 커튼을 포함한다)

## 70

답 ①

방염성능기준 이상의 실내장식물 등을 설치하여야 하는 특정소방대상물의 종류

1. 근린생활시설 중 의원, 체력단련장, 공연장 및 종교집회장
2. 건축물의 옥내에 있는 시설로서 다음 각 목의 시설
   가. 문화 및 집회시설
   나. 종교시설
   다. 운동시설(수영장은 제외한다)
3. 의료시설
4. 교육연구시설 중 합숙소
5. 노유자시설
6. 숙박이 가능한 수련시설
7. 숙박시설
8. 방송통신시설 중 방송국 및 촬영소
9. 다중이용업소
10. 제1호부터 제9호까지의 시설에 해당하지 않는 것으로서 층수가 11층 이상인 것(아파트는 제외한다)

## 71

답 ③

황화수소

- 황을 함유하고 있는 유기화합물이 불완전연소 시 발생되며 연소 시 유독성 기체인 아황산가스를 발생한다.
- 무색의 기체로서 계란 썩는 냄새가 나는 대표적인 악취 물질로서 유독성 가스로 취급

## 72

답 ②

액화석유가스(LPG)

프로판($C_3H_8$), 부탄($C_4H_{10}$)이 주성분이며 증기는 공기보다 무거워 낮은 곳에 체류하여 불씨, 불꽃 등에 의해 착화될 수 있는 위험성이 크다.

> LPG 화재의 방어 조치
> - 가스의 농도를 폭발범위 하한값 이하로 유지한다.
> - 용기의 폭발방지 및 냉각을 위하여 대량의 물을 방사한다.
> - 가스의 누설을 차단한다.
> - 가연물이 연소하기 위하여 필요로 하는 최소의 에너지로서 $10^{-4}$~$10^{-6}$[J]이 필요하다.

## 73

답 ③

발화부 추정방법

① 도괴방향법 : 기둥, 바닥, 벽 등이 발화부 방향으로 도괴
② 연소상승성 확인법 : V패턴 확인
③ 탄화심도 비교법 : 발화부의 탄화심도가 가장 깊은 목재표면의 균열흔은 발화부에 가까울수록 잘고 가늘어지는 경향

이 있다.

④ 용융흔 확인법 : 유리 등 재료의 용융으로 화재 시 온도를 추정 가능함

예 유리는 250℃에서 균열, 650~750℃에서 물러지며 850℃에서 용융됨

⑤ 주염흔, 주연흔 확인법 : 천장의 수열흔적 또는 연기방향 흔적을 확인

## 74 답 ①

- 현열은 상태변화 ×, 온도변화 ○
- 잠열은 온도변화 ×, 상태변화 ○

### 비열

어떤 물질의 단위질량을 단위온도만큼 상승시키는 데 필요한 열량

① 기호 : C

② 단위 : [cal/g · ℃] or [kcal/kg · ℃]

③ 1cal : 1g의 물질을 1℃ 높이는 데 필요한 열량

④ 1BTU : 1lb의 물질을 1℉ 높이는 데 필요한 열량

| 물질의 종류 | 비열 | 물질의 종류 | 비열 | 물질의 종류 | 비열 |
|---|---|---|---|---|---|
| 물 | 1 | 사염화탄소 | 0.201 | 수은 | 0.033 |
| 수증기 | 0.44 | 공기 | 0.240 | 구리 | 0.091 |
| 얼음 | 0.5 | 알루미늄 | 0.217 | 윤활유 | 0.510 |
| 금 | 0.031 | 나무 | 0.420 | 철 | 0.113 |

**열용량(Heat Capacity)**

열용량이란 어떤 물질의 온도를 1℃(℉)만큼 높이는 데 필요한 열량이다.

∴ 열용량(kcal/℃) = 비열(kcal/kg · ℃ × 질량(kg)

즉, 물질의 비열이 크다는 것은 열용량이 크다는 것을 의미한다.

### 잠열

어떤 물질을 온도변화없이 상태변화할 때 필요한 열량

① 기호 : r

② 단위 : [cal/g] or [kcal/kg]

③ 증발잠열 : 액체가 기화할 때 필요한 열(물의 증발잠열 : 539cal/g)

④ 융해잠열 : 고체가 액화할 때 필요한 열(물의 융해잠열 : 80cal/g)

### 현열

상태의 변화 없이 온도변화에 필요한 열량이다.

-5℃의 얼음 → -1℃의 얼음, 20℃의 물 → 80℃의 물

$Q = m \cdot C \cdot \Delta T$

여기서, $Q$ : 현열(kcal), $m$ : 질량(kg),

$C$ : 물질의 비열(kcal/kg · ℃),

$\Delta T$ : 온도차(℃)

### 융점

고체가 액체로 될 수 있는 최저온도로 순수한 물의 경우는 0℃이다. 융점이 낮다는 것은 고체가 액체로 되기 쉬워 화재의 위험성이 더 크다고 볼 수 있다.

## 75 답 ①

특별피난계단 제연설비의 경우 급기가압을 통한 차연을 이용한 제연설비이다.

## 76 답 ③

### 불꽃연소(Flaming Combustion)

가연성 기체와 공기가 혼합기체를 형성하며 연소하는 가장 일반적인 연소형태로 기체상태의 연소이므로 불꽃을 발하면서 연소한다. 표면연소에 비해 발열량이 크고 연소속도 또한 빠르다.

※ 연소의 4요소(불꽃연소) : 가연물, 산소공급원, 점화원, 연쇄반응

## 77 답 ③

### 기계제연방식

실내의 연기를 기계적인 동력을 이용하여 강제로 배출하는 방식으로 1종, 2종, 3종 기계제연으로 분류된다.

[기계제연의 분류]

| 기계제연의 종류 | 송풍기 | 배출기 |
|---|---|---|
| 제1종 기계제연 | ○ | ○ |
| 제2종 기계제연 | ○ | × |
| 제3종 기계제연 | × | ○ |

## 78 답 ④

1. 저층건물에서의 연기유동원인
   ① 열 ② 대류이동 ③ 화재압력
2. 고층건물에서 연기유동을 일으키는 요인
   ① 온도에 의한 가스의 팽창
   ② 굴뚝효과(연돌효과)
   ③ 외부 풍압의 영향 : 외부에서의 바람에 의한 압력차
   ④ 건물 내에서의 강제적인 공기유동 : 공기조화설비에 의한 영향
   ⑤ 중성대 : 건물 내 · 외의 온도차
   ⑥ 화재로 인한 부력

## 79 답 ④

피난설비는 고정식 설비에 의한다.

## 80 답 ①

화재실의 크기가 영향을 주겠으나 인접실의 크기와는 상관이 없다.

## 81 답 ④

화재초기 연소속도가 느리다.(저온 장기형)

## 82 답 ④

화재에 대한 인간의 대응

① 공간적 대응
  ㉠ 대항성(對抗性) : 건축물의 내화성능, 방화구획성능, 화재방어력, 방연성능, 초기소화대응력 등의 화재사상과 대항하여 저항하는 성능을 가진 항력
  ㉡ 회피성(回避性) : 건축물의 불연화, 난연화, 내장제한, 구획의 세분화, 방화훈련, 불조심 등과 화기취급의 제한 등과 같은 화재의 예방적 조치 및 상황
  ㉢ 도피성(逃避性) : 화재발생 시 사람이 궁지에 몰리지 않고 안전하게 피난할 수 있는 공간성과 시스템을 말하며 거실의 배치, 피난통로의 확보, 피난시설의 설치 및 건축물의 구조계획서, 방재계획서 등

② 설비적 대응 : 화재에 대응하여 설치하는 소화설비, 경보설비, 피난설비 등의 소방시설

## 83 답 ④

고비점 액체위험물에서 발생될 수 있는 현상

㉠ 보일오버(Boil over) 현상 : 유류탱크 화재 시 액체위험물의 밑부분에 존재하고 있던 물이 열파에 의해 비점 이상이 되면 급격히 증발하면서 가연성 액체를 탱크 밖으로 비산시켜 화재를 확대시키는 현상

> 보일오버의 발생조건
> - 탱크 내부에 수분이 존재할 것
> - 열파를 형성하는 유류일 것
> - 적당한 점성과 거품을 가진 유류일 것
> - 비점이 물보다 높은 유류일 것

㉡ 슬롭오버(Slop over) 현상 : 액체위험물 화재 시 연소유면이 가열된 상태에서 물이 포함되어 있는 소화약제를 방사할 경우 물이 비등 · 기화하면서 액체 위험물을 탱크 밖으로 비산시키는 현상

㉢ 프로스오버(Froth over) 현상 : 화재가 아닌 경우에 발생하는 현상으로 점도가 높은 유류를 저장하는 탱크의 바닥에 있는 수분이 어떤 원인에 의해 비등하면서 액체위험물을 탱크 밖으로 넘치게 하는 현상

플레임오버(Flame over)

① 화재진행 중에 불꽃(화염)이 아직 불이 붙지 않은 가스층을 통과하거나 수평 이동하는 현상을 말한다.
② 화재의 진행단계 중 성장기에 발생하며 연소하지 않은 연소생성 가스가 구획실로 빠져 나올 때에 관찰될 수 있다.
③ 복도 등과 같은 통로 공간에서 벽, 바닥표면의 가연물에 화염이 급속히 확산되는 현상이다.

롤오버(Roll over)

① 플래시오버 전 단계로 화재 초기에 발생된 뜨거운 가연성 가스가 천장 부근에 축적되어 있다가 화재 중기에 이르면 실내 공기의 압력 차이가 생기고 그 압력 차이로 천장을 산발적으로 구르다가 화재가 발생하지 않은 쪽으로 빠르게 굴러가는 현상이다.
② 실내 상층부 천장 쪽의 초고온 증기인 가연성 가스의 이동과 착화현상이다.

## 84 답 ①

연료지배형 화재 시 화재성장속도

$$Q[\text{kW}] = \alpha t^2$$

여기서, $Q$ : 열방출율(kW), $\alpha$ : 화재강도계수, $t$ : 시간(sec)

화재성장속도는 열방출률이 1,055kW에 도달하는 데 걸리는 시간을 기준으로 다음과 같이 구분한다.

① Ultra fast : 75sec ② Fast : 150sec
③ Medium : 300sec ④ Slow : 600sec

## 85 답 ③

목재표면의 흔적

① 완소흔(700~800℃) : 탄화홈, 얇고 사각 또는 삼각형 형태
② 강소흔(900℃) : 홈이 깊고 만두 모양으로 요철 형태
③ 열소흔(1,100℃) : 홈이 가장 깊고 반원형 모양
④ 훈소흔 : 목재 표면에 발열체가 밀착되었을 때 목재표면에 생기는 연소흔적

보기 ①은 탄화심도에 대한 정의, 설명
보기 ②는 용흔에 대한 설명[소손흔]
보기 ④는 훈소흔에 대한 설명

## 86 답 ③

피난복도의 천장은 불연재료를 사용하고 피난시설계획을 고려하여 높게 설치한다.

## 87 답 ②

침대가 없는 숙박시설의 경우

종사자수＋숙박시설의 바닥면적 합계를 $3m^2$로 나누어 얻은 수(반올림)[복도, 화장실, 계단면적 제외]

$\therefore$ 수용인원 $= 10 + \dfrac{30 \times 66m^2}{3m^2} = 670$명

## 88 답 ①

화재실의 내부온도가 상승하면(화재가 확대) 중성대의 위치는 낮아지며(연기 발생량이 많으므로) 실내에서 외부로의 연기유출량이 많아진다.

## 89 답 ④

칼륨이나 나트륨 등 금속류 화재는 D급 화재이다.

## 90 답 ②

## 91 답 ④

화재가 성장하면서 연기와 가스의 온도도 지속적으로 상승한다.

## 92 답 ④

플래시오버가 발생하기 위해 필요한 열량 공식[McCaffrey]

$$Q = 610\sqrt{h \cdot A_T \cdot A\sqrt{H}}$$

여기서, $h$ : 열전달계수, $A_T$ : 내부표면적
$A$ : 개구부 면적, $H$ : 개구부 높이

## 93 답 ③

온도인자

$$F = \frac{A\sqrt{H}}{A_T}$$

여기서, $A$ : 개구부 크기, $H$ : 개구부 높이,
$A_T$ : 실내표면적(개구부 제외)

## 94 답 ④

## 95 답 ①

A급 화재는 종이, 목재 등 일반 가연물 화재이며 연소 시 초기에 백색연기, 이후 흑색연기를 띤다.

## 96 답 ④

제1류 위험물(산소공급원)

④ 그 자체가 가연성이며 → 일반적으로 불연성이며

## 97 답 ①

방화벽

1. 대상건축물
   연면적 $1,000m^2$ 이상인 건축물로서 그 주요구조부가 내화구조 또는 불연재료가 아닌 건축물에는 다음 기준에 의하여 $1,000m^2$ 미만마다 방화벽을 설치하여야 한다.
2. 방화벽의 구조
   - 내화구조로서 홀로 설 수 있는 구조일 것
   - 방화벽의 양쪽 끝과 위쪽 끝은 건축물의 외벽면 및 지붕면으로부터 0.5m 이상 돌출되도록 할 것
   - 방화벽에 설치하는 출입문의 너비 및 높이는 각각 2.5m 이하로 하고 당해 출입문은 갑종방화문으로 설치할 것
3. 연면적 $1,000m^2$ 이상인 목조건축물의 방화벽 설치기준
   - 방화구조로 하거나 불연재료로 할 것
   - 외벽 및 처마 밑의 연소할 우려가 있는 부분을 방화구조로 하되 그 지붕은 불연재료로 할 것

## 98 답 ②

굴뚝효과(Stack Effect)는 건물의 높이와 밀접한 관계가 있어 고층건축물에서 효과가 크게 나타나므로 고층건축물의 제연에 이용된다.

## 99 답 ②

화재의 일반적인 특성은 확대성, 우발성, 불안정성이다.

## 100 답 ②

- 목재의 단위발열량 : 4,500kcal/kg
- 고무의 단위발열량 : 9,000kcal/kg

## CHAPTER 03 폭발 100제

| 1 | 2 | 3 | 4 | 5 | 6 | 7 | 8 | 9 | 10 |
|---|---|---|---|---|---|---|---|---|---|
| ③ | ③ | ④ | ③ | ④ | ④ | ④ | ② | ① | ② |
| 11 | 12 | 13 | 14 | 15 | 16 | 17 | 18 | 19 | 20 |
| ③ | ④ | ③ | ③ | ① | ④ | ② | ④ | ③ | ① |
| 21 | 22 | 23 | 24 | 25 | 26 | 27 | 28 | 29 | 30 |
| ② | ③ | ① | ① | ② | ② | ② | ② | ② | ① |
| 31 | 32 | 33 | 34 | 35 | 36 | 37 | 38 | 39 | 40 |
| ④ | ④ | ② | ④ | ④ | ③ | ② | ② | ③ | ① |
| 41 | 42 | 43 | 44 | 45 | 46 | 47 | 48 | 49 | 50 |
| ④ | ① | ① | ③ | ① | ③ | ① | ① | ① | ② |
| 51 | 52 | 53 | 54 | 55 | 56 | 57 | 58 | 59 | 60 |
| ② | ④ | ① | ③ | ④ | ④ | ② | ③ | ① | ③ |
| 61 | 62 | 63 | 64 | 65 | 66 | 67 | 68 | 69 | 70 |
| ① | ④ | ① | ② | ② | ① | ② | ③ | ② | ① |
| 71 | 72 | 73 | 74 | 75 | 76 | 77 | 78 | 79 | 80 |
| ③ | ② | ① | ② | ③ | ② | ④ | ② | ③ | ② |
| 81 | 82 | 83 | 84 | 85 | 86 | 87 | 88 | 89 | 90 |
| ② | ② | ④ | ④ | ④ | ④ | ④ | ④ | ① | ③ |
| 91 | 92 | 93 | 94 | 95 | 96 | 97 | 98 | 99 | 100 |
| ② | ② | ③ | ② | ① | ① | ③ | ① | ③ | ① |

### 01 답 ③

블레비(BLEVE ; Boiling Liquid Expanding Vapor Explosion, 비등액체팽창증기폭발)

액화가스를 저장하는 용기 주변에 화재 등의 발생으로 용기가 가열되는 경우 액화가스의 비등으로 급격한 압력의 상승이 있다. 이때 안전장치(안전밸브, 봉판)를 통하여 이루어지는 압력의 완화율보다 내부의 압력증가율이 큰 경우 용기가 파열되는 현상을 블레비(BLEVE)라 한다. 또한 액화가스가 가연성인 경우 거대한 화구를 형성하게 되는데 이런 현상을 파이어볼(Fire ball)이라고 한다.

### 02 답 ③

1번 해설 참조

### 03 답 ④

①, ②, ③ : 화학적 폭발

물리적인 폭발의 종류

㉠ 화산폭발
㉡ 과열액체비등에 의한 증기폭발
㉢ 고압용기 과압, 과충전 폭발
㉣ 수증기폭발

### 04 답 ③

폭연과 폭굉의 비교

① 폭연(Deflagration) : 연소파의 전파속도가 음속보다 느린 것으로 폭속은 0.1~10m/sec 정도이다.
② 폭굉(Detonation) : 연소파의 전파속도가 음속보다 빠른 것으로 폭속은 1,000~3,500m/sec 정도이며 파면에 충격파(압력파)가 진행되어 심한 파괴작용을 동반한다.

### 05 답 ④

DID(폭굉유도거리)가 짧아지는 조건

1. 점화에너지(점화 시 발생에너지)가 클수록
2. 연소속도가 큰 가스일수록
3. 관경이 작을수록
4. 압력이 높을수록
5. 온도가 높을수록
6. 관 속에 이물질이 존재할수록

### 06 답 ④

분진폭발을 일으키는 물질

담뱃가루, 알루미늄분말, 아연분말, 마그네슘 분말, 황, 밀가루

| 분진폭발을 하지 않는 물질 : 시멘트분, 석회석, 생석회 |
|---|

### 07 답 ④

분진폭발과 가스폭발의 비교

① 가스폭발보다 분진폭발은 최소발화에너지가 크다.
② 가스폭발에 비해 분진폭발은 불완전연소가 심하므로 일산화탄소(CO)가 발생한다.
③ 1차 분진폭발의 영향으로 주위의 분진을 날리게 하여 2차, 3차 폭발이 발생할 수 있다.
④ 가스폭발보다 분진폭발은 연소속도, 폭발압력은 작으나 연소시간이 길고 발생에너지가 크기 때문에 연소 시 그 물질의 파괴력과 그을음이 크다.
⑤ 분진폭발은 입자가 비산하므로 접촉되는 가연물은 국부적으로 심한 탄화 또는 화상도 유발한다.
⑥ 분진폭발의 발생에너지는 가스폭발의 수백 배 이상이고 온도는 탄화수소 양이 많아 약 2천~3천℃까지 올라간다.

분진폭발에 영향을 미치는 요인

① 산소농도 : 산소농도가 높을수록 분진폭발이 잘 일어난다.
※ 예외적으로 산소와 반응성이 큰 분진은 산화성 피막($Al_2O_3$ 등)을 형성하여 폭발성이 약해지는 경우도 있다.
② 분진 내 수분 → 폭발성(↓)
㉠ 분진의 부유성을 억제한다.

㉡ 수분의 증발로서 점화에 필요한 에너지가 부족하게 된다.
㉢ 증발한 수증기가 불활성 가스의 역할을 함으로써 점화온도를 높인다.
㉣ 대전성을 감소시키므로 폭발성을 낮게 한다.

③ 화학적 성질과 조성
㉠ 산화반응으로 생성하는 가연성 기체의 반응이 클수록 폭발이 잘 된다.
㉡ 난류는 화염의 전파속도를 증가시켜 폭발위력이 커진다.
㉢ 분체 중에 휘발성이 크고 발화온도가 낮을수록 폭발이 잘 된다.
㉣ 분진의 발열량이 클수록 폭발이 잘 된다.

④ 분진의 입도
㉠ 입자의 크기 : 약 100$\mu$ 이하이지만 76$\mu$(200mesh) 이하가 적합하다.
㉡ 분진의 입자와 밀도가 작을수록 표면적이 커져서 폭발이 잘 된다.
㉢ 분진의 표면적이 입체면적에 비교하여 증대하면 열의 발생속도가 커서 폭발이 커진다.

⑤ 입자의 표면상태와 형상
구상(둥긂) → 침상(뾰족함) → 평편상(넓음) 입자 순으로 폭발성이 증가한다.

## 08 답 ②

화학적인 폭발

㉠ 산화폭발 : 가스가 공기 중에 누설 또는 인화성 액체 탱크에 공기가 유입되어 탱크 내에 점화원이 유입되어 폭발하는 현상
㉡ 분해폭발 : 아세틸렌, 산화에틸렌, 히드라진과 같이 분해하면서 폭발하는 현상
㉢ 중합폭발 : 산화에틸렌, 시안화수소와 같이 단량체가 일정 온도와 압력으로 반응이 진행되어 분자량이 큰 중합체가 되어 폭발하는 현상
㉣ 분진폭발 : 공기 속을 떠다니는 아주 작은 미립자(75$\mu$m 이하의 고체입자로서 공기 중에 떠있는 분체)가 적당한 농도 범위에 있을 때 불꽃이나 점화원으로 인하여 폭발하는 현상
- 분진의 폭발범위 : 25~45mg/L(하한값)~80mg/L(상한값)
- 분진의 착화에너지 : $10^{-3}$~$10^{-2}$J,
  화약의 착화에너지 : $10^{-6}$~$10^{-4}$J

## 09 답 ①

최대안전틈새

- 내용적이 8L이고 틈새 깊이가 25mm인 표준용기 안에서 가스가 폭발할 때
- 화염이 용기 밖으로 전파하여 가연성 가스에 점화되지 않는 최대틈새간격

[최대안전틈새 폭발등급(Explosion Class)]

| 등급 | 틈새의 직경(mm) | 해당 가스 |
|---|---|---|
| A | 0.9 이상 | 프로판가스, 메탄, 에탄, 부탄 |
| B | 0.5 초과 0.9 미만 | 에틸렌, 시안화수소, 산화에틸렌 |
| C | 0.5 이하 | 수소, 아세틸렌 |

## 10 답 ②

방폭구조의 종류

① 내압(耐壓)방폭구조 : 용기 내부에서 가연성 가스를 폭발시켰을 때 그 폭발압력에 견딜 수 있는 특수한 구조로 설계하는 것으로 가장 많이 이용되고 있는 방식이다.
② 압력(壓力)방폭구조 : 용기 내부에 불활성 가스 등을 압입시켜 외부의 폭발성 가스의 유입을 방지하는 구조로 내압의 유지방식에 따라 통풍식, 봉입식, 밀봉식으로 구분한다.
③ 유입방폭구조 : 전기불꽃이 발생될 우려가 있는 부분을 기름 속에 넣어 폭발성 가스와 격리시키는 구조
④ 충전방폭구조 : 전기불꽃이 발생될 우려가 있는 부분을 석영가루나 유리입자 등의 충전물로 완전히 덮어 폭발성 가스와 격리시키는 구조
⑤ 몰드방폭구조 : 전기불꽃이 발생될 우려가 있는 부분을 절연성이 있는 콤파운드로 포입하는 구조
⑥ 안전증방폭구조 : 전기불꽃 발생부나 고온부가 존재하지 않는 구조로서 특별히 안전도를 증가시켜 고장을 일으키지 않도록 한 구조
⑦ 본질안전방폭구조 : 안전지역과 위험지역 사이에 안전장치를 설치하여 위험지역으로 유입되는 전압과 전류를 제거하여 폭발을 일으킬 수 있는 최소에너지보다 작게 하는 구조

## 11 답 ③

10번 해설 참조

## 12 답 ④

화재와 폭발의 방지방법

- 화기, 불꽃 등 발화원을 제거한다.
- 취급장소 주위의 공기 대신 불활성 기체(질소, 이산화탄소)로 바꾼다.
- 밀폐된 용기 내에 보관한다.
- 인화성 액체는 증기가 공기보다 무거워 바닥에 체류하므로 높은 곳으로 빨리 환기를 시켜야 한다.

## 13 답 ③

분진폭발을 일으키지 않는 물질(물과 반응하여 가연성 기체를 발생하지 않는 것)

1) 시멘트
2) 석회석
3) 탄산칼슘($CaCO_3$)
4) 생석회(CaO) = 산화칼슘

## 14 답 ③

연소속도와 폭발압력에 있어서는 분진폭발이 가스폭발보다 작다.

가스폭발과 분진폭발의 비교

- 연소속도 : 가스폭발 > 분진폭발
- 폭발압력 : 가스폭발 > 분진폭발
- 연소시간 : 가스폭발 < 분진폭발
- 연소정도 : 가스폭발 < 분진폭발
- 발생에너지 · 파괴력 : 가스폭발 < 분진폭발

## 15 답 ①

분진폭발과 가스폭발의 비교

① 가스폭발보다 분진폭발은 최소발화에너지가 크다.
② 가스폭발에 비해 분진폭발은 불완전연소가 심하므로 일산화탄소(CO)가 발생한다.
③ 1차 분진폭발의 영향으로 주위의 분진을 날리게 하여 2차, 3차 폭발이 발생할 수 있다.
④ 가스폭발보다 분진폭발은 연소속도, 폭발압력은 작으나 연소시간이 길고 발생에너지가 크기 때문에 연소 시 그 물질의 파괴력과 그을음이 크다.
⑤ 분진폭발은 입자가 비산하므로 접촉되는 가연물은 국부적으로 심한 탄화 또는 화상도 유발한다.
⑥ 분진폭발의 발생에너지는 가스폭발의 수백 배 이상이고 온도는 탄화수소 양이 많아 약 2천~3천℃까지 올라간다.

## 16 답 ④

증기운폭발(Unconfined Vapor Cloud Explosion)

개방된 대기 중에서 다량의 가연성 가스가 유출되어 구름을 형성하여 떠다니다가 공기와 혼합하여 점화원에 의해 폭발하는 현상이다.

## 17 답 ②

가스화재는 가연성 가스의 연소범위와 점화원이 존재하여야 한다.

## 18 답 ④

폭발

급격한 압력의 발생이나 기체의 순간적인 팽창에 의하여 **폭발음**과 함께 심한 **파괴작용**을 동반하는 현상

폭발의 종류

① 물리적인 폭발
  ㉠ 화산폭발
  ㉡ 과열액체비등에 의한 증기폭발
  ㉢ 고압용기 과압, 과충전폭발
  ㉣ 수증기폭발
② 화학적인 폭발
  ㉠ 산화폭발 : 가스가 공기 중에 누설 또는 인화성 액체탱크에 공기가 유입되어 탱크 내에 점화원이 유입되어 폭발하는 현상
  ㉡ 분해폭발 : 아세틸렌, 산화에틸렌, 히드라진과 같이 분해하면서 폭발하는 현상
  ㉢ 중합폭발 : 산화에틸렌, 시안화수소와 같이 단량체가 일정온도와 압력으로 반응이 진행되어 분자량이 큰 중합체가 되어 폭발하는 현상
③ 가스폭발 : 인화성 액체의 증기가 산소와 반응하여 점화원에 의해 폭발하는 현상(메탄, 에탄, 프로판, 부탄, 수소, 아세틸렌 폭발)
④ 분진폭발 : 공기속을 떠다니는 아주 작은 미립자(75$\mu$m 이하의 고체입자로서 공기 중에 떠있는 분체)가 적당한 농도 범위에 있을 때 불꽃이나 점화원으로 인하여 폭발하는 현상
  ㉠ 분진의 폭발범위 : 25~45mg/$l$(하한값)~80mg/$l$(상한값)
  ㉡ 분진의 착화에너지 : $10^{-3}$~$10^{-2}$J,
  화약의 착화에너지 : $10^{-6}$~$10^{-4}$J

## 19 답 ③

## 20 답 ①

폭발범위의 하한선이 낮을수록 위험하다.

## 21 답 ②

- 연소 : **일종의 산화반응**으로 그 반응이 너무 급격하여 **열과 빛을 동반하는 발열반응**이며 화학적인 반응
- 발화점 : 점화원을 가하지 않아도 **스스로 착화될 수 있는 최저 온도**
- 연소점 : 연소상태에서 점화원을 제거하여도 자발적으로 연소가 지속되는 온도

## 22
답 ③

**블레비(BLEVE ; Boiling Liquid Expanding Vapor Explosion, 비등액체팽창증기폭발)**

액화가스를 저장하는 용기 주변에 화재 등의 발생으로 용기가 가열되는 경우 액화가스의 비등으로 급격한 압력의 상승이 있다. 이때 안전장치(안전밸브, 봉판)를 통하여 이루어지는 압력의 완화율보다 내부의 압력증가율이 큰 경우 용기가 파열되는 현상을 BLEVE라 한다. 또한 액화가스가 가연성인 경우 거대한 화구를 형성하게 되는데 이런 현상을 파이어볼(Fire ball)이라고 한다.

## 23
답 ①

연소범위 내에서 연소, 폭발할 수 있다.

## 24
답 ①

**연기의 유해성**

연기에 의한 유해성은 생리적 · 시계적 · 심리적 유해성 등으로 구분할 수 있다.

| 가연물의 종류 | 연소생성물 |
|---|---|
| 탄소 함유 가연물 | CO, $CO_2$ |
| 나무, 나일론, 페놀수지 | 알데이드(R-CHO) |
| PVC | 염화수소(HCl) |
| 석유제품, 유지, 비닐론 | 아크롤레인($C_2H_3CHO$) |
| 명주, 양모, 우레탄 | 시안화수소(HCN) |
| 천연가스, 석유류 | 카본블랙(C) |
| 석탄, 코크스 | 일산화탄소(CO) |
| 양모, 고무, 목재, LPG | 아황산가스($SO_2$) |
| 셀룰로오스, 암모니아 | 이산화질소($NO_2$) |
| 멜라민수지, 요소수지 | 암모니아($NH_3$) |
| 폴리스티렌(스티로폼) | 벤젠($C_6H_6$) |
| 양모, 피혁 | 황화수소($H_2S$) |

## 25
답 ②

LNG의 끓는점이 -162℃이다.

**[LNG(Liquefied Natural Gas) : 액화천연가스]**

1) 생산방법 : 해저에서 플랜트나 FPSO로 채굴 후 액화
2) 주성분 : $CH_4$(메탄)
3) 특성
   1. 액화 천연 가스
   2. 주성분이 메탄
   3. 액화 어려움
   4. 운반이 어려움
   5. 환경오염을 줄임
   6. 폭발위험이 비교적 작음
   7. 도시가스/시내버스 연료로 사용
   8. 끓는점 낮음(-162℃)
   9. 발화점 비교적 높음(537℃)
   10. 상대적 질량 작음(0.6)

## 26
답 ②

**분진폭발** : 공기 속을 떠다니는 아주 작은 미립자(75$\mu$m 이하의 고체입자로서 공기 중에 떠있는 분체)가 적당한 농도 범위에 있을 때 불꽃이나 점화원으로 인하여 폭발하는 현상

㉠ 분진의 폭발범위 : 25~45mg/$l$(하한값)~80mg/$l$(상한값)
㉡ 분진의 착화에너지 : $10^{-3}$~$10^{-2}$J,
　화약의 착화에너지 : $10^{-6}$~$10^{-4}$J

## 27
답 ②

수증기 폭발은 물리적 폭발에 해당한다.

## 28
답 ②

**분진폭발에 영향을 미치는 요인**

① 산소농도 : 산소농도가 높을수록 분진폭발이 잘 일어난다.
　※ 예외적으로 산소와 반응성이 큰 분진은 산화성 피막($Al_2O_3$ 등)을 형성하여 폭발성이 약해지는 경우도 있다.
② 분진 내 수분 → 폭발성(↓)
　㉠ 분진의 부유성을 억제한다.
　㉡ 수분의 증발로서 점화에 필요한 에너지가 부족하게 된다.
　㉢ 증발한 수증기가 불활성 가스의 역할을 함으로써 점화온도를 높인다.
　㉣ 대전성을 감소시키므로 폭발성을 낮게 한다.
③ 화학적 성질과 조성
　㉠ 산화반응으로 생성하는 가연성 기체의 반응이 클수록 폭발이 잘 된다.
　㉡ 난류는 화염의 전파속도를 증가시켜 폭발위력이 커진다.
　㉢ 분체 중에 휘발성이 크고 발화온도가 낮을수록 폭발이 잘 된다.
　㉣ 분진의 발열량이 클수록 폭발이 잘 된다.
④ 분진의 입도
　㉠ 입자의 크기 : 약 100$\mu$ 이하이지만 76$\mu$(200mesh) 이하가 적합하다.
　㉡ 분진의 입자와 밀도가 작을수록 표면적이 커져서 폭발이 잘 된다.
　㉢ 분진의 표면적이 입체면적에 비교하여 증대하면 열의 발생속도가 커서 폭발이 커진다.

⑤ 입자의 표면상태와 형상
구상(둥긂) → 침상(뾰족함) → 평편상(넓음) 입자 순으로 폭발성이 증가한다.

**29** 답 ②

폭연과 폭굉

폭연과 폭굉의 차이는 폭발 시 발생하는 충격파(압력파)의 속도이다.

① 폭연(Deflagration) : 압력파가 미반응 물질 속으로 **음속보다 느리게 이동하는 연소현상**이며, 그 속도는 0.1~10m/sec 이다.

② 폭굉(Detonation) : 압력파가 미반응 물질 속으로 전파하는 속도가 **음속보다 빠른** 것으로 파면 선단에서 심한 파괴작용을 동반한다. 압력파의 이동속도는 1,000~3,500m/sec 이다

**30** 답 ①

연소에 관한 개념이다.

**31** 답 ④

블레비(BLEVE ; Boiling Liquid Expanding Vapor Explosion, 비등액체팽창증기폭발)

액화가스를 저장하는 용기 주변에 화재 등의 발생으로 용기가 가열되는 경우 액화가스의 비등으로 급격한 압력의 상승이 있다. 이때 안전장치(안전밸브, 봉판)를 통하여 이루어지는 압력의 완화율보다 내부의 압력 증가율이 큰 경우 용기가 파열되는 현상을 BLEVE라 한다. 또한 액화가스가 가연성인 경우 거대한 화구를 형성하게 되는데 이런 현상을 파이어볼(Fire ball)이라고 한다.

**32** 답 ④

폭발의 종류

① 물리적인 폭발
  ㉠ 화산폭발
  ㉡ 과열액체비등에 의한 증기폭발
  ㉢ 고압용기 과압, 과충전폭발
  ㉣ 수증기폭발

② 화학적인 폭발
  ㉠ 산화폭발 : 가스가 공기 중에 누설 또는 인화성 액체탱크에 공기가 유입되어 탱크 내에 점화원이 유입되어 폭발하는 현상
  ㉡ 분해폭발 : 아세틸렌, 산화에틸렌, 히드라진과 같이 분해하면서 폭발하는 현상
  ㉢ 중합폭발 : 산화에틸렌, 시안화수소와 같이 단량체가 일정 온도와 압력으로 반응이 진행되어 분자량이 큰 중합체가 되어 폭발하는 현상

③ 가스폭발 : 인화성 액체의 증기가 산소와 반응하여 점화원에 의해 폭발하는 현상(메탄, 에탄, 프로판, 부탄, 수소, 아세틸렌 폭발)

④ 분진폭발 : 공기 속을 떠다니는 아주 작은 미립자(75$\mu$m 이하의 고체입자로서 공기 중에 떠있는 분체)가 적당한 농도 범위에 있을 때 불꽃이나 점화원으로 인하여 폭발하는 현상

**33** 답 ②

폭발

급격한 압력의 발생이나 기체의 순간적인 팽창에 의하여 **폭발음**과 함께 심한 **파괴작용**을 동반하는 현상

**34** 답 ④

29번 해설 참조

**35** 답 ④

**36** 답 ③

① 산화에틸렌은 분해폭발하는 물질(심부화재 ×)

② 폭발이란 밀폐된 공간에서 압력의 상승, 압력의 전달로 폭음과 충격파를 가지는 이상팽창을 말한다.

④ 분진폭발은 공기 속을 떠다니는 가연성 미립자에 의한 폭발적 연소를 말한다.(일반적＝가스폭발)

**37** 답 ②

- 기상폭발 : 기체상태의 폭발(가스폭발, 분진(기상)폭발, 누설가스 착화폭발(UVCE), 분무폭발, 분해폭발)
- 응상(의상)폭발 : 액 · 고체상태의 폭발(수증기폭발, 화약류 폭발, 전선폭발, 유기화합물폭발, BLEVE)

**38** 답 ②

분진폭발

공기 속을 떠다니는 아주 작은 미립자(75$\mu$m 이하의 고체입자로서 공기 중에 떠있는 분체)가 적당한 농도 범위에 있을 때 불꽃이나 점화원으로 인하여 폭발하는 현상

㉠ 분진의 폭발범위 : 25~45mg/$l$(하한값)~80mg/$l$(상한값)

㉡ 분진의 착화에너지 : $10^{-3}$~$10^{-2}$J,
화약의 착화에너지 : $10^{-6}$~$10^{-4}$J

## 39 답 ③

## 40 답 ①

블레비(BLEVE ; Boiling Liquid Expanding Vapor Explosion, 비등액체팽창증기폭발)

액화가스를 저장하는 용기 주변에 화재 등의 발생으로 용기가 가열되는 경우 액화가스의 비등으로 급격한 압력의 상승이 있다. 이때 안전장치(안전밸브, 봉판)를 통하여 이루어지는 압력의 완화율보다 내부의 압력증가율이 큰 경우 용기가 파열되는 현상을 BLEVE라 한다. 또한 액화가스가 가연성인 경우 거대한 화구를 형성하게 되는데 이런 현상을 파이어볼(Fire ball)이라고 한다.

## 41 답 ④

④는 옥외출화시기에 나타나는 현상

백드래프트 현상(Back Draft : 역화)

연소를 하려고 해도 산소가 부족하여 잠재적으로 화재가 진행되는 현상으로써 불꽃이 눈에 보이지는 않지만 갑자기 문을 개방하여 공기가 공급되면 가연성 증기는 산소를 만나서 폭발적인 반응을 하여 폭풍파가 동반되는 현상이라고 할 수가 있으며, 목숨이 위험해질 수 있다.

백드래프트의 징후

1. 건물의 외부에서 관찰할 수 있는 징후
   ① 연기가 틈을 통해 빠져 나오고 빨려 들어가는 현상이 발생된 경우
   ② 유리창 안쪽으로 타르와 같은 기름성분이 흘러내리는 경우
   ③ 창문을 통해 보았을 때 연기가 소용돌이치는 경우
   ④ 화염은 보이지 않지만 손잡이가 뜨거운 경우
2. 건물의 내부에서 관찰할 수 있는 징후
   ① 압력차이로 인해 휘파람 소리가 들리는 경우
   ② 연기가 건물 내로 되돌아가거나 맴도는 경우
   ③ 연기가 아주 빠르게 소용돌이치는 경우
   ④ 산소공급의 감소로 약한 불꽃이 감찰된 경우
   ⑤ 부족한 산소로 인해 불씨가 잦아들면서, 노란색을 띤 회색연기가 발생

## 42 답 ①

분진의 표면적이 커질수록 폭발이 용이해진다.

분진폭발의 영향인자

폭발범위(한계), 입도(입경), 산소농도, 인화성 기체의 공존, 발화도

[ 분진폭발 위험성을 증가시키는 조건 ]

| 종류 | 특징 |
|---|---|
| 분진의 화학적 성질과 조성 | 발열량이 클수록 폭발성이 크다. |
| 입도와 입도 분포 | • 평균 입자의 직경이 작고 밀도가 작은 것일수록 비표면적은 크게 되고 표면 에너지도 크게 된다.<br>• 작은 입경의 입자를 함유하는 분진이 폭발성이 높다. |
| 입자의 형상과 표면의 상태 | 산소에 의한 신선한 표면을 갖고 폭로 시간이 짧을 경우 폭발성은 높게 된다. |
| 수분 | • 수분은 분진의 부유성을 억제<br>• 마그네슘, 알루미늄 등은 물과 반응하여 수소기체를 발생시킨다. |

## 43 답 ①

폭연과 폭굉

폭연과 폭굉의 차이는 폭발 시 발생하는 충격파(압력파)의 속도이다.

① 폭연(Deflagration) : 압력파가 미반응 물질 속으로 **음속보다 느리게 이동하는 연소현상**이며, 그 속도는 0.1~10m/sec이다.

② 폭굉(Detonation) : 압력파가 미반응 물질 속으로 전파하는 속도가 **음속보다 빠른 것**으로 파면 선단에서 심한 파괴작용을 동반한다. 압력파의 이동속도는 1,000~3,500m/sec이다.

## 44 답 ③

개방계 증기운 폭발(UVCE ; Unconfined Vapour Cloud Explosion)

탱크나 용기 또는 배관에서 위험물질이 밖으로 누출돼 공기와 혼합하면 가연성 구름(증기운)이 형성된다. 이 때 구름 속에 혼합돼 있는 가연성 증기 또는 가스의 농도가 폭발하한농도 이상이 되고 이 구름이 점화원과 접촉하게 되면 구름이 폭발하는 현상을 일으킨다. UVCE는 개방된 상태에서 발생하기 때문에 넓은 지역에 피해를 주게 되고 대형사고로 이어질 가능성이 가장 높다.

## 45 답 ①

히드라진은 분해폭발한다.

① 산화폭발 : 가스가 공기 중에 누설 또는 인화성 액체탱크에 공기가 유입되어 탱크 내에 점화원이 유입되어 폭발하는 현상

② 분해폭발 : 아세틸렌, 산화에틸렌, 히드라진과 같이 분해하면서 폭발하는 현상

③ 중합폭발 : 산화에틸렌, 시안화수소와 같이 단량체가 일정

온도와 압력으로 반응이 진행되어 분자량이 큰 중합체가 되어 폭발하는 현상

**46** 답 ③

**47** 답 ①

폭연과 폭굉의 차이는 폭발 시 발생하는 충격파(압력파)의 속도이다.

**48** 답 ①

①은 분해폭발에 관한 내용이다.

**산화폭발**

산화폭발은 연소의 한 형태인데 연소가 비정상상태로 되어서 폭발이 일어나는 형태이고 연소폭발이라고도 하며 주로 가연성 가스, 증기, 분진, 미스트 등이 공기와의 혼합물 산화성 환원성 고체 및 액체혼합물 혹은 화합물의 반응에 의하여 발생된다. 산화폭발사고는 대부분 가연성 가스가 공기 중에 누설되거나 인화성 액체 저장탱크에 공기가 혼합되어 폭발성 혼합가스를 형성함으로써 점화원에 의해 착화되어 폭발하는 현상이다. 공간부분이 큰 탱크장치 배관 건물 내에 다량의 가연성 가스가 공간 전체에 채워져 있을 때 폭발하게 되지만 큰 파괴력이 발생되어 구조물이 파괴되며 이때 폭풍과 충격파에 의하여 멀리 있는 구조물까지도 피해를 입힌다.
산화폭발은 폭발의 주체가 되는 물질에 따라 가스 분진 분무폭발로 분류할 수 있다.

**49** 답 ①

- 분진폭발은 가스폭발보다 발화에너지가 크다.(최소발화에너지가 크다)
- 분진폭발은 가스폭발보다 발생에너지가 크다.(내는 열량에너지가 크다)

**가스폭발과 분진폭발의 비교**

| 구분 | 가스폭발(기체) | 분진폭발(고체) |
|---|---|---|
| 최초폭발, 연소속도, 폭발압력 | 크다 | 작다 |
| 2차, 3차 연쇄폭발현상 | 없다 | 있다 |
| 발화에너지, 발생에너지, 파괴력 | 작다 | 크다 |
| 일산화탄소 발생률 | 작다 | 크다 |

**50** 답 ②

폭연은 압력파가 미반응 물질 속으로 **음속보다 느리게 이동하는 연소현상**이며, 그 속도는 0.1~10m/sec이다.

**51** 답 ②

1. 기상폭발 : 수소, 일산화탄소, 메탄, 프로판, 아세틸렌 등의 가연성 가스와 조연성 가스와의 혼합 기체에서 발생하는 가스폭발이 기상폭발에 속한다.
2. 기상폭발의 종류
   - 가스 폭발
   - 분해폭발
   - 분무 폭발
   - 분진 폭발

**52** 답 ④

마그네슘, 알루미늄분을 함유하면 폭발성이 커진다.

**53** 답 ①

**54** 답 ③

**폭발의 종류**

(1) 분해, 중합폭발 : 산화에틸렌
(2) 분해폭발 : 아세틸렌
(3) 중합폭발 : 시안화수소

**55** 답 ④

**분진폭발을 일으키는 물질**

담뱃가루, 알루미늄분말, 아연분말, 마그네슘 분말, 황, 밀가루

> 분진폭발을 하지 않는 물질 : 시멘트분, 석회석, 생석회

**56** 답 ④

**화재와 폭발의 방지방법**

(1) 화기, 불꽃 등 발화원을 제거한다.
(2) 취급장소 주위의 공기 대신 불활성 기체(질소, 이산화탄소)로 바꾼다.
(3) 밀폐된 용기 내에 보관한다.
(4) 인화성 액체는 증기가 공기보다 무거워 바닥에 체류하므로 높은 곳으로 빨리 환기를 시켜야 한다.

## 57

답 ②

방폭구조의 종류

(1) 내압(內壓)방폭구조 : 폭발성 가스가 용기 내부에서 폭발하였을 때 용기가 그 압력에 견디거나 외부의 폭발성 가스가 인화되지 않도록 된 구조
(2) 압력(내압, 內壓)방폭구조 : 공기나 질소와 같이 불연성 가스를 용기 내부에 압입시켜 내부압력을 유지함으로써 외부의 폭발성 가스가 용기 내부에 침입하지 못하게 하는 구조
(3) 유입방폭구조 : 폭발성 가스나 증기에 점화원의 발생을 방지하기 위하여 기계적, 전기적 구조상 온도 상승에 대한 안전도를 증가시키는 구조
(4) 안전증방폭구조 : 폭발성 가스나 증기에 점화원의 발생을 방지하기 위하여 기계적, 전기적 구조상 온도상승에 대한 안전도를 증가시키는 구조
(5) 본질안전방폭구조 : 전기불꽃, 아크 또는 고온에 의하여 폭발성 가스나 증기에 점화되지 않는 것이 점화시험, 기타에 의하여 확인된 구조

## 58

답 ③

블레비를 방지하기 위하여 열전도율이 큰 알루미늄합금 박판을 사용한다.

> **블레비(BLEVE ; Boiling Liquid Expanding Vapour Explosion)**
> 액화가스 저장탱크의 누설로 부유 또는 확산된 액화가스가 착화원과 접촉하여 액화가스가 공기 중으로 확산, 폭발하는 현상

## 59

답 ①

증기운폭발(VCE ; Vapor Cloud Explosion)의 발생 조건

(1) 누출되는 물질이 가연성 물질일 때
(2) 발화하기 전에 증기운의 형성이 좋을 때
(3) 가연성 증기가 폭발 한계 내에 존재할 때
(4) 증기운이 고립된 지역에서 형성되거나 증기운의 일부분이 난류성 혼합으로 존재할 때

> **증기운폭발**
> 저장탱크에서 유출된 가스가 대기 중의 공기와 혼합하여 구름을 형성하여 떠다니다가 점화원과 접촉하면 격렬하게 폭발하여 Fire Ball을 형성하는 것으로 영어로는 VCE(Vapor Cloud Explosion) 또는 UVCE(Unconfined Vapor Cloud Explosion)라고 한다.

## 60

답 ③

방폭구조의 종류

① 내압(耐壓)방폭구조 : 용기내부에서 가연성 가스를 폭발시켰을 때 그 폭발압력에 견딜 수 있는 특수한 구조로 설계하는 것으로 가장 많이 이용되고 있는 방식이다.
② 압력(壓力)방폭구조 : 용기내부에 불활성 가스 등을 압입시켜 외부의 폭발성 가스의 유입을 방지하는 구조로 내압의 유지방식에 따라 통풍식, 봉입식, 밀봉식으로 구분한다.
③ 유입방폭구조 : 전기불꽃이 발생될 우려가 있는 부분을 기름 속에 넣어 폭발성 가스와 격리시키는 구조
④ 충전방폭구조 : 전기불꽃이 발생될 우려가 있는 부분을 석영가루나 유리입자 등의 충전물로 완전히 덮어 폭발성 가스와 격리시키는 구조
⑤ 몰드방폭구조 : 전기불꽃이 발생될 우려가 있는 부분을 절연성이 있는 콤파운드로 포입하는 구조
⑥ 안전증방폭구조 : 전기불꽃 발생부나 고온부가 존재하지 않는 구조로서 특별히 안전도를 증가시켜 고장을 일으키지 않도록 한 구조
⑦ 본질안전방폭구조 : 안전지역과 위험지역 사이에 안전장치를 설치하여 위험지역으로 유입되는 전압과 전류를 제거하여 폭발을 일으킬 수 있는 최소에너지보다 작게 하는 구조

## 61

답 ①

화염확산방향은 수직전파할 때 확산속도가 빠르다.

## 62

답 ④

화학적인 폭발

㉠ 산화폭발 : 가스가 공기 중에 누설 또는 인화성 액체 탱크에 공기가 유입되어 탱크 내에 점화원이 유입되어 폭발하는 현상
㉡ 분해폭발 : 아세틸렌, 산화에틸렌, 히드라진과 같이 분해하면서 폭발하는 현상
㉢ 중합폭발 : 산화에틸렌, 시안화수소와 같이 단량체가 일정 온도와 압력으로 반응이 진행되어 분자량이 큰 중합체가 되어 폭발하는 현상

## 63

답 ①

$$\frac{50}{L} = \frac{V_1}{L_1} + \frac{V_2}{L_2} + \frac{V_3}{L_3}$$

$$L = \frac{50}{\frac{V_1}{L_1} + \frac{V_2}{L_2} + \frac{V_3}{L_3}} = \frac{50}{\frac{35}{2.0} + \frac{12}{1.8} + \frac{3}{5.0}} = 2.02\%$$

## 64

답 ②

화상의 종류

① 1도 화상 : 일광욕 후에도 발생될 정도의 가벼운 화상으로 표피층에만 손상을 입어 피부가 붉게 변하는 정도의 화상(홍반성, 표층화상)

② 2도 화상 : 화상부의 표피와 진피의 일부가 손상을 받아 수포가 생기는 정도의 화상(수포성, 부분층화상)
③ 3도 화상 : 진피 전체와 피하지방까지 손상을 받아 회색 또는 다갈색으로 변하며 감각이 마비되는 정도의 화상(괴사성, 전층화상)
④ 4도 화상 : 뼈 속까지 손상되는 정도의 화상[흑색화상]

**65** 답 ②

DID(Detonation Induced Distance, 폭굉유도거리)
최초의 완만한 연소로부터 폭굉까지 이르는 데 필요한 거리

DID가 짧아질 수 있는 조건
- 점화에너지(점화 시 발생에너지)가 강할수록
- 연소속도가 큰 가스일수록
- 관경이 가늘거나 관 속에 이물질이 있을수록
- 압력이 높을수록
- 주위온도가 높을수록

**66** 답 ①

불활성 가스를 첨가할수록 연소범위는 좁아진다.(안전해진다)

**67** 답 ②

블레비 방지대책
① 주위 화재 시 탱크쪽으로의 입열을 방지하기 위하여 수막설비나 물분무소화설비를 설치한다.
② 용기의 내압이 유지될 수 있도록 견고하게 탱크를 제작한다.
③ 탱크내벽에는 열전도도가 큰 알루미늄합금 박판을 설치한다.
④ 입열에 의한 탱크의 과압이 생기지 않도록 안전밸브 등 과압에 따른 압력저하장치를 설치한다.

**68** 답 ③

**69** 답 ②

위험장소(Hazardous Location)

| 구분 | 대상 장소 | 방폭구조의 종류 |
|---|---|---|
| 0종 장소 | 항상 폭발분위기이거나, 장기간 위험성이 존재하는 지역, 인화성 액체 용기나 탱크 내부, 가연성 가스용기 내부 등 | 본질안전방폭구조 |
| 1종 장소 | 정상상태에서 간헐적으로 폭발분위기로 유지되는 지역이나 릴리프밸브 부근 | 내압, 압력 방폭구조 |
| 2종 장소 | 비정상상태에서만 폭발분위기가 유지되는 지역 | 내압, 압력, 안전증방폭구조 |

**70** 답 ①

최대안전틈새
- 내용적이 8L이고 틈새 깊이가 25mm인 표준용기 안에서 가스가 폭발할 때
- 화염이 용기 밖으로 전파하여 가연성 가스에 점화되지 않는 최대틈새간격

[ 최대안전틈새 폭발등급(Explosion Class) ]

| 등급 | 틈새의 직경(mm) | 해당 가스 |
|---|---|---|
| A | 0.9 이상 | 프로판가스, 메탄, 에탄, 부탄 |
| B | 0.5 초과 0.9 미만 | 에틸렌, 시안화수소, 산화에틸렌 |
| C | 0.5 이하 | 수소, 아세틸렌 |

**71** 답 ③

1. 수격현상의 발생원인
   ① Pump의 운전 중에 정전에 의해서
   ② Pump의 정상 운전일 때의 액체의 압력변동이 생길 때
   ③ 급격히 밸브를 개폐할 때
2. 수격현상의 방지대책
   ① 관로의 관경을 크게 하고 유속을 낮게 하여야 한다.
   ② 압력강하의 경우 Fly wheel을 설치하여야 한다.
   ③ 조압수조(Surge tank) 또는 수격방지기(Water hammering cushion)를 설치하여야 한다.
   ④ Pump 송출구 가까이 송출밸브를 설치하여 압력상승 시 압력을 제어하여야 한다.
   ⑤ 에어챔버(Air chamber)를 설치한다.

**72** 답 ②

공동현상(Cavitation)의 방지대책
(1) Pump의 흡입측 수두(양정), 마찰손실을 작게 한다.
(2) Pump 흡입관경을 크게 한다.
(3) Pump 설치위치를 수원보다 낮게 하여야 한다.
(4) Pump 흡입압력을 유체의 증기압보다 높게 한다.
(5) 양흡입 Pump를 사용하여야 한다.
(6) 양흡입 Pump로 부족 시 펌프를 2대로 나눈다.
(7) 펌프의 회전속도를 낮추어 흡입 비교 회전도를 낮게 한다.

**73** 답 ①

공동현상
펌프 흡입측 배관에서 발생될 수 있는 현상으로 흡수되는 물의 압력이 그 온도에서의 포화증기압보다 작게 되면 물이 급격하게 증발되어 기포가 생성되는 현상

발생 원인

1. 부압흡입 방식일 때
2. 흡입수두가 클 때
3. 펌프 흡입측 관경이 작을 때
4. 흡입측 배관의 유속이 빠를 때
5. 흡입측 배관의 마찰손실이 클 때
6. 수온이 높을 때

공동현상 방지 대책

1. 펌프의 설치 위치를 낮춘다.
2. 임펠러의 회전 속도를 줄인다.
3. 흡입측 배관의 관경을 크게 한다.
4. 양흡입 방식을 채택한다.
5. 유체의 온도를 낮게 유지한다.

## 74 답 ②

공동(Cavitation) 현상

펌프 흡입측 배관에서 발생될 수 있는 현상으로 흡수되는 물의 압력이 그 온도에서의 포화증기압보다 작게 되면 물이 급격하게 증발되어 기포가 생성되는 현상이다. 기포가 흐름을 따라 이동하면서 진동, 소음을 수반하고 심한 경우 양수불능까지도 초래하게 된다.

① 발생원인
  ㉠ 펌프가 수원보다 높고 흡입수두가 클 때
  ㉡ 펌프의 임펠러 회전속도가 클 때
  ㉢ 펌프의 흡입관경이 작을 때
  ㉣ 흡입측 배관의 유속이 빠를 때
  ㉤ 흡입측 배관의 마찰손실이 클 때
  ㉥ 물의 온도가 높을 때
② 발생현상
  ㉠ 소음과 진동이 생긴다.
  ㉡ 침식이 생긴다.
  ㉢ 토출량 및 양정이 감소되고 전체적인 펌프의 효율이 감소된다.
③ 방지법
  ㉠ 펌프의 설치위치를 가급적 낮춘다.
  ㉡ 회전차를 수중에 완전히 잠기게 한다.
  ㉢ 흡입 관경을 크게 한다.
  ㉣ 펌프의 회전수를 낮춘다.
  ㉤ 2대 이상의 펌프를 사용한다.
  ㉥ 양(兩)흡입 펌프를 사용한다.

## 75 답 ③

펌프의 성능 및 성능시험배관

펌프의 성능은 체절운전 시 정격토출압력의 140%를 초과하지 아니하고, 정격토출량의 150%로 운전 시 정격토출압력의 65% 이상이 되어야 하며, 펌프의 성능시험배관은 다음의 기준에 적합하여야 한다.

① 성능시험배관은 펌프의 토출측에 설치된 개폐밸브 이전에서 분기하여 설치하고, 유량측정장치를 기준으로 전단 직관부에 개폐밸브를, 후단 직관부에는 유량조절밸브를 설치할 것
② 유량측정장치는 성능시험배관의 직관부에 설치하되, 펌프의 정격토출량의 175% 이상 측정할 수 있는 성능이 있을 것

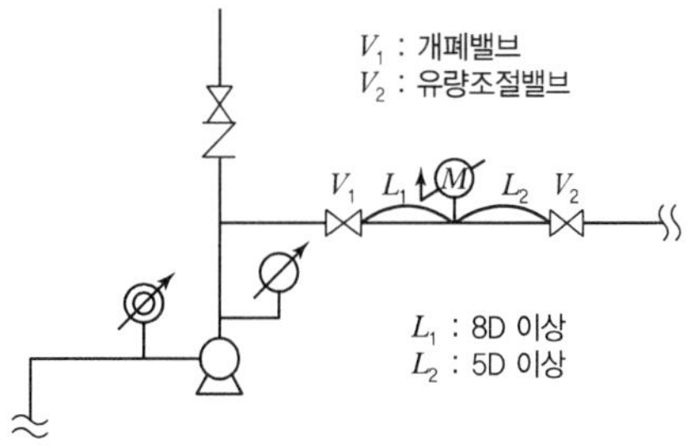


성능시험배관

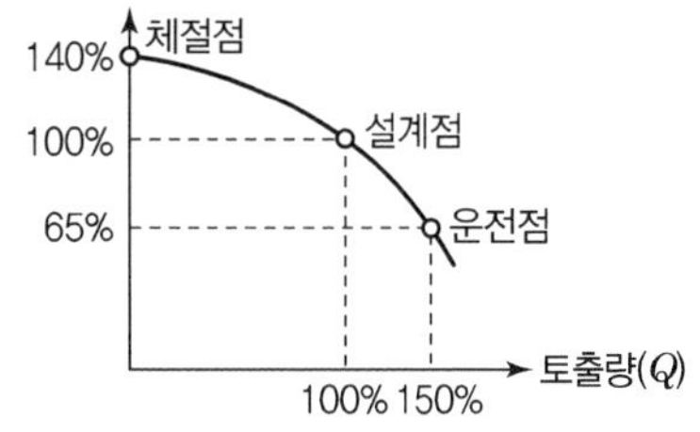


펌프의 성능시험곡선

## 76 답 ②

(1) 공동(Cavitation) 현상

펌프 흡입측 배관에서 발생될 수 있는 현상으로 흡수되는 물의 압력이 그 온도에서의 포화증기압보다 작게 되면 물이 급격하게 증발되어 기포가 생성되는 현상이다. 기포가 흐름을 따라 이동하면서 진동, 소음을 수반하고 심한 경우 양수불능까지도 초래하게 된다.

① 발생원인
  ㉠ 펌프가 수원보다 높고 흡입수두가 클 때
  ㉡ 펌프의 임펠러 회전속도가 클 때
  ㉢ 펌프의 흡입관경이 작을 때
  ㉣ 흡입측 배관의 유속이 빠를 때
  ㉤ 흡입측 배관의 마찰손실이 클 때
  ㉥ 물의 온도가 높을 때

② 발생현상
㉠ 소음과 진동이 생긴다.
㉡ 침식이 생긴다.
㉢ 토출량 및 양정이 감소되고 전체적인 펌프의 효율이 감소된다.

③ 방지법
㉠ 펌프의 설치위치를 가급적 낮춘다.
㉡ 회전차를 수중에 완전히 잠기게 한다.
㉢ 흡입 관경을 크게 한다.
㉣ 펌프의 회전수를 낮춘다.
㉤ 2대 이상의 펌프를 사용한다.
㉥ 양(兩)흡입 펌프를 사용한다.

(2) 수격(Water Hammering) 작용
펌프나 밸브를 갑작스럽게 조작하면 관 속을 흐르는 액체의 속도가 급격히 변하면서 운동에너지가 압력에너지로 바뀌게 된다. 이때 고압이 발생되어 배관이나 관 부속물에 무리한 힘을 가하게 되는데 이러한 현상을 수격작용이라 한다.

① 발생원인
㉠ 펌프의 급격한 기동 또는 급격한 정지 시
㉡ 밸브의 급격한 폐쇄 또는 급격한 개방 시

② 방지법
㉠ 배관의 관경을 가능한 한 크게 하여 유속을 낮춘다.
㉡ 펌프에 플라이휠(Fly Wheel)을 설치하여 펌프의 급격한 속도변화를 방지한다.
㉢ 조압수조(Surge Tank)를 관선에 설치한다.
㉣ 토출 측에 수격방지기(Water Hammering Cushion)를 설치한다.
㉤ 밸브는 송출구 가까이 설치하고 적당히 제어한다.

(3) 맥동(Surging) 현상
펌프의 운전 중 송출유량이 주기적으로 변하면서 압력계의 눈금이 흔들리고 토출배관에 진동과 소음을 수반하는 현상이다. 맥동현상이 계속되면 배관의 장치나 기계의 파손을 일으킨다.

① 발생원인
㉠ 펌프의 양정곡선이 산형 곡선이고 곡선의 상승부에서 운전할 때
㉡ 배관 중에 물탱크나 공기탱크가 있을 때
㉢ 유량조절밸브가 탱크 뒤쪽에 있을 때

② 방지법
㉠ 유량조절밸브를 펌프 토출측 직후에 설치한다.
㉡ 배관 중에 수조 또는 기체상태인 부분이 없도록 한다.
㉢ 펌프의 양수량을 증가시키거나 임펠러의 회전수를 변경한다.

(4) 에어바인딩(Air binding) 현상
처음 원심펌프를 운전할 때 펌프 속에 들어있는 공기에 의하여 수두의 감소가 일어나 펌핑이 정지한다. 따라서 배출을 시작하기 전에 적당한 방법으로 액을 채워 공기를 제거시켜야 한다. 펌프상부 에어코크를 열어 펌프 내 에어를 제거해준다.

**77** 답 ④

공동현상을 방지 및 감소하기 위해서는 흡입관의 구경을 크게 한다.

**소방펌프의 공동현상 방지대책**

㉠ 펌프의 설치 위치를 수원보다 낮게 한다.
㉡ 펌프의 흡입측 수두 및 마찰 손실을 적게 한다.
㉢ 펌프의 흡입관경을 크게 한다.
㉣ 흡입배관의 유속을 작게 한다.
㉤ 펌프의 임펠러 속도를 느리게 한다.
㉥ 양흡입 펌프를 사용한다.
㉦ 펌프를 2대 이상 설치한다.

**78** 답 ②

**연기의 농도에 따른 현상**

| 감광계수 | 가시거리 | 상황설명 |
|---|---|---|
| 0.1Cs | 20~30m | • 희미하게 연기가 감도는 정도의 농도<br>• 연기감지기가 작동되는 농도<br>• 건물구조에 익숙지 않은 사람이 피난에 지장을 받을 수 있는 농도 |
| 0.3Cs | 5m | 건물구조를 잘 아는 사람이 피난에 지장을 받을 수 있는 농도 |
| 0.5Cs | 3m | 약간 어두운 정도의 농도 |
| 1.0Cs | 1~2m | 전방이 거의 보이지 않을 정도의 농도 |
| 10Cs | 수십 cm | • 최성기 때 화재층의 연기농도<br>• 유도등도 보이지 않는 암흑상태의 농도 |
| 30Cs | – | 출화실에서 연기가 배출될 때의 농도 |

**79** 답 ③

**화재하중**

화재하중(Fire Load)이란 일정한 구역 안에 있는 가연물 전체 발열량을 동일한 발열량의 목재의 질량으로 환산하여 화재구역의 면적으로 나눈 것으로 주수시간 결정의 주요인이 되며 화재의 위험성을 나타낸다.

$$Q[\mathrm{kg/m^2}] = \frac{\Sigma(G_t H_t)}{HwA} = \frac{\Sigma Q_t}{4{,}500A}$$

여기서, $Q$ : 화재하중[kg/m$^2$]
$G_t$ : 실내 각 가연물의 중량[kg]
$H_t$ : 실내 각 가연물의 단위 발열량 [kcal/kg]
$A$ : 화재실의 바닥면적[m$^2$]
$Q_t$ : 화재실 내 가연물의 전체 발열량[kcal]

## 80 답 ②

나프탈렌은 고체이면서 승화성 물질로 증발연소의 형태를 가진다.

## 81 답 ②

인화점이란 가연물에 점화원을 가했을 때 불이 붙을 수 있는 최저온도로 액체 가연물의 위험성의 척도로 이용된다.

## 82 답 ②

탄소 함유 가연물의 불완전연소 시 일산화탄소(CO)가 발생되며 일산화탄소는 혈액 중에 헤모글로빈과 결합하여 COHb가 되어 산소운반을 저해하여 두통을 일으키고, 고농도의 경우 의식불명을 초래한다.

## 83 답 ④

전열현상의 종류는 크게 전도, 대류, 복사로 구분한다.

## 84 답 ④

**스테판 – 볼츠만의 법칙**

복사에너지는 면적에 비례하고 절대온도의 4승에 비례한다.

$$Q = 4.88A\varepsilon\left\{\left(\frac{T_1}{100}\right)^4 - \left(\frac{T_2}{100}\right)^4\right\}$$

여기서, $Q$ : 복사열량(kcal/hr)
$A$ : 단면적(m$^2$)
$\varepsilon$ : 계수
$T_1$ : 고온체의 절대온도(K)
$T_2$ : 저온체의 절대온도(K)

$$배수 = \left[\frac{\left(\frac{270+730}{100}\right)^4}{\left(\frac{270+230}{100}\right)^4}\right] = 16$$

## 85 답 ④

## 86 답 ④

- 공기보다 1.5배 또는 2배 무겁다.
- LPG의 주성분은 프로판($C_3H_8$), 부탄($C_4H_{10}$)이다.

## 87 답 ④

이황화탄소(−30℃) < 아세톤(−18℃) < 에틸알코올(13℃)

## 88 답 ④

④ 높게(×) → 낮게(○)

**자연발화 방지법**

- 습도가 높은 것을 피한다.
- 저장실의 온도를 낮춘다.
- 통풍을 잘 시킨다.
- 열의 축적을 방지한다.

## 89 답 ①

MOC(최소산소농도) = 산소mol수 × 하한계(vol%)

1. 메탄
   $CH_4 + 2O_2 \rightarrow CO_2 + 2H_2O$
   MOC = 2 × 5 = 10vol%
2. 에탄
   $C_2H_6 + \frac{7}{2}O_2 \rightarrow 2CO_2 + 3H_2O$
   MOC = $\frac{7}{2} \times 3$ = 10.5vol%
3. 프로판
   $C_3H_8 + 5O_2 \rightarrow 3CO_2 + 4H_2O$
   MOC = 5 × 2.1 = 10.5vol%
4. 부탄
   $C_4H_{10} + \frac{13}{2}O_2 \rightarrow 4CO_2 + 5H_2O$
   MOC = $\frac{13}{2} \times 1.8$ = 11.7vol%

## 90 답 ③

| 가연성 가스 | 하한계(vol%) | 상한계(vol%) |
|---|---|---|
| 아세틸렌 | 2.5 | 81 |
| 산화에틸렌 | 3 | 80 |
| 수소 | 4 | 75 |
| 일산화탄소 | 12.5 | 74 |
| 에테르 | 1.9 | 48 |
| 이황화탄소 | 1.2 | 44 |
| 에틸렌 | 2.7 | 36 |
| 암모니아 | 15 | 28 |
| 메탄 | 5 | 15 |
| 에탄 | 3 | 12.4 |
| 프로판 | 2.1 | 9.5 |
| 부탄 | 1.8 | 8.4 |

## 91 답 ②

이산화탄소 $CO_2 = 12+16\times2 = 44g/mol$

그러므로 이산화탄소는 44g=1mol이다.

비례식으로 풀면 44g : 1mol=20g : $x$

$$x = \frac{20g}{44g} = 1mol \fallingdotseq 0.45mol$$

## 92 답 ②

방폭구조의 종류

① 내압(耐壓)방폭구조 : 용기 내부에서 가연성 가스를 폭발시켰을 때 그 폭발압력에 견딜 수 있는 특수한 구조로 설계하는 것으로 가장 많이 이용되고 있는 방식이다.

② 압력(壓力)방폭구조 : 용기 내부에 불활성 가스 등을 압입시켜 외부의 폭발성 가스의 유입을 방지하는 구조로 내압의 유지방식에 따라 통풍식, 봉입식, 밀봉식으로 구분한다.

③ 유입방폭구조 : 전기불꽃이 발생될 우려가 있는 부분을 기름 속에 넣어 폭발성 가스와 격리시키는 구조

④ 충전방폭구조 : 전기불꽃이 발생될 우려가 있는 부분을 석영가루나 유리입자 등의 충전물로 완전히 덮어 폭발성 가스와 격리시키는 구조

⑤ 몰드방폭구조 : 전기불꽃이 발생될 우려가 있는 부분을 절연성이 있는 콤파운드로 포입하는 구조

⑥ 안전증방폭구조 : 전기불꽃 발생부나 고온부가 존재하지 않는 구조로서 특별히 안전도를 증가시켜 고장을 일으키지 않도록 한 구조

⑦ 본질안전방폭구조 : 안전지역과 위험지역 사이에 안전장치를 설치하여 위험지역으로 유입되는 전압과 전류를 제거하여 폭발을 일으킬 수 있는 최소에너지보다 작게 하는 구조

## 93 답 ③

## 94 답 ②

$S + O_2 + SO_2$

↑ ↑ ↑

황 산소 아황산가스

## 95 답 ①

$$°F = \frac{9}{5}℃ + 32 = \frac{9}{5}\times30+32 = 86°F$$

$$R = °F+460 = 86+460 = 546R$$

## 96 답 ①

화재하중(Fire Load)

일정한 구역 안에 있는 가연물 전체발열량을 목재의 단위질량당 발열량으로 나누면 목재의 질량으로 환산되고, 이를 다시 바닥면적으로 나누면 단위면적당 가연물(목재)의 질량이 되는데 이를 화재하중이라 하며, 주수시간을 결정하는 주요인이 된다.

$$Q[kg/m^2] = \frac{\Sigma(G_t H_t)}{HwA} = \frac{\Sigma Q_t}{4,500A}$$

여기서, $Q$ : 화재하중($kg/m^2$)

$G_t$ : 가연물 질량(kg)

$H_t$ : 가연물의 단위질량당 발열량(kcal/kg)

$A$ : 바닥면적($m^2$)

$Q_t$ : 가연물의 전체 발열량(kcal)

## 97 답 ③

인간의 피난 특성 중 지광본능(智光本能)은 위험에 처했을 때 밝은 곳으로 모이려는 경향을 보이는 것을 말한다.

인간의 피난특성

- 귀소본능(歸巢本能)
- 퇴피본능(退避本能)
- 지광본능(智光本能)
- 좌회본능(左廻本能)
- 추종본능(追從本能)

## 98 답 ①

메탄($CH_4$)은 분자량이 16인 기체이며 분자량 29인 공기보다 가벼운 가스로 가스탐지부는 천장 주변에 설치하는 것이 바람직하다.

## 99 답 ③

$℃ = \frac{5}{9}(℉ - 32) = \frac{5}{9}(95 - 32) = 35℃$

$K = 273 + 35 = 308K$

## 100 답 ①

출화의 구분

㉠ 옥내 출화
- 건축물 실내의 천장 속, 벽 내부에서 발염 착화
- 준불연성, 난연성으로 피복된 내부의 목재에 착화

㉡ 옥외 출화
- 건축물 외부의 가연물질에 발염 착화
- 창, 출입구 등의 개구부 등에 착화

## CHAPTER 04 소화 100제

| | | | | | | | | | |
|---|---|---|---|---|---|---|---|---|---|
| 1 | 2 | 3 | 4 | 5 | 6 | 7 | 8 | 9 | 10 |
| ② | ③ | ④ | ④ | ② | ① | ② | ③ | ③ | ① |
| 11 | 12 | 13 | 14 | 15 | 16 | 17 | 18 | 19 | 20 |
| ① | ④ | ② | ③ | ④ | ③ | ① | ③ | ③ | ④ |
| 21 | 22 | 23 | 24 | 25 | 26 | 27 | 28 | 29 | 30 |
| ① | ② | ① | ③ | ② | ③ | ④ | ② | ② | ③ |
| 31 | 32 | 33 | 34 | 35 | 36 | 37 | 38 | 39 | 40 |
| ④ | ① | ① | ② | ④ | ① | ② | ④ | ① | ② |
| 41 | 42 | 43 | 44 | 45 | 46 | 47 | 48 | 49 | 50 |
| ③ | ④ | ① | ① | ③ | ① | ③ | ④ | ③ | ② |
| 51 | 52 | 53 | 54 | 55 | 56 | 57 | 58 | 59 | 60 |
| ③ | ④ | ③ | ④ | ③ | ② | ③ | ③ | ① | ① |
| 61 | 62 | 63 | 64 | 65 | 66 | 67 | 68 | 69 | 70 |
| ④ | ④ | ④ | ② | ③ | ② | ① | ② | ② | ③ |
| 71 | 72 | 73 | 74 | 75 | 76 | 77 | 78 | 79 | 80 |
| ③ | ② | ③ | ③ | ② | ④ | ③ | ① | ③ | ④ |
| 81 | 82 | 83 | 84 | 85 | 86 | 87 | 88 | 89 | 90 |
| ③ | ③ | ③ | ① | ② | ① | ② | ① | ③ | ③ |
| 91 | 92 | 93 | 94 | 95 | 96 | 97 | 98 | 99 | 100 |
| ③ | ③ | ④ | ③ | ② | ③ | ② | ③ | ④ | ④ |

### 01 답 ②

물에 계면활성제를 첨가하게 되면 침투력을 증진시키며, 인산염이나 알칼리금속의 탄산염 등을 첨가하면 방염효과를 얻을 수 있다.

### 02 답 ③

물의 냉각 특성

① 물은 온도가 낮을수록, 냉각효과가 크다.
② 건조한 상태에서 증발이 용이하다.
③ 물방울 크기가 작은 분무상태일 때 냉각효과가 크다.

### 03 답 ④

물에 의한 소화

(1) 물은 약 1,700배에 수증기를 발산하여 가연성 혼합기체의 질식작용을 한다.
(2) 물은 적외선을 흡수한다.(15℃의 물이 전부 증발하여 250℃의 과열 수증기가 되는 데는 물 1$l$마다 약 700kcal의 열을 흡수한다.)
(3) 가연물의 발화점 이하로 주수냉각 소화시킨다.
(4) 물을 주수하는 방법에는 봉상주수, 적상주수, 분무주수로 대별한다.

### 04 답 ④

오존파괴지수(ODP)

- 할론 1301 : 14.1(소화능력 100%)
- 할론 2402 : 6.6(소화능력 57%)
- 할론 1211 : 2.4(소화능력 46%)
- 할론 1040 : 6.6(소화능력 45%)
- $CO_2$=0.05

GWP지수

① 할론 1301 : 7140
② 할론 1211 : 1890
③ 할론 2402 : 1640
④ 할론 1040 : 1400

### 05 답 ②

1종 분말의 열분해 반응식

$2NaHCO_3 \rightarrow Na_2CO_3 + CO_2 + H_2O - Q\text{kcal}$

### 06 답 ①

- 저압식 이산화탄소소화설비 충전비 : 1.1 이상 1.4 이하
- 고압식 이산화탄소소화설비 충전비 : 1.5 이상 1.9 이하

$$C = \frac{V}{G}$$

여기서, $C$ : 충전비, $G$ : 1병 충전질량(kg), $V$ : 용기체적($l$)

### 07 답 ②

$3\%: 3L = 100\% : x\,L$

$x = 100L$ (포수용액의 체적)

$$팽창비 = \frac{30,000L}{100L} = 300$$

따라서 제2종 기계포

- 팽창비 80 이상 250 미만 : 제1종 기계포
- 팽창비 250 이상 500 미만 : 제2종 기계포
- 팽창비 500 이상 1,000 미만 : 제3종 기계포

### 08 답 ③

$$CO_2(\%) = \frac{21 - O_2}{21} \times 100$$

$$34 = \frac{21 - O_2}{21} \times 100$$

$$21 - O_2 = \frac{34 \times 21}{100}$$

$$O_2 = 21 - \frac{34 \times 21}{100} = 13.86\%$$

## 09 답 ③

3%: 15$L$ = 100% : $x$ $L$

$x$ = 500$L$(포수용액의 체적)

팽창비 = 100

따라서 팽창된 부피 = 500$L$×100 = 50,000$L$

## 10 답 ①

GWP지수

① 할론 1301 : 7140 ② 할론 1211 : 1890

③ 할론 2402 : 1640 ④ 할론 1040 : 1400

참고

ODP 지수 : 할론 1301=14, 할론 1211=2.4, 할론 1040=6.6, $CO_2$=0.05

## 11 답 ①

CDC(Compatible Dry Chemical) 소화약제

㉠ 분말소화약제의 빠른 소화성과 포소화약제의 포의 지속 안전성의 장점이 있다.

㉡ Twin Agent System의 종류

㉮ TWIN 20/20 : ABC 분말약제 20kg+수성막포 20L

㉯ TWIN 40/40 : ABC 분말약제 40kg+수성막포 40L

㉢ 소화효과 : 희석효과 · 질식효과 · 냉각효과 · 부촉매효과

## 12 답 ④

HCFC BLENDF A의 주요 성분

- HCFC-123($CHCl_2CF_3$) : 4.75%
- HCFC-22($CHClF_2$) : 82%
- HCFC-124($CHClFCF_3$) : 9.5%
- $C_{10}H_{16}$ : 3.75%

## 13 답 ②

- 할론 2402 : $C_2F_4Br_2$
- 할론 1211 : $CF_2ClBr$
- 할론 1301 : $CF_3Br$
- 할론 1011 : $CH_2ClBr$
- 할론 1040 : $CCl_4$

할론약제의 명명법

할론 ⓐⓑⓒⓓ

ⓐ : 탄소(C)의 수 ⓑ : 불소(F)의 수

ⓒ : 염소(Cl)의 수 ⓓ : 브롬(Br)의 수

## 14 답 ③

분말의 구분

| 종류 | 소화약제 | 착색 | 화학반응식 | 적응 화재 |
|---|---|---|---|---|
| 제1종 | 중탄산나트륨 ($NaHCO_3$) | 백색 | $2NaHCO_3 \rightarrow Na_2CO_3 + CO_2 + H_2O$ | BC급 |
| 제2종 | 중탄산칼륨 ($KHCO_3$) | 담자색 (담회색) | $2KHCO_3 \rightarrow K_2CO_3 + CO_2 + H_2O$ | |
| 제3종 | 인산암모늄 ($NH_4H_2PO_4$) | 담홍색 | $NH_4H_2PO_4 \rightarrow HPO_3 + NH_3 + H_2O$ | ABC급 |
| 제4종 | 중탄산칼륨+요소 ($KHCO_3$+$(NH_2)_2CO$) | 회(백색) | $2KHCO_3 + (NH_2)_2CO \rightarrow K_2CO_3 + 2NH_3 + 2CO_2$ | BC급 |

## 15 답 ④

## 16 답 ③

팽창진주암 사용은 피복, 질식소화이다.

## 17 답 ①

할로겐화합물소화약제

(1) 부촉매효과(소화능력) 크기 : I > Br > Cl > F

(2) 전기음성도(친화력, 결합력) 크기 : F > Cl > Br > I

※ 전기음성도 크기=수소와의 결합력 크기

## 18 답 ③

제4류 위험물은 유류화재로서 물(봉상, 적상) 소화약제는 부적합하고 수용성 액체는 알코올형 포소화약제가 적당하다.

## 19 답 ③

원활히 한다(×) → 차단한다(○)

① 제거소화 ② 희석소화 ④ 냉각소화

## 20 답 ④

① Ethylene Glycol(에틸렌글리콜) : 동결방지제

② Potassium Carbonate : 탄산칼륨(제2종 분말소화약제)

③ Ammonium Phosphate : 인산암모늄(제3종 분말소화약제)

④ Sodium Carboxy Methyl Cellulose(CMC) : 증점제(gelgard)

## 21
답 ①

## 22
답 ②

**수성막포 소화약제**

**불소계 계면활성제포의 일종**으로 3%, 6%형으로 사용되고 유류화재에 가장 뛰어난 포약제이며 **일명 Light Water**라고 한다. 이 포약제는 연소하고 있는 액체 위에 수성막을 생성하여 공기를 차단하고 증기의 발생을 억제하는 질식과 냉각작용으로 소화한다.

ⓐ 약제변질이 없어 장기간 보존이 가능하다.
ⓑ 유출유 화재와 같은 유층이 얇은 화재에 대한 소화력이 우수하다.
ⓒ 내유염성이 좋으므로 표면하 주입방식에도 사용 가능하다.
ⓓ 유동성이 우수하다.

## 23
답 ①

② 질식소화 ③ 냉각소화 ④ 제거소화

## 24
답 ③

**제3종 분말(A · B · C급)**

ⓐ 부촉매작용 : 열분해 시 유리된 $NH^{4+}$이 연쇄반응을 차단하고 억제하여 소화작용을 한다.
ⓑ 질식작용 : 열분해 시 생성된 수증기에 의해 산소의 농도를 희석시켜 질식효과에 의한 소화작용을 한다.
ⓒ 냉각작용 : 열분해 시 흡열반응과 수증기에 의해 냉각작용을 한다.
ⓓ 방진작용 : 열분해 시 생성되는 메타인산($HPO_3$)은 부착력이 우수하여 가연물의 표면에 부착하여 가연물과 산소와의 접촉을 차단시켜 일반 화재에서의 잔진현상을 방지한다.

## 25
답 ②

**불연성 · 불활성 청정소화약제**

헬륨(He), 네온(Ne), 아르곤(Ar) 또는 질소($N_2$) 가스 중 하나 이상의 원소를 기본성분으로 하는 소화약제

ⓐ IG－01 : Ar(100%)
ⓑ IG－100 : $N_2$(100%)
ⓒ IG－541 : $N_2$(52%), Ar(40%), $CO_2$(8%)
ⓓ IG－55 : $N_2$(50%), Ar(50%)

## 26
답 ③

**질식소화**

정상적인 연소가 진행되기 위해서는 일정 농도 이상의 산소가 필요하며, 대부분의 산소공급은 공기를 통해 이루어진다. 그러므로 가연물 주변에 **공기를 차단하여 산소농도를 15% 이하로** 하면 산소부족에 의해 연소의 계속이 어려워진다. 질식소화를 위한 **산소농도의 유효한계치**는 10~15%이다.

① **탄산가스($CO_2$)**로 연소물을 덮는 방법
② **포**로 연소물을 덮는 방법
③ **소화분말**로 연소물을 덮는 방법
④ **할론약제** 및 **청정약제**로 연소물을 덮는 방법
⑤ **불연성 고체**로 연소물을 덮는 방법

## 27
답 ④

기체와 액체를 포함하는 모든 유체는 모두 점성을 가지고 있다. 물도 예외는 아님

**물의 특성**

㉠ 물의 비열은 1kcal/kg℃로 다른 약제에 비해 매우 크다.
㉡ 물의 증발잠열은 539kcal/kg이다.
㉢ 얼음의 융해잠열은 80kcal/kg이다.
㉣ 액체의 물이 기화 시 약 1,700배의 수증기가 된다.
㉤ 겨울철에 동결의 우려가 있으므로 동결방지조치를 강구해야 한다.
㉥ 인체에 독성이 없고 쉽게 구할 수 있다.

## 28
답 ②

**부촉매소화(억제소화)**

**불꽃연소에 한하여 사용할 수 있는 방법**으로 **화학반응력의 차이를 이용한 연쇄반응의 억제**를 통하여 소화하는 방법이다. 화재면에 화학반응성이 큰 원소를 발생시킬 수 있는 물질을 투입하여 가연물이 산소와 반응하는 것을 억제하는 원리를 이용하는 소화방법이다.

① **할론약제** 및 **할로겐화합물 청정약제**를 방사하는 방법
② **소화분말**을 방사하는 방법

## 29
답 ②

**이산화탄소 소화약제의 냉각효과**

고압의 탄산가스를 방사 시 줄－톰슨 효과에 의해 －78℃의 드라이아이스를 방사하게 되어 화재실의 온도를 낮추어 소화작용을 한다. 줄–톰슨 효과에 의한 동상 우려가 있음

> **줄－톰슨효과**
> 기체 및 액체가 관경이 작은 관을 빠른 속도로 통과할 때 온도가 급강하는 현상

## 30 답 ③

밀폐된 공간의 소화에 효과적이다.

## 31 답 ④

TLV(Threshold Limit Value)

독성 물질의 섭취량과 인간에 대한 그 반응정도를 나타내는 관계에서 손상을 입히지 않는 농도 중 가장 큰 값

- $LD_{50}$ : 실험쥐의 50%를 사망시킬 수 있는 물질의 양
- $LC_{50}$ : 실험쥐의 50%를 사망시킬 수 있는 물질의 농도
- ALT(Atmospheric Life Time) 대기잔존연수 : 어떤 물질이 방사되어 분해되지 않은 채로 존재하는 기간
- NOAEL(No Observable Adverse Effect Level) : 농도를 증가시킬 때 아무런 악영향을 감지할 수 없는 최대농도(심장에 영향을 미치지 않는 최대 농도, 최대허용 설계농도)
- LOAEL(Lowest Observable Adverse Effect Level) : 농도를 감소시킬 때 악영향을 감지할 수 있는 최소농도(심장독성 시험 시 심장에 영향을 미치는 최소농도)

## 32 답 ①

용어 설명

(1) TLV(Threshold Limit Value) : 미국산업위생 전가회의에서 채택한 허용농도기준으로 독성 물질의 섭취량과 인간에 대한 그 반응정도를 나타내는 관계에서 손상을 입히지 않는 농도 중 가장 큰 값

(2) $LC_{50}$(Lethal Concentration) : 실험동물의 50%를 사망시킬 수 있는 물질의 농도

(3) $LD_{50}$(Lethal Dose) : 실험동물의 50%를 사망시킬 수 있는 물질의 양

## 33 답 ①

이산화탄소의 특성

㉠ 무색, 무취, 부식성이 없는 기체이다.

㉡ 임계온도가 높아 액체상태로 저장 · 취급된다.(임계온도 : 31.25℃)

㉢ 전기의 부도체이므로 전기화재에 유효하다.

㉣ 불연성이며 공기보다 약 1.5배 무겁다.

㉤ 고압의 탄산가스를 방출 시 운무현상이 발생된다.

㉥ 약제의 변질이 없어 영구보존이 가능하다.

㉦ 침투성이 좋아 전기, 기계, 유류화재의 소화에 적합하다.

㉧ 자체의 압력원을 보유하므로 다른 압력원이 필요치 않다.

㉨ $CO_2$ 1kg을 15℃에서 방사 시 534$l$로 체적 팽창하여 질식효과가 크다.

## 34 답 ②

- 탄화칼슘은 물과 반응하여 나오는 가스는 $C_2H_2$(에틴, 아세틸렌)이다.
- 나트륨, 리튬, 칼륨은 물과 반응하여 수소가 발생한다.

반응식

① 나트륨 : $2Na+2H_2O \rightarrow 2NaOH+H_2\uparrow$

② 탄화칼슘 : $CaC_2+H_2O$
 $\rightarrow CaO_2$(산화칼슘)$+C_2H_2$(에틴, 아세틸렌)

③ 리튬 : $2H_2O+2Li \rightarrow 2LiOH+H_2\uparrow$

④ 칼륨 : $2K+2H_2O = 2KOH+H_2\uparrow$

## 35 답 ④

## 36 답 ①

봉상주수 → 무상주수

물의 소화효과

㉠ 냉각효과 : 물은 비열 및 잠열이 크므로 화재면에 방사 시 많은 양의 에너지를 흡수하게 되어 가연물의 온도를 인화점, 발화점 이하로 낮출 수 있다.

㉡ 질식효과 : 물이 기화 시 약 1,700배의 수증기로 변하는데 이로 인하여 상대적으로 주변의 산소농도를 저하시켜 소화작용을 할 수 있다.

㉢ 희석효과 : 수용성 액체위험물의 화재 시 주수에 의해 가연성 액체의 농도를 희석하여 소화 작용을 할 수 있다.

㉣ 유화효과 : 비등점이 높은 중질유 화재 시 고압의 분무주수에 의해 불연성의 에멀션층을 형성하여 연소 저하현상으로 인한 소화작용을 촉진할 수 있다.

물의 방사형태

㉠ 봉상주수 : 옥내소화전, 옥외소화전설비의 노즐에 의한 방사와 같이 대량의 물을 방사하는 방사형태

㉡ 적상(우상)주수 : 스프링클러설비의 헤드를 통한 방사와 같이 빗방울 형태로 방사하는 방사형태

㉢ 무상(분무)주수 : 물분무소화설비 헤드를 통한 방사와 같이 물입자를 안개모양으로 미세하게 방사하는 형태로 분무주수의 물입자는 매우 미세하기 때문에 냉각효과 및 질식효과가 뛰어나며 전기절연성도 우수하여 전기화재에도 사용가능하다.

## 37 답 ②

기계포 소화약제의 종류

㉠ 단백포 소화약제 : 동물성, 식물성 단백질의 가수분해물이 주성분이며 사용농도는 3%, 6%이다.

ⓐ 변질이 잘 되므로 약제를 자주 교환해줘야 한다.
ⓑ 포 안정제인 제1철염 때문에 침전되기 쉽다.
ⓒ 다른 포 약제에 비해 유동성이 좋지 않다.
ⓓ 유류화재에 대한 내성이 약하다.

㉡ 합성계면활성제포 소화약제 : **계면활성제가 주성분**이며 안정제를 첨가한 것으로 1%, 1.5%, 2%, 3%, 6%형의 모든 농도에 사용 가능하며 차고, 주차장, 지하가, 고층 건축물 등에 사용된다.
ⓐ 저팽창포, 고팽창포로 모두 사용 가능하다.
ⓑ 포의 유동성이 우수하다.
ⓒ 유류화재에 부적당하다.

㉢ 수성막포 소화약제 : **불소계 계면활성제 포의 일종**으로 3%, 6%형으로 사용되고 유류화재에 가장 뛰어난 포 약제이며 **일명 Light Water**라고 한다. 이 포 약제는 연소하고 있는 액체 위에 수성막을 생성하여 공기를 차단하고 증기의 발생을 억제하는 질식과 냉각작용으로 소화한다.
ⓐ 약제변질이 없어 장기간 보존이 가능하다.
ⓑ 유출유 화재와 같은 유층이 얇은 화재에 대한 소화력이 우수하다.
ⓒ 내유염성이 좋으므로 표면하 주입방식에도 사용 가능하다.
ⓓ 유동성이 우수하다.

㉣ 불화단백포 소화약제 : **단백포와 유사한 약제에 불화 계면활성제를 첨가한** 것으로 3%, 6%형으로 사용되며 단백포의 단점을 개선하여 유동성, 내유염성 등이 향상된 약제로 표면하주입방식에 사용 가능하다.

㉤ 내알코올형 포 소화약제 : 단백질의 가수분해 생성물과 합성세제 등을 주성분으로 제조하며 일반포로서는 소화작용이 어려운 **수용성 액체 위험물의 소화에 적합**하다. 약제 생성 후 2~3분 이내에 사용하지 않으면 침전이 생겨 소화효과가 떨어지는 단점이 있다.

**38** 답 ④

소화의 종류

(1) 냉각소화 : 화재 현장에 물을 주수하여 발화점 이하로 온도를 낮추어 소화하는 방법

| |
|---|
| 물 1$l$/min는 건물 내의 일반가연물을 진화할 수 있는 양 : $0.75m^3$ |

(2) 질식소화 : 공기 중의 산소의 농도를 21%에서 15% 이하로 낮추어 소화하는 방법

| |
|---|
| 질식소화 시 산소의 유효 한계농도 : 10~15% |

(3) 제거소화 : 화재 현장에서 가연물을 없애주어 소화하는 방법

| |
|---|
| 표면연소는 불꽃연소보다 연소속도가 매우 느리다. |

(4) 화학소화(부촉매효과) : 연쇄반응을 차단하여 소화하는 방법
(5) 희석소화 : 알코올, 에테르, 에스테르, 케톤류 등 수용성 물질에 다량의 물을 방사하여 가연물의 농도를 낮추어 소화하는 방법과 기체, 고체, 액체에서 나오는 분해가스나 증기의 농도를 낮추어 소화하는 방법
(6) 유화소화 : 물분무 소화설비를 중유에 방사하는 경우 유류표면에 엷은 막으로 유화층을 형성하여 화재를 소화하는 방법
(7) 피복소화 : 이산화탄소 약제 방사 시 가연물의 구석까지 침투하여 피복하므로 연소를 차단하여 소화하는 방법

**39** 답 ①

알킬알루미늄의 소화제
마른 모래, 팽창질석, 팽창알루미늄

**40** 답 ②

소화효과
(1) 물(적상, 봉상) : 냉각효과
(2) 물(무상) : 질식, 냉각, 희석, 유화효과
(3) 포말 : 질식, 냉각효과
(4) 이산화탄소 : 질식, 냉각, 피복효과

**41** 답 ③

소화기는 화재 시 즉시 사용할 수 있도록 잘 보이는 곳에 설치하여야 한다.

**42** 답 ④

초기소화설비
소화기, 스프링클러설비, 옥내소화전설비, 옥외소화전설비, 물분무등소화설비

| |
|---|
| **소화활동설비**<br>연결송수관설비, 연결살수설비, 비상콘센트설비, 무선통신보조설비, 제연설비, 연소방지설비 |

**43** 답 ①

할론 1301은 인체에 대한 독성이 가장 약하고 소화효과가 가장 좋다.

**44** 답 ①

고체의 연소 과정
용융 – 열분해 – 기화 – 연소

## 45 답 ③

Halon 소화약제의 구비 조건

(1) 저비점 물질로서 기화되기 쉬울 것

(2) 공기보다 무겁고 불연성일 것

(3) 증발 잔유물이 없을 것

## 46 답 ①

소화의 형태

① 냉각소화 : 화재 현장에 물을 주수하여 발화점 이하로 온도를 낮추어 소화하는 방법

② 질식소화 : 공기 중의 산소의 농도를 21%에서 15% 이하로 낮추어 소화하는 방법

③ 제거소화 : 화재 현장에서 가연물을 없애주어 소화하는 방법

④ 화학소화(부촉매효과) : 연쇄반응을 차단하여 소화하는 방법

⑤ 희석소화 : 알코올, 에테르, 에스테르, 케톤류 등 수용성 물질에 다량의 물을 방사하여 가연물의 농도를 낮추어 소화하는 방법과 기체, 고체, 액체에서 나오는 분해가스나 증기의 농도를 낮추어 소화하는 방법

⑥ 유화소화 : 물분무 소화설비를 중유에 방사하는 경우 유류표면에 엷은 막으로 유화층을 형성하여 화재를 소화하는 방법

⑦ 피복소화 : 이산화탄소 약제 방사 시 가연물의 구석까지 침투하여 피복하므로 연소를 차단하여 소화하는 방법

## 47 답 ③

할로겐화합물약제에 의한 피해의 척도

(1) 지구의 온난화 지수

(2) 오존층의 파괴지수

(3) 치사농도

## 48 답 ④

할론약제의 종류

㉠ Methane의 유도체

㉮ 할론 1211($CF_2ClBr$) : 일취화일염화이불화메탄(BCF)

㉯ 할론 1301($CF_3Br$) : 일취화삼불화메탄(BTM)

㉰ 할론 1011($CH_2ClBr$) : 일취화일염화메탄(CB)

㉱ 할론 1040($CCl_4$) : 사염화탄소(CTC)

㉡ Ethane의 유도체

할론 2402($C_2F_4Br_2$) : 이취화사불화에탄(FB)

## 49 답 ③

## 50 답 ②

## 51 답 ③

할로겐화합물(청정)소화약제의 경우 C, F, Cl, I 이용(Br은 사용하지 않음)

## 52 답 ④

대형 소화기의 소화약제 충전량

| 소화기의 종류 | 소화약제의 양 |
|---|---|
| 물 소화기 | 80L |
| 기계포 소화기 | 20L |
| 강화액 소화기 | 60L |
| 이산화탄소 소화기 | 50kg |
| 할론 소화기 | 30kg |
| 분말 소화기 | 20kg |

## 53 답 ③

과산화나트륨은 무기과산화물로서 1류 위험물이며 물기엄금 위험물이다.

과산화벤조일, 메틸에틸케톤퍼옥사이드는 5류 위험물, 주수소화 질산나트륨은 1류 위험물로서 주수소화하는 위험물이다.

## 54 답 ④

TLV(Threshold Limit Value)

독성 물질의 섭취량과 인간에 대한 그 반응정도를 나타내는 관계에서 손상을 입히지 않는 농도 중 가장 큰 값

- $LD_{50}$ : 실험쥐의 50%를 사망시킬 수 있는 물질의 양
- $LC_{50}$ : 실험쥐의 50%를 사망시킬 수 있는 물질의 농도
- ALT(Atmospheric Life Time) 대기잔존연수 : 어떤 물질이 방사되어 분해되지 않은 채로 존재하는 기간
- NOAEL(No Observable Adverse Effect Level) : 농도를 증가시킬 때 아무런 악영향을 감지할 수 없는 최대농도(심장에 영향을 미치지 않는 최대 농도, 최대허용 설계농도)
- LOAEL(Lowest Observable Adverse Effect Level) : 농도를 감소시킬 때 악영향을 감지할 수 있는 최소농도(심장독성 시험 시 심장에 영향을 미치는 최소농도)

## 55 답 ③

소염거리

㉠ 정의 : 전기불꽃을 가해도 점화되지 않는 전극 간의 최대거리

㉡ 최소발화에너지는 소염거리의 제곱에 비례하고 화염온도와 미연소가스온도의 차이에 비례하고 연소속도에 반비례한다.

$$H = \lambda \cdot l^2 \cdot \frac{(T_f - T_u)}{U}$$

여기서, $H$ : 화염에서 얻어지는 에너지(kcal)
$\lambda$ : 화염평균열전달률(kcal/m · s · ℃)
$l$ : 소염거리(간격, m)
$T_f$ : 화염온도(℃)
$T_u$ : 미연소가스온도(℃)
$U$ : 연소속도(m/s)

**56** 답 ②

활성화에너지가 작을수록 불이 붙기 쉽고 연소반응속도가 빨라진다.

**57** 답 ③

CDC(Compatible Dry Chemical) 소화약제

㉠ 분말 소화약제의 빠른 소화성과 포 소화약제의 포의 지속 안전성의 장점이 있다.
㉡ Twin Agent System의 종류
　㉮ TWIN 20/20 : ABC 분말약제 20kg+수성막포 20L
　㉯ TWIN 40/40 : ABC 분말약제 40kg+수성막포 40L
㉢ 소화효과 : 희석효과 · 질식효과 · 냉각효과 · 부촉매효과

**58** 답 ③

지시압력계가 녹색을 나타내면 정상이다.

**59** 답 ①

발연량은 재료의 종류, 화재 시 온도, 산소량에 따라 영향을 받는다.

**60** 답 ①

**61** 답 ④

연기의 농도측정법

① **중량농도** : 단위체적당 연기입자의 질량(mg/$m^3$)을 측정하는 표시법
② **입자농도** : 단위체적당 연기입자의 개수(개/$cm^3$)를 측정하는 표시법
③ **광학적 농도** : 연기 속을 투과하는 빛의 양을 측정하는 방법으로 감광계수($m^{-1}$)로 나타낸다.

**62** 답 ④

- 물리적 소화방법 : 제거, 냉각, 질식, 피복, 유화, 희석, 타격소화 등
- 화학적 소화방법 : 부촉매(억제)소화

**63** 답 ④

부촉매소화(억제소화)란 F, Cl 등의 할로겐원소나 분말에서 열분해 시 유리된 $K^+$, $Na^+$ 등의 활성라디칼이 연쇄반응을 차단하고 억제하여 소화작용을 한다.

**64** 답 ②

포말의 구비조건

㉠ 부착성이 있을 것
㉡ 열에 대한 센막을 가지고 유동성이 좋을 것
㉢ 바람 등에 잘 견디고 응집성과 안정성이 좋을 것
㉣ 독성이 적을 것
㉤ 사용이 간편하고 가격이 저렴할 것

**65** 답 ③

- 팽창비 80 이상 250 미만 : 제1종 기계포
- 팽창비 250 이상 500 미만 : 제2종 기계포
- 팽창비 500 이상 1,000 미만 : 제3종 기계포

**66** 답 ②

**67** 답 ①

**68** 답 ②

1종 분말(비누화반응)

이 약제는 지방질 기름 화재 시 이들 물질과 결합하여 에스테르가 알칼리의 작용으로 가수분해되어 알코올과 산의 알칼리염이 되는 반응인 비누화반응을 일으킨다. 이때 생성된 비누상 물질은 가연성 액체의 표면을 덮어서 질식 소화효과와 재발화 억제효과를 나타낸다.

**69** 답 ②

**70** 답 ③

## 71 답 ③

분말소화약제 분해반응식

| 종류 | 소화약제 | 착색 | 화학반응식 | 적응화재 |
|---|---|---|---|---|
| 제1종 | 중탄산나트륨 ($NaHCO_3$) | 백색 | $2NaHCO_3 \rightarrow Na_2CO_3 + CO_2 + H_2O$ | BC급 |
| 제2종 | 중탄산칼륨 ($KHCO_3$) | 담자색 (담회색) | $2KHCO_3 \rightarrow K_2CO_3 + CO_2 + H_2O$ | BC급 |
| 제3종 | 인산암모늄 ($NH_4H_2PO_4$) | 담홍색 | $NH_4H_2PO_4 \rightarrow HPO_3 + NH_3 + H_2O$ | ABC급 |
| 제4종 | 중탄산칼륨 +요소 ($KHCO_3$ $+(NH_2)_2CO$) | 회(백색) | $2KHCO_3 + (NH_2)_2CO \rightarrow K_2CO_3 + 2NH_3 + 2CO_2$ | BC급 |

## 72 답 ②

## 73 답 ③

## 74 답 ③

## 75 답 ②

$$팽창률 = \frac{1,500mL}{(640-340)g} = 5mL/g$$

## 76 답 ④

할로겐화합물소화약제 $3\% : 3L = 100\% : x\,L$

$x = 100L$ (포수용액의 체적)

$$팽창비 = \frac{30,000L}{100L} = 300$$

따라서 제2종 기계포

- 팽창비 80 이상 250 미만 : 제1종 기계포
- 팽창비 250 이상 500 미만 : 제2종 기계포
- 팽창비 500 이상 1,000 미만 : 제3종 기계포에 포함된 할로겐족 원소의 소화효과순서
  $F < Cl < Br < I$

## 77 답 ③

불활성가스 청정소화약제의 종류별 성분

① IG－01 : Ar

② IG－100 : $N_2$

③ IG－541 : $N_2$ : 52[%]
Ar : 40[%]
$CO_2$ : 8[%]

④ IG－55 : $N_2$ : 50[%], Ar : 50[%]

## 78 답 ①

- $CO_2$의 농도$= \frac{21-O_2}{21} \times 100$
- $O_2$ : 약제 방사 후 산소의 [%]

$$\therefore\ O_2 = 21 - \frac{21 \times CO_2}{100} = 21 - \frac{(21 \times 37)}{100} = 13.2[\%]$$

## 79 답 ③

부촉매소화(억제소화)는 화학반응에 의한 소화방법으로 활성기의 생성을 억제하는 화학적 소화방법에 해당된다.

## 80 답 ④

니트로셀룰로오스는 자기연소성 물질인 5류 위험물로 질식소화가 불가능하여 이산화탄소 소화설비로는 소화효과를 거둘 수가 없다.

## 81 답 ③

$$표준상태의\ 기체\ 밀도 = \frac{분자량}{22.4L}$$

$$\therefore\ \frac{16g}{22.4L} = 0.71g/L$$

## 82 답 ③

분말소화약제의 열분해반응식

① 제1종 분말
$2NaHCO_3 \rightarrow Na_2CO_3 + CO_2 + H_2O - Q\text{kcal}$

② 제2종 분말
$2KHCO_3 \rightarrow K_2CO_3 + CO_2 + H_2O - Q\text{kcal}$

③ 제3종 분말
$NH4H_2PO_4 \rightarrow NH_3 + HPO_4 + H_2O - Q\text{kcal}$

④ 제4종 분말
$2KHCO_3 + NH_2CONH_2$
$\rightarrow 2NH_3 + K2CO_3 + 2CO_2 - Q\text{kcal}$

## 83 답 ③

유류의 경우 대부분 물보다 가볍고 물에 녹지 않는 비수용성이므로 물을 방사 시 연소면을 확대시킬 우려가 있다.

## 84 답 ①

기체를 이상기체로 가정하면 보일－샤를(Boyle－Charles)의 법칙을 만족한다.

$\frac{P_1 V_1}{T_1} = \frac{P_2 V_2}{T_2}$ 에서 압력의 변화가 없으므로 $\frac{V_1}{T_1} = \frac{V_2}{T_2}$ 이다.

$\therefore V_2 = \frac{T_2}{T_1} \times V_1 = \frac{(600+273)\text{K}}{(20+273)\text{K}} \times 1 = 2.98$

## 85 답 ②

포의 환원시간이란 포(거품)가 수용액으로 되는 시간으로 보통 25% 환원시간을 많이 이용한다. 환원시간이 길다는 것은 거품상태로 오랜 시간 지속된다는 것이므로 환원시간이 길면 내열성이 우수하다는 의미이다.

## 86 답 ①

유류화재 시 포를 방사하는 것은 피복에 의한 질식소화에 해당된다.

## 87 답 ②

마그네슘(Mg)은 2류 위험물 중 금속분에 해당되는 위험물로 주수 시 가연성 가스인 수소($H_2$)가 발생되므로 사용할 수 없다.

## 88 답 ①

$CO_2$의 임계온도는 31.25℃이며, －78℃ 이하에서는 고체 탄산(드라이아이스)이 된다.
$CO_2$는 분자량이 44이므로 공기보다 무겁다.

## 89 답 ③

① : 냉각소화　　② : 질식소화
③ : 억제소화　　④ : 질식소화

- 물리적 소화방법 : 냉각, 질식, 제거소화
- 화학적 소화방법 : 억제(부촉매)소화

## 90 답 ③

에스테르가 알칼리와 작용하여 알코올과 산의 알칼리염을 생성하는 반응을 비누화 반응이라고 하며, 제1종 분말을 식용유나 지방질유 등의 화재에 방사 시 비누화(검화) 현상에 의해 금속비누를 발생시켜 소화효과를 증대시킨다.

## 91 답 ③

소화기는 바닥으로부터 1.5m 이하의 높이에 설치하여야 한다.

## 92 답 ③

분스탬프 의한 구분

| 종류 | 주성분 | 착색 |
|---|---|---|
| 제1종 분말 | 탄산수소나트륨($NaHCO_3$) | 백색 |
| 제2종 분말 | 탄산수소칼륨($KHCO_3$) | 보라색(자색) |
| 제3종 분말 | 인산암모늄($NH_4H_2PO_4$) | 핑크색(담홍색) |
| 제4종 분말 | 탄산수소칼륨＋요소($KHCO_3+NH_2CONH_2$) | 회색 |

## 93 답 ④

HCFC BLENDF A의 주요 성분

- HCFC－123($CHCl_2CF_3$) : 4.75%
- HCFC－22($CHClF_2$) : 82%
- HCFC－124($CHClFCF_3$) : 9.5%
- $C_{10}H_{16}$ : 3.75%

## 94 답 ③

유류화재 시 가연물을 포로 덮는 방법은 질식소화에 해당된다.

## 95 답 ②

1종 분말의 열분해 반응식

$2NaHCO_3 \rightarrow Na_2CO_3 + CO_2 + H_2O - Q\text{kcal}$

## 96 답 ③

원활히 한다(×) → 차단한다(○)
① 제거소화
② 희석소화
④ 냉각소화

## 97 답 ②

Halon 1301

- 할론약제 중 소화효과가 가장 좋다.
- 할론약제 중 오존파괴지수가 가장 높다.
- 할론약제 중 독성이 가장 약하다.
- $\text{ODP} = \frac{\text{측정물질 1kg이 파괴하는 오존의 양}}{\text{CFC}-11,\ \text{1kg이 파괴하는 오존의 양}}$
- $\text{GWP} = \frac{\text{측정물질 1kg에 의한 지구온난화 정도}}{CO_2,\ \text{1kg에 의한 지구온난화 정도}}$

## 98 답 ③

포 소화약제 : 제4류 위험물 적응소화약제
①, ②, ④ : 제3류 위험물

## 99 답 ④

할론계 소화약제 → 억제소화(부촉매소화)
=자유활성기(원소)의 생성 저하로 인한 소화

## 100 답 ④

제1류 위험물(산소공급원)
④ 그 자체가 가연성이며 → 일반적으로 불연성이며

## CHAPTER 05 소방시설론 100제

| 1 | 2 | 3 | 4 | 5 | 6 | 7 | 8 | 9 | 10 |
|---|---|---|---|---|---|---|---|---|---|
| ③ | ③ | ④ | ② | ① | ④ | ① | ② | ④ | ④ |
| 11 | 12 | 13 | 14 | 15 | 16 | 17 | 18 | 19 | 20 |
| ③ | ④ | ② | ④ | ① | ④ | ③ | ② | ③ | ① |
| 21 | 22 | 23 | 24 | 25 | 26 | 27 | 28 | 29 | 30 |
| ② | ① | ① | ② | ④ | ③ | ③ | ④ | ② | ② |
| 31 | 32 | 33 | 34 | 35 | 36 | 37 | 38 | 39 | 40 |
| ④ | ④ | ① | ④ | ③ | ③ | ③ | ② | ① | ② |
| 41 | 42 | 43 | 44 | 45 | 46 | 47 | 48 | 49 | 50 |
| ② | ① | ① | ④ | ④ | ④ | ③ | ② | ③ | ②,③ |
| 51 | 52 | 53 | 54 | 55 | 56 | 57 | 58 | 59 | 60 |
| ④ | ③ | ③ | ① | ③ | ④ | ② | ④ | ① | ① |
| 61 | 62 | 63 | 64 | 65 | 66 | 67 | 68 | 69 | 70 |
| ② | ③ | ② | ② | ④ | ① | ④ | ② | ④ | ④ |
| 71 | 72 | 73 | 74 | 75 | 76 | 77 | 78 | 79 | 80 |
| ② | ① | ② | ① | ② | ② | ④ | ① | ① | ③ |
| 81 | 82 | 83 | 84 | 85 | 86 | 87 | 88 | 89 | 90 |
| ③ | ④ | ④ | ③ | ② | ② | ① | ② | ① | ④ |
| 91 | 92 | 93 | 94 | 95 | 96 | 97 | 98 | 99 | 100 |
| ① | ④ | ② | ③ | ② | ① | ① | ① | ④ | ① |

### 01 답 ③

비상방송설비는 경보설비

### 02 답 ③

물분무등소화설비의 종류

1) 물분무소화설비
2) 미분무소화설비
3) 포소화설비
4) 이산화탄소소화설비
5) 할론소화설비
6) 할로겐화합물 및 불활성기체소화설비
7) 분말소화설비
8) 강화액소화설비
9) 고체에어로졸소화설비

### 03 답 ④

소화설비

물 또는 그 밖의 소화약제를 사용하여 소화하는 기계 · 기구 또는 설비로서 다음의 것 : 소화기구, 자동소화장치, 옥내소화전설비, 스프링클러설비, 물분무등소화설비, 옥외소화전설비 등이 있다.

경보설비

화재 발생 사실을 통보하는 기계 · 기구 또는 설비로서 다음의 것

① 단독경보형 감지기
② 비상경보설비(비상벨설비, 자동식 사이렌설비)
③ 시각경보기
④ 자동화재탐지설비
⑤ 비상방송설비
⑥ 자동화재속보설비
⑦ 통합감시시설
⑧ 누전경보기
⑨ 가스누설경보기

피난구조설비

화재가 발생할 경우 피난하기 위하여 사용하는 기구 또는 설비로서 다음의 것

① 피난기구
- 피난사다리 • 구조대 • 완강기
- 그밖에 법 제9조 제1항에 따라 소방청장이 정하여 고시하는 화재안전기준으로 정하는 것

② 인명구조기구
- 방열복 • 공기호흡기 • 인공소생기

③ 유도등
- 피난유도선 • 피난구유도등
- 통로유도등 • 객석유도등 • 유도표지

④ 비상조명등 및 휴대용 비상조명등

소화활동설비

화재를 진압하거나 인명구조활동을 위하여 사용하는 설비로 다음의 것

① 제연설비 ② 연결송수관설비
③ 연결살수설비 ④ 비상콘센트설비
⑤ 무선통신보조설비 ⑥ 연소방지설비

### 04 답 ②

소화기의 용량별 구분

㉠ 소형 소화기 : 소형 소화기란 능력단위가 1단위 이상이고 대형 소화기의 능력단위 미만인 소화기를 말한다.
㉡ 대형 소화기 : 대형 소화기란 화재 시 사람이 운반할 수 있도록 운반대와 바퀴가 설치되어 있고 A급 10단위 이상, B급 20단위 이상인 소화기를 말한다.

### 05 답 ①

소화기는 각 층마다 설치하되, 소방대상물의 각 부분으로부터 1개의 소화기까지의 보행거리가 소형 소화기의 경우에는 20m 이내, 대형 소화기의 경우에는 30m 이내가 되도록 배치하여야 한다.

## 06 답 ④

소화기의 사용온도 범위

| 소화기 종류 | 사용온도 범위 |
|---|---|
| 강화액 소화기 | -20℃ 이상 40℃ 이하 |
| 포 소화기 | 0℃ 이상 40℃ 이하 |
| 분말 소화기 | -20℃ 이상 40℃ 이하 |
| 청정 소화기 | 55℃ 이하에 사용할 수 있다. |
| 기타 소화기 | 0℃ 이상 40℃ 이하 |

## 07 답 ①

소화기 또는 간이소화용구 설치대상

① 연면적 $33m^2$ 이상인 것

② 지정문화재 및 가스시설

③ 터널

## 08 답 ②

## 09 답 ④

특정소방대상물별 소화기구의 능력단위기준(제4조제1항제2호 관련)

| 특정소방대상물 | 소화기구의 능력단위 |
|---|---|
| 1. 위락시설 | 해당 용도의 바닥면적 $30m^2$ 마다 능력단위 1단위 이상 |
| 2. 공연장 · 집회장 · 관람장 · 문화재 · 장례식장 및 의료시설 | 해당 용도의 바닥면적 $50m^2$ 마다 능력단위 1단위 이상 |
| 3. 근린생활시설 · 판매시설 · 운수시설 · 숙박시설 · 노유자시설 · 전시장 · 공동주택 · 업무시설 · 방송통신시설 · 공장 · 창고시설 · 항공기 및 자동차 관련 시설 및 관광휴게시설 | 해당 용도의 바닥면적 $100m^2$ 마다 능력단위 1단위 이상 |
| 4. 그 밖의 것 | 해당 용도의 바닥면적 $200m^2$ 마다 능력단위 1단위 이상 |

## 10 답 ④

대형 소화기의 소화약제 충전량

| 소화기의 종류 | 소화약제의 양 |
|---|---|
| 물 소화기 | 80L |
| 기계포 소화기 | 20L |
| 강화액 소화기 | 60L |
| 이산화탄소 소화기 | 50kg |
| 할론 소화기 | 30kg |
| 분말 소화기 | 20kg |

## 11 답 ③

## 12 답 ④

① : 자동화재탐지설비-경보설비

② : 옥내 · 옥외소화전설비-수동식 소화설비

③ : 연결송수관설비-수동식 소화활동설비

## 13 답 ②

펌프의 토출 측에는 압력계를, 흡입 측에는 연성계 또는 진공계를 설치할 것. 다만, 수원의 수위가 펌프의 위치보다 높거나 수직회전축 펌프의 경우에는 연성계 또는 진공계를 설치하지 아니할 수 있다.

## 14 답 ④

옥상수조 제외

① 지하층만 있는 건축물

② 고가수조를 가압송수장치로 설치한 옥내소화전설비

③ 수원이 건축물의 최상층에 설치된 방수구보다 높은 위치에 설치된 경우

④ 건축물의 높이가 지표면으로부터 10m 이하인 경우

⑤ 주펌프와 동등 이상의 성능이 있는 별도의 펌프로서 내연기관의 기동과 연동하여 작동되거나 비상전원을 연결하여 설치한 경우

⑥ 학교 · 공장 · 창고시설(제4조 제2항에 따라 옥상수조를 설치한 대상은 제외한다)로서 동결의 우려가 있는 장소에 있어서는 기동스위치에 보호판을 부착하여 옥내소화전함 내에 설치하는 경우

⑦ 가압수조를 가압송수장치로 설치한 옥내소화전설비

※ 옥상수조 제외 규정 시에도 층수가 30층 이상의 특정소방대상물의 수원은 산출된 유효수량 외에 유효수량의 1/3 이상을 옥상(옥내소화전설비가 설치된 건축물의 주된 옥상을 말한다)에 설치하여야 한다. 다만, 고가수조방식인 경우와 수원이 건축물의 최상층에 설치된 방수구보다 높은 위치에 설치된 경우는 그러하지 아니하다.

## 15 답 ①

## 16 답 ④

이동식 사다리 → 고정식 사다리

**옥내소화전설비의 수조설치기준**

① 점검이 편리한 곳에 설치할 것
② 동결방지조치를 하거나 동결의 우려가 없는 장소에 설치할 것
③ 수조의 외측에 수위계를 설치할 것. 다만, 구조상 불가피한 경우에는 수조의 맨홀 등을 통하여 수조 안의 물의 양을 쉽게 확인할 수 있도록 하여야 한다.
④ 수조의 상단이 바닥보다 높은 때에는 수조의 외측에 고정식 사다리를 설치할 것
⑤ 수조가 실내에 설치된 때에는 그 실내에 조명설비를 설치할 것
⑥ 수조의 밑부분에는 청소용 배수밸브 또는 배수관을 설치할 것
⑦ 수조의 외측의 보기 쉬운 곳에 "옥내소화전설비용 수조"라고 표시한 표지를 할 것. 이 경우 그 수조를 다른 설비와 겸용하는 때에는 그 겸용되는 설비의 이름을 표시한 표지를 함께 하여야 한다.
⑧ 옥내소화전펌프의 흡수배관 또는 옥내소화전설비의 수직배관과 수조의 접속부분에는 "옥내소화전설비용 배관"이라고 표시한 표지를 할 것

## 17 답 ③

**옥내소화전설비의 가압송수장치의 종류**

펌프방식, 고가수조방식, 압력수조방식, 가압수조방식
지하수조방식은 없으며, 수원의 종류에서 지하수조를 포함할 수는 있다.

## 18 답 ②

## 19 답 ③

## 20 답 ①

**스프링클러설비의 종류 및 특징**

| 설비의 종류 | 사용 헤드 | 유수검지 장치 등 | 배관상태 (1차측/2차측) | 감지기와 연동성 |
|---|---|---|---|---|
| 습식 | 폐쇄형 | 습식유수검지장치 | 가압수/가압수 | 없음 |
| 건식 | 폐쇄형 | 건식유수검지장치 | 가압수/압축공기 | 없음 |
| 준비작동식 | 폐쇄형 | 준비작동식 유수검지장치 | 가압수/저압공기 | 있음 |
| 부압식 | 폐쇄형 | 준비작동식 유수검지장치 | 가압수/부압수 | 있음 |
| 일제살수식 | 개방형 | 일제개방밸브 | 가압수/대기압 | 있음 |

## 21 답 ②

송수구는 지면으로부터 높이가 0.5m 이상, 1m 이하의 위치에 설치할 것

## 22 답 ①

습식 스프링클러설비는 동결우려가 있어 동결방지 조치를 해야 한다.

**스프링클러설비의 장단점**

- 장점
  ① 초기 소화성능이 우수하다.
  ② 소화약제 가격이 저렴하고, 공급이 안정되어 있다.
  ③ 재연소 위험이 적다.
  ④ 인체에 무해하고 환경오염 우려가 없다.
- 단점
  ① 동절기 동결방지 조치가 필요하다.
  ② 물에 의한 수손피해 우려가 있다.
  ③ 전기기기, 고온도 기기 등에 사용이 제한되고, 물과 반응하는 물체에 사용할 수 없다.

## 23 답 ①

**건식 스프링클러 긴급개방장치**

엑셀레이터, 익져스터

**엑셀레이터(Accelerator)의 이해**

- 화재 발생 시 드라이밸브의 클래퍼가 열리기까지의 시간을 단축시키는 역할
- 평상시 2차 측 압축공기와 같은 압력을 유지하며 엑셀레이터 내 배출 측 배관을 막고 있음
- 화재 시 2차 측 배관 압력이 감압, 엑셀레이터 내 상부실이 중간실보다 순간적으로 압력이 높게 됨(오리피스 이용). 이로 인해 밀대에 의해 배출 측 통로가 개방, 클래퍼 2차 측 압축공기가 배출 측 통로로 배출되어 클래퍼 직상부 압력이 감소되어 클램프는 1차 측 압력수의 힘에 의해 급속도로 개방된다.

**익져스터(Exhauster)**

클래퍼가 열린 후 2차 측의 잔류공기를 외부로 배출시켜 헤드로 방수되는 시간을 단축시키는 기능

## 24 답 ②

일제살수식 스프링클러설비의 배관은 1차 측(가압수) 2차 측(대기압) 상태이다.

## 25 답 ④

스프링클러설비, 옥내소화전설비, 연결살수설비는 수계 소화설비로서 전기실 및 통신실에는 적합하지 않다.

## 26 답 ③

## 27 답 ③

랙크식 창고의 경우로서 「소방기본법시행령」별표 2의 특수가연물을 저장 또는 취급하는 것에 있어서는 랙크높이 4m 이하마다, 그 밖의 것을 취급하는 것에 있어서는 랙크높이 6m 이하마다 스프링클러헤드를 설치하여야 한다. 다만, 랙크식 창고의 천장높이가 13.7m 이하로서 「화재조기진압용 스프링클러 설비의 화재안전기준(NFSC103B)」에 따라 설치하는 경우에는 천장에만 스프링클러헤드를 설치할 수 있다.

## 28 답 ④

물의 방사형태

㉠ 봉상주수 : 옥내소화전, 옥외소화전설비의 노즐에 의한 방사와 같이 **대량의 물을 방사하는** 방사형태

㉡ 적상(우상)주수 : 스프링클러설비의 헤드를 통한 방사와 같이 **빗방울 형태로 방사하는** 방사형태

㉢ 무상(분무)주수 : 물분무소화설비 헤드를 통한 방사와 같이 물입자를 **안개모양으로 미세하게 방사하는** 형태로 분무주수의 물입자는 매우 미세하기 때문에 냉각효과 및 질식효과가 뛰어나며 **전기절연성도 우수하여 전기화재에도 사용** 가능하다.

## 29 답 ②

1차 측 가압수－2차 측 저압공기

**스프링클러설비의 종류 및 특징**

| 설비의 종류 | 사용 헤드 | 유수검지 장치 등 | 배관상태 (1차 측/2차 측) | 감지기와 연동성 |
|---|---|---|---|---|
| 습식 | 폐쇄형 | 습식유수검지장치 | 가압수/가압수 | 없음 |
| 건식 | 폐쇄형 | 건식유수검지장치 | 가압수/압축공기 | 없음 |
| 준비작동식 | 폐쇄형 | 준비작동식 유수검지장치 | 가압수/저압공기 | 있음 |
| 부압식 | 폐쇄형 | 준비작동식 유수검지장치 | 가압수/부압수 | 있음 |
| 일제살수식 | 개방형 | 일제개방밸브 | 가압수/대기압 | 있음 |

## 30 답 ②

- 옥내소화전 : $130l$/min 이상
- 옥외소화전 : $350l$/min 이상
- 스프링클러설비 : $80l$/min 이상
- 간이스프링클러설비 : $50l$/min 이상(주차장의 경우 $80l$/min 이상)

## 31 답 ④

**스프링클러 헤드의 수평거리(배치기준)**

| 설치장소 | 배치기준(R) |
|---|---|
| • 무대부<br>• 특수가연물의 저장 또는 취급하는 장소 (랙크식 창고 포함) | 수평거리 1.7m 이하 |
| • 기타구조 | 수평거리 2.1m 이하 |
| • 내화구조 | 수평거리 2.3m 이하 |
| • 랙크식 창고(일반물품) | 수평거리 2.5m 이하 |
| • 공동주택(아파트) 세대 내의 거실 | 수평거리 3.2m 이하 |

## 32 답 ④

## 33 답 ①

일제살수식은 개방형 헤드를 사용한다.

## 34 답 ④

$1m^2$당 10L를 곱한 양 이상이다.

**물분무소화설비의 수원 양**

① **특수가연물을 저장 또는 취급하는 소방대상물**

$Q = A(m^2) \times 10l/m^2 \cdot min \times 20min$

여기서, $Q$ : 수원($l$),

$A$ : 바닥면적(최대방수구역 바닥면적, 최소 $50m^2$ 이상)

② **차고 또는 주차장**

$Q = A(m^2) \times 20l/m^2 \cdot min \times 20min$

여기서, $Q$ : 수원($l$),

$A$ : 바닥면적(최대방수구역 바닥면적, 최소 $50m^2$ 이상)

③ **절연유 봉입변압기**

$Q = A(m^2) \times 10l/m^2 \cdot min \times 20min$

여기서, $Q$ : 수원($l$),

$A$ : 바닥면적을 제외한 표면적을 합한 면적($m^2$)

④ 케이블 트레이, 덕트

$Q = A(\text{m}^2) \times 12l/\text{m}^2 \cdot \text{min} \times 20\text{min}$

여기서, $Q$ : 수원($l$), $A$ : 투영된 바닥면적($\text{m}^2$)

※ 투영(投影)된 바닥면적 : 위에서 빛을 비출 때 바닥 그림자의 면적

⑤ 컨베이어 벨트 등

$Q = A(\text{m}^2) \times 10l/\text{m}^2 \cdot \text{min} \times 20\text{min}$

여기서, $Q$ : 수원($l$)

$A$ : 벨트부분의 바닥면적($\text{m}^2$)

⑥ 위험물 저장탱크

$Q = L(\text{m}) \times 37l/\text{m} \cdot \text{min} \times 20\text{min}$

여기서, $Q$ : 수원($l$)

$L$ : 탱크의 원주둘레길이(m)

## 35 답 ③

물분무등 소화설비의 종류

1) 물분무소화설비
2) 미분무소화설비
3) 포소화설비
4) 이산화탄소소화설비
5) 할론소화설비
6) 할로겐화합물 및 불활성기체소화설비
7) 분말소화설비
8) 강화액소화설비
9) 고체에어로졸소화설비

## 36 답 ③

혼합장치의 종류

포소화약제의 혼합장치는 포소화약제의 사용농도에 적합한 수용액으로 혼합할 수 있도록 하고 그 종류는 다음과 같다.

① 펌프 프로포셔너방식(Pump Proportioner Type) : 펌프의 토출관과 흡입관 사이의 배관 도중에서 분기된 바이패스배관 상에 설치된 흡입기에 펌프에서 토출된 물의 일부를 보내고 농도조절밸브에서 조정된 포소화약제의 필요량을 포소화약제 탱크에서 펌프 흡입 측으로 보내어 이를 혼합하는 방식

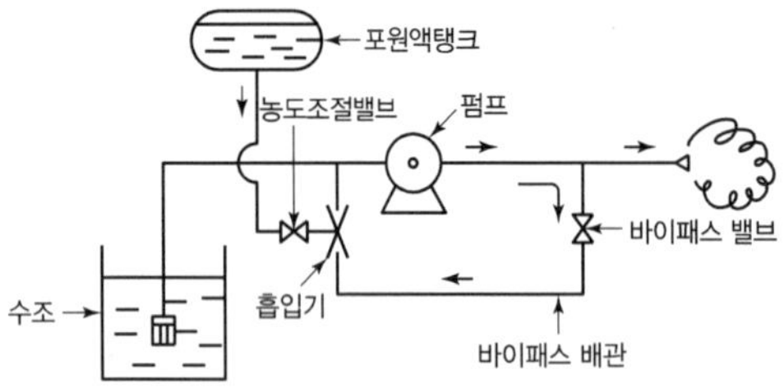


② 라인 프로포셔너방식(Line Proportioner Type) : 펌프와 발포기 중간에 설치된 벤튜리관의 벤튜리작용에 의하여 포소화약제를 흡입, 혼합하는 방식

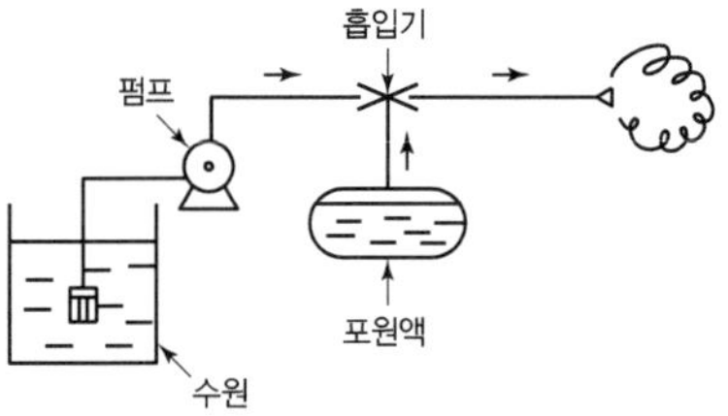


③ 프레져 프로포셔너방식(Pressure Proportioner Type) : 펌프와 발포기의 중간에 설치된 벤튜리관의 벤튜리작용과 펌프 가압수의 포소화약제 저장탱크에 대한 압력에 의하여 포소화약제를 흡입 · 혼합하는 방식

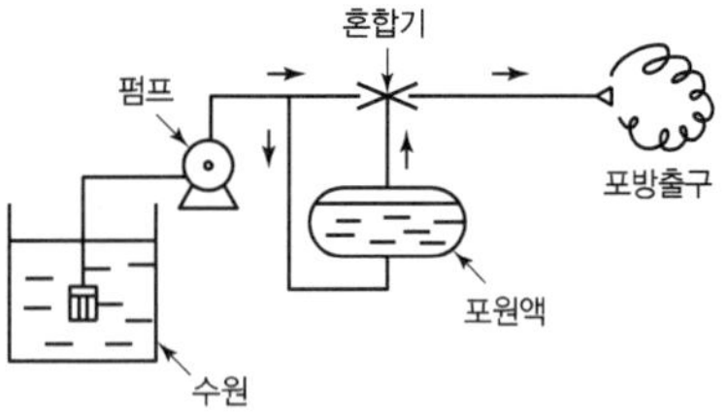


④ 프레져 사이드 프로포셔너방식(Pressure Side Proportioner Type) : 펌프의 토출관에 압입기를 설치하여 포소화약제 압입용 펌프로 포소화약제를 압입시켜 혼합하는 방식

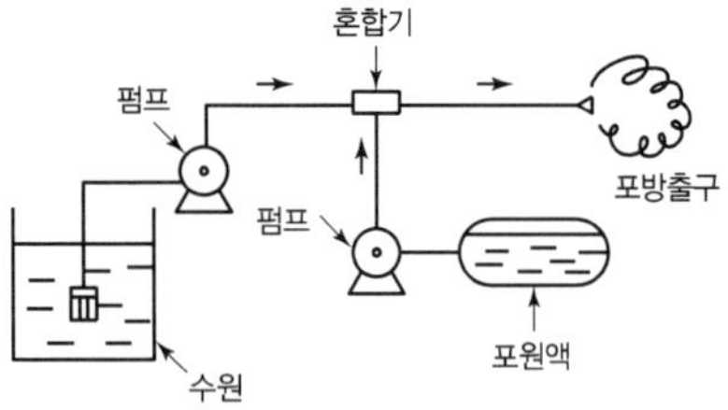


⑤ 압축공기포 믹싱챔버방식 : 압축공기 또는 압축질소를 일정비율로 포수용액에 강제주입 혼합하는 방식을 말한다.

## 37 답 ③

분사헤드 설치제외 장소

① 방재실 · 제어실 등 사람이 상시 근무하는 장소
② 니트로셀룰로오스 · 셀룰로이드 제품 등 자기연소성 물질을 저장 · 취급하는 장소
③ 나트륨 · 칼륨 · 칼슘 등 활성금속물질을 저장 · 취급하는 장소
④ 전시장 등의 관람을 위하여 다수인이 출입 · 통행하는 통로 및 전시실 등

## 38 답 ②

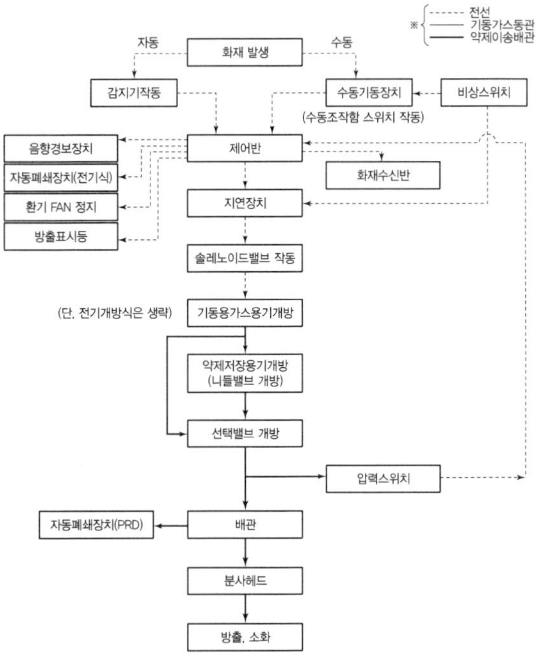


이산화탄소소화설비 작동순서

## 39 답 ①

고압가스이기 때문에 자체의 압력원을 보유하므로 다른 압력원이 필요치 않다.

## 40 답 ②

옥외소화전설비의 설치대상

① 지상 1층 및 2층의 바닥면적의 합계가 $9,000m^2$ 이상일 경우 동일구내에 2 이상의 특정소방대상물이 행정안전부령이 정하는 연소 우려가 있는 구조인 경우에는 이를 하나의 특정소방대상물로 본다.
② 「문화재보호법」 제5조에 따라 국보 또는 보물로 지정된 목조건축물
③ 공장 또는 창고로서 지정수량의 750배 이상의 특수가연물을 저장·취급하는 것

## 41 답 ②

$7m^3 \times 2 = 14m^3$

옥외소화전 수원의 양

옥외소화전설비의 수원은 그 저수량이 옥외소화전의 설치개수(옥외소화전이 2개 이상 설치된 경우에는 2개)에 $7m^3$를 곱한 양 이상이 되도록 하여야 한다.

## 42 답 ①

$3.5m^3 \rightarrow 7m^3$

옥외소화전 수원의 양

옥외소화전설비의 수원은 그 저수량이 옥외소화전의 설치개수(옥외소화전이 2개 이상 설치된 경우에는 2개)에 $7m^3$를 곱한 양 이상이 되도록 하여야 한다.

## 43 답 ①

옥외소화전설비에는 옥외소화전마다 그로부터 5m 이내의 장소에 소화전함을 설치하여야 한다.

## 44 답 ④

① 음향장치는 다음 기준에 따른 구조 및 성능의 것으로 하여야 한다.
   ㉠ 정격전압의 80[%] 전압에서 음향을 발할 수 있는 것을 할 것(→ 음압 : 90[dB] 이상)
   ㉡ 자동화재탐지설비의 작동과 연동하여 작동할 수 있는 것으로 할 것
② 확성기는 각 층마다 설치하되, 그 층의 각 부분으로부터 하나의 확성기까지의 수평거리가 25[m] 이하가 되도록 하고, 당해 층의 각 부분에 유효하게 경보를 발할 수 있도록 설치할 것
③ 확성기의 음성입력은 3[W](실내에 설치하는 것에 있어서는 1[W]) 이상일 것

비상방송설비 설치대상

① 연면적 3천5백$m^2$ 이상인 것
② 지하층을 제외한 층수가 11층 이상인 것
③ 지하층의 층수가 3층 이상인 것

## 45 답 ④

층수가 5층 이상으로서 연면적이 $3,000m^2$를 초과하는 특정소방대상물은 다음에 따라 경보를 발할 수 있도록 할 것

㉠ 2층 이상의 층에서 발화한 때에는 발화층 및 그 직상층에 경보를 발할 것
㉡ 1층에서 발화한 때에는 발화층·그 직상층 및 지하층에 경보를 발할 것

㉢ 지하층에서 발화한 때에는 발화층 · 그 직상층 및 기타의 지하층에 경보를 발할 것

> **층수가 30층 이상의 특정소방대상물은 다음에 따라 경보를 발할 수 있도록 할 것**
> • 2층 이상의 층에서 발화한 때에는 발화층 및 그 직상 4개층에 경보를 발할 것
> • 1층에서 발화한 때에는 발화층 · 그 직상 4개층 및 지하층에 경보를 발할 것
> • 지하층에서 발화한 때에는 발화층 · 그 직상층 및 기타의 지하층에 경보를 발할 것

### 46 답 ④

① A형 화재속보기 : P형 또는 R형 수신기로부터 입력된 화재신호를 20초 이내에 소방서로 통보하고 3회 이상 녹음내용을 자동적으로 반복 통보하는 성능이 있다. 지구 등이 없는 구조이다.
② B형 화재속보기 : P형 또는 R형 수신기에 A형 화재속보기의 기능을 겸한 것으로, 감지기 또는 발신기에서 오는 화재신호나 중계를 거쳐 오는 화재신호를 소방대상물의 관계인은 물론 소방서에 20초 이내에 녹음내용을 3회 이상 자동적으로 반복 통보하는 성능이 있다. 지구 등이 있는 구조이다.(Tape의 녹음용량은 5분 이상으로 함)

### 47 답 ③

**자동화재탐지설비 구성요소**

수신기, 감지기, 발신기, 중계기, 음향장치, 부속기기(부수신기, 표시등, 표지판, 순회감시장치 등)

### 48 답 ②

**회로 도통시험**

1. 목적 : 감지기 회로의 단선 유무와 기기 등의 접속 상황 확인
2. 시험방법
   1) 도통시험 스위치를 누른다.
   2) 회로 선택스위치를 차례로 회전시킨다.
   3) 전압계의 지시치 확인 또는 표시등(LED)의 점등 상태를 확인한다.
   4) 종단저항 등의 접속상황을 조사한다.
3. 가부판정의 기준
   1) 전압계의 경우

| 전압계의 지시치 | 판정 |
|---|---|
| 2~6V | 정상(녹색) |
| 0V | 단선 |
| 28V 이상 | 단락(적색) |

   2) 표시등(LED)의 경우

| 표시등의 점등색 | 판정 |
|---|---|
| 녹색 | 정상 |
| 적색 | 단선 |

### 49 답 ③

**P형 1급 발신기 구성요소**

㉮ 누름스위치 : 수동조작으로 화재신호를 발신하는 장치
㉯ 보호판 : 누름스위치 보호용 커버(무기질 또는 유기질 유리)
㉰ 전화잭 : 수신기와 통화할 때 송수화기 플러그를 꽂는 곳
㉱ 응답램프 : 발신기의 신호가 수신기로 전해졌음을 확인시키는 램프

### 50 답 ②, ③

② 10m → 20m
③ 실내용적이 20$m^3$ 이하인 장소– 2015. 1. 23 삭제 조항

**감지기 설치제외 장소**

① 천장 또는 반자의 높이가 20m 이상인 장소. 다만, 제1항 단서 각 호의 감지기로서 부착높이에 따라 적응성이 있는 장소는 제외한다.
② 헛간 등 외부와 기류가 통하는 장소로서 감지기에 따라 화재발생을 유효하게 감지할 수 없는 장소
③ 부식성 가스가 체류하고 있는 장소
④ 고온도 및 저온도로서 감지기의 기능이 정지되기 쉽거나 감지기의 유지관리가 어려운 장소
⑤ 목욕실 · 욕조나 샤워시설이 있는 화장실 · 기타 이와 유사한 장소
⑥ 파이프덕트 등 그 밖의 이와 비슷한 것으로서 2개 층마다 방화구획된 것이나 수평단면적이 5$m^3$ 이하인 것
⑦ 먼지 · 가루 또는 수증기가 다량으로 체류하는 장소 또는 주방 등 평상시에 연기가 발생하는 장소(연기감지기에 한한다.)
⑧ 삭제(2015. 1. 23)[실내의 용적이 20$m^3$ 이하인 장소]
⑨ 프레스공장 · 주조공장 등 화재발생의 위험이 적은 장소로서 감지기의 유지관리가 어려운 장소

### 51 답 ④

한 변의 길이는 50m 이하로 한다.

**경계구역의 설정기준**

① 수평적 개념의 경계구역
   ㉠ 하나의 경계구역이 2개 이상의 건축물에 미치지 아니하도록 할 것

㉡ 하나의 경계구역이 2개 이상의 층에 미치지 아니하도록 할 것. 다만, 500[$m^2$] 이하의 범위 안에서는 2개의 층을 하나의 경계구역으로 할 수 있다.
㉢ 하나의 경계구역의 면적은 600[$m^2$] 이하로 하고 한 변의 길이는 50[m] 이하로 할 것. 다만, 당해 소방대상물의 주된 출입구에서 그 내부 전체가 보이는 것(실내경기장, 실내체육관, 실내관람장, 집회장, 극장 등의 관람석 부분 또는 학교 강당)에 있어서는 한 변의 길이가 50[m]의 범위 내에서 1,000[$m^2$] 이하로 할 수 있다.
㉣ 지하구에 있어서 하나의 경계구역의 길이는 700[m](터널은 100[m]) 이하로 할 것

② 수직적 개념의 경계구역
㉠ 계단(직통계단 외의 것에 있어서는 떨어져 있는 상하계단의 상호 간의 수평거리가 5[m] 이하로서 서로 간에 구획되지 아니한 것에 한함) · 경사로(에스컬레이터 경사로 포함) · 엘리베이터 승강로(권상기실이 있는 경우 권상기실) · 린넨슈트 · 파이프 피트 및 덕트, 기타 이와 유사한 부분에 대하여는 별도로 경계구역을 설정하되, 하나의 경계구역은 높이 45[m] 이하(계단 및 경사로에 한함)로 한다.
㉡ 2 이상의 계단 · 경사로 등이 있는 경우에는 이를 각각 별개의 경계구역으로 할 수 있다.
㉢ 지하층의 계단 및 경사로(지하 1층인 경우는 제외)는 별도로 하나의 경계구역으로 설정하여야 한다.

③ 외기에 면하여 상시 개방된 부분이 있는 차고 · 주차장 · 창고 등에 있어서는 외기에 면하는 각 부분으로부터 5[m] 미만의 범위 안에 있는 부분은 경계구역의 면적에 산입하지 않음

④ 스프링클러설비 또는 물분무 등 소화설비 또는 제연설비의 화재감지장치로서 화재감지기를 설치한 경우의 경계구역은 당해 소화설비의 방사구역 또는 제연구역과 동일하게 설정할 수 있다.

**52** 답 ③

지하구에 있어서 하나의 경계구역의 길이는 700m

$\frac{1,600}{700} \fallingdotseq 2.29$ 따라서 경계구역 수는 3개이다.

**53** 답 ③

**54** 답 ①

- 열감지기 : 차동식, 정온식, 보상식
- 연기감지기 : 이온화식, 광전식

**55** 답 ③

R형 수신기에 관한 내용이다.

**56** 답 ④

**57** 답 ②

| 구분 | P형 수신기 | R형 수신기 |
|---|---|---|
| 적용 대상물 | 중 · 소형 소방대상물 | 다수동 · 대형 소방대상물 · 대단위 단지 |
| 신호전달 방식 | 개별신호 방식 | 다중신호 방식 |
| 표시방식 | 지도식, 창구식 | 지도식, 창구식, 디지털식, CRT식 |
| 신호의 종류 | 전체회로의 공통신호 방식 | 각 회로마다의 고유신호 방식 |
| 중계기 | 불필요 | 반드시 필요 |
| 도통시험 | 수신기와 말단감지기 사이 | • 수신기와 중계기 사이<br>• 수신기와 말단감지기 사이<br>• 중계기와 말단감지기 사이 |
| 경제성 | • 수신기 자체는 저가<br>• 배관, 간선수가 많아 전체 시스템비용 및 인건비가 많이 들고, 증설의 난점 등을 고려하면 경제성 낮음 | • 수신기 자체는 고가<br>• 배관, 간선수가 적고 증설, 이설 등의 용이성을 고려하면 경제적임 |
| 설치공간 | 충분한 공간이 필요 | 최소한의 공간 필요 |

**58** 답 ④

감지기는 화재신호를 감지하여 수신기에 신호를 발신한다. 수신기능은 없음

**59** 답 ①

**60** 답 ①

연기감지기 설치 기준

다음 각 호의 장소에는 연기감지기를 설치하여야 한다. 다만, 교차회로방식에 따른 감지기가 설치된 장소 또는 제1항 단서에 따른 감지기가 설치된 장소에는 그러하지 아니하다.
㉠ 계단 · 경사로 및 에스컬레이터 경사로
㉡ 복도(30m 미만의 것을 제외한다)
㉢ 엘리베이터 승강로(권상기실이 있는 경우에는 권상기실) · 린넨슈트 · 파이프 피트 및 덕트 기타 이와 유사한 장소
㉣ 천장 또는 반자의 높이가 15m 이상 20m 미만의 장소

㉤ 다음 각 목의 어느 하나에 해당하는 특정소방대상물의 취침 · 숙박 · 입원 등 이와 유사한 용도로 사용되는 거실〈신설 2015.1.23.〉
  ㉮ 공동주택 · 오피스텔 · 숙박시설 · 노유자시설 · 수련시설
  ㉯ 교육연구시설 중 합숙소
  ㉰ 의료시설, 근린생활시설 중 입원실이 있는 의원 · 조산원
  ㉱ 교정 및 군사시설
  ㉲ 근린생활시설 중 고시원

유도등 표시면 색상
- 피난구유도등 : 녹색바탕에 백색문자(녹색등화)
- 통로유도등 : 백색바탕에 녹색문자(백색등화)
- 객석유도등 : 백색바탕에 녹색문자(백색등화)

자동화재탐지설비 설치대상
① 근린생활시설(목욕장은 제외한다), 의료시설, 숙박시설, 위락시설, 장례식장 및 복합건축물로서 연면적 $600m^2$ 이상인 것
② 공동주택, 근린생활시설 중 목욕장, 문화 및 집회시설, 종교시설, 판매시설, 운수시설, 운동시설, 업무시설, 공장, 창고시설, 위험물 저장 및 처리 시설, 항공기 및 자동차 관련 시설, 교정 및 군사시설 중 국방 · 군사시설, 방송통신시설, 발전시설, 관광 휴게시설, 지하가(터널은 제외한다)로서 연면적 1천$m^2$ 이상인 것
③ 교육연구시설(교육시설 내에 있는 기숙사 및 합숙소를 포함한다), 수련시설(수련시설 내에 있는 기숙사 및 합숙소를 포함하며, 숙박시설이 있는 수련시설은 제외한다), 동물 및 식물 관련 시설(기둥과 지붕만으로 구성되어 외부와 기류가 통하는 장소는 제외한다), 분뇨 및 쓰레기 처리시설, 교정 및 군사시설(국방 · 군사시설은 제외한다) 또는 묘지 관련 시설로서 연면적 2천$m^2$ 이상인 것
④ 지하구
⑤ 지하가 중 터널로서 길이가 1천m 이상인 것
⑥ 노유자 생활시설
⑦ ⑥에 해당하지 않는 노유자시설로서 연면적 $400m^2$ 이상인 노유자시설 및 숙박시설이 있는 수련시설로서 수용인원 100명 이상인 것
⑧ ②에 해당하지 않는 공장 및 창고시설로서 「소방기본법 시행령」 별표 2에서 정하는 수량의 500배 이상의 특수가연물을 저장 · 취급하는 것
⑨ 의료시설 중 정신의료기관 또는 요양병원으로서 다음의 어느 하나에 해당하는 시설
  ㉠ 요양병원(정신병원과 의료재활시설은 제외한다)
  ㉡ 정신의료기관 또는 의료재활시설로 사용되는 바닥면적의 합계가 $300m^2$ 이상인 시설
  ㉢ 정신의료기관 또는 의료재활시설로 사용되는 바닥면적의 합계가 $300m^2$ 미만이고, 창살(철재 · 플라스틱 또는 목재 등으로 사람의 탈출 등을 막기 위하여 설치한 것을 말하며, 화재 시 자동으로 열리는 구조로 되어 있는 창살은 제외한다)이 설치된 시설

## 61 답 ②

- 차동식 스포트(Spot)형 감지기 : 주위 온도가 일정상승률 이상으로 증가하는 경우 작동하는 것으로서 일국소의 열효과에 의하여 작동하는 것(열감지기)
- 차동식 분포형 감지기 : 주위 온도가 일정상승률 이상으로 증가하는 경우 작동하는 것으로서 넓은 범위 내에서의 열효과에 의하여 작동하는 것(열감지기)

## 62 답 ③

차동식 분포형 감지기는 15m 미만까지 적응성이 있다. 보기 중에서 가장 큰 수치는 10m

| 부착높이 | 감지기의 종류 |
|---|---|
| 4m 미만 | 차동식(스포트형, 분포형) / 보상식 스포트형 / 정온식(스포트형, 감지선형) / 이온화식 또는 광전식(스포트형, 분리형, 공기흡입형) / 열복합형 / 연기복합형 / 열연기복합형 / 불꽃감지기 |
| 4m 이상 8m 미만 | 차동식(스포트형, 분포형) / 보상식 스포트형 / 정온식(스포트형, 감지선형 특종 또는 1종) / 이온화식 1종 또는 2종 / 광전식(스포트형, 분리형, 공기흡입형) 1종 또는 2종 / 열복합형 / 연기복합형, 열연기복합형, 불꽃감지기 |
| 8m 이상 15m 미만 | 차동식 분포형 / 이온화식 1종 또는 2종 / 광전식(스포트형, 분리형, 공기흡입형) 1종 또는 2종 / 연기복합형 / 불꽃감지기 |
| 15m 이상 20m 미만 | 이온화식 1종 / 광전식(스포트형, 분리형, 공기흡입형) 1종 / 연기복합형 / 불꽃감지기 |
| 20m 이상 | 불꽃감지기 / 광전식(분리형, 공기흡입형) 중 아날로그방식 |

## 63 답 ②

소화기의 용량별 구분
㉠ 소형 소화기 : 소형 소화기란 능력단위가 1단위 이상이고 대형 소화기의 능력단위 미만인 소화기를 말한다.
㉡ 대형 소화기 : 대형 소화기란 화재 시 사람이 운반할 수 있도록 운반대와 바퀴가 설치되어 있고 A급 10단위 이상, B급 20단위 이상인 소화기를 말한다.

## 64 답 ②

① : 차동식 스포트형 감지기
③ : 정온식 감지선형 감지기
④ : 작동신호 → 화재신호

연기복합형 감지기

이온화식 감지기와 광전식 감지기의 성능이 있는 것으로서 두 가지 성능의 감지기능이 함께 작동될 때 화재신호를 발신하거나 두 개의 화재신호를 각각 발신하는 것

## 65 답 ④

• 광전식 감지기는 연기감지기이다.
• 열감지기의 종류 : 차동식 감지기, 정온식 감지기, 보상식 감지기

## 66 답 ①

다음 각 호의 장소에는 연기감지기를 설치하여야 한다. 다만, 교차회로방식에 따른 감지기가 설치된 장소 또는 제1항 단서에 따른 감지기가 설치된 장소에는 그러하지 아니하다.

㉠ 계단 · 경사로 및 에스컬레이터 경사로
㉡ 복도(30m 미만의 것을 제외한다)
㉢ 엘리베이터 승강로(권상기실이 있는 경우에는 권상기실) · 린넨슈트 · 파이프 피트 및 덕트 기타 이와 유사한 장소
㉣ 천장 또는 반자의 높이가 15m 이상 20m 미만의 장소
㉤ 다음 각 목의 어느 하나에 해당하는 특정소방대상물의 취침 · 숙박 · 입원 등 이와 유사한 용도로 사용되는 거실〈신설 2015.1.23.〉
  ㉮ 공동주택 · 오피스텔 · 숙박시설 · 노유자시설 · 수련시설
  ㉯ 교육연구시설 중 합숙소
  ㉰ 의료시설, 근린생활시설 중 입원실이 있는 의원 · 조산원
  ㉱ 교정 및 군사시설
  ㉲ 근린생활시설 중 고시원

## 67 답 ④

| 부착높이 | 감지기의 종류 |
|---|---|
| 4m 미만 | 차동식(스포트형, 분포형) / 보상식 스포트형 / 정온식(스포트형, 감지선형) / 이온화식 또는 광전식(스포트형, 분리형, 공기흡입형) / 열복합형 / 연기복합형 / 열연기복합형 / 불꽃감지기 |
| 4m 이상 8m 미만 | 차동식(스포트형, 분포형) / 보상식 스포트형 / 정온식(스포트형, 감지선형 특종 또는 1종) / 이온화식 1종 또는 2종 / 광전식(스포트형, 분리형, 공기흡입형) 1종 또는 2종 / 열복합형 / 연기복합형, 열연기복합형, 불꽃감지기 |
| 8m 이상 15m 미만 | 차동식 분포형 / 이온화식 1종 또는 2종 / 광전식(스포트형, 분리형, 공기흡입형) 1종 또는 2종 / 연기복합형 / 불꽃감지기 |
| 15m 이상 20m 미만 | 이온화식 1종 / 광전식(스포트형, 분리형, 공기흡입형) 1종 / 연기복합형 / 불꽃감지기 |
| 20m 이상 | 불꽃감지기 / 광전식(분리형, 공기흡입형) 중 아날로그방식 |

## 68 답 ②

① : 차동식 스포트형 감지기(열감지기)
② : 이온화식 감지기(연기감지기)
③ : 차동식 스포트형 감지기(열감지기)
④ : 차동식 분포형 감지기(열감지기)

## 69 답 ④

## 70 답 ④

## 71 답 ②

완강기

사용자의 몸무게에 따라 자동적으로 내려올 수 있는 기구 중 사용자가 교대하여 연속적으로 사용할 수 있는 것을 말한다.

## 72 답 ①

## 73 답 ②

공기안전매트는 피난기구

## 74 답 ①

유도등의 비상전원은 다음 각 호의 기준에 적합하게 설치하여야 한다.

㉠ 축전지로 할 것
㉡ 유도등을 20분 이상 유효하게 작동시킬 수 있는 용량으로 할 것. 다만, 다음의 특정소방대상물의 경우에는 그 부분에서 피난층에 이르는 부분의 유도등을 60분 이상 유효하게 작동시킬 수 있는 용량으로 하여야 한다.
  ㉮ 지하층을 제외한 층수가 11층 이상의 층
  ㉯ 지하층 또는 무창층으로서 용도가 도매시장 · 소매시장 · 여객자동차터미널 · 지하역사 또는 지하상가

## 75 답 ②

## 76 답 ②

피난구의 바닥으로부터 높이 1.5m 이상으로서 출입구에 인접하도록 설치할 것

## 77 답 ④

객석유도등은 객석의 통로, 바닥 또는 벽에 설치할 것

## 78 답 ①

제연설비의 제연구역의 구획기준

㉠ 하나의 제연구역의 면적은 $1,000m^2$ 이내로 할 것
㉡ 거실과 통로는 상호 제연구획할 것
㉢ 통로상의 제연구역은 보행중심선의 길이가 60m를 초과하지 아니할 것
㉣ 하나의 제연구역은 직경 60m원 내에 들어갈 수 있을 것
㉤ 하나의 제연구역은 2개 이상 층에 미치지 아니하도록 할 것. 다만, 층의 구분이 불분명한 부분은 그 부분을 다른 부분과 별도로 제연구획하여야 한다.

## 79 답 ①

기계제연방식

실내의 연기를 기계적인 동력을 이용하여 강제로 배출하는 방식으로 1종, 2종, 3종 기계제연으로 분류된다.

[기계제연의 분류]

| 기계제연의 종류 | 송풍기 | 배출기 |
|---|---|---|
| 제1종 기계제연 | ○ | ○ |
| 제2종 기계제연 | ○ | × |
| 제3종 기계제연 | × | ○ |

## 80 답 ③

하나의 제연구역의 면적은 $1,000m^2$ 이내로 할 것

제연구역의 구획기준

㉠ 하나의 제연구역의 면적은 $1,000m^2$ 이내로 할 것
㉡ 거실과 통로는 상호 제연구획할 것
㉢ 통로상의 제연구역은 보행중심선의 길이가 60m를 초과하지 아니할 것
㉣ 하나의 제연구역은 직경 60m원 내에 들어갈 수 있을 것
㉤ 하나의 제연구역은 2개 이상 층에 미치지 아니하도록 할 것. 다만, 층의 구분이 불분명한 부분은 그 부분을 다른 부분과 별도로 제연구획하여야 한다.

제연설비 주요 설치기준

① 배출구 설치기준 : 예상 제연구역의 각 부분으로부터 하나의 배출구까지의 수평거리는 10m 이내가 되도록 한다.
② 공기유입방식 및 유입구 설치기준 : 예상 제연구역에 공기가 유입되는 순간의 풍속은 초속 5m 이하가 되도록 한다. 유입구 구조는 공기를 하향 60° 이내로 분출할 수 있도록 하여야 한다.
③ 배출풍도(배출 덕트) 설치기준 : 배출기의 흡입 측 풍도 안의 풍속은 15m/s 이하로 하고, 배출 측 풍속은 20m/s 이하로 한다.
④ 유입풍도 설치기준 : 유입풍도 안의 풍속은 20m/s 이하로 한다.

## 81 답 ③

급기가압에서 필요한 플랩댐퍼는 일정 압에서 열리고 압력제어 범위에서 원하는 다량의 공기를 배출시켜야 한다.

플랩댐퍼

- 부속실 과압배출 목적으로 설치
- 승강로 가압 시 승강로의 압력이 높을 경우 승강기 문의 누설틈새가 부속실 방화문의 누설틈새 크기보다 크므로 부속실 과압 해소를 위해서 자동차압댐퍼와 별도로 미압 플랩댐퍼를 설치하여 압력을 배출하여야 한다.

## 82 답 ④

개방형 헤드를 사용하는 송수구의 호스 접결구는 각 송수구역마다 설치할 것. 다만, 송수구역을 선택할 수 있는 선택밸브가 설치되어 있고 각 송수구역의 주요구조부가 내화구조로 되어 있는 경우에는 그러하지 아니하다.

## 83 답 ④

## 84 답 ③

연결살수설비에는 자동 감지기능이 없는 수동식 소화설비이다.

연결살수설비

화재 시에 연기나 열기가 차기 쉬운 지하층을 대상으로 하여 소방 펌프차에서 송수구를 통해 압력수를 보내고, 살수 헤드에서 살수하여 소화하는 설비. 살수 헤드에는 폐쇄형과 개방형이 있다.

## 85 답 ②

$Q = 0.653D^2\sqrt{10P}$

여기서, $Q$ : 방수량($l$/min)
$D$ : 노즐직경(mm)
$P$ : 방수압(MPa)

∴ 방사압 4배, 노즐구경 2배 시 방수량은 8배
$[2^2 \times \sqrt{4} = 8]$

## 86 답 ②

달시 - 웨버식

$$h = \frac{\Delta P}{\gamma} = \frac{flu^2}{2gD}(\mathrm{m})$$

여기서, $h$ : 마찰손실(m), $\Delta P$ : 압력차(kg/m²)
$\gamma$ : 유체의 비중량
(물의 비중량 1,000kg/m³)
$f$ : 관의 마찰계수, $l$ : 관의 길이(m)
$u$ : 유체의 유속(m/sec)
$D$ : 관의 내경(m)

관마찰손실(h)

(1) 관마찰계수, 배관의 길이, 유속의 제곱에 비례한다.
(2) 중력가속도, 관의 직경에 반비례한다.

## 87 답 ①

발신기의 푸시버튼을 눌러도 수신기의 화재표시작동이 되지 않으면 발신기 접점의 불량상태이다.

## 88 답 ②

압력챔버의 역할

(1) 수격작용 방지
(2) 충압펌프의 자동기동
(3) 주펌프의 자동기동

## 89 답 ①

부착높이에 따른 감지기 종류

| 부착높이 | 감지기의 종류 |
|---|---|
| 4m 미만 | • 차동식(스포트형, 분포형)<br>• 보상식 스포트형<br>• 정온식(스포트형, 감지선형)<br>• 이온화식 또는 광전식(스포트형, 분리형, 공기흡입형)<br>• 열복합형<br>• 연기복합형<br>• 열연기복합형<br>• 불꽃감지기 |
| 4m 이상 8m 미만 | • 차동식(스포트형, 분포형)<br>• 보상식 스포트형<br>• 정온식(스포트형, 감지선형) 특종 또는 1종<br>• 이온화식 1종 또는 2종<br>• 광전식(스포트형, 분리형, 공기흡입형) 1종 또는 2종<br>• 열복합형<br>• 연기복합형<br>• 열연기복합형<br>• 불꽃감지기 |
| 8m 이상 15m 미만 | • 차동식 분포형<br>• 이온화식 1종 또는 2종<br>• 광전식(스포트형, 분리형, 공기흡입형) 1종 또는 2종<br>• 연기복합형<br>• 불꽃감지기 |
| 15m 이상 20m 미만 | • 이온화식 1종<br>• 광전식(스포트형, 분리형, 공기흡입형) 1종<br>• 연기복합형<br>• 불꽃감지기 |
| 20m 이상 | • 불꽃감지기<br>• 광전식(분리형, 공기흡입형) 중 아날로그 방식 |

## 90 답 ④

① 50층 이상인 건축물의 경우 스프링클러 수원의 양은 $N \times 4.8\mathrm{m}^3$이며, 옥상수원은 주수원의 1/3 이상
② 체절운전 시 토출압력은 정격토출압력의 140%를 초과하지 않아야 하고, 정격토출량의 150% 운전 시 토출압력은 정격토출압력의 65% 이상이어야 한다.
③ 성능시험배관은 펌프의 토출 측에 설치된 개폐밸브 이전에서 분기하여 설치하고, 유량측정장치를 기준으로 전단에는 개폐밸브를, 후단에는 유량조절밸브를 설치한다.

## 91 답 ①

용어정의

1. "경계구역"이란 특정소방대상물 중 화재신호를 발신하고 그 신호를 수신 및 유효하게 제어할 수 있는 구역을 말한다.
2. "수신기"란 감지기나 발신기에서 발하는 화재신호를 직접 수신하거나 중계기를 통하여 수신하여 화재의 발생을 표시 및 경보하여 주는 장치를 말한다.
3. "중계기"란 감지기 · 발신기 또는 전기적 접점 등의 작동에 따른 신호를 받아 이를 수신기의 제어반에 전송하는 장치를 말한다.
4. "감지기"란 화재 시 발생하는 열, 연기, 불꽃 또는 연소생성물을 자동적으로 감지하여 수신기에 발신하는 장치를 말한다.
5. "발신기"란 화재발생 신호를 수신기에 수동으로 발신하는 장치를 말한다.
6. "시각경보장치"란 자동화재탐지설비에서 발하는 화재신호를 시각경보기에 전달하여 청각장애인에게 점멸형태의 시각경보를 하는 것을 말한다.

## 92 답 ④

옥내소화전설비의 구성 요소

① 수원(옥상수원)
② 가압송수장치(펌프, 고가수조, 압력수조, 가압수조)

③ 배관(토출측 배관, 흡입측 배관, 성능시험배관, 순환배관, 주배관, 가지배관, 송수구
④ 함 및 방수구, 노즐
⑤ 전원(상용, 비상)
⑥ 제어반(감시제어반, 동력제어반)
⑦ 배선(내화배선, 내열배선)
⑧ 기타 : 압력계, 기동용 수압개폐장치(압력챔버), 진공계 또는 연성계, 물올림장치, 개폐밸브, 유량조절밸브, 유량계, 수위계 등
※ 말단시험장치는 스프링클러설비 구성요소이며 가지배관말단에 설치하며 말단시험장치에는 개폐밸브, 반사판 및 프레임이 제거된 개방형 헤드 또는 오리피스, 압력계를 설치한다.

## 93 답 ②

저장용기 설치장소 기준

① 방호구역 외의 장소에 설치할 것. 다만, 방호구역 내에 설치할 경우에는 피난 및 조작이 용이하도록 피난구 부근에 설치할 것
② 온도가 40℃ 이하이고 온도변화가 적은 곳에 설치할 것
③ 직사광선 및 빗물이 침투할 우려가 없는 곳에 설치할 것
④ 방화문으로 구획된 실에 설치할 것
⑤ 용기의 설치장소에는 당해 용기가 설치된 곳임을 표시하는 표지를 할 것
⑥ 용기 간의 간격은 점검에 지장이 없도록 3cm 이상의 간격을 유지할 것
⑦ 저장용기와 집합관을 연결하는 연결배관에는 체크밸브를 설치할 것. 다만, 저장용기가 하나의 방호구역만을 담당하는 경우에는 그러하지 아니하다.

## 94 답 ③

제연구역의 구획기준

㉠ 하나의 제연구역의 면적은 $1,000m^2$ 이내로 할 것
㉡ 거실과 통로는 상호 제연구획 할 것
㉢ 통로상의 제연구역은 보행중심선의 길이가 60m를 초과하지 아니할 것
㉣ 하나의 제연구역은 직경 60m원 내에 들어갈 수 있을 것
㉤ 하나의 제연구역은 2개 이상 층에 미치지 아니하도록 할 것. 다만, 층의 구분이 불분명한 부분은 그 부분을 다른 부분과 별도로 제연구획 하여야 한다.

## 95 답 ②

물분무소화설비의 수원 산정식

① 특수가연물을 저장 또는 취급하는 소방대상물

$Q = A(m^2) \times 10l/m^2 \cdot min \times 20min$

여기서, $Q$ : 수원($l$),
$A$ : 최대방수구역의 바닥면적 (최소 $50m^2$ 이상)

② 차고 또는 주차장

$Q = A(m^2) \times 20l/m^2 \cdot min \times 20min$

## 96 답 ①

P형 공통신호로 수신하고 R형은 고유신호로 수신한다.

## 97 답 ①

$2 \times 2.6m^3 \times 1/3 = 1.73m^3$

옥상수원의 양

옥내소화전설비의 수원은 제1항에 따라 산출된 유효수량 외에 유효수량의 3분의 1 이상을 옥상(옥내소화전 설비가 설치된 건축물의 주된 옥상을 말한다. 이하 같다)에 설치하여야 한다.

옥내소화전 수원의 양

옥내소화전설비의 수원은 그 저수량이 옥내소화전의 설치개수가 가장 많은 층의 설치개수(2개 이상 설치된 경우에는 2개)에 $2.6m^3$(호스릴옥내소화전설비를 포함한다)를 곱한 양 이상이 되도록 하여야 한다. 다만, 층수가 30층 이상 49층 이하는 $5.2m^3$를, 50층 이상은 $7.8m^3$를 곱한 양 이상이 되도록 하여야 한다.

- 30층 미만의 경우 : 수원의 양($m^3$)
  $= N \times 2.6m^3$ 이상 $= N \times 130l/min \times 20min$ 이상
- 30층 이상 49층 이하의 경우 : 수원의 양($m^3$)
  $= N \times 5.2m^3$ 이상 $= N \times 130l/min \times 40min$ 이상
- 50층 이상의 경우 : 수원의 양($m^3$)
  $= N \times 7.8m^3$ 이상 $= N \times 130l/min$ 이상

$N$ : 옥내소화전의 설치개수가 가장 많은 층의 설치 수 (30층 미만 : 2개, 30층 이상 : 5개)

## 98 답 ①

유도등의 비상전원은 다음 각 호의 기준에 적합하게 설치하여야 한다.

㉠ 축전지로 할 것
㉡ 유도등을 20분 이상 유효하게 작동시킬 수 있는 용량으로 할 것. 다만, 다음의 특정소방대상물의 경우에는 그 부분에서 피난층에 이르는 부분의 유도등을 60분 이상 유효하게 작동시킬 수 있는 용량으로 하여야 한다.
㉮ 지하층을 제외한 층수가 11층 이상의 층
㉯ 지하층 또는 무창층으로서 용도가 도매시장 · 소매시장 · 여객자동차터미널 · 지하역사 또는 지하상가

## 99 ④

물의 방사형태

㉠ 봉상주수 : 옥내소화전, 옥외소화전설비의 노즐에 의한 방사와 같이 대량의 물을 방사하는 방사형태

㉡ 적상(우상)주수 : 스프링클러설비의 헤드를 통한 방사와 같이 빗방울형태로 방사하는 방사형태

㉢ 무상(분무)주수 : 물분무소화설비 헤드를 통한 방사와 같이 물입자를 안개모양으로 미세하게 방사하는 형태로 분무주수의 물입자는 매우 미세하기 때문에 냉각효과 및 질식효과가 뛰어나며 전기절연성도 우수하여 전기화재에도 사용 가능하다.

## 100 ①

다음 각 호의 장소에는 연기감지기를 설치하여야 한다. 다만, 교차회로방식에 따른 감지기가 설치된 장소 또는 제1항 단서에 따른 감지기가 설치된 장소에는 그러하지 아니하다.

㉠ 계단 · 경사로 및 에스컬레이터 경사로

㉡ 복도(30m 미만의 것을 제외한다)

㉢ 엘리베이터 승강로(권상기실이 있는 경우에는 권상기실) · 린넨슈트 · 파이프 피트 및 덕트 기타 이와 유사한 장소

㉣ 천장 또는 반자의 높이가 15m 이상 20m 미만의 장소

㉤ 다음 각 목의 어느 하나에 해당하는 특정소방대상물의 취침 · 숙박 · 입원 등 이와 유사한 용도로 사용되는 거실〈신설 2015.1.23.〉

㉮ 공동주택 · 오피스텔 · 숙박시설 · 노유자시설 · 수련시설

㉯ 교육연구시설 중 합숙소

㉰ 의료시설, 근린생활시설 중 입원실이 있는 의원 · 조산원

㉱ 교정 및 군사시설

㉲ 근린생활시설 중 고시원

## CHAPTER 06 위험물성상 및 시설기준 100제

| | | | | | | | | | |
|---|---|---|---|---|---|---|---|---|---|
| 1 | 2 | 3 | 4 | 5 | 6 | 7 | 8 | 9 | 10 |
| ① | ④ | ① | ② | ② | ④ | ③ | ② | ① | ② |
| 11 | 12 | 13 | 14 | 15 | 16 | 17 | 18 | 19 | 20 |
| ④ | ① | ② | ② | ① | ④ | ② | ② | ④ | ④ |
| 21 | 22 | 23 | 24 | 25 | 26 | 27 | 28 | 29 | 30 |
| ① | ④ | ③ | ④ | ① | ② | ④ | ④ | ② | ② |
| 31 | 32 | 33 | 34 | 35 | 36 | 37 | 38 | 39 | 40 |
| ④ | ④ | ② | ① | ② | ② | ① | ① | ① | ③ |
| 41 | 42 | 43 | 44 | 45 | 46 | 47 | 48 | 49 | 50 |
| ② | ① | ② | ③ | ② | ① | ① | ② | ③ | ① |
| 51 | 52 | 53 | 54 | 55 | 56 | 57 | 58 | 59 | 60 |
| ④ | ② | ③ | ① | ④ | ① | ④ | ④ | ③ | ① |
| 61 | 62 | 63 | 64 | 65 | 66 | 67 | 68 | 69 | 70 |
| ③ | ④ | ④ | ③ | ① | ④ | ① | ④ | ④ | ② |
| 71 | 72 | 73 | 74 | 75 | 76 | 77 | 78 | 79 | 80 |
| ② | ④ | ② | ② | ① | ③ | ② | ② | ③ | ① |
| 81 | 82 | 83 | 84 | 85 | 86 | 87 | 88 | 89 | 90 |
| ① | ② | ② | ③ | ④ | ① | ④ | ③ | ② | ③ |
| 91 | 92 | 93 | 94 | 95 | 96 | 97 | 98 | 99 | 100 |
| ② | ④ | ③ | ③ | ① | ④ | ④ | ② | ② | ② |

### 01 답 ①

제1류 위험물의 일반적인 성질

(1) 모두 무기화합물로서 대부분 무색 결정 또는 백색분말의 산화성 고체이다.
(2) 강산화성 물질이며 불연성 고체이다.
(3) 가열, 충격, 마찰, 타격으로 분해하여 산소를 방출하여 가연물의 연소를 도와준다.
(4) 비중은 1보다 크며 물에 녹는 것도 있고 질산염류와 같이 조해성이 있는 것도 있다.
(5) 대부분 물에 잘 녹는다.
(6) 가열하여 용융된 진한 용액은 가연성 물질과 접촉 시 혼촉발화의 위험이 있다.

### 02 답 ④

인화성 액체 : 제4류 위험물

### 03 답 ①

금속분화재는 건조사 피복, 팽창질석, 팽창진주암, 금속화재용 분말소화약제로 소화하여야 한다.

### 04 답 ①

① 질산에스테르류 – 자기반응성 물질 – 10kg
③ 아염소산염류 – 산화성 고체 – 50kg
④ 칼륨 · 나트륨 – 금수성 물질 – 10kg

### 05 답 ②

가연성 고체

| 품 명 | 주의사항 | 게시판 표시 |
|---|---|---|
| 제2류 위험물(인화성 고체)<br>제3류 위험물(자연발화성 물질)<br>제4류 위험물, 제5류 위험물 | 화기엄금 | 적색바탕에 백색문자 |
| 제1류 위험물(알칼리금속의 과산화물)<br>제3류 위험물(금수성 물질) | 물기엄금 | 청색바탕에 백색문자 |
| 제2류 위험물 | 화기주의 | 적색바탕에 백색문자 |

### 06 답 ④

채광 · 조명 및 환기설비

1. 채광설비는 불연재료로 하고, 연소의 우려가 없는 장소에 설치하되 채광면적을 최소로 할 것
2. 조명설비는 다음 기준에 적합하게 설치할 것
   ① 가연성 가스 등이 체류할 우려가 있는 장소의 조명등은 방폭등으로 할 것
   ② 전선은 내화 · 내열전선으로 할 것
   ③ 점멸스위치는 출입구 바깥부분에 설치할 것. 다만, 스위치의 스파크로 인한 화재 · 폭발의 우려가 없을 경우에는 그러하지 아니하다.
3. 환기설비는 다음의 기준에 의할 것
   ① 환기는 자연배기방식으로 할 것
   ② 급기구는 당해 급기구가 설치된 실의 바닥면적 150m$^2$마다 1개 이상으로 하되, 급기구의 크기는 800cm$^2$ 이상으로 할 것. 다만 바닥면적이 150m$^2$ 미만인 경우에는 다음의 크기로 하여야 한다.

| 바닥면적 | 급기구의 면적 |
|---|---|
| 60m$^2$ 미만 | 150cm$^2$ 이상 |
| 60m$^2$ 이상 90m$^2$ 미만 | 300cm$^2$ 이상 |
| 90m$^2$ 이상 120m$^2$ 미만 | 450cm$^2$ 이상 |
| 120m$^2$ 이상 150m$^2$ 미만 | 600cm$^2$ 이상 |

   ③ 급기구는 낮은 곳에 설치하고 가는 눈의 구리망 등으로 인화방지망을 설치할 것
   ④ 환기구는 지붕 위 또는 지상 2m 이상의 높이에 회전식 고정벤틸레이터 또는 루프팬방식으로 설치할 것

## 07 답 ③

제5류 위험물

자기반응성(연소성) 물질

## 08 답 ②

제4류 위험물의 분류

① 특수인화물 : 이황화탄소, 디에틸에테르 그 밖에 1기압에서 발화점이 100℃ 이하인 것 또는 인화점이 －20℃ 이하이고 비점이 40℃ 이하인 것
② 제1석유류 : 아세톤, 휘발유 그 밖에 1기압에서 인화점이 21℃ 미만인 것
③ 알코올류 : 1분자를 구성하는 탄소원자의 수가 1개부터 3개까지인 포화 1가 알코올(변성 알코올을 포함한다)
④ 제2석유류 : 등유, 경유 그 밖에 1기압에서 인화점이 21℃ 이상 70℃ 미만인 것
⑤ 제3석유류 : 중유, 크레오소트유 그 밖에 1기압에서 인화점이 70℃ 이상 200℃ 미만인 것
⑥ 제4석유류 : 기어유, 실린더유 그 밖에 1기압에서 인화점이 200℃ 이상 250℃ 미만인 것
⑦ 동식물유류 : 동물의 지육 등 또는 식물의 종자나 과육에서 추출한 것으로서 1기압에서 인화점이 250℃ 미만인 것

## 09 답 ①

수납하는 위험물에 따라 다음의 규정에 의한 주의사항

㉠ 제1류 위험물 중 알칼리금속의 과산화물 또는 이를 함유한 것에 있어서는 “화기 · 충격주의”, “물기엄금” 및 “가연물접촉주의”, 그 밖의 것에 있어서는 “화기 · 충격주의” 및 “가연물접촉주의”
㉡ 제2류 위험물 중 철분 · 금속분 · 마그네슘 또는 이들 중 어느 하나 이상을 함유한 것에 있어서는 “화기주의” 및 “물기엄금”, 인화성 고체에 있어서는 “화기엄금”, 그 밖의 것에 있어서는 “화기주의”
㉢ 제3류 위험물 중 자연발화성 물질에 있어서는 “화기엄금” 및 “공기접촉엄금”, 금수성 물질에 있어서는 “물기엄금”
㉣ 제4류 위험물에 있어서는 “화기엄금”
㉤ 제5류 위험물에 있어서는 “화기엄금” 및 “충격주의”
㉥ 제6류 위험물에 있어서는 “가연물접촉주의”

## 10 답 ②

“위험물”이라 함은 인화성 또는 발화성 등의 성질을 가지는 것으로서 대통령령이 정하는 물품을 말한다.

## 11 답 ④

저장소의 구분

| 지정수량 이상의 위험물을 저장하기 위한 장소 | 저장소의 구분 |
|---|---|
| 1. 옥내(지붕과 기둥 또는 벽 등에 의하여 둘러싸인 곳을 말한다. 이하 같다)에 저장(위험물을 저장하는 데 따르는 취급을 포함한다. 이하 이 표에서 같다)하는 장소. 다만, 제3호의 장소를 제외한다. | 옥내저장소 |
| 2. 옥외에 있는 탱크(제4호 내지 제6호 및 제8호에 규정된 탱크를 제외한다. 이하 제3호에서 같다)에 위험물을 저장하는 장소 | 옥외탱크 저장소 |
| 3. 옥내에 있는 탱크에 위험물을 저장하는 장소 | 옥외탱크 저장소 |
| 4. 지하에 매설된 탱크에 위험물을 저장하는 장소 | 지하탱크 저장소 |
| 5. 간이탱크에 위험물을 저장하는 장소 | 간이탱크 저장소 |
| 6. 차량(피견인자동차에 있어서는 앞차축을 갖지 아니하는 것으로서 피견인자동차의 일부가 견인자동차에 적재되고 당해 피견인자동차와 그 적재물의 중량의 상당부분이 견인자동차에 의하여 지탱되는 구조의 것에 한한다.)에 고정된 탱크에 위험물을 저장하는 장소 | 이동탱크 저장소 |
| 7. 옥외에 다음 각 목의 1에 해당하는 위험물을 저장하는 장소. 다만, 제2호의 장소를 제외한다.)<br>가. 제2류 위험물 중 유황 또는 인화성 고체(인화점이 섭씨 0도 이상인 것에 한한다.)<br>나. 제4류 위험물 중 제1석유류(인화점이 섭씨 0도 이상인 것에 한한다.) · 알코올류 · 제2석유류 · 제3석유류 · 제4석유류 및 동식물유류<br>다. 제6류 위험물<br>라. 제2류 위험물 및 제4류 위험물 중 특별시 · 광역시 또는 도의 조례에서 정하는 위험물(「관세법」 제154조의 규정에 의한 보세구역 안에 저장하는 경우에 한한다.)<br>마. 「국제해사기구에 관한 협약」에 의하여 설치된 국제해사기구가 채택한 「국제해상위험물규칙(IMDG Code)」에 적합한 용기에 수납된 위험물 | 옥외저장소 |
| 8. 암반 내의 공간을 이용한 탱크에 액체의 위험물을 저장하는 장소 | 암반탱크 저장소 |

## 12 답 ①

“지정수량”이라 함은 위험물의 종류별로 위험성을 고려하여 대통령령이 정하는 수량으로서 제6호의 규정에 의한 제조소 등의 설치허가 등에 있어서 최저의 기준이 되는 수량을 말한다.

## 13 답 ②

제2류 위험물

| 위험등급 | 품명 | 지정수량 | 위험등급 | 품명 | 지정수량 |
|---|---|---|---|---|---|
| II | 황화린<br>적린<br>유황 | 100kg | III | 철분<br>마그네슘<br>금속분 | 500kg |
| | | | | 인화성 고체 | 1,000kg |
| | | | 기타 | 그 밖에 행정안전부령으로 정하는 것 | 100kg<br>또는<br>500kg |

## 14 답 ②

동일한 장소에 저장할 수 있는 위험물의 종류

[1류, 6류], [2류, 4류, 5류] [3류, 4류]

## 15 답 ①

제4류 위험물

| 위험등급 | 품명 | | 지정수량 | 위험등급 | 품명 | | 지정수량 |
|---|---|---|---|---|---|---|---|
| I | 특수인화물 | | 50L | III | 제2석유류 | 비수용성 액체 | 1,000L |
| | | | | | | 수용성 액체 | 2,000L |
| II | 제1석유류 | 비수용성 액체 | 200L | | 제3석유류 | 비수용성 액체 | 2,000L |
| | | 수용성 액체 | 400L | | | 수용성 액체 | 4,000L |
| | 알코올류 | | 400L | | 제4석유류 | | 6,000L |
| | | | | | 동식물유류 | | 10,000L |

## 16 답 ④

위험물안전관리법 제13조(과징금 처분)

① 시 · 도지사는 제12조 각 호의 어느 하나에 해당하는 경우로서 제조소 등에 대한 사용의 정지가 그 이용자에게 심한 불편을 주거나 그 밖에 공익을 해칠 우려가 있는 때에는 사용정지처분에 갈음하여 2억 원 이하의 과징금을 부과할 수 있다.〈개정 2016. 1. 27.〉

## 17 답 ②

"알코올류"라 함은 1분자를 구성하는 탄소원자의 수가 1개부터 3개까지인 포화1가 알코올(변성 알코올을 포함한다)을 말한다. 다만, 다음 각 목의 1에 해당하는 것은 제외한다.

가. 1분자를 구성하는 탄소원자의 수가 1개 내지 3개의 포화1가 알코올의 함유량이 60중량퍼센트 미만인 수용액

나. 가연성 액체량이 60중량퍼센트 미만이고 인화점 및 연소점(태그개방식 인화점 측정기에 의한 연소점을 말한다. 이하 같다)이 에틸알코올 60중량퍼센트 수용액의 인화점 및 연소점을 초과하는 것

## 18 답 ②

위험물안전관리법 시행령 제15조(관계인이 예방규정을 정하여야 하는 제조소 등)

법 제17조 제1항에서 "대통령령이 정하는 제조소 등"이라 함은 다음 각 호의 1에 해당하는 제조소 등을 말한다.

1. 지정수량의 10배 이상의 위험물을 취급하는 제조소
2. 지정수량의 100배 이상의 위험물을 저장하는 옥외저장소
3. 지정수량의 150배 이상의 위험물을 저장하는 옥내저장소
4. 지정수량의 200배 이상의 위험물을 저장하는 옥외탱크저장소
5. 암반탱크저장소
6. 이송취급소
7. 지정수량의 10배 이상의 위험물을 취급하는 일반취급소. 다만, 제4류 위험물(특수인화물을 제외한다)만을 지정수량의 50배 이하로 취급하는 일반취급소(제1석유류 · 알코올류의 취급량이 지정수량의 10배 이하인 경우에 한한다.)로서 다음 각 목의 어느 하나에 해당하는 것을 제외한다.
   가. 보일러 · 버너 또는 이와 비슷한 것으로서 위험물을 소비하는 장치로 이루어진 일반취급소
   나. 위험물을 용기에 옮겨 담거나 차량에 고정된 탱크에 주입하는 일반취급소

## 19 답 ④

아세트알데히드, 산화프로필렌은 구리, 은, 마그네슘, 수은 및 그 합금과 반응하여 폭발성인 아세틸라이트를 생성한다.

## 20 답 ④

① 주유공지 : 주유취급소의 고정주유설비(펌프기기 및 호스기기로 되어 위험물을 자동차 등에 직접 주유하기 위한 설비로서 현수식의 것을 포함한다. 이하 같다)의 주위에는 주유를 받으려는 자동차 등이 출입할 수 있도록 너비 15m 이상, 길이 6m 이상의 콘크리트 등으로 포장한 공지("주유공지")를 보유하여야 한다.

② 급유공지(급유공지 규격없음) : 고정급유설비(펌프기기 및 호스기기로 되어 위험물을 용기에 옮겨 담거나 이동저장탱크에 주입하기 위한 설비로서 현수식의 것을 포함한다)를

설치하는 경우에는 고정급유설비의 호스기기의 주위에 필요한 공지("급유공지")를 보유하여야 한다.

③ 캐노피 설치 기준(캐노피 면적기준 없음) : 주유취급소에는 캐노피를 설치하는 경우, 다음 기준에 의할 것
  1) 배관이 캐노피 내부를 통과할 경우에는 1개 이상의 점검구를 설치할 것
  2) 캐노피 외부의 점검이 곤란한 장소에 배관을 설치하는 경우에는 용접이음으로 할 것
  3) 캐노피 외부의 배관이 일광열의 영향을 받을 우려가 있는 경우에는 단열재로 피복할 것

④ 표지 및 게시판 : 주유취급소에는 별표 4 Ⅲ제1호의 기준에 준하여 보기 쉬운 곳에 "위험물 주유취급소"라는 표시를 한 표지, 동표 Ⅲ제2호의 기준에 준하여 방화에 관하여 필요한 사항을 게시한 게시판 및 황색바탕에 흑색문자로 "주유중엔진정지"라는 표시를 한 게시판을 설치하여야 한다.

## 21 답 ①

위험물안전관리법

제33조(벌칙)

① 제조소 등에서 위험물을 유출·방출 또는 확산시켜 사람의 생명·신체 또는 재산에 대하여 위험을 발생시킨 자는 1년 이상 10년 이하의 징역에 처한다.
② 제1항의 규정에 따른 죄를 범하여 사람을 상해(傷害)에 이르게 한 때에는 무기 또는 3년 이상의 징역에 처하며, 사망에 이르게 한 때에는 무기 또는 5년 이상의 징역에 처한다.

제34조(벌칙)

① 업무상 과실로 제조소 등에서 위험물을 유출·방출 또는 확산시켜 사람의 생명·신체 또는 재산에 대하여 위험을 발생시킨 자는 7년 이하의 금고 또는 7천만 원 이하의 벌금에 처한다.
② 제1항의 죄를 범하여 사람을 사상(死傷)에 이르게 한 자는 10년 이하의 징역 또는 금고나 1억 원 이하의 벌금에 처한다.

## 22 답 ④

제5류 위험물

1. 외부로부터 산소의 공급 없이도 가열, 충격 등에 의해 연소폭발을 일으킬 수 있는 물질이다.
2. 모두 가연성의 액체 또는 고체물질이고, 연소할 때에는 다량의 가스가 발생한다.
3. 대부분 물에 잘 녹지 않는 비수용성이며, 모두 물과 반응하는 물질이 아니다.
4. 히드라진유도체류를 제외하고는 유기화합물임, 유기과산화물류를 제외하고는 질소를 함유한 유기질소화합물이다.

## 23 답 ③

제1류 위험물의 공통성질

ⓐ 대부분 무색결정 또는 백색분말로서 비중이 1보다 크다.(무기화합물)
ⓑ 대부분 물에 잘 녹는다.(염소산칼륨($KClO_3$)과 과염소산칼륨($KClO_4$)은 물에 잘 녹지 않고 온수에 잘 녹음)
ⓒ 일반적으로 불연성이다.
ⓓ 산소를 많이 함유하고 있는 강산화제이다.
ⓔ 반응성이 풍부하여 열, 타격, 마찰 또는 분해를 촉진하는 약품과 접촉하여 산소를 발생한다.

## 24 답 ④

다음 각 호의 어느 하나에 해당하는 제조소 등의 경우에는 허가를 받지 아니하고 당해 제조소 등을 설치하거나 그 위치·구조 또는 설비를 변경할 수 있으며, 신고를 하지 아니하고 위험물의 품명·수량 또는 지정수량의 배수를 변경할 수 있다.

1. 주택의 난방시설(공동주택의 중앙난방시설을 제외한다)을 위한 저장소 또는 취급소
2. 농예용·축산용 또는 수산용으로 필요한 난방시설 또는 건조시설을 위한 지정수량 20배 이하의 저장소

## 25 답 ①

취급소의 종류

주유취급소, 판매취급소, 일반취급소, 이송취급소

## 26 답 ②

제2류위험물

황화린, 적린, 유황, 철분, 마그네슘분, 금속분류, 인화성 고체

## 27 답 ④

환기설비는 다음의 기준에 의할 것

① 환기는 자연배기방식으로 할 것
② 급기구는 당해 급기구가 설치된 실의 바닥면적 150$m^2$마다 1개 이상으로 하되, 급기구의 크기는 800$cm^2$ 이상으로 할 것. 다만 바닥면적이 150$m^2$ 미만인 경우에는 다음의 크기로 하여야 한다.

| 바닥면적 | 급기구의 면적 |
|---|---|
| 60$m^2$ 미만 | 150$cm^2$ 이상 |
| 60$m^2$ 이상 90$m^2$ 미만 | 300$cm^2$ 이상 |
| 90$m^2$ 이상 120$m^2$ 미만 | 450$cm^2$ 이상 |
| 120$m^2$ 이상 150$m^2$ 미만 | 600$cm^2$ 이상 |

③ 급기구는 낮은 곳에 설치하고 가는 눈의 구리망 등으로 인화방지망을 설치할 것
④ 환기구는 지붕 위 또는 지상 2m 이상의 높이에 회전식 고정벤틸레이터 또는 루프팬 방식으로 설치할 것

## 28 답 ④

불활성 기체를 봉입한다.

## 29 답 ②

- 주유취급소의 주유 중 엔진정지 : 황색바탕에 흑색문자
- 이동탱크저장소의 위험물 표지 : 흑색바탕에 황색반사도료

## 30 답 ②

"인화성 고체"라 함은 고형 알코올, 그 밖에 1기압에서 인화점이 섭씨 40도 미만인 고체를 말한다.

## 31 답 ④

위험물제조소 등 게시판 : 백색바탕에 흑색문자

**표지 및 게시판**

1. 제조소에는 보기 쉬운 곳에 "위험물 제조소"라는 표시를 한 표지를 설치하여야 한다.
   ① 표지는 한 변의 길이가 0.3m 이상, 다른 한 변의 길이가 0.6m 이상인 직사각형으로 할 것
   ② 표지의 바탕은 백색으로, 문자는 흑색으로 할 것
2. 제조소에는 보기 쉬운 곳에 방화에 관하여 필요한 사항을 게시한 게시판을 설치하여야 한다.
   ① 게시판은 한 변의 길이가 0.3m 이상, 다른 한 변의 길이가 0.6m 이상인 직사각형으로 할 것
   ② 게시판에는 저장 또는 취급하는 위험물의 유별 · 품명 및 저장최대수량 또는 취급최대수량, 지정수량의 배수 및 안전관리자의 성명 또는 직명을 기재할 것
   ③ 게시판의 바탕은 백색으로, 문자는 흑색으로 할 것
3. 주의사항을 표시한 게시판을 설치할 것
   위험물 중 인화성 고체, 제3류 위험물 중 자연발화성 물질, 제4류 위험물 또는 제5류 위험물에 있어서는 "화기엄금"

**주의사항 게시판의 색**

㉠ "물기엄금"을 표시하는 것에 있어서는 청색바탕에 백색문자
㉡ "화기주의" 또는 "화기엄금"을 표시하는 것에 있어서는 적색바탕에 백색문자

## 32 답 ④

## 33 답 ②

위험물 운송에 관한 기준은 별도 고시로 정한다.

## 34 답 ①

"가연성 고체"라 함은 고체로서 화염에 의한 발화의 위험성 또는 인화의 위험성을 판단하기 위하여 고시로 정하는 시험에서 고시로 정하는 성질과 상태를 나타내는 것을 말한다.

## 35 답 ②

$K_2$(칼륨) + $2H_2O$ → 2KOH(수산화칼륨) + $H_2$↑

## 36 답 ②

**제2류 위험물의 저장 및 취급방법**

ⓐ 점화원으로부터 멀리하고 가열을 피할 것
ⓑ 산화제와의 접촉을 피할 것
ⓒ 철분, 마그네슘, 금속분류는 산 또는 물과의 접촉을 피할 것
ⓓ 용기 등의 파손으로 위험물의 누설에 주의할 것

**제2류 위험물의 소화방법**

ⓐ 주수에 의한 냉각소화(황화린, 적린, 유황, 인화성 고체)
ⓑ 마그네슘, 철분, 금속분류는 건조사 피복에 의한 질식소화

| 품 명 | 주의사항 | 게시판 표시 |
|---|---|---|
| 제2류 위험물(인화성 고체)<br>제3류 위험물(자연발화성 물질)<br>제4류 위험물, 제5류 위험물 | 화기엄금 | 적색바탕에 백색문자 |
| 제1류 위험물(알칼리금속의 과산화물)<br>제3류 위험물(금수성 물질) | 물기엄금 | 청색바탕에 백색문자 |
| 제2류 위험물 | 화기주의 | 적색바탕에 백색문자 |

## 37 답 ①

- 제2류 위험물 – 철분과 황화린은 주수소화가 불가능하다.(철분 : 금수성, 황화린 : 유독가스 방출)
- 제3류 위험물 – 황린만 주수소화 가능하고, 나머지 위험물은 주수소화가 불가능하다.(금수성)
- 제5류 위험물 – 모든 5류 위험물은 주수소화가 가능하다.

## 38 답 ①

제1류 위험물의 일반적인 성질

(1) 모두 무기화합물로서 대부분 무색 결정 또는 백색분말의 산화성 고체이다.
(2) 강산화성 물질이며 불연성 고체이다.
(3) 가열, 충격, 마찰, 타격으로 분해하여 산소를 방출하여 가연물의 연소를 도와준다.
(4) 비중은 1보다 크며 물에 녹는 것도 있고 질산염류와 같이 조해성이 있는 것도 있다.
(5) 대부분 물에 잘 녹는다.
(6) 가열하여 용융된 진한 용액은 가연성 물질과 접촉 시 혼촉발화의 위험이 있다.

## 39 답 ①

$CO_2$ 소화설비의 적응성

제2류 위험물의 인화성 고체, 제4류 위험물

## 40 답 ③

제4류 위험물의 특성

(1) 인화성 액체로서 인화의 위험이 높다.
(2) 증기는 공기보다 무겁다.

$$\text{증기비중} = \frac{\text{분자량}}{29}$$

(3) 연소범위는 각 물질마다 다르다.

| 종류 | 에테르 | 이황화탄소 | 아세톤 | 경유 |
|---|---|---|---|---|
| 연소범위 | 1.9~48% | 1.2~44% | 2.6~12.8% | 1~6% |

(4) 밀폐공간의 증기는 점화원에 의해 연소한다.

## 41 답 ②

제4류 위험물의 분류

| 품명 | 구분 | 종류 |
|---|---|---|
| 특수인화물 | ① 1기압에서 발화점이 100℃ 이하<br>② 인화점이 영하 20℃ 이하이고 비점이 40℃ 이하 | 이황화탄소, 디에틸에테르, 아세트알데히드, 산화프로필렌, 이소프렌, 이소펜탄 |
| 제1석유류 | 인화점이 섭씨 21℃ 미만 | 아세톤, 휘발유, 벤젠, 톨루엔, 메틸에틸케톤(MEK), 피리딘, 초산메틸, 초산에틸, 의산메틸, 의산에틸 |
| 알코올류 | $C_1$~$C_3$까지의 농도가 60% 이상인 포화 1가 알코올 | 메틸알코올, 에틸알코올, 프로필알코올 |
| 제2석유류 | 인화점이 섭씨 21℃ 이상 70℃ 미만 | 등유, 경유, 초산, 의산, 테레핀유, 클로로벤젠, 스틸렌, 에틸벤젠, 메틸셀로솔브, 에틸셀로솔브, 크실렌, 아크릴산, 장뇌유, 송근유 등 |
| 제3석유류 | 인화점이 섭씨 70℃ 이상 200℃ 미만 | 중유, 클레오소트유, 니트로벤젠, 아닐린, 메타크레졸, 글리세린, 에틸렌글리콜, 담금질유 등 |
| 제4석유류 | 인화점이 섭씨 200℃ 이상 250℃ 미만 | 기어유, 실린더유, 가소제, 담금질유, 절삭유, 방청류, 윤활유 등 |
| 동식물유류 | 동물의 지육 등 또는 식물의 종자나 과육으로부터 추출한 것으로서 1기압에서 인화점이 섭씨 250℃ 미만인 것 | 건성유, 반건성유, 불건성유 |

## 42 답 ①

동식물유류

(1) 건성유는 공기 중의 산소와 반응하여 자연발화를 일으킨다.
(2) 요오드값이 클수록 불포화결합은 크다.
(3) 불포화도가 크면 산소와의 결합이 쉽다.
(4) 요오드값

| 구분 | 요오드값 | 종류 |
|---|---|---|
| 건성유 | 130 이상 | 아마인유, 해바라기유, 들기름, 정어리기름, 동유, 상어유 |
| 반건성유 | 100~130 | 참기름, 콩기름, 채종유, 청어유, 옥수수기름, 면실유 |
| 불건성유 | 100 이하 | 피마자유, 올리브유, 야자유, 돼지기름, 쇠기름, 고래기름 |

## 43 답 ②

제1류 위험물(산화성 고체)과 제2류 위험물(환원성 물질)은 혼합하면 발화의 위험성이 따른다.

## 44 답 ③

무기과산화물의 일반적인 성질

(1) 대부분 무색 결정 또는 백색분말의 고체이다.
(2) 강산화성 물질이며 불연성 고체이다.
(3) 가열, 충격, 마찰, 타격으로 분해하여 산소를 방출하여 가연물의 연소를 도와준다.
(4) 비중은 1보다 크며 물에 녹는 것도 있고 질산염류와 같이 조해성이 있는 것도 있다.

(5) 물과 반응하면 조연성 가스인 산소를 발생한다.

무기과산화물 : 과산화칼륨($K_2O_2$), 과산화나트륨($Na_2O_2$)

### 45 답 ②

자연발화의 조건

(1) 주위의 온도가 높을 것
(2) 열전도율이 적을 것
(3) 발열량이 클 것
(4) 표면적이 넓을 것(분말상태이면 표면적이 넓다.)
(5) 방열속도가 발열속도보다 느리다.
(6) 공기의 이동이 적어야 할 것

자연발화 방지법
① 습도를 낮게 할 것
② 주위의 온도를 낮출 것
③ 통풍을 잘 시킬 것
④ 불활성 가스를 주입하여 공기와 접촉을 피할 것

### 46 답 ①

황린($P_4$)은 자연발화면 백색의 흰 연기(오산화인$=P_2O_5$)를 낸다.

### 47 답 ①

이황화탄소

제4류 위험물 중 착화온도(100℃)가 가장 낮고 물속에 저장한다.

### 48 답 ②

금속분(아연, 알루미늄)은 물과 반응하면 수소($H_2$)가스를 발생하므로 위험하다.

### 49 답 ③

칼륨과 물의 반응식

$2K+2H_2O \rightarrow 2KOH+H_2+Q$(발열반응)

### 50 답 ①

과산화수소의 분해반응식

$H_2O_2 \rightarrow H_2O+[O]$(발생기 산소)

$2H_2O_2 \rightarrow 2H_2O+O_2$

### 51 답 ④

- 칼륨, 나트륨의 보호액
- 등유, 경유, 유동파라핀

### 52 답 ②

제4류 위험물의 인화점

| 종류 | 에테르 | 이황화탄소 | 아세트알데히드 | 산화프로필렌 | 아세톤 | 휘발유 | 벤젠 |
|---|---|---|---|---|---|---|---|
| 인화점(℃) | −45 | −30 | −38 | −37 | −18 | −43~−20 | −11 |

### 53 답 ③

위험물의 소화방법

| 종류 | 성질 | 소화방법 |
|---|---|---|
| 제1류 위험물 | 산화성 고체 | 냉각소화<br>(무기과산화물 : 마른 모래, 탄산수소염류의 질식소화) |
| 제2류 위험물 | 가연성 고체<br>(환원성 물질) | 냉각소화<br>(철분, 마그네슘, 금속분 : 마른 모래, 탄산수소염류의 질식소화) |
| 제3류 위험물 | 자연발화성 및 금수성 물질 | 마른 모래, 팽창질석, 팽창진주암, 탄산수소염류의 질식소화 |
| 제4류 위험물 | 인화성 액체 | 질식소화<br>(포말, 이산화탄소, 할로겐화합물, 분말약제 등) |
| 제5류 위험물 | 자기연소성 물질 | 화재 초기에 다량의 주수소화 |
| 제6류 위험물 | 산화성 액체 | 초기에는 다량의 주수소화, 본격적인 것은 질식소화 |

제4류 위험물 : 공기를 차단하여 질식소화

### 54 답 ①

제6류 위험물의 공통성질

(1) 산화성 액체이며 무기화합물로 이루어져 형성된다.
(2) 무색, 투명하며 비중은 1보다 크고, 표준상태에서는 모두가 액체이다.
(3) 과산화수소를 제외하고 강산성 물질이며 물에 녹기 쉽다.
(4) 불연성 물질이며 가연물, 유기물 등과의 혼합으로 발화한다.
(5) 증기는 유독하며 피부와 접촉 시 점막을 부식시킨다.

### 55 답 ④

유기과산화물(제5류 위험물)은 산화제와 멀리하여야 한다.

## 56 
답 ①

동식물유류

(1) 건성유는 공기 중의 산소와 반응하여 자연발화를 일으킨다.

(2) 요오드값이 클수록 불포화결합은 크다.

(3) 불포화도가 크면 산소와의 결합이 쉽다.

(4) 요오드값

| 구분 | 요오드값 | 종류 |
|---|---|---|
| 건성유 | 130 이상 | 아마인유, 해바라기유, 들기름, 정어리기름, 동유, 상어유 |
| 반건성유 | 100~130 | 참기름, 콩기름, 채종유, 청어유, 옥수수기름, 면실유 |
| 불건성유 | 100 이하 | 피마자유, 올리브유, 야자유, 돼지기름, 쇠기름, 고래기름 |

## 57 
답 ④

위험물의 성질

| 구분 | 제1류 위험물 | 제2류 위험물 | 제3류 위험물 | 제4류 위험물 | 제5류 위험물 | 제6류 위험물 |
|---|---|---|---|---|---|---|
| 성질 | 산화성 고체 | 가연성 고체 | 자연 발화성 및 금수성 물질 | 인화성 액체 | 자기 반응성 물질 | 산화성 액체 |

## 58 
답 ④

정전기 방지법

(1) 접지를 할 것

(2) 공기를 이온화 할 것

(3) 상대습도를 70% 이상으로 할 것

(4) 유속을 느리게(1m/sec 이하) 할 것

## 59 
답 ③

인화석회(인화칼슘)

$Ca_3P_2 + 6H_2O \rightarrow 2PH_3 + 3Ca(OH)_2$

※ $PH_3$ : 인화수소(포스핀)

## 60 
답 ①

- 탄화칼슘
  $CaC_2 + 2H_2O \rightarrow Ca(OH)_2 + C_2H_2\uparrow + 27.8kcal$
- 수소화알루미늄리튬
  $LiAlH_4 + 4H_2O \rightarrow LiOH + AL(OH)_3 + 4H_2$
- 탄화알루미늄
  $Al_4C_3 + 12H_2O \rightarrow 4Al(OH)_3 + 3CH_4$

## 61 
답 ③

위험물의 혼재 가능

위험물안전관리법 시행규칙 별표 19

| 위험물의 구분 | 제1류 | 제2류 | 제3류 | 제4류 | 제5류 | 제6류 |
|---|---|---|---|---|---|---|
| 제1류 | | × | × | × | × | ○ |
| 제2류 | × | | × | ○ | ○ | × |
| 제3류 | × | × | | ○ | × | × |
| 제4류 | × | ○ | ○ | | ○ | × |
| 제5류 | × | ○ | × | ○ | | × |
| 제6류 | ○ | × | × | × | × | |

[비고]

1. "×"표시는 혼재할 수 없음을 표시한다.
2. "○"표시는 혼재할 수 있음을 표시한다.
3. 이 표는 지정수량의 $\frac{1}{10}$ 이하의 위험물에 대하여는 적용하지 아니한다.

제2류 위험물(적린, 유황, 철)+제4류 위험물=혼재 가능

## 62 
답 ④

제6류 위험물(3종류) : 질산, 과산화수소, 과염소산

## 63 
답 ④

(1) 제4류 위험물 제2석유류(비수용성)의 지정수량 : $1,000l$

(2) 위험물의 1소요단위 : 지정수량의 10배

$\therefore$ 소요단위$=\frac{저장량}{지정수량 \times 10}=\frac{40,000l}{1,000l \times 10}=4$단위

## 64 
답 ③

제3류 위험물의 성질

(1) 황린을 제외한 제3류 위험물은 주수소화는 불가능하다.

(2) 자연발화성 및 금수성 물질이다.

(3) 대부분 무기화합물이다.

(4) 저장 시는 칼륨과 나트륨은 석유류(등유, 경유, 유동파라핀) 속에 저장하여야 한다.

## 65 
답 ①

금속분, 마그네슘은 위험등급 Ⅲ에 해당한다.

**66** 답 ④

고정주유설비의 펌프기기는 주유관 선단에서의 최대 토출량(위험물법 규칙 별표 13)

| 위험물 | 제1석유류(휘발유) | 등유 | 경유 |
|---|---|---|---|
| 토출량 | 50l/min 이하 | 80l/min 이하 | 180l/min 이하 |

**67** 답 ①

② 2류 위험물은 산소를 가지고 있지 않음
③ 3류 위험물 중 자연발화성 물질은 공기와의 접촉을 방지하고 금수성 물질은 수분침투, 접촉을 방지하여야 함
④ 5류 위험물은 주수, 냉각소화하여야 하는 물질

**68** 답 ④

제5류 위험물은 주수냉각소화 가능

**69** 답 ④

피뢰침 설치

지정수량의 10배 이상(제6류 위험물은 제외)(위험물법 규칙 별표 4)

**70** 답 ②

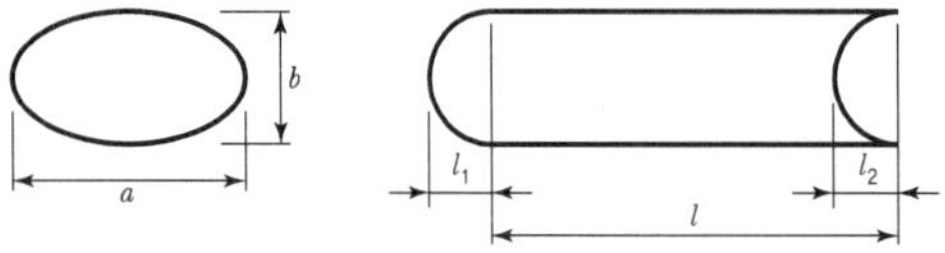


내용적 $V=\frac{\pi ab}{4}\left(l+\frac{l_1-l_2}{3}\right)$

**71** 답 ②

방유제의 설치 기준(위험물법 규칙 별표 6)

(1) 용량 : 방유제 안에 탱크가 하나인 때에는 그 탱크용량의 110% 이상, 2기 이상인 때에는 가장 큰 탱크용량의 110% 이상으로 할 것

(2) 높이 : 0.5m 이상 3m 이하, 두께 0.2m 이상, 지하매설깊이 1m 이상으로 할 것. 다만, 방유제와 옥외저장탱크 사이의 지반면 아래에 불침윤성(不浸潤性) 구조물을 설치하는 경우에는 지하매설깊이를 해당 불침윤성 구조물까지로 할 수 있다.

(3) 면적 : 80,000$m^2$ 이하

(4) 방유제 내에 최대설치 개수 : 10기 이하(인화점이 200℃ 이상은 예외)

> 탱크의 용량이 20만l 이하이고, 인화점이 70℃ 이상 200℃ 미만인 경우 : 20기 이하

(5) 방유제의 탱크 옆판으로부터 유지거리(인화점 200℃ 이상은 제외)

| 탱크의 지름 | 이격거리 |
|---|---|
| 지름이 15m 미만 | 탱크높이의 1/3 이상 |
| 지름이 15m 이상 | 탱크높이의 1/2 이상 |

(6) 방유제의 재질 : 방유제는 철근콘크리트로 하고, 방유제와 옥외저장탱크 사이의 지표면은 불연성과 불침윤성이 있는 구조(철근콘크리트 등)로 할 것. 다만, 누출된 위험물을 수용할 수 있는 전용유조(專用油槽) 및 펌프 등의 설비를 갖춘 경우에는 방유제와 옥외저장탱크 사이의 지표면을 흙으로 할 수 있다.

**72** 답 ④

주유취급소의 주유공지

너비 15m 이상, 길이 6m 이상(위험물법 규칙 별표 13)

**73** 답 ②

- 옥외탱크저장소, 옥내탱크저장소, 지하탱크저장소의 통기관의 지름 : 30mm 이상
- 간이탱크저장소의 통기관의 지름 : 25mm 이상

**74** 답 ②

옥외 탱크저장소의 보유공지(위험물법 규칙 별표 6)

| 저장 또는 취급하는 위험물의 최대수량 | 공지의 너비 |
|---|---|
| 지정수량의 500배 이하 | 3m 이상 |
| 지정수량의 500배 초과 1,000배 이하 | 5m 이상 |
| 지정수량의 1,000배 초과 2,000배 이하 | 9m 이상 |
| 지정수량의 2,000배 초과 3,000배 이하 | 12m 이상 |
| 지정수량의 3,000배 초과 4,000배 이하 | 15m 이상 |
| 지정수량의 4,000배 초과 | 탱크의 수평단면의 최대지름과 높이 중 큰 것과 같은 거리 이상(30m 초과는 30m 이상으로, 15m 미만은 15m로 한다.) |

## 75 답 ①

위험물 제조소의 보유공지(위험물법 규칙 별표 4)

| 취급하는 위험물의 최대수량 | 공지의 너비 |
|---|---|
| 지정수량의 10배 이하 | 3m 이상 |
| 지정수량의 10배 초과 | 5m 이상 |

## 76 답 ③

누유검사관의 설치 기준(위험물법 규칙 별표 8)

(1) 이중관으로 할 것. 다만, 소공이 없는 상부는 단관으로 할 수 있다.
(2) 재료는 금속관 또는 경질합성수지관으로 할 것
(3) 관은 탱크전용실바닥 또는 탱크의 기초까지 닿게 할 것
(4) 관의 밑부분으로부터 탱크의 중심 높이까지의 부분에는 소공이 뚫려 있을 것. 다만, 지하수위가 높은 장소에 있어서는 지하수위 높이까지의 부분에 소공이 뚫려 있어야 한다.
(5) 상부는 물이 침투하지 아니하는 구조로 하고, 뚜껑은 검사 시에 쉽게 열 수 있도록 할 것

누유검사관 : 4개소 이상 설치

## 77 답 ②

배출설비의 설치 기준(위험물법 규칙 별표 4)

(1) 배출설비 : 국소방식

**전역방출방식으로 할 수 있는 경우**
① 위험물취급설비가 배관이음 등으로만 된 경우
② 건축물의 구조 · 작업장소의 분포 등의 조건에 의하여 전역방식이 유효한 경우

(2) 배출설비는 배풍기 · 배출덕트 · 후드 등을 이용하여 강제적으로 배출하는 것으로 할 것
(3) 배출능력은 1시간당 배출장소 용적의 20배 이상인 것으로 할 것(전역방식의 경우 : 바닥면적 $1m^2$당 $18m^3$ 이상)
(4) 급기구는 높은 곳에 설치하고, 가는 눈의 구리망 등으로 인화방지망을 설치할 것
(5) 배출구는 지상 2m 이상으로서 연소의 우려가 없는 장소에 설치하고, 배출덕트가 관통하는 벽부분의 바로 가까이에 화재 시 자동으로 폐쇄되는 방화댐퍼를 설치할 것
(6) 배풍기 : 강제배기방식

## 78 답 ②

완공검사의 신청시기(위험물법 규칙 제20조)

(1) 지하탱크가 있는 제조소 등의 경우 : 당해 지하탱크를 매설하기 전
(2) 이동탱크저장소의 경우 : 이동저장탱크를 완공하고 상치장소를 확보한 후
(3) 이송취급소의 경우 : 이송배관 공사의 전체 또는 일부를 완료한 후, 다만, 지하 · 하천 등에 매설하는 이송배관의 공사의 경우에는 이송배관을 매설하기 전
(4) 전체 공사가 완료된 후에는 완공검사를 실시하기 곤란한 경우
① 위험물설비 또는 배관의 설치가 완료되어 기밀시험 또는 내압시험을 실시하는 시기
② 배관을 지하에 설치하는 경우에는 소방서장 또는 공사가 지정하는 부분을 매몰하기 직전
③ 공사가 지정하는 부분의 비파괴시험을 실시하는 시기
(5) 제1호 내지 제4호에 해당하지 아니하는 제조소 등의 경우 : 제조소 등의 공사를 완료한 후

## 79 답 ③

수납률(위험물법 규칙 별표 19)

(1) 고체위험물 : 95% 이하
(2) 액체위험물 : 98% 이하

## 80 답 ①

주유취급소의 표지 및 게시판(위험물법 규칙 별표 13)

(1) 주유 중 엔진정지 : 황색 바탕에 흑색 문자
(2) 화기엄금 : 적색 바탕에 백색 문자

## 81 답 ①

제조소의 위험물 취급탱크의 방유제 용량

탱크용량의 50% 이상(위험물법 규칙 별표 4)

## 82 답 ②

소요단위 계산방법

| 연면적 | | 소요단위 |
|---|---|---|
| ① 제조소 또는 취급소의 건축물의 외벽 | 내화구조 | $100m^2$가 1소요단위 |
| | 내화구조가 아닌 것 | $50m^2$가 1소요단위 |
| ② 저장소의 건축물의 외벽 | 내화구조 | $150m^2$가 1소요단위 |
| | 내화구조가 아닌 것 | $75m^2$가 1소요단위 |
| ③ 위험물 | | 지정수량의 10배를 1소요단위 |

## 83 답 ②

위험물제조소 등의 표지 및 게시판

(1) 위험물제조소 : 백색바탕에 흑색문자
(2) 이동탱크저장소의 "위험물" : 흑색바탕에 황색반사도료
(3) 주유취급소의 "주유 중 엔진정지" : 황색바탕에 흑색문자
(4) 화기엄금, 화기주의 : 적색바탕에 백색문자
(5) 물기엄금 : 청색바탕에 백색문자

## 84 답 ③

제조소의 안전거리(위험물법 규칙 별표 4)

| 안전거리 | 해당대상물 |
|---|---|
| 50m 이상 | 유형문화재, 지정문화재 |
| 30m 이상 | ① 학교<br>② 종합병원, 병원, 치과병원, 한방병원, 요양병원<br>③ 공연장, 영화상영관, 유사한 시설로서 300명 이상 수용할 수 있는 것<br>④ 아동복지시설, 장애인복지시설, 모 · 부자복지시설, 보육시설, 가정폭력피해자시설로서 20명 이상의 인원을 수용할 수 있는 것 |
| 20m 이상 | 고압가스, 액화석유가스, 도시가스를 저장 또는 취급하는 시설 |
| 10m 이상 | 주거 용도에 사용되는 것 |
| 5m 이상 | 사용전압 35,000[V]를 초과하는 특고압가공전선 |
| 3m 이상 | 사용전압 7,000[V] 초과 35,000[V] 이상의 특고압가공전선 |

## 85 답 ④

위험물제조소의 환기설비(위험물법 규칙 별표 4)

(1) 환기는 자연배기방식으로 할 것
(2) 급기구는 바닥면적 $150m^2$마다 1개 이상으로 하되, 급기구의 크기는 $800cm^2$ 이상으로 할 것

바닥면적이 $150m^2$ 미만인 경우의 크기

| 바닥면적 | 급기구의 면적 |
|---|---|
| $60m^2$ 미만 | $150cm^2$ 이상 |
| $60m^2$ 이상 $90m^2$ 미만 | $300cm^2$ 이상 |
| $90m^2$ 이상 $120m^2$ 미만 | $450cm^2$ 이상 |
| $120m^2$ 이상 $150m^2$ 미만 | $600cm^2$ 이상 |

(1) 급기구는 낮은 곳에 설치하고 가는 눈의 구리망 등으로 인화방지망을 설치할 것
(2) 환기구는 지붕 위 또는 지상 2m 이상의 높이에 회전식 고정 벤틸레이터 또는 루프팬 방식으로 설치할 것

## 86 답 ①

예방규정을 정하여야 할 제조소 등(위험물법령 제15조)

(1) 지정수량의 10배 이상의 위험물을 취급하는 제조소
(2) 지정수량의 10배 이상의 위험물을 취급하는 일반취급소
(3) 지정수량의 100배 이상의 위험물을 취급하는 옥외저장소
(4) 지정수량의 150배 이상의 위험물을 취급하는 옥내저장소
(5) 지정수량의 200배 이상의 위험물을 취급하는 옥외탱크저장소
(6) 암반탱크저장소
(7) 이송취급소

## 87 답 ④

옥외에 있는 위험물 탱크의 방유제 용량(위험물법 규칙 별표 4)

(1) 1기일 때 : 탱크용량의 50% 이상
(2) 2기 이상일 때 = (최대용량 × 50% + 나머지 탱크용량합계 × 10%)

∴ 용량 = 최대용량 × 0.5 + 나머지 탱크용량 × 0.1
$= 200 \times 0.5 + 150 \times 0.1 = 115m^3$

## 88 답 ③

위험물제조소의 경보설비

| 제조소 등의 구분 | 제조소 등의 규모 | 경보설비 |
|---|---|---|
| 1. 제조소 및 일반취급소 | ① 연면적 $500m^2$ 이상인 것<br>② 옥내에서 지정수량의 100배 이상을 취급하는 것(고인화점 위험물만을 100℃ 미만에서 취급하는 것은 제외) | 자동화재 탐지설비 |
| 2. 옥내저장소 | ① 지정수량의 100배 이상을 저장 또는 취급하는 것(고인화점 위험물만을 저장 또는 취급하는 것을 제외한다.)<br>② 저장창고의 연면적이 $150m^2$를 초과하는 것<br>③ 처마높이가 6m 이상인 단층건물의 것 | |
| 3. 주유취급소 | 옥내주유취급소 | |
| 4. 옥내탱크저장소 | 소화난이도등급1에 해당하는 것 | |
| 5. 자동화재탐지설비 설치 대상에 해당하지 아니하는 제조소 등 | 지정수량의 10배 이상을 저장 또는 취급하는 것 | 자동화재 탐지설비, 비상경보설비, 확성장치, 비상방송설비 중 1종 이상 |

## 89 답 ②

위험물제조소

| 위험물의 종류 | 주의사항 | 게시판의 색상 |
|---|---|---|
| 제1류 위험물 중 알칼리금속의 과산화물<br>제3류 위험물 중 금수성 물질 | 물기엄금 | 청색바탕에 백색문자 |
| 제2류 위험물(인화성 고체는 제외) | 화기주의 | 적색바탕에 백색문자 |
| 제2류 위험물 중 인화성 고체<br>제3류 위험물 중 자연발화성 물질<br>제4류 위험물<br>제5류 위험물 | 화기엄금 | 적색바탕에 백색문자 |
| 제1류 위험물의 알칼리금속의 과산화물 외의 것과 제6류 위험물 | 충격주의, 가연물 접촉주의 등 | |

## 90 답 ③

위험물제조소의 안전거리(위험물법 규칙 별표 4)

| 안전거리 | 해당대상물 |
|---|---|
| 50m 이상 | 유형문화재, 지정문화재 |
| 30m 이상 | ① 학교<br>② 종합병원, 병원, 치과병원, 한방병원, 요양병원<br>③ 공연장, 영화상영관, 유사한 시설로서 300명 이상 수용할 수 있는 것<br>④ 아동복지시설, 장애인복지시설, 모ㆍ부자복지시설, 보육시설, 가정폭력피해자시설로서 20명 이상의 인원을 수용할 수 있는 것 |
| 20m 이상 | 고압가스, 액화석유가스, 도시가스를 저장 또는 취급하는 시설 |
| 10m 이상 | 주거 용도에 사용되는 것 |
| 5m 이상 | 사용전압 35,000[V]를 초과하는 특고압가공전선 |
| 3m 이상 | 사용전압 7,000[V] 초과 35,000[V] 이상의 특고압가공전선 |

## 91 답 ②

탱크의 용량(위험물법 규칙 제5조)

(1) 탱크의 용량 = 탱크의 내용적 − 탱크의 공간용적

(2) 탱크의 공간 용적 : $\frac{5}{100}$ 이상 $\frac{10}{100}$ 이하

## 92 답 ④

피뢰설비

지정수량의 10배 이상이 되면 위험물을 취급하는 제조소에는 피뢰침을 설치하여야 한다.(단, 제6류 위험물을 취급하는 제조소는 제외한다.)

## 93 답 ③

제4류 위험물을 취급하는 제조소 또는 일반취급소에는 지정수량의 3,000배 이상일 때 자체소방대를 두어야 한다.(위험물법령 제18조)

## 94 답 ③

옥외탱크저장소의 방유제 용량

(1) 탱크가 하나일 때 : 탱크 용량의 110% 이상(인화성이 없는 액체위험물은 100%)

(2) 탱크가 2기 이상일 때 : 탱크 중 용량이 최대인 것의 용량의 110% 이상(인화성이 없는 액체위험물은 100%)

## 95 답 ①

금속분, 마그네슘 소화약제

(1) 마른 모래

(2) 팽창질석, 팽창진주암

(3) 탄산수소염류분말약제

## 96 답 ④

간이소화용구의 능력단위

| 간이소화용구 | | 능력단위 |
|---|---|---|
| 마른 모래 | 삽을 상비한 50L 이상의 것 1포 | 0.5단위 |
| 팽창질석 또는 팽창진주암 | 삽을 상비한 80L 이상의 것 1포 | |

## 97 답 ④

위험물제조소의 채광 및 조명설비

(1) 조명설비
- 가연성 가스 등이 체류할 우려가 있는 장소의 조명 등 : 방폭등
- 전선 : 내화ㆍ내열전선
- 점멸스위치 : 출입구 바깥부분에 설치(다만, 스위치의 스파크로 인한 화재ㆍ폭발의 우려가 없을 경우에는 그러하지 아니한다.

(2) 채광설비 : 불연재료로 하고 연소의 우려가 없는 장소에 설치하되 채광면적을 최소로 할 것

## 98 답 ②

제조소의 게시판에 표시하는 주의사항은 "화기엄금"이며 적색바탕에 백색문자로 기재한다.

## 99

답 ②

아염소산칼륨은 제1류 위험물이다.

제6류 위험물 품명, 위험등급 · 지정수량

| 위험등급 | 품명 | 지정수량 | 위험등급 | 품명 | 지정수량 |
|---|---|---|---|---|---|
| I | 과염소산<br>과산화수소<br>질산 | 300kg<br>300kg<br>300kg | II | 그밖에 행정안전부령으로 정하는 | 300kg |

※ 행정안전부령으로 정하는 것 : 할로겐간화합물

## 100

답 ②

99번 해설 참조

# CHAPTER 07 소방조직론 100제

| | | | | | | | | | |
|---|---|---|---|---|---|---|---|---|---|
| 1 | 2 | 3 | 4 | 5 | 6 | 7 | 8 | 9 | 10 |
| ④ | ④ | ③ | ① | ④ | ④ | ④ | ④ | ③ | ② |
| 11 | 12 | 13 | 14 | 15 | 16 | 17 | 18 | 19 | 20 |
| ③ | ④ | ① | ② | ③ | ③ | ② | ② | ① | ① |
| 21 | 22 | 23 | 24 | 25 | 26 | 27 | 28 | 29 | 30 |
| ④ | ④ | ① | ③ | ③ | ② | ② | ④ | ① | ④ |
| 31 | 32 | 33 | 34 | 35 | 36 | 37 | 38 | 39 | 40 |
| ① | ① | ③ | ③ | ③ | ③ | ③ | ③ | ③ | ① |
| 41 | 42 | 43 | 44 | 45 | 46 | 47 | 48 | 49 | 50 |
| ① | ② | ③ | ① | ① | ④ | ① | ④ | ③ | ③ |
| 51 | 52 | 53 | 54 | 55 | 56 | 57 | 58 | 59 | 60 |
| ② | ③ | ④ | ② | ③ | ④ | ① | ② | ④ | ② |
| 61 | 62 | 63 | 64 | 65 | 66 | 67 | 68 | 69 | 70 |
| ② | ② | ④ | ② | ① | ④ | ④ | ② | ③ | ④ |
| 71 | 72 | 73 | 74 | 75 | 76 | 77 | 78 | 79 | 80 |
| ④ | ③ | ④ | ④ | ④ | ③ | ③ | ① | ② | ② |
| 81 | 82 | 83 | 84 | 85 | 86 | 87 | 88 | 89 | 90 |
| ③ | ④ | ② | ④ | ① | ④ | ④ | ③ | ② | ① |
| 91 | 92 | 93 | 94 | 95 | 96 | 97 | 98 | 99 | 100 |
| ② | ① | ③ | ③ | ① | ④ | ② | ① | ④ | ④ |

## 01 　답 ④

기본적 임무와 파생적 임무

- 소방의 기본적 임무는 사회공동체 및 구성원의 안전을 화재로부터 보호하는 것이다. 현대 정보의 기능 중 질서기능, 그 가운데에서도 보안기능에 속한다. 화재의 예방경계진압을 통해 국민의 생명과 신체 및 재산을 보호하는 임무가 이에 해당한다.
- 소방의 파생적 임무는 정부의 기능 중 봉사기능, 그 가운데에서도 직접적 서비스 기능에 속하는 것으로 구조대 및 구급대의 운영 등이 이에 해당한다.

## 02 　답 ④

소방행정의 분류적 특성

- 고도의 공공행정 : 소방행정은 화재를 예방, 경계하고 진압하여 국민의 생명과 신체 및 재산을 보호함을 주된 목적으로 하는 고도의 공공행정의 특성을 가진다.
- 특수전문행정 : 소방행정은 화재를 예방, 경계, 진압하는 것뿐만 아니라 각종 재난, 재해, 기타 위급한 상황에 대처하는 것을 목적으로 하는 특수전문행정의 특성을 가진다.
- 국민생명 유지행정 : 소방행정은 화재뿐만 아니라 각종 재난, 재해 기타 위급상황에 처한 국민의 신체와 생명을 구조 · 구급하는 것을 목적으로 하는 국민생명 유지행정의 특성을 가진다.
- 사회목적적 행정 : 소방행정은 사회 공공의 안녕, 질서 유지 또는 사회의 공공복리 증진을 목적으로 하는 사회목적적 행정이라는 특성을 가진다.

## 03 　답 ③

소방행정작용의 특성

- 우월성 : 소방행정기관은 당사자의 허락을 받지 않고 일방적인 결정에 의한 행정조치를 취하는 우월성을 가진다(예방조치, 강제처분).
- 획일성 : 건축물이 사용되는 용도가 같으면 원칙적으로 소방법을 적용할 때 획일적으로 적용되어야 한다는 원칙을 말한다.
- 기술성 : 소방행정은 소방목적을 이루기 위한 수단, 방법을 강구하는 데 윤리성이나 도덕성을 참작하기에 앞서 재난, 재해로부터 국민의 생명과 재산을 보호함이 우선되어야 한다는 특성을 가진다.
- 강제성 : 소방행정의 실효성을 확보하기 위해 소방법에 의해 부과된 의무를 위반한 경우 그에 대해 제재를 가할 수 있는 강제성을 가진다.

## 04 　답 ①

## 05 　답 ④

구조 · 구급업무는 파생적 임무이다.

## 06 　답 ④

- 1946년 4월 10일 : 소방부와 소방위원회를 설치
- 1958년 : 소방법 제정
- 1992년 : 시 · 도(광역)자치소방체제 개편
- 2004년 6월 1일 : 소방방재청 신설

## 07 　답 ④

삼국시대

① 화재에 대한 최초의 기록 : 262년(신라 미추왕) 금성 서문에서의 화재

② 사회적 재앙으로 인식 : 596년(신라 진평왕), 영흥사 화재 시 왕이 진치 이재민을 위문 · 구제하였다고 기록되어 국가에서 구휼한 것으로 짐작된다.

## 08 　답 ④

㉢ : 최초의 소방기관인 병조소속의 금화도감

㉣ : 1925년 최초 소방서인 경성소방서 설립

㉤ : 1958년 소방법 제정, 소방기본법은 2003년 제정(4분법)

ⓑ : 1995년 삼풍백화점 붕괴를 계기로 재난관리법이 1995년 제정되었다.

**09** 답 ③

갑오개혁 전후

① '소방'이라는 용어의 사용
1895년 5월 3일 경무청처리계획 제정 시 총무국 분장 사무에 "수화소방은"이라 하여 처음으로 '소방'이라는 용어를 사용하였다.

② 새로운 소방제도의 도입
㉠ 최초의 장비는 중국에서 수입한 수총기이다(경종 3년, 1723년).
㉡ 수도의 개설로 소화전이 설치되었다(1909).
㉢ 1906년에 일본인이 한국에 화재보험회사 대리점을 설치하기 시작해서 1908년에는 우리나라 최초 화재보험회사를 설립하였으며, 화재보험제도는 1925년경에 실시되었다.

**10** 답 ②

소방총감은 소방청장으로서 전국에 1명이다.(국가직만 해당)

**11** 답 ③

수성금화도감의 기능

- 성을 수리했다.
- 화재를 금했다.
- 천거(도랑 · 하천)를 정비했다.
- 길과 다리를 수리하는 일을 했다.

**12** 답 ④

금화제도(고려) → 금화조건 1423년(세종 5년) → 금화도감 1426년(세종 8년) → 금화군 1431년(세종 13년)

- 고려시대 : 소재, 금화제도(시작), 금화관리자 배치[다]
- 조선시대 : 금화도감 설치[라]
- 일제강점기 : 화재보험회사 대리점 설치(1906년)[가]
- 일제강점기 : 1910년 상비소방수 제도의 명문화[나]

**13** 답 ①

**14** 답 ②

- 조선시대 : 세종 8년~구한말
- 과도기[미군정시대(1945~1948)] : 자치소방체제
- 초창기 정부수립 이후(1948~1970) : 국가소방체제
- 발전기(1970~1992) : 국가 · 자치이원화
- 정착기(1992~2003) : 시 · 도(광역)자치소방
- 제1성장기(2004~2014. 11) : 소방방재청체제
- 제2성장기(2014. 11~2017. 7. 26.) : 국민안전처체제
- 제3성장기(2017. 7. 26.~현재) : 소방청체제

**15** 답 ③

조선시대 금화법령

1417년(태종 17년) 우리나라 최초의 소방법규라 볼 수 있는 금화령(禁火令)이 호조의 건의에 의해 시행되었으며, 세조 때 시작되어 정종 때 완성된 경국대전의 편찬으로 금화법령의 골격이 만들어졌다.

**16** 답 ③

고려시대 - 소재라고 부름, 금화제도(시작), 금화관리자 배치

**17** 답 ②

일제강점기

- 1910년 한일합방 이전부터 상비소방수가 있었고, 소방조 명문화는 1915년 6월 23일 소방조 규칙을 제정하면서부터이다.
- 1925년 최초의 소방서인 경성소방서(현 종로소방서)가 설치되었다.
- 1939년 경방단 규칙을 공포하여 소방조와 수방단을 통합하여 경방단을 설치하였다.

**18** 답 ②

5가작통제는 세종 13년(1431)에 시행하였는데 불을 놓고 물건을 훔치는 화적(火賊)들에 대한 대비로 설치된 제도이다. 즉, 한 마을마다 다섯 집에 장(長)을 두고, 장마다 각각 통기(統記)가 있어 다섯 집의 인명을 기록하면, 도감이 통기를 보고 단독자를 제외하고는 존비를 막론하고 수를 정하여 모두 물통을 준비하였다가 불이 나면 근처의 각 호가 각각 그 집을 구하도록 한 것이다.

**19** 답 ①

성숙기(1992년~현재) - 자치소방체제[시 · 도(광역)자치소방체제]

**20** 답 ①

## 21 ④

성장 / 발전기(1970~1992)

- 국가소방과 자치소방의 이원화 시기였다.
- 1972년 : 서울과 부산에 소방본부를 설치하였고, 다른 지역은 국가소방체제였다.
- 1973년 : 지방소방공무원법이 제정되어 소방공무원의 신분(국가직 소방공무원 : 경찰공무원, 지방직 소방공무원 : 지방소방공무원)이 이원화되었다.
- 1975년 : 내무부에 민방위본부 설치로 민방위제도를 실시하게 되면서 치안본부 소방과에서 민방위본부 소방국으로 이관되면서 소방이 경찰로부터 분리되었다.
- 1977년 : 소방공무원법이 제정되었고, 1년 뒤인 1978년 시행되어 소방공무원은 국가공무원 및 지방공무원 모두 소방공무원으로 신분이 일원화되었다.

## 22 ④

소방기본법 제6조(소방업무에 관한 종합계획의 수립 · 시행 등) 제4항

④ 시 · 도지사는 관할 지역의 특성을 고려하여 종합계획의 시행에 필요한 세부계획(이하 이 조에서 "세부계획"이라 한다)을 매년 수립하여 소방청장에게 제출하여야 하며, 세부계획에 따른 소방업무를 성실히 수행하여야 한다.

## 23 ①

소방조직의 원리

- 분업의 원리 : 한 사람이나 한 부서가 한 가지의 주된 업무를 맡는다는 원리
- 명령계 통일의 원리 : 지휘, 명령의 혼선을 막기 위해 하나의 조직체가 한 사람의 상급자의 명령을 받고, 보고해야 한다는 원리
- 계층제의 원리 : 업무에 대한 권한 및 책임에 따른 상하의 계층을 형성하는 원리이다.
- 계선의 원리 : 특정사안의 최종결정권자는 소속기관의 장이다.
- 업무조정의 원리 : 분업, 전문화되어 있는 개인이나 조직을 통합하고 행동을 통일시키는 원리
- 통솔범위의 원리 : 한 명의 상관이 부하를 효과적으로 직접 통솔할 수 있는 범위로 평상시에는 7명~12명이 효과적이나 비상시에는 3~4명이 적당하다.

## 24 ③

중앙소방행정조직

소방청, 중앙119구조본부, 중앙소방학교

## 25 ③

소방력이란 소방활동을 할 수 있는 소방의 힘으로서 인력, 장비, 용수를 말한다.

## 26 ②

- 권력적 수단 : 명령, 강제
- 비권력적 수단 : 계몽, 지도, 봉사

## 27 ②

소방공무원은 경력직 중 특정직 공무원이다. 소방공무원에 관하여 국가공무원법에 우선하여 적용되는 소방공무원법은 소방공무원의 책임 및 직무의 중요성과 신분 및 근무조건의 특수성을 고려하여 그 임용, 교육훈련, 복무, 신분보장 등에 관하여 국가공무원법에 대한 특례를 규정하고 있다.

## 28 ④

소방령 이상의 소방공무원은 소방청장의 제청으로 국무총리를 거쳐 대통령이 임용한다. 다만, 소방총감은 대통령이 임용하고 소방령 이상 소방준감 이하의 소방공무원에 대한 전보, 휴직, 직위해제, 강등, 정직 및 복직은 소방청장이 한다.

## 29 ①

징계의 종류에는 파면, 해임, 강등, 정직, 감봉, 견책 등 6가지가 있으며, 중징계에는 파면, 해임, 강등, 정직이 있고 경징계에는 감봉과 견책이 있다. 또한 신분은 유지하나 이익 일부를 제한하는 교정징계는 강등, 정직, 감봉, 견책이 있으며, 신분을 배제하는 배제징계는 파면과 해임이 있다.
훈계, 경고, 계고, 엄중주의, 권고 등은 징계의 종류가 아니다.

## 30 ④

① 소방공무원은 특정직 공무원이다.
② 연령정년과 계급정년이 있다.
  제25조(정년) 소방공무원의 정년은 다음과 같다.
  1. 연령정년 : 60세
  2. 계급정년
    - 소방감 : 4년
    - 소방준감 : 6년
    - 소방정 : 11년
    - 소방령 : 14년
③ 소방공무원은 소방공무원법의 적용을 받는다.
④ 소방직은 2020년 4월 1일부로 국가소방공무원이다. 20년 3월 28일 시험대비는 그대로 국가직과 지방직 구분

**31** 답 ①

"소방기관"이라 함은 소방청, 특별시 · 광역시 · 특별자치시 · 도 · 특별자치도(이하 "시 · 도"라 한다)와 중앙소방학교 · 중앙119구조본부 · 국립소방연구원 · 지방소방학교 · 서울종합방재센터 및 소방서를 말한다.

**32** 답 ①

"복직"이라 함은 휴직 · 직위해제 또는 정직(강등에 따른 정직을 포함한다) 중에 있는 소방공무원을 직위에 복귀시키는 것을 말한다.(소방공무원법 제1조의2)

**33** 답 ③

지방소방기관 설치에 관한 규정 [별표 2] 119안전센터의 설치기준

가. 소방업무의 효율적인 수행을 위하여 다음 기준에 따라 119안전센터를 설치할 수 있다.
  1) 특별시 : 인구 5만 명 이상 또는 면적 $2km^2$ 이상
  2) 광역시, 인구 50만 명 이상의 시 : 인구 3만 명 이상 또는 면적 $5km^2$ 이상
  3) 인구 10만 명 이상 50만 명 미만의 시 · 군 : 인구 2만 명 이상 또는 면적 $10km^2$ 이상
  4) 인구 5만 명 이상 10만 명 미만의 시 · 군 : 인구 1만 5천 명 이상 또는 면적 $15km^2$ 이상
  5) 인구 5만 명 미만의 지역 : 인구 1만 명 이상 또는 면적 $20km^2$ 이상

나. 가목에도 불구하고 석유화학단지 · 공업단지 · 주택단지 또는 문화관광단지의 개발 등으로 대형 화재의 위험이 있거나 소방 수요가 급증하여 특별한 소방대책이 필요한 경우에는 해당 지역마다 119안전센터를 설치할 수 있다.

**34** 답 ③

소방준감 이하 국가소방공무원에 대한 전보, 휴직, 직위해제, 정직, 복직, 강등은 소방청장이 한다.

**35** 답 ③

소방령 이상의 소방공무원은 소방청장의 제청으로 국무총리를 거쳐 대통령이 임용한다. 다만, 소방총감은 대통령이 임용하고 소방령 이상 소방준감 이하의 소방공무원에 대한 전보, 휴직, 직위해제, 강등, 정직 및 복직은 소방청장이 한다.

**36** 답 ③

임용결격사유(국가공무원법)

1. 피성년후견인
2. 파산선고를 받고 복권되지 아니한 자
3. 금고 이상의 실형을 선고받고 그 집행이 종료되거나 집행을 받지 아니하기로 확정된 후 5년이 지나지 아니한 자
4. 금고 이상의 형을 선고받고 그 집행유예 기간이 끝난 날부터 2년이 지나지 아니한 자
5. 금고 이상의 형의 선고유예를 받은 경우에 그 선고유예 기간 중에 있는 자
6. 법원의 판결 또는 다른 법률에 따라 자격이 상실되거나 정지된 자

6의2 공무원으로 재직기간 중 직무와 관련하여 「형법」 제355조 및 제356조에 규정된 죄를 범한 자로서 300만 원 이상의 벌금형을 선고받고 그 형이 확정된 후 2년이 지나지 아니한 자

6의3 「성폭력범죄의 처벌 등에 관한 특례법」 제2조에 규정된 죄를 범한 사람으로서 100만 원 이상의 벌금형을 선고받고 그 형이 확정된 후 3년이 지나지 아니한 사람

6의4 미성년자에 대한 다음 각 목의 어느 하나에 해당하는 죄를 저질러 파면 · 해임되거나 형 또는 치료감호를 선고받아 그 형 또는 치료감호가 확정된 사람(집행유예를 선고받은 후 그 집행유예기간이 경과한 사람을 포함한다)
  가. 「성폭력범죄의 처벌 등에 관한 특례법」 제2조에 따른 성폭력범죄
  나. 「아동 · 청소년의 성보호에 관한 법률」 제2조제2호에 따른 아동 · 청소년대상 범죄

7. 징계로 파면처분을 받은 때부터 5년이 지나지 아니한 자
8. 징계로 해임처분을 받은 때부터 3년이 지나지 아니한 자

**37** 답 ③

제10조(시보임용)

① 소방공무원을 신규채용할 때에는 소방장 이하는 6개월간 시보로 임용하고, 소방위 이상은 1년간 시보로 임용하며, 그 기간이 만료된 다음 날에 정규 소방공무원으로 임용한다. 다만, 대통령령으로 정하는 경우에는 시보임용을 면제하거나 그 기간을 단축할 수 있다.

② 휴직기간, 직위해제기간 및 징계에 의한 정직처분 또는 감봉처분을 받은 기간은 제1항의 시보임용 기간에 포함하지 아니한다.

③ 소방공무원으로 임용되기 전에 그 임용과 관련하여 소방공무원 교육훈련기관에서 교육훈련을 받은 기간은 제1항의 시보임용 기간에 포함한다.

④ 시보임용 기간 중에 있는 소방공무원이 근무성적 또는 교육훈련성적이 불량할 때에는 「국가공무원법」 제68조 또는 제70조에도 불구하고 면직시키거나 면직을 제청할 수 있다.

**38** 답 ③

소방안전본부를 시 · 도 단위로 설치한다.

## 39 답 ③

## 40 답 ①

각 시 · 도 소방공무원 중 가장 높은 계급은 소방정감이다.

## 41 답 ①

특수구조대

화학구조대, 산악구조대, 고속국도구조대, 수난구조대, 지하철구조대

## 42 답 ②

119구조 · 구급에 관한 법률 제9조제1항

제9조(국제구조대의 편성과 운영)

① 소방청장은 국외에서 대형 재난 등이 발생한 경우 재외국민의 보호 또는 재난발생국의 국민에 대한 인도주의적 구조 활동을 위하여 국제구조대를 편성하여 운영할 수 있다.〈개정 2014. 11. 19., 2017. 7. 26.〉

## 43 답 ③

119구조구급에 관한 법률 시행령 제20조 제1항, 제2항

제20조(구조 · 구급 요청의 거절)

① 구조대원은 법 제13조제3항에 따라 다음 각 호의 어느 하나에 해당하는 경우에는 구조출동 요청을 거절할 수 있다. 다만, 다른 수단으로 조치하는 것이 불가능한 경우에는 그러하지 아니하다.

1. 단순 문 개방의 요청을 받은 경우
2. 시설물에 대한 단순 안전조치 및 장애물 단순 제거의 요청을 받은 경우
3. 동물의 단순 처리 · 포획 · 구조 요청을 받은 경우
4. 그 밖에 주민생활 불편해소 차원의 단순 민원 등 구조활동의 필요성이 없다고 인정되는 경우

② 구급대원은 법 제13조 제3항에 따라 구급대상자가 다음 각 호의 어느 하나에 해당하는 비응급환자인 경우에는 구급출동 요청을 거절할 수 있다. 이 경우 구급대원은 구급대상자의 병력 · 증상 및 주변 상황을 종합적으로 평가하여 구급대상자의 응급 여부를 판단하여야 한다.

1. 단순 치통환자
2. 단순 감기환자. 다만, 섭씨 38도 이상의 고열 또는 호흡곤란이 있는 경우는 제외한다.
3. 혈압 등 생체징후가 안정된 타박상 환자
4. 술에 취한 사람. 다만, 강한 자극에도 의식이 회복되지 아니하거나 외상이 있는 경우는 제외한다.
5. 만성질환자로서 검진 또는 입원 목적의 이송 요청자
6. 단순 열상(裂傷) 또는 찰과상(擦過傷)으로 지속적인 출혈이 없는 외상환자
7. 병원 간 이송 또는 자택으로의 이송 요청자. 다만, 의사가 동승한 응급환자의 병원 간 이송은 제외한다.

## 44 답 ①

제28조(화재의 유형)

① 화재는 다음 각 호와 같이 구분한다.

1. 건축 · 구조물 화재 : 건축물, 구조물 또는 그 수용물이 소손된 것
2. 자동차 · 철도차량 화재 : 자동차, 철도차량 및 피견인 차량 또는 그 적재물이 소손된 것
3. 위험물 · 가스제조소 등 화재 : 위험물제조소 등, 가스제조 · 저장 · 취급시설 등이 소손된 것
4. 선박 · 항공기 화재 : 선박, 항공기 또는 그 적재물이 소손된 것
5. 임야 화재 : 산림, 야산, 들판의 수목, 잡초, 경작물 등이 소손된 것
6. 기타 화재 : 위의 각 호에 해당되지 않는 화재

※ 용어정의 : "긴급구조기관"이란 소방청 · 소방본부 및 소방서를 말한다. 다만, 해양에서 발생한 재난의 경우에는 해양경찰청 · 지방해양경찰청 및 해양경찰서를 말한다.

## 45 답 ①

화재조사 관련 용어정의

이 규정에서 사용하는 용어의 정의는 다음과 같다.

1. "화재"란 사람의 의도에 반하거나 고의에 의해 발생하는 연소 현상으로서 소화시설 등을 사용하여 소화할 필요가 있거나 또는 화학적인 폭발현상을 말한다.
2. "조사"란 화재원인을 규명하고 화재로 인한 피해를 산정하기 위하여 자료의 수집, 관계자 등에 대한 질문, 현장확인, 감식, 감정 및 실험 등을 하는 일련의 행동을 말한다.
3. "감식"이란 화재원인의 판정을 위하여 전문적인 지식, 기술 및 경험을 활용하여 주로 시각에 의한 종합적인 판단으로 구체적인 사실관계를 명확하게 규명하는 것을 말한다.
4. "감정"이란 화재와 관계되는 물건의 형상, 구조, 재질, 성분, 성질 등 이와 관련된 모든 현상에 대하여 과학적 방법에 의한 필요한 실험을 행하고 그 결과를 근거로 화재원인을 밝히는 자료를 얻는 것을 말한다.
5. "조사관"이란 화재조사업무를 수행하는 소방공무원을 말한다.
6. 삭제
7. "관계자 등"이란 소방기본법 제2조제3호에 의한 관계인과 화재의 발견자, 통보자, 초기 소화자 및 기타 조사 참고인을 말한다.
8. "발화"란 열원에 의하여 가연물질에 지속적으로 불이 붙는

현상을 말한다.
9. "발화열원"이란 발화의 최초 원인이 된 불꽃 또는 열을 말한다.
10. "발화지점"이란 열원과 가연물이 상호작용하여 화재가 시작된 지점을 말한다.
11. "발화장소"란 화재가 발생한 장소를 말한다.
12. "최초착화물"이란 발화열원에 의해 불이 붙고 이 물질을 통해 제어하기 힘든 화세로 발전한 가연물을 말한다.
13. "발화요인"이란 발화열원에 의하여 발화로 이어진 연소현상에 영향을 준 인적 · 물적 · 자연적인 요인을 말한다.
14. "발화 관련 기기"란 발화에 관련된 불꽃 또는 열을 발생시킨 기기 또는 장치나 제품을 말한다.
15. "동력원"이란 발화 관련 기기나 제품을 작동 또는 연소시킬 때 사용되어진 연료 또는 에너지를 말한다.
16. "연소확대물"이란 연소가 확대되는 데 있어 결정적 영향을 미친 가연물을 말한다.
17. "재구입비"란 화재 당시의 피해물과 같거나 비슷한 것을 재건축(설계 감리비를 포함한다) 또는 재취득하는 데 필요한 금액을 말한다.
18. "내용연수"란 고정자산을 경제적으로 사용할 수 있는 연수를 말한다.
19. "손해율"이란 피해물의 종류, 손상 상태 및 정도에 따라 피해액을 적정화시키는 일정한 비율을 말한다.
20. "잔가율"이란 화재 당시에 피해물의 재구입비에 대한 현재가의 비율을 말한다.
21. "최종잔가율"이란 피해물의 경제적 내용연수가 다한 경우 잔존하는 가치의 재구입비에 대한 비율을 말한다.
22. "화재현장"이란 화재가 발생하여 소방대 및 관계자 등에 의해 소화활동이 행하여지고 있는 장소를 말한다.
23. "상황실"이라 함은 소방관서 또는 소방기관에서 화재 · 구조 · 구급 등 각종 소방상황을 접수 · 전파 처리 등의 업무를 행하는 곳을 말한다.
24. "소방 · 방화시설"이란 소방시설 및 방화시설을 말한다.

## 46 　　정 ④

화재조사의 종류와 범위

1. 화재원인조사

| 종류 | 조사범위 |
|---|---|
| 가. 발화원인 조사 | 화재가 발생한 과정, 화재가 발생한 지점 및 불이 붙기 시작한 물질 |
| 나. 발견 · 통보 및 초기 소화상황 조사 | 화재의 발견 · 통보 및 초기소화 등 일련의 과정 |
| 다. 연소상황 조사 | 화재의 연소경로 및 확대원인 등의 상황 |
| 라. 피난상황 조사 | 피난경로, 피난상의 장애요인 등의 상황 |
| 마. 소방시설 등 조사 | 소방시설의 사용 또는 작동 등의 상황 |

2. 화재피해조사

| 종류 | 조사범위 |
|---|---|
| 가. 인명피해조사 | (1) 소방활동 중 발생한 사망자 및 부상자<br>(2) 그 밖에 화재로 인한 사망자 및 부상자 |
| 나. 재산피해조사 | (1) 열에 의한 탄화, 용융, 파손 등의 피해<br>(2) 소화활동 중 사용된 물로 인한 피해<br>(3) 그 밖에 연기, 물품반출, 화재로 인한 폭발 등에 의한 피해 |

## 47 　　정 ①

화재조사 및 보고규정

제26조(화재건수의 결정)

1건의 화재란 1개의 발화지점에서 확대된 것으로 발화부터 진화까지를 말한다. 다만, 다음 각 목의 경우에는 당해 각 호에 의한다.

1. 동일범이 아닌 각기 다른 사람에 의한 방화, 불장난은 동일 대상물에서 발화했더라도 각각 별 건의 화재로 한다.
2. 동일 소방대상물의 발화점이 2개소 이상 있는 다음의 화재는 1건의 화재로 한다.
   가. 누전점이 동일한 누전에 의한 화재
   나. 지진, 낙뢰 등 자연현상에 의한 다발화재

## 48 　　정 ④

## 49 　　정 ③

## 50 　　정 ③

종합상황실의 실장은 다음 각 호의 1에 해당하는 상황이 발생하는 때에는 그 사실을 지체 없이 별지 제1호 서식에 의하여 서면 · 모사전송 또는 컴퓨터통신 등으로 소방서의 종합상황실의 경우는 소방본부의 종합상황실에, 소방본부의 종합상황실의 경우는 소방청의 종합상황실에 각각 보고하여야 한다.

1. 다음 각 목의 1에 해당하는 화재
   가. 사망자가 5인 이상 발생하거나 사상자가 10인 이상 발생한 화재
   나. 이재민이 100인 이상 발생한 화재
   다. 재산피해액이 50억 원 이상 발생한 화재
   라. 관공서 · 학교 · 정부미도정공장 · 문화재 · 지하철 또는 지하구의 화재
   마. 관광호텔, 층수(「건축법 시행령」제119조 제1항 제9호의 규정에 의하여 산정한 층수를 말한다. 이하 이 목에서 같다)가 11층 이상인 건축물, 지하상가, 시장, 백화점, 「위험물안전관리법」제2조 제2항의 규정에 의한 지정수량의 3천배 이상의 위험물의 제조소 · 저장소 · 취

급소, 층수가 5층 이상이거나 객실이 30실 이상인 숙박 시설, 층수가 5층 이상이거나 병상이 30개 이상인 종합 병원 · 정신병원 · 한방병원 · 요양소, 연면적 1만5천제 곱미터 이상인 공장 또는 소방기본법 시행령(이하 "영" 이라 한다) 제4조 제1항 각 목에 따른 화재경계지구에서 발생한 화재
바. 철도차량, 항구에 매어둔 총 톤수가 1천톤 이상인 선박, 항공기, 발전소 또는 변전소에서 발생한 화재
사. 가스 및 화약류의 폭발에 의한 화재
아. 「소방시설설치유지 및 안전관리에 관한 법률」 제8조의 규정에 의한 다중이용업소의 화재
2. 「긴급구조대응활동 및 현장지휘에 관한 규칙」에 의한 통제단장의 현장지휘가 필요한 재난상황
3. 언론에 보도된 재난상황
4. 그 밖에 소방청장이 정하는 재난상황

## 51 답 ②

제30조(화재의 소실정도)

① 건축 · 구조물 화재의 소실 정도는 3종류로 구분하며 그 내용은 다음의 각 호에 따른다.
1. 전소 : 건물의 70% 이상(입체면적에 대한 비율을 말한다. 이하 같다)이 소실되었거나 또는 그 미만이라도 잔존부분을 보수하여도 재사용이 불가능한 것
2. 반소 : 건물의 30% 이상 70% 미만이 소실된 것
3. 부분소 : 전소, 반소화재에 해당되지 아니하는 것

## 52 답 ③

제36조(사상자)

사상자는 화재현장에서 사망한 사람과 부상당한 사람을 말한다. 단, 화재현장에서 부상을 당한 후 72시간 이내에 사망한 경우에는 당해 화재로 인한 사망으로 본다.

## 53 답 ④

1. 주요구조부가 하나로 연결되어 있는 것은 1동으로 한다. 다만 건널 복도 등으로 2 이상의 동에 연결되어 있는 것은 그 부분을 절반으로 분리하여 각 동으로 본다.
2. 건물의 외벽을 이용하여 실을 만들어 헛간, 목욕탕, 작업실, 사무실 및 기타 건물 용도로 사용하고 있는 것은 주건물과 같은 동으로 본다.
3. 구조에 관계없이 지붕 및 실이 하나로 연결되어 있는 것은 같은 동으로 본다.
4. 목조 또는 내화조 건물의 경우 격벽으로 방화구획이 되어 있는 경우도 같은 동으로 한다.
5. 독립된 건물과 건물 사이에 차광막, 비막이 등의 덮개를 설치하고 그 밑을 통로 등으로 사용하는 경우는 다른 동으로 한다.
6. 내화조 건물의 옥상에 목조 또는 방화구조 건물이 별도 설치되어 있는 경우는 다른 동으로 한다. 다만, 이들 건물이 기능상 하나인 경우(옥내 계단이 있는 경우)는 같은 동으로 한다.
7. 내화조 건물의 외벽을 이용하여 목조 또는 방화구조건물이 별도 설치되어 있고 건물 내부와 구획되어 있는 경우 다른 동으로 한다. 다만, 주된 건물에 부착된 건물이 옥내로 출입구가 연결되어 있는 경우와 기계설비 등이 쌍방에 연결되어 있는 경우 등 건물 기능상 하나인 경우는 같은 동으로 한다.

## 54 답 ②

제30조(화재의 소실정도)

① 건축 · 구조물 화재의 소실 정도는 3종류로 구분하며 그 내용은 다음의 각 호에 따른다.
1. 전소 : 건물의 70% 이상(입체면적에 대한 비율을 말한다. 이하 같다)이 소실되었거나 또는 그 미만이라도 잔존부분을 보수하여도 재사용이 불가능한 것
2. 반소 : 건물의 30% 이상 70% 미만이 소실된 것
3. 부분소 : 전소, 반소화재에 해당되지 아니하는 것

## 55 답 ③

제37조(부상정도)

부상의 정도는 의사의 진단을 기초로 하여 다음 각 호와 같이 분류한다.
1. 중상 : 3주 이상의 입원치료를 필요로 하는 부상을 말한다.
2. 경상 : 중상 이외의(입원치료를 필요로 하지 않는 것도 포함한다) 부상을 말한다. 다만, 병원치료를 필요로 하지 않고 단순하게 연기를 흡입한 사람은 제외한다.

## 56 답 ④

제45조(긴급상황보고)

① 조사활동 중 본부장 또는 서장이 소방청장에게 긴급상황을 보고하여야 할 화재는 다음 각 호와 같다.
1. 대형 화재
가. 인명피해 : 사망 5명 이상이거나 사상자 10명 이상 발생 화재
나. 재산피해 : 50억 원 이상 추정되는 화재
2. 중요화재
가. 관공서, 학교, 정부미도정공장, 문화재, 지하철, 지하구 등 공공건물 및 시설의 화재
나. 관광호텔, 고층건물, 지하상가, 시장, 백화점, 대량위험물을 제조 · 저장 · 취급하는 장소, 대형 화재취약대상 및 화재경계지구

다. 이재민 100명 이상 발생화재
3. 특수화재
가. 철도, 항구에 매어둔 외항선, 항공기, 발전소 및 변전소의 화재
나. 특수사고, 방화 등 화재원인이 특이하다고 인정되는 화재
다. 외국공관 및 그 사택
라. 그 밖에 대상이 특수하여 사회적 이목이 집중될 것으로 예상되는 화재

## 57 　답 ①

① 작위하명 – 특정한 행위를 적극적으로 해야 할 의무를 명하는 행정행위
㉠ 화재예방 조치명령
• 타고 남은 불이나 재의 처리
• 함부로 버려두거나 방치된 위험물 그 밖에 불에 탈 수 있는 물건을 관계인으로 하여금 옮기거나 치우게 하는 조치
• 위험물 또는 물건의 관계인의 주소와 성명을 알 수 없어서 소속 공무원으로 하여금 옮기거나 치우게 하는 조치
㉡ 화재경계지구 지정에 대한 명령
㉢ 소방활동 종사명령
㉣ 피난명령
㉤ 화재조사를 위한 보고 및 자료제출명령
㉥ 소방특별조사
㉦ 소방특별조사 결과에 따른 조치명령
㉧ 특정소방대상물에 설치하는 소방시설 및 방염에 관한 명령
㉨ 위험물 제조소 등의 예방규정 변경명령
㉩ 위험물 제조소 등의 감독 및 조치명령
㉪ 무허가 위험물시설의 조치명령
② 부작위하명 – 특정한 행위를 금지하도록 하는 의무를 명하는 행정행위
㉠ 화재예방 조치명령 : 모닥불, 불장난, 흡연, 화기취급행위 등의 금지명령
㉡ 소방용수시설의 사용금지명령
• 정당한 사유 없이 소방용수시설을 사용하는 행위
• 정당한 사유 없이 소방용수시설의 효용을 해치는 행위
• 소방용수시설의 정당한 사용을 방해하는 행위
㉢ 소방특별조사 결과에 따른 조치명령
• 소방대상물의 개수, 이전, 제거, 사용금지, 제한, 폐쇄명령
• 공사의 정지, 중지명령
③ 급부하명 – 소방의 목적으로 금전, 물품, 노력 등을 제공할 의무를 명하는 행정행위
㉠ 위험물제조소 등의 설치 또는 변경허가의 수수료 납입 등을 명하는 행위
㉡ 위험물제조소 등의 탱크안전성능검사에 따른 수수료 납입 등을 명하는 행위
㉢ 지정수량 이상의 위험물의 임시저장 및 취급의 승인에 따른 수수료 납입 등을 명하는 행위
㉣ 위험물제조소 등의 완공검사에 따른 수수료 납입 등을 명하는 행위
㉤ 제조소 등 설치자의 지위승계신고에 따른 수수료 납입 등을 명하는 행위
㉥ 탱크안전성능시험자의 등록에 따른 수수료 납입 등을 명하는 행위
㉦ 탱크안전성능시험자의 등록사항 변경신고에 따른 수수료 납입 등을 명하는 행위
㉧ 위험물운반용기의 검사에 따른 수수료 납입 등을 명하는 행위
㉨ 안전교육에 따른 교육비 납입 등을 명하는 행위
④ 수인하명 – 행정주체(행정청)의 권한 행사에 대하여 저항하지 아니할 의무를 명하는 행정행위
㉠ 강제처분명령
• 화재가 발생하거나 불이 번질 우려가 있는 소방대상물 및 토지의 일시적인 사용, 그 사용의 제한 또는 소방활동에 필요한 처분명령
• 긴급 출동 시 소방자동차의 통행과 소방활동에 방해가 되는 주차 또는 정차된 차량 및 물건의 이동, 제거처분명령
㉡ 소방대의 긴급통행
㉢ 소방자동차의 우선통행
㉣ 소방공무원의 출입 · 조사

## 58 　답 ②

조선시대
① 금화제도가 정착되는 시기로 세종 8년(1426년) 금화법령을 제정하고 금화조직을 설치
② 세종 8년 2월(1426년 2월) 병조에 금화도감을 설치하였는데 이는 우리나라 최초의 소방관서

일제 강점기(1910년~1945년)
① 경무부 소속의 상비소방수제도가 있었으며 일본의 민간소방조직체를 모방한 국내 소방 기본조직인 소방조가 있었다.
② 1925년 종로에 우리나라 최초의 소방서인 경성소방서가 설치

정부수립 이후 Ⅰ(1948년~1970년)
1958년 소방법에 제정, 공포

광역자치소방행정체제의 시작 및 정착(1992년~현재)
2004년 6월 소방방재청을 설립하고 소방업무 및 민방위 재난 · 재해업무까지 관장

## 59 답 ④

소방기본법 제6조(소방업무에 관한 종합계획의 수립 · 시행 등) 제4항

④ 시 · 도지사는 관할 지역의 특성을 고려하여 종합계획의 시행에 필요한 세부계획(이하 이 조에서 "세부계획"이라 한다)을 매년 수립하여 소방청장에게 제출하여야 하며, 세부계획에 따른 소방업무를 성실히 수행하여야 한다.

## 60 답 ②

제30조(화재의 소실정도)

① 건축 · 구조물 화재의 소실 정도는 3종류로 구분하며 그 내용은 다음의 각 호에 따른다.

1. 전소 : 건물의 70% 이상(입체면적에 대한 비율을 말한다. 이하 같다)이 소실되었거나 또는 그 미만이라도 잔존부분을 보수하여도 재사용이 불가능한 것
2. 반소 : 건물의 30% 이상 70% 미만이 소실된 것
3. 부분소 : 전소, 반소화재에 해당되지 아니하는 것

## 61 답 ②

정부수립 이후(초창기, 1948년~1970년)

① 시, 군까지 일괄적으로 관리하는 국가소방체제로 전환
② 독립된 자치소방제도를 폐지하고 경찰에서 소방을 다시 관장
③ 중앙 – 내무부 치안국 소방과
④ 지방 – 시, 도 경찰국 소방과
⑤ 소방법 제정(1958년)
⑥ 소방공동시설세 신설(1961년)

## 62 답 ②

- 경성소방서설치 : 1925년
- 소방법제정 : 1958년

소방의 발전 중 소방행정체제

① 미군정 시대(1945년~1948년) : 과도기 · 해방 이후 미국 군사정부(미군정)의 신탁통치를 받았으며 소방을 경찰에서 분리하여 최초로 독립된 자치소방제도를 시행하였다.

② 정부수립 이후 Ⅰ(1948년~1970년) : 초창기 · 정부수립과 동시에 독립된 자치소방체도를 폐지하고 다시 소방을 경찰과 병합하여 전국의 모든 시 뿐만 아니라 군까지 일괄적으로 국가에서 관리하는 국가소방체제로 전환하였으며, 경찰에서 소방을 관장하게 하였다.
   - 1958년 소방법이 제정, 공포되었다.
   - 소방공동시설세가 신설되었다.(지방세법)

③ 정부수립 이후 Ⅱ(1970년~1992년) : 발전기
   - 1972년 서울과 부산에 첫 소방본부가 설치되어 자치소방체제를 유지하였으며, 기타 나머지 시 · 도는 정부수립 시기와 같은 국가소방체제를 유지하는 이원적 소방행정체제가 시행되었다.
   - 국가소방 행정조직(시 · 도 소방서) : 소방 업무를 내무부 경찰국 소방과에서 운영하고, 시장 · 군수가 지휘 및 감독하였다.
   - 지방소방 행정조직 : 1972년 서울(5월), 부산(6월)에 각각 소방본부를 설치하여 시장이 총괄 · 지휘하고, 지방자치 조례를 만들어 소방업무를 수행하였다.
   - 1975년 내무부 민방위본부를 창설, 민방위본부 소방국에서 소방을 관장하였다.
   - 1978년 소방공무원법을 제정하고 시행하였다.
   - 1978년 중앙소방학교를 설치하고 직제를 제정 · 공포하여 소방교육을 체계화하였다.
   - 1986년 중앙소방학교를 충남 천안으로 이전하였다.

④ 광역소방행정체제의 시작 및 정착(1992년~현재)
   - 1992년 전국 시 · 도에 소방본부를 모두 설치하여 광역자치체제로 바뀌었다.
   - 국가와 지방으로 이원화된 소방 조직체를 광역자치 소방체제로 통일하여 소방 사무의 책임을 시 · 군에서 시 · 도로 완전히 전환하였다.
   - 1992년 전국에 시 · 도 소방본부를 설치하고, 시 · 군에는 소방서를 설치하였으며 그 밑으로 119안전센터 및 구조 · 구급대를 편성, 운영하였다.
   - 1995년 민방위통제본부를 설치하였다.
   - 1995년 대부분의 소방공무원은 지방직으로 전환되었고, 소방공동시설세도 시 · 군세에서 도세로 전환되었다.
   - 2003년 대구 지하철 방화 사건(사상자 350여 명)이후 "국가재난관리시스템 기획단"을 구성하고 출범하였다.
   - 2003년 소방법을 4분법으로 세분화하여 새롭게 제정, 공포하였다.(1958년 제정된 소방법 폐지)
   - 2004년 소방방재청을 설립하고 소방업무 및 민방위 재난 · 재해업무까지 관장하였다.
   - 2014년 4월 세월호 침몰사건으로 정부조직법을 개정하여 같은 해 11월 국민안전처를 설립하여 육상, 해상, 항공, 에너지 등을 통합 관장하기로 하였다.
   - 2017년 7월 소방청 개청

## 63 답 ④

① 작위하명 – 특정한 행위를 적극적으로 해야 할 의무를 명하는 행정행위
   ㉠ 화재예방 조치명령
      - 타고 남은 불이나 재의 처리
      - 함부로 버려두거나 방치된 위험물 그 밖에 불에 탈 수 있는 물건을 관계인으로 하여금 옮기거나 치우게 하는 조치

• 위험물 또는 물건의 관계인의 주소와 성명을 알 수 없어서 소속 공무원으로 하여금 옮기거나 치우게 하는 조치

㉡ 화재경계지구 지정에 대한 명령

㉢ 소방활동 종사명령

㉣ 피난명령

㉤ 화재조사를 위한 보고 및 자료제출명령

㉥ 소방특별조사

㉦ 소방특별조사 결과에 따른 조치명령

㉧ 특정소방대상물에 설치하는 소방시설 및 방염에 관한 명령

㉨ 위험물 제조소 등의 예방규정 변경명령

㉩ 위험물 제조소 등의 감독 및 조치명령

㉪ 무허가 위험물시설의 조치명령

② 부작위하명 – 특정한 행위를 금지하도록 하는 의무를 명하는 행정행위

㉠ 화재예방 조치명령 : 모닥불, 불장난, 흡연, 화기취급행위 등의 금지명령

㉡ 소방용수시설의 사용금지명령

• 정당한 사유 없이 소방용수시설을 사용하는 행위

• 정당한 사유 없이 소방용수시설의 효용을 해치는 행위

• 소방용수시설의 정당한 사용을 방해하는 행위

㉢ 소방특별조사 결과에 따른 조치명령

• 소방대상물의 개수, 이전, 제거, 사용금지, 제한, 폐쇄명령

• 공사의 정지, 중지명령

③ 급부하명 – 소방의 목적으로 금전, 물품, 노력 등을 제공할 의무를 명하는 행정행위

㉠ 위험물제조소 등의 설치 또는 변경허가의 수수료 납입 등을 명하는 행위

㉡ 위험물제조소 등의 탱크안전성능검사에 따른 수수료 납입 등을 명하는 행위

㉢ 지정수량 이상의 위험물의 임시저장 및 취급의 승인에 따른 수수료 납입 등을 명하는 행위

㉣ 위험물제조소 등의 완공검사에 따른 수수료 납입 등을 명하는 행위

㉤ 제조소 등 설치자의 지위승계신고에 따른 수수료 납입 등을 명하는 행위

㉥ 탱크안전성능시험자의 등록에 따른 수수료 납입 등을 명하는 행위

㉦ 탱크안전성능시험자의 등록사항 변경신고에 따른 수수료 납입 등을 명하는 행위

㉧ 위험물운반용기의 검사에 따른 수수료 납입 등을 명하는 행위

㉨ 안전교육에 따른 교육비 납입 등을 명하는 행위

④ 수인하명 – 행정주체(행정청)의 권한 행사에 대하여 저항하지 아니할 의무를 명하는 행정행위

㉠ 강제처분명령

• 화재가 발생하거나 불이 번질 우려가 있는 소방대상물 및 토지의 일시적인 사용, 그 사용의 제한 또는 소방활동에 필요한 처분명령

• 긴급 출동 시 소방자동차의 통행과 소방활동에 방해가 되는 주차 또는 정차된 차량 및 물건의 이동, 제거처분명령

㉡ 소방대의 긴급통행

㉢ 소방자동차의 우선통행

㉣ 소방공무원의 출입 · 조사

## 64 답 ②

화재조사의 종류 및 조사의 범위(제11조 제2항 관련)

1. 화재원인조사

| 종류 | 조사범위 |
|---|---|
| 가. 발화원인 조사 | 화재가 발생한 과정, 화재가 발생한 지점 및 불이 붙기 시작한 물질 |
| 나. 발견통보 및 초기소화상황 조사 | 화재의 발견 · 통보 및 초기소화 등 일련의 과정 |
| 다. 연소상황 조사 | 화재의 연소경로 및 확대원인 등의 상황 |
| 라. 피난상황 조사 | 피난경로, 피난상의 장애요인 등의 상황 |
| 마. 소방시설 등 조사 | 소방시설의 사용 또는 작동 등의 상황 |

2. 화재피해조사

| 종류 | 조사범위 |
|---|---|
| 가. 인명피해조사 | (1) 소방활동 중 발생한 사망자 및 부상자<br>(2) 그 밖에 화재로 인한 사망자 및 부상자 |
| 나. 재산피해조사 | (1) 열에 의한 탄화, 용융, 파손 등의 피해<br>(2) 소화활동 중 사용된 물로 인한 피해<br>(3) 그 밖에 연기, 물품반출, 화재로 인한 폭발 등에 의한 피해 |

## 65 답 ①

119 구조 구급에 관한 법률

제8조(119구조대의 편성과 운영)

① 소방청장 · 소방본부장 또는 소방서장(이하 "소방청장 등"이라 한다)은 위급상황에서 요구조자의 생명 등을 신속하고 안전하게 구조하는 업무를 수행하기 위하여 대통령령으로 정하는 바에 따라 119구조대(이하 "구조대"라 한다)를 편성하여 운영하여야 한다. 〈개정 2014. 11. 19., 2017. 7. 26.〉

② 구조대의 종류, 구조대원의 자격기준, 그 밖에 필요한 사항은 대통령령으로 정한다.

③ 구조대는 행정안전부령으로 정하는 장비를 구비하여야 한다.

## 66 답 ④

응급구조사가 준수해야 할 응급처치 실시의 일반원칙

① 긴박한 상황에서도 구조자 자신의 안전을 우선으로 한다.

② 사전에 보호자 또는 당사자의 이해와 동의를 얻어 실시하는 것을 원칙으로 한다. 다만, 환자가 의식불명, 망상에 빠져 있거나 신체적으로 동의가 없을 때 주변사람에게 알린 후(묵시적 동의로 인정) 도움을 받아 실시한다.

③ 부상상태에 따라 긴급한 경우 응급처치와 함께 관계기관인 119구조대, 119구급대, 경찰, 병원 등에 응급구조를 요청한다.

④ 의식이 없거나, 심한 출혈, 복부부상 환자의 경구를 통하여는 어떤 것도 투여하지 않는다.

⑤ 응급구조사는 환자의 생사 판정은 하지 않는다.(의사에게 맡김)

⑥ 응급구조사는 원칙적으로 의약품의 사용을 피한다.(단, 긴급할 때 의사 지시는 예외)

⑦ 오직 응급처치로만 그치고 의사에게 인계 후 의사의 지시를 따른다.

응급처치의 일반적 원칙

1. 긴급 상황이라도 구조자의 안전에 주의
2. 신속, 침착, 질서 있게 대처
3. 긴급 환자부터 우선 처치
4. 의료기관에 연락한다.

응급처치 시 구급대원의 행동

1. 구조 시 눈은 환자를 보면서 말한다.
2. 호칭은 이름을 부르도록 하며 진실을 말하는 것이 원칙이나 충격적인 말은 피한다.
3. 대화는 전문용어를 피하고 상대방이 이해할 수 있는 표현을 사용한다.
4. 환자운반 시 무리를 하거나 특정 신체부분만 사용하여서는 안 된다. 또한 구조자는 단독행동을 하지 않으며 특이사항은 즉시 보고하며 안전과 관련된 정보는 즉시 전파한다.

## 67 답 ④

사, 교, 장, 위, 경, 령, 정, 준감, 감, 정감, 총감

## 68 답 ②

징계의 종류는 파면, 해임, 강등, 정직, 감봉, 견책 6가지가 있으며, 중징계는 파면, 해임, 강등, 정직이 있고 경징계는 감봉과 견책이 있다. 또한 신분은 유지하나 이익 일부를 제한하는 교정징계는 강등, 정직, 감봉, 견책이 있으며, 신분을 배제하는 배제징계는 파면과 해임이 있다. 훈계, 경고, 계고, 엄중주의, 권고 등은 징계의 종류는 아니다.

## 69 답 ③

징계의 구분 정리(국가공무원 제80조 참조)

| 징계 종류 | | 기간 | 신분 등 | 직무정지 | 승진·승급제한 | 기록말소 | 보수 | 성질 |
|---|---|---|---|---|---|---|---|---|
| 중징계 | 파면 | · | 5년간 공무원 임용제한 | ※ 퇴직급여액의 1/2 감액 (재직기간이 5년 미만인 경우에는 1/4이 감액) | | | | 배제징계 |
| | 해임 | · | 3년간 공무원 임용제한 | | | | | |
| | 강등 | | 바로 하위계급에 임용 | 3개월 | 18개월 | 9년 후 | 3개월 동안 전액 감액 | 교정징계 |
| | 정직 | 1월~3월 | · | | 18개월 | 7년 후 | 정직기간 동안 전액 감액 | |
| 경징계 | 감봉 | 1월~3월 | · | | 12개월 | 5년 후 | 감봉기간 중 보수의 1/3을 감액 | 교정징계 |
| | 견책 | · | · | | 6개월 | 3년 후 | | |

## 70 답 ④

화재진압 단계별 활동

① 화재각지 : 연락을 받은 시점

② 화재출동 : 각지하고 소방대가 현장에 도착할 때까지

③ 현장도착

가. 선착대(화재각지로부터 5분 이내 도착하는 출동대)

ㄱ. 인명검색 및 구조활동을 우선시 함

ㄴ. 연소위험이 가장 큰 방면에 포위 부서

ㄷ. 화점 근처의 소방용수시설을 점령

ㄹ. 사전 경방계획을 충분히 고려하여 행동

ㅁ. 재해실태, 인명위험, 소방활동상 위험요인, 확대위험 등을 신속히 상황보고 및 정보제공

나. 후착대

ㄱ. 인명구조활동 등 중요임무수행을 지원

ㄴ. 화재방어는 인접건물 및 선착대가 진입하지 않는 곳을 우선

ㄷ. 급수 및 비화경계, 수손방지 등의 업무수행

ㄹ. 불필요한 파괴는 하지 않음

④ 상황판단

⑤ 인명구조

⑥ 수관연장 : 연장순서는 사다리, 파괴기 운반, 호스연장 순
⑦ 노즐배치
⑧ 파괴활동
⑨ 방수활동
⑩ 진입활동 : 연기가 충만하기 쉬운 건축물 화재에서는 급기측으로부터의 진입이 철칙
⑪ 잔화처리

## 71

답 ④

119구조구급에 관한 법률

제20조(구조 · 구급 요청의 거절)

① 구조대원은 법 제13조제3항에 따라 다음 각 호의 어느 하나에 해당하는 경우에는 구조출동 요청을 거절할 수 있다. 다만, 다른 수단으로 조치하는 것이 불가능한 경우에는 그러하지 아니하다.

1. 단순 문 개방의 요청을 받은 경우
2. 시설물에 대한 단순 안전조치 및 장애물 단순 제거의 요청을 받은 경우
3. 동물의 단순 처리 · 포획 · 구조 요청을 받은 경우
4. 그 밖에 주민생활 불편해소 차원의 단순 민원 등 구조활동의 필요성이 없다고 인정되는 경우

② 구급대원은 법 제13조제3항에 따라 구급대상자가 다음 각 호의 어느 하나에 해당하는 비응급환자인 경우에는 구급출동 요청을 거절할 수 있다. 이 경우 구급대원은 구급대상자의 병력 · 증상 및 주변 상황을 종합적으로 평가하여 구급대상자의 응급 여부를 판단하여야 한다.

1. 단순 치통환자
2. 단순 감기환자. 다만, 섭씨 38도 이상의 고열 또는 호흡곤란이 있는 경우는 제외한다.
3. 혈압 등 생체징후가 안정된 타박상 환자
4. 술에 취한 사람. 다만, 강한 자극에도 의식이 회복되지 아니하거나 외상이 있는 경우는 제외한다.
5. 만성질환자로서 검진 또는 입원 목적의 이송 요청자
6. 단순 열상(裂傷) 또는 찰과상(擦過傷)으로 지속적인 출혈이 없는 외상환자
7. 병원 간 이송 또는 자택으로의 이송 요청자. 다만, 의사가 동승한 응급환자의 병원 간 이송은 제외한다.

## 72

답 ③

화재조사의 특징

1. 현장성　　2. 신속성
3. 정밀과학성　　4. 보존성
5. 안전성　　6. 강제성
7. 프리즘식 : 여러 사람의 견해를 모아서 입체적으로 진행한다.

## 73

답 ④

중증도 분류란 사건현장에서 소방분류반의 구급팀장이 분류하는 것으로 환자의 응급처치에 관여하지 않고 부상 등의 정도에 따라 오직 병원으로 환자의 이송을 위한 분류를 말하며 긴급환자 → 응급환자 → 비응급환자 → 지연(사망)환자의 4단계로 나누고 있다.

환자의 분류

| | |
|---|---|
| 긴급환자 (적색, 토끼) | • 수 분 혹은 수 시간 이내의 응급처치를 요구<br>• 기도폐쇄, 대량의 출혈, 수축기 혈압 80mmHg 이하의 쇼크, 개방성 흉부, 경추손상, 기도화상, 원원부 맥박이 촉지되지 않는 골절, 지속적인 천식, 저체온증, 경련 등 |
| 응급환자 (황색, 거북이) | • 수 시간 이내의 응급처치를 요구<br>• 중증의 출혈, 기도화상을 제외한 화상, 경추를 제외한 척추골절, 척추손상 등 |
| 비응급환자 (녹색, X) | • 수 시간, 수 일 후 치료해도 생명에 지장이 없는 환자<br>• 소량의 출혈, 단순열상 · 골절, 경미한 열상 · 찰과상, 타박상 등 연부조직 손상 |
| 지연환자 (흑색, +) | • 사망 또는 생존의 가능성이 없는 환자<br>• 20분 이상 호흡 · 맥박이 없는 환자, 두부나 몸체가 절단된 경우, 심폐소생술도 효과가 없다고 판단되는 경우 |

## 74

답 ④

"조사"란 화재원인을 규명하고 화재로 인한 피해를 산정하기 위하여 자료의 수집, 관계자 등에 대한 질문, 현장확인, 감식, 감정 및 실험 등을 하는 일련의 행동을 말한다.

## 75

답 ④

① 특수구조대 : 화, 산, 고, 수, 지
② 일반구조대 : 시 · 도의 규칙으로 정하는 바에 따라 소방서마다 1개 대(隊) 이상 설치하되, 소방서가 없는 시 · 군 · 구(자치구를 말한다. 이하 같다)의 경우에는 해당 시 · 군 · 구 지역의 중심지에 있는 119안전센터에 설치할 수 있다.
③ 고속국도구급대 : 교통사고 발생 빈도 등을 고려하여 소방청, 시 · 도 소방본부 또는 고속국도를 관할하는 소방서에 설치하되, 시 · 도 소방본부 또는 소방서에 설치하는 경우에는 시 · 도의 규칙으로 정하는 바에 따른다.

제15조(항공구조구급대의 편성과 운영)

① 소방청장은 법 제12조제1항에 따른 항공구조구급대를 제5조제1항제3호에 따라 소방청에 설치하는 직할구조대에 설치할 수 있다.〈개정 2014. 11. 19., 2017. 7. 26.〉

② 소방본부장은 시 · 도 규칙으로 정하는 바에 따라 항공구조구급대를 편성하여 운영하되, 효율적인 인력 운영을 위하여 필

요한 경우에는 시 · 도 소방본부에 설치하는 직할구조대에 설치할 수 있다.

**76** 답 ③

화점에 대한 명중률이 높은 것은 봉상(직사)주수이다.

**77** 답 ③

화재조사 및 보고규정

제38조(조사의 개시)

조사관은 화재발생 사실을 인지함과 동시에 조사활동을 시작하여야 한다.

**78** 답 ①

중증도 분류란 사건현장에서 소방분류반의 구급팀장이 분류하는 것으로 환자의 응급처치에 관여하지 않고 부상 등의 정도에 따라 오직 병원으로 환자의 이송을 위한 분류를 말하며 긴급환자 → 응급환자 → 비응급환자 → 지연(사망)환자의 4단계로 나누고 있다.

**79** 답 ②

환자의 분류

| | |
|---|---|
| 긴급환자<br>(적색, 토끼) | • 수 분 혹은 수 시간 이내의 응급처치를 요구<br>• 기도폐쇄, 대량의 출혈, 수축기 혈압 80mmHg 이하의 쇼크, 개방성 흉부, 경추손상, 기도화상, 원원부 맥박이 촉지되지 않는 골절, 지속적인 천식, 저체온증, 경련 등 |
| 응급환자<br>(황색, 거북이) | • 수 시간 이내의 응급처치를 요구<br>• 중증의 출혈, 기도화상을 제외한 화상, 경추를 제외한 척추골절, 척추손상 등 |
| 비응급환자<br>(녹색, X) | • 수 시간, 수 일 후 치료해도 생명에 지장이 없는 환자<br>• 소량의 출혈, 단순열상 · 골절, 경미한 열상 · 찰과상, 타박상 등 연부조직 손상 |
| 지연환자<br>(흑색, +) | • 사망 또는 생존의 가능성이 없는 환자<br>• 20분 이상 호흡 · 맥박이 없는 환자, 두부나 몸체가 절단된 경우, 심폐소생술도 효과가 없다고 판단되는 경우 |

**80** 답 ②

119 구조구급에 관한 법률 시행령

제11조(구급대원의 자격기준)

구급대원은 소방공무원으로서 다음 각 호의 어느 하나에 해당하는 자격을 갖추어야 한다. 다만, 제4호에 해당하는 구급대원은 구급차 운전과 구급에 관한 보조업무만 할 수 있다. 〈개정 2014. 11. 19., 2017. 7. 26.〉

1. 「의료법」 제2조제1항에 따른 의료인
2. 「응급의료에 관한 법률」 제36조제2항에 따라 1급 응급구조사 자격을 취득한 사람
3. 「응급의료에 관한 법률」 제36조제3항에 따라 2급 응급구조사 자격을 취득한 사람
4. 소방청장이 실시하는 구급업무에 관한 교육을 받은 사람

**81** 답 ③

소방대

소방공무원, 의무소방원, 의용소방대원

**82** 답 ④

**83** 답 ②

소방기본법에 명시되어 있지 않다.

- 직접적 소방조직 : 중앙소방학교, 중앙119구조본부, 국가민방위재난안전교육원
- 간접적 소방조직 : 한국소방안전협회, 한국소방산업기술원, 소방산업공제조합, 대한소방공제회
- 민간소방조직 : 의용소방대, 자위소방대, 자체소방대, 민간민방위대, 청원소방원제도

**84** 답 ④

"화재"란 사람의 의도에 반하거나 고의에 의해 발생하는 연소현상으로서 소화시설 등을 사용하여 소화할 필요가 있거나 또는 화학적인 폭발현상을 말한다.

**85** 답 ①

**86** 답 ④

제3조(소방기관의 설치 등)

① 시 · 도의 화재 예방 · 경계 · 진압 및 조사, 소방안전교육 · 홍보와 화재, 재난 · 재해, 그 밖의 위급한 상황에서의 구조 · 구급 등의 업무(이하 "소방업무"라 한다)를 수행하는 소방기관의 설치에 필요한 사항은 대통령령으로 정한다. 〈개정 2015. 7. 24.〉

② 소방업무를 수행하는 소방본부장 또는 소방서장은 그 소재지를 관할하는 특별시장 · 광역시장 · 특별자치시장 · 도지사 또는 특별자치도지사(이하 "시 · 도지사"라 한다)의 지휘와 감독을 받는다. 〈개정 2014. 12. 30.〉

③ 제2항에도 불구하고 소방청장은 화재 예방 및 대형 재난 등

필요한 경우 시·도 소방본부장 및 소방서장을 지휘·감독할 수 있다.〈신설 2019. 12. 10.〉
④ 시·도에서 소방업무를 수행하기 위하여 시·도지사 직속으로 소방본부를 둔다.〈신설 2019. 12. 10.〉
[전문개정 2011. 5. 30.]
[시행일 : 2020. 4. 1.] 제3조

제3조의2(소방공무원의 배치)
제3조제1항의 소방기관 및 같은 조 제4항의 소방본부에는 「지방자치단체에 두는 국가공무원의 정원에 관한 법률」에도 불구하고 대통령령으로 정하는 바에 따라 소방공무원을 둘 수 있다.
[본조신설 2019. 12. 10.]
[시행일 : 2020. 4. 1.] 제3조의2

제3조의3(다른 법률과의 관계)
제주특별자치도에는 「제주특별자치도 설치 및 국제자유도시 조성을 위한 특별법」 제44조에도 불구하고 같은 법 제6조제1항 단서에 따라 이 법 제3조의2를 우선하여 적용한다.
[본조신설 2019. 12. 10.]
[시행일 : 2020. 4. 1.] 제3조의3

소방기본법 제6조 4항
시·도지사는 관할 지역의 특성을 고려하여 종합계획의 시행에 필요한 세부계획(이하 이 조에서 "세부계획"이라 한다)을 매년 수립하여 소방청장에게 제출하여야 하며, 세부계획에 따른 소방업무를 성실히 수행하여야 한다.

## 87 답 ④

소방기본법 제31조
소방청장, 소방본부장 또는 소방서장은 수사기관이 방화 또는 실화의 혐의가 있어서 이미 피의자를 체포하였거나 증거물을 압수하였을 때에는 화재조사를 위하여 필요한 경우에는 수사에 지장을 주지 아니하는 범위에서 그 피의자 또는 압수된 증거물에 대한 조사를 할 수 있다.

## 88 답 ③

## 89 답 ②

소방전술의 분류
① 포위전술 : 화원에 노즐을 포위하여 진압하는 전술
② 블록전술 : 인근 건물의 화재 확대방지를 위하여 블록의 4방면 중 화재 확대가능한 곳을 동시에 방어하는 전술
③ 중점전술 : 대규모의 폭발 우려가 있는 곳을 중점적으로 활동하는 전술
④ 집중전술 : 위험물 탱크의 화재 등 1개 분대가 집중적으로 활동하는 전술

## 90 답 ①

소방공무원법 제28조(징계위원회)
① 소방준감 이상의 소방공무원에 대한 징계의결은 「국가공무원법」에 따라 국무총리 소속으로 설치된 징계위원회에서 한다.
② 소방정 이하의 소방공무원에 대한 징계의결을 하기 위하여 소방청 및 대통령령으로 정하는 소방기관에 소방공무원 징계위원회를 둔다.
③ 제1항 및 제2항에도 불구하고 제6조제3항 및 같은 조 제4항에 따라 시·도지사가 임용권을 행사하는 소방공무원에 대한 징계의결을 하기 위하여 시·도 및 대통령령으로 정하는 소방기관에 징계위원회를 둔다.
④ 소방공무원 징계위원회의 구성·관할·운영, 징계의결의 요구 절차, 징계 대상자의 진술권, 그 밖에 필요한 사항은 대통령령으로 정한다.

## 91 답 ②

②는 화재원인조사

## 92 답 ①

① 사망 또는 생존가능성이 없는 환자 : 사망자 – 흑색
② 수 시간 이내에 응급처치를 요하는 환자 : 응급환자 – 황색
③ 수 시간, 수일 후 치료해도 생명에 지장이 없는 환자 : 비응급환자 – 녹색
④ 수 분, 수 시간 이내의 응급처치를 요하는 중증 환자 : 긴급환자 – 적색

## 93 답 ③

"화재"란 사람의 의도에 반하거나 고의에 의해 발생하는 연소현상으로서 소화시설 등을 사용하여 소화할 필요가 있는 것을 말한다.

## 94 답 ③

인공호흡기를 이용한 호흡의 유지는 의료기관의 업무범위

## 95 답 ①

소방조직의 기본원리 중 '특정사안에 대한 결정에 있어서 의사결정과정에서는 개인의 의견이 참여되지만 결정을 내리는 것은 개인이 아닌 소속기관의 기관장이다.'는 계선의 원리이다.

소방조직의 기본원리
• 분업의 원리 : 한 사람이나 한 부서가 한 가지의 주된 업무를 맡는다는 원리

• 명령계 통일의 원리 : 한 사람의 상급자에게 명령을 받고 보고한다는 원리
• 계층제의 원리 : 상하의 계층제를 형성하는 원리, 조직 구성원들을 책임과 권한, 의무의 정도에 따라 상하계급이나 계층별로 배열하여 집단화한 뒤 각 계층 간에 권한과 책임을 배분하고 명령계통과 지휘, 감독의 체계를 확립하는 것
• 계선의 원리 : 개인의 의견이 참여되지만 결정을 내리는 것은 소속기관의 기관장이다.
  업무조정의 원리 조직을 통합하고 행동을 통일시키는 것

## 96 답 ④

정부수립과 동시에 국가소방체제로 경찰사무에 포함, 운영
• 1970년~1992년 국가소방과 자치소방의 이원화 시기
• 1972년 서울과 부산에 소방본부 설치
• 1992년 소방본부가 일제히 설치, 시 · 도지사의 책임으로 일원화

## 97 답 ②

조선시대
① 금화제도가 정착되는 시기로 세종 8년(1426년) 금화법령을 제정하고 금화조직을 설치
② 세종 8년 2월(1426년 2월) 병조에 금화도감을 설치하였는데 이는 우리나라 최초의 소방관서

일제 강점기(1910년~1945년)
① 경무부 소속의 상비소방수제도가 있었으며 일본의 민간소방조직체를 모방한 국내 소방 기본조직인 소방조가 있었다.
② 1925년 종로에 우리나라 최초의 소방서인 경성소방서가 설치

정부수립 이후 Ⅰ(1948년~1970년)
1958년 소방법에 제정, 공포

광역자치소방행정체제의 시작 및 정착(1992년 ~현재)
① 2004년 6월 소방방재청을 설립하고 소방업무 및 민방위 재난 · 재해업무까지 관장
② 2014년 11월~2017년 7월 국민안전처
③ 2017년 7월~현재 소방청
  2019. 12. 국가직 전환, 2020년 4월 1일부터 시행

## 98 답 ①

ㄱ. 중앙소방위원회 : 해방, 미군정시대
ㄴ. 국가소방체제로 전환 : 대한민국 정부 수립 이후
ㄷ. 서울과 부산 소방본부설치, 이원화시기 : 성장/발전기
ㄹ. 소방사무가 시도사무로 전환, 전국시도소방본부설치 : 성숙기

## 99 답 ④

종합상황실 보고사항
1. 다음 각 목의 1에 해당하는 화재
  가. 사망자가 5인 이상 발생하거나 사상자가 10인 이상 발생한 화재
  나. 이재민이 100인 이상 발생한 화재
  다. 재산피해액이 50억 원 이상 발생한 화재
  라. 관공서 · 학교 · 정부미도정공장 · 문화재 · 지하철 또는 지하구의 화재
  마. 관광호텔, 층수(「건축법 시행령」 제119조제1항제9호의 규정에 의하여 산정한 층수를 말한다. 이하 이 목에서 같다)가 11층 이상인 건축물, 지하상가, 시장, 백화점, 「위험물안전관리법」 제2조제2항의 규정에 의한 지정수량의 3천배 이상의 위험물의 제조소 · 저장소 · 취급소, 층수가 5층 이상이거나 객실이 30실 이상인 숙박시설, 층수가 5층 이상이거나 병상이 30개 이상인 종합병원 · 정신병원 · 한방병원 · 요양소, 연면적 1만5천제곱미터 이상인 공장 또는 소방기본법 시행령(이하 "영"이라 한다) 제4조제1항 각 목에 따른 화재경계지구에서 발생한 화재
  바. 철도차량, 항구에 매어둔 총 톤수가 1천톤 이상인 선박, 항공기, 발전소 또는 변전소에서 발생한 화재
  사. 가스 및 화약류의 폭발에 의한 화재
  아. 「다중이용업소의 안전관리에 관한 특별법」 제2조에 따른 다중이용업소의 화재
2. 「긴급구조대응활동 및 현장지휘에 관한 규칙」에 의한 통제단장의 현장지휘가 필요한 재난상황
3. 언론에 보도된 재난상황
4. 그 밖에 소방청장이 정하는 재난상황

## 100 답 ④

• 기본적 임무와 파생적 임무 · 소방의 기본적 임무는 사회공동체 및 구성원의 안전을 화재로부터 보호하는 것이다. 현대 정보의 기능 중 질서기능, 그 가운데에서도 보안기능에 속한다. 화재의 예방경계진압을 통해 국민의 생명과 신체 및 재산을 보호하는 임무가 이에 해당한다.
• 소방의 파생적 임무는 정부의 기능 중 봉사기능, 그 가운데에서도 직접적 서비스 기능에 속하는 것으로 구조대 및 구급대의 운영 등이 이에 해당한다.

## CHAPTER 08 재난관리론 100제

| | | | | | | | | | |
|---|---|---|---|---|---|---|---|---|---|
| 1 | 2 | 3 | 4 | 5 | 6 | 7 | 8 | 9 | 10 |
| ② | ④ | ④ | ③ | ① | ① | ③ | ③ | ② | ③ |
| 11 | 12 | 13 | 14 | 15 | 16 | 17 | 18 | 19 | 20 |
| ② | ④ | ④ | ② | ② | ② | ③ | ④ | ③ | ④ |
| 21 | 22 | 23 | 24 | 25 | 26 | 27 | 28 | 29 | 30 |
| ① | ③ | ④ | ④ | ① | ② | ② | ② | ③ | ① |
| 31 | 32 | 33 | 34 | 35 | 36 | 37 | 38 | 39 | 40 |
| ③ | ③ | ② | ② | ② | ④ | ③ | ④ | ① | ③ |
| 41 | 42 | 43 | 44 | 45 | 46 | 47 | 48 | 49 | 50 |
| ② | ① | ③ | ③ | ① | ④ | ① | ④ | ① | ① |
| 51 | 52 | 53 | 54 | 55 | 56 | 57 | 58 | 59 | 60 |
| ③ | ① | ④ | ④ | ③ | ② | ④ | ③ | ② | ④ |
| 61 | 62 | 63 | 64 | 65 | 66 | 67 | 68 | 69 | 70 |
| ③ | ① | ③ | ① | ② | ① | ④ | ④ | ③ | ④ |
| 71 | 72 | 73 | 74 | 75 | 76 | 77 | 78 | 79 | 80 |
| ① | ③ | ④ | ② | ① | ④ | ④ | ③ | ② | ③ |
| 81 | 82 | 83 | 84 | 85 | 86 | 87 | 88 | 89 | 90 |
| ④ | ① | ① | ③ | ① | ③ | ① | ② | ② | ② |
| 91 | 92 | 93 | 94 | 95 | 96 | 97 | 98 | 99 | 100 |
| ④ | ④ | ④ | ② | ① | ④ | ② | ④ | ② | ① |

### 01 답 ②

재난관리단계별 내용

재난관리의 과정은 재난의 생애주기(Life-cycle)에 따라 예방 및 완화, 준비, 대응, 그리고 복구의 4단계 과정으로 분류된다. 이러한 단계는 자연재해의 관리를 염두에 두고 분류한 것이지만 특성이 다른 인위적 재난의 관리, 폭동과 테러리즘 등 위기 관리에도 적용될 수 있다. 재난관리 과정의 완화(Mitigation), 준비(Preparedness), 대응(Response), 복구(Recovery)단계는 각 단계 마다의 활동이 요구된다.

가. 예방 및 완화단계

예방 및 완화단계의 활동은 미래에 발생할 가능성이 있는 재난을 사전에 예방하고, 재난발생가능성을 감소시키며, 발생 가능한 재난의 피해를 최소화시키기 위한 활동을 말한다. 즉 사회와 그 구성원의 건강, 안전, 복지에 대한 위험이 있는지 알아보고 위험요인을 줄여서 재해발생의 가능성을 낮추는 활동을 수행하는 단계로 장기적 관점에서 장래의 모든 재해에 대비하고자 하는 것으로서 정치적, 정책지향적 기술이 필요하다는 점에서 다른 단계의 활동들과 구분될 수 있다. 예방 및 완화단계는 재난관리를 위한 장기계획의 마련, 화재방지 및 기타 재해피해축소를 위한 건축기준법규의 마련, 위험요인과 지역을 조사하여 위험지도의 작성, 수해상습지구의 설정과 수해방지시설의 공사, 안전기준의 설정 등이 있다.

나. 준비계획단계

예방 및 완화단계의 제반활동에도 불구하고 재난발생확률이 높아진 경우, 재해발생 후에 효과적으로 대응할 수 있도록 사전에 대응활동을 위한 메커니즘을 구성하는 등 운영적인 준비장치들을 갖추는 단계이다. 각 재난상황에 적절한 재난계획을 수립하고, 부족한 대응 자원에 대한 보강작업, 비상연락망과 통신망을 정비하여 유사시 활용할 수 있는 경보시스템 구축, 일반국민에 대한 홍보 및 대응요인에 대한 훈련과 재난발생 시 실제적인 대응활동을 통한 현장 대응상의 체제보완 등이 준비 계획단계의 활동에 속한다.

다. 대응단계

일단 재해가 발생한 경우 신속한 대응활동을 통하여 재해로 인한 인명 및 재산피해를 최소화하고, 재해의 확산을 방지하며, 순조롭게 복구가 이루어질 수 있도록 활동하는 단계이다. 여기에서는 준비단계에서 수립된 각종 재난관리계획 실행, 재해대책본부의 활동개시, 긴급 대피계획의 실천, 긴급의약품조달, 생필품 공급, 피난처 제공, 이재민 수용 및 보호, 후송, 탐색 및 구조 등의 활동이 포함된다. 대응단계에서는 재해관리행정체제의 영역이 크게 확장되며 다수의 이질적인 기관이 참여하므로 지휘체계와 참여기관들 간의 팀워크가 매우 중요하다.

라. 복구단계

재해상황이 어느 정도 안정된 후 취하는 활동단계로 재해로 인한 피해지역을 재해 이전의 상태로 회복시키는 활동을 포함한다. 단기적으로는 피해주민들이 최소한의 생활을 영위할 수 있도록 지원하고 장기적으로는 피해지역의 원상복구 또는 개량복구를 추구한다. 이 복구작업에는 쓰러진 전선이나 전화의 복구 또는 온갖 잡동사니와 쓰레기로 뒤덮인 거리나 도시를 청소하는 단계적인 복구작업일 수도 있고, 무너지거나 파괴된 도로나 건물 또는 도시전체를 재건립하는 장기적인 복구작업일 수도 있다.

### 02 답 ④

특별재난지역선포는 대통령이 한다.
재난사태선포는 중앙안전재난대책본부장이 한다.

제18조(재난안전상황실)

① 행정안전부장관, 시 · 도지사 및 시장 · 군수 · 구청장은 재난정보의 수집 · 전파, 상황관리, 재난발생 시 초동조치 및 지휘 등의 업무를 수행하기 위하여 다음 각 호의 구분에 따른 상시 재난안전상황실을 설치 · 운영하여야 한다. 〈개정 2014. 11. 19., 2017. 7. 26.〉

1. 행정안전부장관 : 중앙재난안전상황실
2. 시 · 도지사 및 시장 · 군수 · 구청장 : 시 · 도별 및 시 · 군 · 구별 재난안전상황실

## 03 답 ④

① 중앙재난안전대책본부장은 행정안전부장관이다.
② 대통령령으로 정하는 대규모 재난(이하 "대규모재난"이라 한다)의 대응 · 복구(이하 "수습"이라 한다) 등에 관한 사항을 총괄 · 조정하고 필요한 조치를 하기 위하여 행정안전부에 중앙재난안전대책본부(이하 "중앙대책본부"라 한다)를 둔다.
③ 중앙대책본부의 본부장(이하 "중앙대책본부장"이라 한다)은 행정안전부장관이 되며, 중앙대책본부장은 중앙대책본부의 업무를 총괄하고 필요하다고 인정하면 중앙재난안전대책본부회의를 소집할 수 있다. 다만, 해외재난의 경우에는 외교부장관이, 「원자력시설 등의 방호 및 방사능 방재 대책법」 제2조제1항제8호에 따른 방사능재난의 경우에는 같은 법 제25조에 따른 중앙방사능방재대책본부의 장이 각각 중앙대책본부장의 권한을 행사한다.

## 04 답 ③

재난 및 안전관리 기본법

제49조(중앙긴급구조통제단)
① 긴급구조에 관한 사항의 총괄 · 조정, 긴급구조기관 및 긴급구조지원기관이 하는 긴급구조활동의 역할 분담과 지휘 · 통제를 위하여 소방청에 중앙긴급구조통제단(이하 "중앙통제단"이라 한다)을 둔다.〈개정 2014. 11. 19., 2017. 7. 26.〉
② 중앙통제단의 단장은 소방청장이 된다.〈개정 2017. 7. 26.〉

제50조(지역긴급구조통제단)
① 지역별 긴급구조에 관한 사항의 총괄 · 조정, 해당 지역에 소재하는 긴급구조기관 및 긴급구조지원기관 간의 역할분담과 재난현장에서의 지휘 · 통제를 위하여 시 · 도의 소방본부에 시 · 도긴급구조통제단을 두고, 시 · 군 · 구의 소방서에 시 · 군 · 구긴급구조통제단을 둔다.
② 시 · 도긴급구조통제단과 시 · 군 · 구긴급구조통제단(이하 "지역통제단"이라 한다)에는 각각 단장 1명을 두되, 시 · 도긴급구조통제단의 단장은 소방본부장이 되고 시 · 군 · 구긴급구조통제단의 단장은 소방서장이 된다.
③ 지역통제단장은 긴급구조를 위하여 필요하면 긴급구조지원기관 간의 공조체제를 유지하기 위하여 관계 기관 · 단체의 장에게 소속 직원의 파견을 요청할 수 있다. 이 경우 요청을 받은 기관 · 단체의 장은 특별한 사유가 없으면 요청에 따라야 한다.
④ 지역통제단의 기능과 운영에 관한 사항은 대통령령으로 정한다.

## 05 답 ①

"긴급구조기관"이란 소방청 · 소방본부 및 소방서를 말한다. 다만, 해양에서 발생한 재난의 경우에는 해양경찰청 · 지방해양경찰청 및 해양경찰서를 말한다.

## 06 답 ①

"긴급구조기관"이란 소방청 · 소방본부 및 소방서를 말한다. 다만, 해양에서 발생한 재난의 경우에는 해양경찰청 · 지방해양경찰청 및 해양경찰서를 말한다.

**참고**

재난관리주관기관 : "재난관리주관기관"이란 재난이나 그 밖의 각종 사고에 대하여 그 유형별로 예방 · 대비 · 대응 및 복구 등의 업무를 주관하여 수행하도록 대통령령으로 정하는 관계 중앙행정기관을 말한다.

재난 및 안전관리 기본법 시행령 별표 1의 3

[별표 1의 3]〈개정 2017. 7. 26.〉

재난 및 사고유형별 재난관리주관기관(제3조의2 관련)

| 재난관리 주관기관 | 재난 및 사고의 유형 |
|---|---|
| 교육부 | 학교 및 학교시설에서 발생한 사고 |
| 과학기술 정보통신부 | 1. 우주전파 재난<br>2. 정보통신 사고<br>3. 위성항법장치(GPS) 전파혼신<br>4. 자연우주물체의 추락 · 충돌 |
| 외교부 | 해외에서 발생한 재난 |
| 법무부 | 법무시설에서 발생한 사고 |
| 국방부 | 국방시설에서 발생한 사고 |
| 행정안전부 | 1. 정부중요시설 사고<br>2. 공동구(共同溝) 재난(국토교통부가 관장하는 공동구는 제외한다)<br>3. 내륙에서 발생한 유도선 등의 수난 사고<br>4. 풍수해(조수는 제외한다) · 지진 · 화산 · 낙뢰 · 가뭄 · 한파 · 폭염으로 인한 재난 및 사고로서 다른 재난관리주관기관에 속하지 아니하는 재난 및 사고 |
| 문화체육 관광부 | 경기장 및 공연장에서 발생한 사고 |
| 농림축산 식품부 | 1. 가축 질병<br>2. 저수지 사고 |
| 산업통상 자원부 | 1. 가스 수급 및 누출 사고<br>2. 원유수급 사고<br>3. 원자력안전 사고(파업에 따른 가동중단으로 한정한다.)<br>4. 전력 사고<br>5. 전력생산용 댐의 사고 |
| 질병관리청 | 감염병 재난 |
| 보건복지부 | 보건의료 사고 |
| 환경부 | 1. 수질분야 대규모 환경오염 사고<br>2. 식용수(지방 상수도를 포함한다) 사고<br>3. 유해화학물질 유출 사고<br>4. 조류(藻類) 대발생(녹조에 한정한다.)<br>5. 황사<br>6. 환경부가 관장하는 댐의 사고<br>7. 미세먼지 |

| 재난관리 주관기관 | 재난 및 사고의 유형 |
|---|---|
| 고용노동부 | 사업장에서 발생한 대규모 인적 사고 |
| 국토교통부 | 1. 국토교통부가 관장하는 공동구 재난<br>2. 고속철도 사고<br>3. 국토교통부가 관장하는 댐 사고<br>4. 도로, 터널 사고<br>5. 식용수(광역상수도에 한정한다.) 사고<br>6. 육상화물운송 사고<br>7. 지하철 사고<br>8. 항공기 사고<br>9. 항공운송 마비 및 항행안전시설 장애<br>10. 다중밀집건축물 붕괴 대형 사고로서 다른 재난관리주관기관에 속하지 아니하는 재난 및 사고 |
| 해양수산부 | 1. 조류 대발생(적조에 한정한다.)<br>2. 조수(潮水)<br>3. 해양 분야 환경오염 사고<br>4. 해양 선박 사고 |
| 금융위원회 | 금융 전산 및 시설 사고 |
| 원자력 안전위원회 | 1. 원자력안전 사고(파업에 따른 가동중단은 제외한다.)<br>2. 인접국가 방사능 누출 사고 |
| 소방청 | 1. 화재 · 위험물 사고<br>2. 다중 밀집시설 대형 화재 |
| 문화재청 | 문화재 시설 사고 |
| 산림청 | 1. 산불<br>2. 산사태 |
| 해양경찰청 | 해양에서 발생한 유도선 등의 수난 사고 |

비고 : 재난관리주관기관이 지정되지 아니한 재난 및 사고에 대해서는 행정안전부장관이 「정부조직법」에 따른 관장 사무를 기준으로 재난관리주관기관을 정한다.

## 07 답 ③

## 08 답 ③

"긴급구조기관"이란 소방청 · 소방본부 및 소방서를 말한다. 다만, 해양에서 발생한 재난의 경우에는 해양경찰청 · 지방해양경찰청 및 해양경찰서를 말한다.

## 09 답 ②

재난 및 안전관리 기본법

제14조(중앙재난안전대책본부 등)

① 대통령령으로 정하는 대규모 재난(이하 "대규모재난"이라 한다)의 대응 · 복구(이하 "수습"이라 한다) 등에 관한 사항을 총괄 · 조정하고 필요한 조치를 하기 위하여 행정안전부에 중앙재난안전대책본부(이하 "중앙대책본부"라 한다)를 둔다. 〈개정 2013. 3. 23., 2013. 8. 6., 2014. 11. 19., 2014. 12. 30., 2017. 7. 26.〉

② 중앙대책본부에 본부장과 차장을 둔다. 〈신설 2014. 12. 30.〉

③ 중앙대책본부의 본부장(이하 "중앙대책본부장"이라 한다)은 행정안전부장관이 되며, 중앙대책본부장은 중앙대책본부의 업무를 총괄하고 필요하다고 인정하면 중앙재난안전대책본부회의를 소집할 수 있다. 다만, 해외재난의 경우에는 외교부장관이, 「원자력시설 등의 방호 및 방사능 방재 대책법」 제2조제1항제8호에 따른 방사능재난의 경우에는 같은 법 제25조에 따른 중앙방사능방재대책본부의 장이 각각 중앙대책본부장의 권한을 행사한다. 〈개정 2012. 2. 22., 2013. 3. 23., 2013. 8. 6., 2014. 11. 19., 2014. 12. 30., 2017. 7. 26.〉

④ 제3항에도 불구하고 재난의 효과적인 수습을 위하여 다음 각 호의 어느 하나에 해당하는 경우에는 국무총리가 중앙대책본부장의 권한을 행사할 수 있다. 이 경우 행정안전부장관, 외교부장관(해외재난의 경우에 한정한다) 또는 원자력안전위원회 위원장(방사능 재난의 경우에 한정한다)이 차장이 된다. 〈개정 2014. 12. 30., 2017. 7. 26.〉

1. 국무총리가 범정부적 차원의 통합 대응이 필요하다고 인정하는 경우
2. 행정안전부장관이 국무총리에게 건의하거나 제15조의2제2항에 따른 수습본부장의 요청을 받아 행정안전부장관이 국무총리에게 건의하는 경우

## 10 답 ③

재난 및 안전관리 기본법

제22조(국가안전관리기본계획의 수립 등)

① 국무총리는 대통령령으로 정하는 바에 따라 국가의 재난 및 안전관리업무에 관한 기본계획(이하 "국가안전관리기본계획"이라 한다)의 수립지침을 작성하여 관계 중앙행정기관의 장에게 통보하여야 한다. 〈개정 2013. 8. 6., 2017. 1. 17.〉

② 제1항에 따른 수립지침에는 부처별로 중점적으로 추진할 안전관리기본계획의 수립에 관한 사항과 국가재난관리체계의 기본방향이 포함되어야 한다.

③ 관계 중앙행정기관의 장은 제1항에 따른 수립지침에 따라 그 소관에 속하는 재난 및 안전관리업무에 관한 기본계획을 작성한 후 국무총리에게 제출하여야 한다. 〈개정 2013. 8. 6.〉

④ 국무총리는 제3항에 따라 관계 중앙행정기관의 장이 제출한 기본계획을 종합하여 국가안전관리기본계획을 작성하여 중앙위원회의 심의를 거쳐 확정한 후 이를 관계 중앙행정기관의 장에게 통보하여야 한다. 〈개정 2012. 2. 22., 2013. 8. 6., 2017. 1. 17.〉

⑤ 중앙행정기관의 장은 제4항에 따라 확정된 국가안전관리기본계획 중 그 소관 사항을 관계 재난관리책임기관(중앙행정기관과 지방자치단체는 제외한다)의 장에게 통보하여야 한다.

〈개정 2017. 1. 17.〉

⑥ 국가안전관리기본계획을 변경하는 경우에는 제1항부터 제5항까지를 준용한다.

⑦ 국가안전관리기본계획과 제23조의 집행계획, 제24조의 시 · 도안전관리계획 및 제25조의 시 · 군 · 구안전관리계획은 「민방위기본법」에 따른 민방위계획 중 재난관리분야의 계획으로 본다.

⑧ 국가안전관리기본계획에는 다음 각 호의 사항이 포함되어야 한다.〈개정 2017. 1. 17.〉

1. 재난에 관한 대책
2. 생활안전, 교통안전, 산업안전, 시설안전, 범죄안전, 식품안전, 안전취약계층 안전 및 그 밖에 이에 준하는 안전관리에 관한 대책

참고

소방의 날 : 매년 11월 9일, 국민안전의 날 : 매년 4월 16일, 방재의 날 : 매년 5월 25일

## 11 답 ②

## 12 답 ④

재난 및 안전관리 기본법

제31조(재난예방을 위한 안전조치)

① 행정안전부장관 또는 재난관리책임기관(행정기관만을 말한다. 이하 이 조에서 같다)의 장은 제30조에 따른 긴급안전점검 결과 재난 발생의 위험이 높다고 인정되는 시설 또는 지역에 대하여는 대통령령으로 정하는 바에 따라 그 소유자 · 관리자 또는 점유자에게 다음 각 호의 안전조치를 할 것을 명할 수 있다.〈개정 2013. 3. 23., 2013. 8. 6., 2014. 11. 19., 2014. 12. 30., 2017. 1. 17., 2017. 7. 26.〉

1. 정밀안전진단(시설만 해당한다). 이 경우 다른 법령에 시설의 정밀안전진단에 관한 기준이 있는 경우에는 그 기준에 따르고, 다른 법령의 적용을 받지 아니하는 시설에 대하여는 행정안전부령으로 정하는 기준에 따른다.
2. 보수(補修) 또는 보강 등 정비
3. 재난을 발생시킬 위험요인의 제거

## 13 답 ④

재난 및 안전관리 기본법 시행령

제65조(긴급구조지휘대 구성 · 운영)

① 법 제55조제2항에 따른 긴급구조지휘대는 다음 각 호의 사람으로 구성하여야 한다.

1. 상황분석요원
2. 자원지원요원
3. 통신지휘요원
4. 안전담당요원
5. 경찰관서에서 파견된 연락관
6. 「응급의료에 관한 법률」 제26조에 따른 권역응급의료센터에서 파견된 연락관

## 14 답 ②

재난 및 안전관리 기본법

제9조(중앙안전관리위원회)

① 재난 및 안전관리에 관한 다음 각 호의 사항을 심의하기 위하여 국무총리 소속으로 중앙안전관리위원회(이하 "중앙위원회"라 한다)를 둔다.〈개정 2013. 8. 6., 2014. 12. 30., 2016. 1. 7.〉

1. 재난 및 안전관리에 관한 중요 정책에 관한 사항
2. 제22조에 따른 국가안전관리기본계획에 관한 사항

2의2. 제10조의2에 따른 재난 및 안전관리 사업 관련 중기사업계획서, 투자우선순위 의견 및 예산요구서에 관한 사항

3. 중앙행정기관의 장이 수립 · 시행하는 계획, 점검 · 검사, 교육 · 훈련, 평가 등 재난 및 안전관리업무의 조정에 관한 사항

3의2. 안전기준관리에 관한 사항

4. 제36조에 따른 재난사태의 선포에 관한 사항
5. 제60조에 따른 특별재난지역의 선포에 관한 사항
6. 재난이나 그 밖의 각종 사고가 발생하거나 발생할 우려가 있는 경우 이를 수습하기 위한 관계 기관 간 협력에 관한 중요사항
7. 중앙행정기관의 장이 시행하는 대통령령으로 정하는 재난 및 사고의 예방사업 추진에 관한 사항
8. 그 밖에 위원장이 회의에 부치는 사항

② 중앙위원회의 위원장은 국무총리가 되고, 위원은 대통령령으로 정하는 중앙행정기관 또는 관계 기관 · 단체의 장이 된다.

③ 중앙위원회의 위원장은 중앙위원회를 대표하며, 중앙위원회의 업무를 총괄한다.〈신설 2012. 2. 22.〉

④ 중앙위원회에 간사 1명을 두며, 간사는 행정안전부장관이 된다.

재난 및 안전관리 기본법 시행령

제6조(중앙안전관리위원회의 위원)

① 법 제9조제2항에 따른 중앙안전관리위원회(이하 "중앙위원회"라 한다)의 위원은 다음 각 호의 사람이 된다.〈개정 2012. 8. 23., 2013. 3. 23., 2014. 2. 5., 2014. 11. 19., 2017. 7. 26.〉

1. 기획재정부장관, 교육부장관, 과학기술정보통신부장관, 외교부장관, 통일부장관, 법무부장관, 국방부장관, 행정안전부장관, 문화체육관광부장관, 농림축산식품부장관, 산업통상자원부장관, 보건복지부장관, 환경부장관, 고용노동부장관, 여성가족부장관, 국토교통부장관, 해양수산부장관 및

중소벤처기업부장관
2. 국가정보원장, 방송통신위원회위원장, 국무조정실장, 식품의약품안전처장, 금융위원회위원장 및 원자력안전위원회위원장
3. 경찰청장, 소방청장, 문화재청장, 산림청장, 기상청장 및 해양경찰청장
4. 삭제〈2015. 6. 30.〉
5. 그 밖에 중앙위원회의 위원장이 지정하는 기관 및 단체의 장

제8조(중앙위원회의 운영)
① 중앙위원회의 회의는 위원의 요청이 있거나 위원장이 필요하다고 인정하는 경우에 위원장이 소집한다.
② 중앙위원회의 회의는 재적위원 과반수의 출석으로 개의(開議)하고, 출석위원 과반수의 찬성으로 의결한다.

## 15 답 ②

재난 및 안전관리기본법 제3조 정의
"재난관리"란 재난의 예방 · 대비 · 대응 및 복구를 위하여 하는 모든 활동을 말한다.

## 16 답 ②

재난 및 안전관리 기본법 시행령 제63조(긴급구조대응계획의 수립)

| | | |
|---|---|---|
| 예방(완화) | 개념 | 평상시 재난을 사전에 예방하고, 발생 가능성을 감소시키며, 피해를 최소화하기 위한 단계이다. |
| | 활동 | • 토지이용관리<br>• 위험지도 작성<br>• 재난취약시설에 대한 일제점검<br>• 평상시 위험예지훈련<br>• 안전법규, 건축기준법규, 기타 관련 법령 · 조례 제정<br>• 안전기준 설정<br>• 재난재해보험<br>• 수해상습지구의 설정과 수해방지시설의 공사 등 |
| 대비(준비) | 개념 | 재난발생 확률이 높아진 경우, 재난 후 대응할 수 있도록 운영적인 장치를 준비하는 단계이다. |
| | 활동 | • 비상방송시스템 구축<br>• 재난관리 우선순위체계 수립<br>• 비상통신시스템 구축<br>• 대응조직(기구)관리<br>• 긴급대응계획의 수립 및 연습<br>• 재난위험성 분석<br>• 자원동원관리체계 구축<br>• 경보시스템 구축<br>• 대응요원들의 교육 · 훈련<br>• 재난방송 및 공공정보자료관리 |
| 대응 | 개념 | 일단 재난이 발생한 경우, 신속한 대응활동을 통하여 인명과 재산피해를 최소화하는 단계이다. |
| | 활동 | • 비상방송시스템 가동<br>• 응급의료지원활동의 전개<br>• 긴급대응계획의 가동<br>• 재해대책본부 및 긴급구조통제단의 가동<br>• 피해주민 수용 및 구호<br>• 긴급의약품 조달, 생필품 공급<br>• 긴급대피 및 은신처 제공(피난처 제공)<br>• 대응자원의 동원<br>• 공식적으로 승인된 주민비상경고<br>• 탐색 및 구조활동 |
| 복구 | 개념 | 1. 재해 상황이 어느 정도 안정된 후 재해 이전의 상태로 회복하는 단계이다.<br>2. 단기 복구와 중장기 복구활동으로 구분<br>① 단기 복구는 최소한 필수불가결한 생활지원 활동을 말한다.<br>② 중장기 복구는 정상적인 생활 상태로의 복구 및 보다 향상된 상태로의 복구를 위해 취해지는 활동을 말한다. |
| | 활동 | • 피해주민 및 대응활동요원에 대한 재난심리상담(외상 후 스트레스 치유)<br>• 감염병 예방 및 방역활동<br>• 이재민 지원<br>• 시설복구 및 피해보상<br>• 피해평가<br>• 대부 및 보조금 지원<br>• 잔해물 제거<br>• 임시거주지 마련 |

① 법 제54조에 따라 긴급구조기관의 장이 수립하는 긴급구조대응계획은 기본계획, 기능별 긴급구조대응계획, 재난유형별 긴급구조대응계획으로 구분하되, 구분된 계획에 포함되어야 하는 사항은 다음 각 호와 같다.
1. 기본계획
   가. 긴급구조대응계획의 목적 및 적용범위
   나. 긴급구조대응계획의 기본방침과 절차
   다. 긴급구조대응계획의 운영책임에 관한 사항
2. 기능별 긴급구조대응계획
   가. 지휘통제 : 긴급구조체제 및 중앙통제단과 지역통제단의 운영체계 등에 관한 사항
   나. 비상경고 : 긴급대피, 상황 전파, 비상연락 등에 관한 사항
   다. 대중정보 : 주민보호를 위한 비상방송시스템 가동 등 긴급 공공정보 제공에 관한 사항 및 재난상황 등에 관한 정보 통제에 관한 사항
   라. 피해상황분석 : 재난현장상황 및 피해정보의 수집 · 분석 · 보고에 관한 사항
   마. 구조 · 진압 : 인명 수색 및 구조, 화재진압 등에 관한 사항
   바. 응급의료 : 대량 사상자 발생 시 응급의료서비스 제공에 관한 사항
   사. 긴급오염통제 : 오염 노출 통제, 긴급 감염병 방제 등 재난현장 공중보건에 관한 사항

아. 현장통제 : 재난현장 접근 통제 및 치안 유지 등에 관한 사항
자. 긴급복구 : 긴급구조활동을 원활하게 하기 위한 긴급구조차량 접근, 도로 복구 등에 관한 사항
차. 긴급구호 : 긴급구조요원 및 긴급대피 수용주민에 대한 위기 상담, 임시 의식주 제공 등에 관한 사항
카. 재난통신 : 긴급구조기관 및 긴급구조지원기관 간 정보통신체계 운영 등에 관한 사항
3. 재난유형별 긴급구조대응계획
가. 재난 발생 단계별 주요 긴급구조 대응활동 사항
나. 주요 재난유형별 대응 매뉴얼에 관한 사항
다. 비상경고 방송메시지 작성 등에 관한 사항

## 17 답 ③

①, ②, ④ 대비
③ 예방

## 18 답 ④

재난 및 안전관리 기본법 제9조

제9조(중앙안전관리위원회)

① 재난 및 안전관리에 관한 다음 각 호의 사항을 심의하기 위하여 국무총리 소속으로 중앙안전관리위원회(이하 "중앙위원회"라 한다)를 둔다.〈개정 2013. 8. 6., 2014. 12. 30., 2016. 1. 7.〉
1. 재난 및 안전관리에 관한 중요 정책에 관한 사항
2. 제22조에 따른 국가안전관리기본계획에 관한 사항
2의2. 제10조의2에 따른 재난 및 안전관리 사업 관련 중기사업계획서, 투자우선순위 의견 및 예산요구서에 관한 사항
3. 중앙행정기관의 장이 수립·시행하는 계획, 점검·검사, 교육·훈련, 평가 등 재난 및 안전관리업무의 조정에 관한 사항
3의2. 안전기준관리에 관한 사항
4. 제36조에 따른 재난사태의 선포에 관한 사항
5. 제60조에 따른 특별재난지역의 선포에 관한 사항
6. 재난이나 그 밖의 각종 사고가 발생하거나 발생할 우려가 있는 경우 이를 수습하기 위한 관계 기관 간 협력에 관한 중요 사항
7. 중앙행정기관의 장이 시행하는 대통령령으로 정하는 재난 및 사고의 예방사업 추진에 관한 사항
8. 그 밖에 위원장이 회의에 부치는 사항

## 19 답 ③

재난 및 안전관리 기본법 제1조

제1조(목적)

이 법은 각종 재난으로부터 국토를 보존하고 국민의 생명·신체 및 재산을 보호하기 위하여 국가와 지방자치단체의 재난 및 안전관리체제를 확립하고, 재난의 예방·대비·대응·복구와 안전문화활동, 그 밖에 재난 및 안전관리에 필요한 사항을 규정함을 목적으로 한다.〈개정 2013. 8. 6.〉

## 20 답 ④

재난 및 안전관리 기본법 시행령 별표 1의 3

[별표 1의 3] 〈개정 2017. 7. 26.〉

재난 및 사고유형별 재난관리주관기관(제3조의2 관련)

| 재난관리주관기관 | 재난 및 사고의 유형 |
|---|---|
| 교육부 | 학교 및 학교시설에서 발생한 사고 |
| 과학기술정보통신부 | 1. 우주전파 재난<br>2. 정보통신 사고<br>3. 위성항법장치(GPS) 전파혼신<br>4. 자연우주물체의 추락·충돌 |
| 외교부 | 해외에서 발생한 재난 |
| 법무부 | 법무시설에서 발생한 사고 |
| 국방부 | 국방시설에서 발생한 사고 |
| 행정안전부 | 1. 정부중요시설 사고<br>2. 공동구(共同溝) 재난(국토교통부가 관장하는 공동구는 제외한다.)<br>3. 내륙에서 발생한 유도선 등의 수난 사고<br>4. 풍수해(조수는 제외한다.)·지진·화산·낙뢰·가뭄으로 인한 재난 및 사고로서 다른 재난관리주관기관에 속하지 아니하는 재난 및 사고 |
| 문화체육관광부 | 경기장 및 공연장에서 발생한 사고 |
| 농림축산식품부 | 1. 가축 질병<br>2. 저수지 사고 |
| 산업통상자원부 | 1. 가스 수급 및 누출 사고<br>2. 원유수급 사고<br>3. 원자력안전 사고(파업에 따른 가동중단으로 한정한다.)<br>4. 전력 사고<br>5. 전력생산용 댐의 사고 |
| 보건복지부 | 1. 감염병 재난<br>2. 보건의료 사고 |
| 환경부 | 1. 수질분야 대규모 환경오염 사고<br>2. 식용수(지방 상수도를 포함한다) 사고<br>3. 유해화학물질 유출 사고<br>4. 조류(藻類) 대발생(녹조에 한정한다.)<br>5. 황사 |
| 고용노동부 | 사업장에서 발생한 대규모 인적 사고 |
| 해양수산부 | 1. 조류 대발생(적조에 한정한다.)<br>2. 조수(潮水)<br>3. 해양 분야 환경오염 사고<br>4. 해양 선박 사고 |
| 금융위원회 | 금융 전산 및 시설 사고 |

| | |
|---|---|
| 원자력안전위원회 | 1. 원자력안전 사고(파업에 따른 가동중단은 제외한다.)<br>2. 인접국가 방사능 누출 사고 |
| 소방청 | 1. 화재 · 위험물 사고<br>2. 다중 밀집시설 대형 화재 |
| 문화재청 | 문화재 시설 사고 |
| 산림청 | 1. 산불<br>2. 산사태 |
| 해양경찰청 | 해양에서 발생한 유도선 등의 수난 사고 |

비고 : 재난관리주관기관이 지정되지 아니한 재난 및 사고에 대해서는 행정안전부장관이 「정부조직법」에 따른 관장 사무를 기준으로 재난관리주관기관을 정한다.

## 21 답 ①

사고예방대책의 기본원리 5단계

1. 안전조직구성(조직체계확립)
2. 사실의 발견(현황파악)
3. 분석평가(원인규명)
4. 시정방법의 선정(대책선정)
5. 시정책의 적용(목표달성)

## 22 답 ③

- 안전의 3대 요소 : 기술(Engineer), 교육(Education), 시행(Enforcement)
- 4S : 표준화(Standardization), 전문화(Specialization), 단순화(Simplification), 총합화(Synthesization)

## 23 답 ④

위험예지훈련은 질보다는 양을 중요시 한다.

## 24 답 ④

존스(Jones)의 재해분류

<table>
<tr><th colspan="7">재해</th></tr>
<tr><th colspan="4">자연 재해</th><th rowspan="2">준자연 재해</th><th rowspan="2">인위 재해</th></tr>
<tr><th colspan="3">지구물리학적 재해</th><th rowspan="2">생물학적 재해</th></tr>
<tr><th>지질학적 재해</th><th>지형학적 재해</th><th>기상학적 재해</th><td rowspan="2">스모그현상, 온난화현상, 사막화현상, 염수화현상, 눈사태, 산성화, 홍수, 토양 침식 등</td><td rowspan="2">공해, 광화학연무, 폭동, 교통사고, 폭발사고, 태업, 전쟁 등</td></tr>
<tr><td>지진, 화산, 쓰나미 등</td><td>산사태, 염수토양 등</td><td>안개, 눈, 해일, 번개, 토네이도, 폭풍, 태풍, 가뭄, 이상기온 등</td><td>세균질병, 유독식물, 유독동물</td></tr>
</table>

## 25 답 ①

아네스의 재해분류

| 대분류 | 세분류 | 재해의 종류 |
|---|---|---|
| 자연재해 | 기후성 재해 | 태풍 |
| | 지진성 재해 | 지진, 화산폭발, 해일 |
| 인위재해 | 사고성 재해 | • 화재사고<br>• 교통사고(자동차, 철도, 항공, 선박사고)<br>• 생물학적 재해(박테리아, 바이러스, 독혈증)<br>• 화학적 재해(부식성 물질, 유독물질)<br>• 산업사고(건축물 붕괴)<br>• 폭발사고(갱도, 가스, 화학, 폭발물)<br>• 방사능재해 |
| | 계획적 재해 | 테러, 폭동, 전쟁 |

## 26 답 ②

## 27 답 ②

하인리히 도미노이론

사고의 원인이 되는 불안전한 행동이나 기계적 또는 물리적 결함에 가장 큰 관심을 두고 이의 제거에 노력하여 사고를 예방해야 한다고 한다. 즉, 세 번째 도미노를 제거하면, 첫 번째와 두 번째 도미노가 쓰러지더라도 사고는 발생하지 않는다고 본다.

하인리히(H.W. Heinrich)의 도미노 이론(≒ 고전적 도미노 이론)

① 하인리히는 재해의 발생을 항상 사고요인의 연쇄반응 결과로 발생한다는 연쇄성 이론을 최초로 주장하였다.

② 재해(사고)발생의 연쇄상

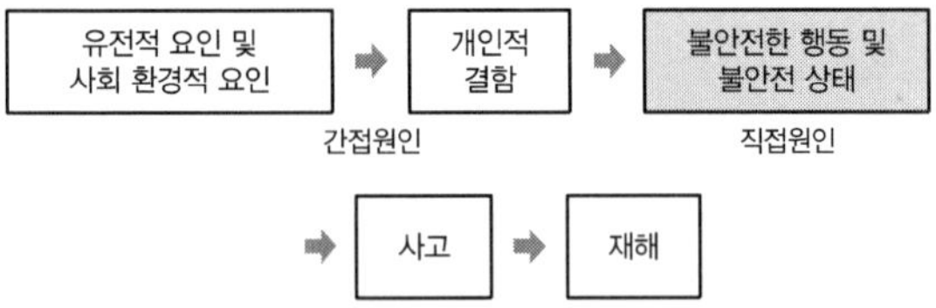


③ 사고발생은 항상 불안전 행동과 불안전 상태로 기인하며, 재해를 수반하는 사고의 대부분은 방지할 수 있다고 한다. 즉, 제3요인인 불안전 행동 및 불안전 상태(직접 원인)를 제거하면 재해는 예방된다는 이론이다.

④ 재해발생법칙 → 1(중상) : 29(경상) : 300(무상해 사고)

## 28 답 ②

재해는 기본원인에 의해 발생한다고 주장하는 것은 프랭크 버드의 최신 도미노이론이다.

도미노이론(프랭크버드)

버드는 손실제어요인이 연쇄반응의 결과이며 이로 인해 재해가 발생한다는 연쇄성 이론(Domino's Theory)을 제시하였다. 재해는 불안전한 행동 및 상태로서 하인리히의 연쇄이론에서도 가장 중요한 대책사항으로 취급된 직접적인 원인(징후)이다. 그러나 버드(Bird)는 직접원인을 제거하는 것만으로는 재해는 다시 발생한다고 주장하였다. 따라서 버드는 직접 원인의 배경인 기본원인(4M)을 반드시 제거해야만 재해를 예방할 수 있다고 강조했다.

- 4M : Man(인간적 요인), Media(작업적 요인), Machine(기계 · 설비적 요인), Management(관리적 요인) 버드는 17만 5천여 건의 사고를 분석한 결과, 1(중상 또는 폐질) : 10(경상) : 30(무상해사고, 물리적 손실) : 600(무상해, 무사고 고장, 위험순간)의 비율로 사고가 발생한다는 법칙을 발표하였다.

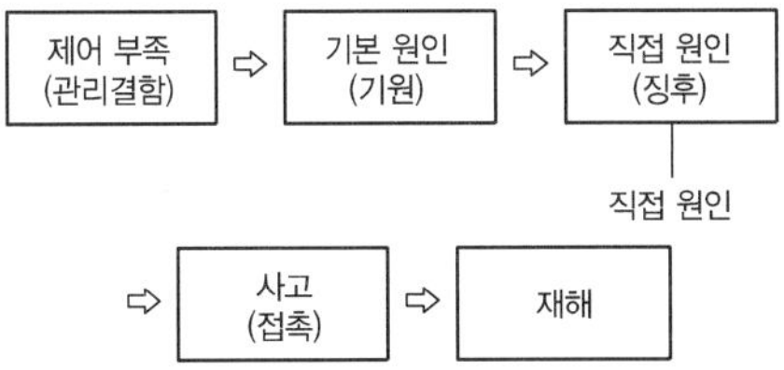


버드(Frank Bird)의 연쇄성 이론

## 29 답 ③

## 30 답 ①

1. "재난"이란 국민의 생명 · 신체 · 재산과 국가에 피해를 주거나 줄 수 있는 것으로서 다음 각 목의 것을 말한다.
   가. 자연재난 : 태풍, 홍수, 호우(豪雨), 강풍, 풍랑, 해일(海溢), 대설, 낙뢰, 가뭄, 지진, 황사(黃砂), 조류(藻類) 대발생, 조수(潮水), 화산활동, 소행성 · 유성체 등 자연우주물체의 추락 · 충돌, 그 밖에 이에 준하는 자연현상으로 인하여 발생하는 재해
   나. 사회재난 : 화재 · 붕괴 · 폭발 · 교통사고(항공사고 및 해상사고를 포함한다) · 화생방사고 · 환경오염사고 등으로 인하여 발생하는 대통령령으로 정하는 규모 이상의 피해와 에너지 · 통신 · 교통 · 금융 · 의료 · 수도 등 국가기반체계(이하 "국가기반체계"라 한다)의 마비, 「감염병의 예방 및 관리에 관한 법률」에 따른 감염병 또는 「가축전염병예방법」에 따른 가축전염병의 확산, 「미세먼지 저감 및 관리에 관한 특별법」에 따른 미세먼지 등으로 인한 피해 등으로 인한 피해 등으로 인한 피해

## 31 답 ③

① 재난의 예방단계 : 재난의 발생가능성을 감소하려는 활동
② 재난의 대비단계 : 재난의 위험을 경감시키기 위한 방법을 계획하는 활동
③ 재난의 대응단계 : 피해최소화, 재해확산을 방지하기 위한 활동
④ 재난의 복구단계 : 정상적인 상태로 회복하기 위한 활동

## 32 답 ③

하인리히 도미노이론

사고의 원인이 되는 불안전한 행동이나 기계적 또는 물리적 결함에 가장 큰 관심을 두고 이의 제거에 노력하여 사고를 예방해야 한다고 한다. 즉, 세 번째 도미노를 제거하면, 첫 번째와 두 번째 도미노가 쓰러지더라도 사고는 발생하지 않는다고 본다.

## 33 답 ②

- 대통령 : 특별재난지역선포권자, 특별재난사태선포권자(중앙대책본부장 건의, 중앙위원회심의 거쳐 대통령에게 건의, 대통령이 선포)
- 국무총리 : 중앙(안전관리)위원장, 국가안전관리기본계획 수립
- 행정안전부장관 : 중앙재난안전대책본부장, 재난사태선포권자(행정안전부장관이 중앙위원회심의를 거쳐 직접 선포), 재난안전상황실장
- 재난관리주관기관장 : 각 부처 장관 = 중앙사고수습본부(장) 역할수행[코로나(감염병) : 보건복지부장관]
- 소방청장 : 중앙긴급구조통제단장
- 소방본부장 : 시도 긴급구조통제단장
- 소방서장 : 시군구 긴급구조통제단장
- 시 · 도지사 : 시도 재난안전상황실장
- 시군구청장 : 시군구 재난안전상황실장

## 34 답 ②

제6조(중앙안전관리위원회의 위원)

① 법 제9조제2항에 따른 중앙안전관리위원회(이하 "중앙위원회"라 한다)의 위원은 다음 각 호의 사람이 된다.

1. 기획재정부장관, 교육부장관, 과학기술정보통신부장관, 외교부장관, 통일부장관, 법무부장관, 국방부장관, 행정안전부장관, 문화체육관광부장관, 농림축산식품부장관, 산업통상자원부장관, 보건복지부장관, 환경부장관, 고용노동부장관, 여성가족부장관, 국토교통부장관, 해양수산부장관 및 중소벤처기업부장관
2. 국가정보원장, 방송통신위원회위원장, 국무조정실장, 식품의약품안전처장, 금융위원회위원장 및 원자력안전위원회위원장
3. 경찰청장, 소방청장, 문화재청장, 산림청장, 기상청장 및 해양경찰청장
4. 그 밖에 중앙위원회의 위원장이 지정하는 기관 및 단체의 장

## 35 답 ②

제3조(정의)

"긴급구조지원기관"이란 긴급구조에 필요한 인력·시설 및 장비, 운영체계 등 긴급구조능력을 보유한 기관이나 단체로서 대통령령으로 정하는 기관과 단체를 말한다.

시행령 제4조

제4조(긴급구조지원기관)

법 제3조제8호에서 "대통령령으로 정하는 기관과 단체"란 다음 각 호의 기관과 단체를 말한다.〈개정 2013. 3. 23., 2014. 2. 5., 2014. 11. 19., 2017. 7. 26.〉

1. 교육부, 과학기술정보통신부, 국방부, 산업통상자원부, 보건복지부, 환경부, 국토교통부, 해양수산부, 방송통신위원회, 경찰청, 기상청 및 산림청
2. 국방부장관이 법 제57조제3항제2호에 따른 탐색구조부대로 지정하는 군부대와 그 밖에 긴급구조지원을 위하여 국방부장관이 지정하는 군부대
3. 「대한적십자사 조직법」에 따른 대한적십자사
4. 「의료법」 제3조제2항제3호마목에 따른 종합병원

4의2. 「응급의료에 관한 법률」 제2조제5호에 따른 응급의료기관, 같은 법 제27조에 따른 응급의료정보센터 및 같은 법 제44조제1항제1호·제2호에 따른 구급차 등의 운용자

5. 「재해구호법」 제29조에 따른 전국재해구호협회
6. 법 제3조제7호에 따른 긴급구조기관과 긴급구조활동에 관한 응원협정을 체결한 기관 및 단체
7. 그 밖에 긴급구조에 필요한 인력과 장비를 갖춘 기관 및 단체로서 행정안전부령으로 정하는 기관 및 단체

## 36 답 ④

제3조(정의)

이 법에서 사용하는 용어의 뜻은 다음과 같다.〈개정 2009. 12. 29., 2011. 3. 29., 2012. 2. 22., 2013. 3. 23., 2013. 8. 6., 2014. 11. 19., 2014. 12. 30., 2015. 7. 24., 2016. 1. 7., 2017. 1. 17., 2017. 7. 26.〉

1. "재난"이란 국민의 생명·신체·재산과 국가에 피해를 주거나 줄 수 있는 것으로서 다음 각 목의 것을 말한다.
   가. 자연재난 : 태풍, 홍수, 호우(豪雨), 강풍, 풍랑, 해일(海溢), 대설, 낙뢰, 가뭄, 지진, 황사(黃砂), 조류(藻類) 대발생, 조수(潮水), 화산활동, 소행성·유성체 등 자연우주물체의 추락·충돌, 그 밖에 이에 준하는 자연현상으로 인하여 발생하는 재해
   나. 사회재난 : 화재·붕괴·폭발·교통사고(항공사고 및 해상사고를 포함한다)·화생방사고·환경오염사고 등으로 인하여 발생하는 대통령령으로 정하는 규모 이상의 피해와 에너지·통신·교통·금융·의료·수도 등 국가기반체계(이하 "국가기반체계"라 한다)의 마비, 「감염병의 예방 및 관리에 관한 법률」에 따른 감염병 또는 「가축전염병예방법」에 따른 가축전염병의 확산, 「미세먼지 저감 및 관리에 관한 특별법」에 따른 미세먼지 등으로 인한 피해 등으로 인한 피해 등으로 인한 피해

## 37 답 ③

제1조(목적)

이 법은 각종 재난으로부터 국토를 보존하고 국민의 생명·신체 및 재산을 보호하기 위하여 국가와 지방자치단체의 재난 및 안전관리체제를 확립하고, 재난의 예방·대비·대응·복구와 안전문화활동, 그 밖에 재난 및 안전관리에 필요한 사항을 규정함을 목적으로 한다.

## 38 답 ④

## 39 답 ①, ②

재난 및 안전관리 기본법 제38조

제38조(위기경보의 발령 등)

① 재난관리주관기관의 장은 대통령령으로 정하는 재난에 대한 징후를 식별하거나 재난발생이 예상되는 경우에는 그 위험 수준, 발생 가능성 등을 판단하여 그에 부합되는 조치를 할 수 있도록 위기경보를 발령할 수 있다. 다만, 제34조의5제1항제1호 단서의 상황인 경우에는 행정안전부장관이 위기경보를 발령할 수 있다.〈개정 2017. 7. 26.〉

"재난관리주관기관"이란 재난이나 그 밖의 각종 사고에 대하여 그 유형별로 예방·대비·대응 및 복구 등의 업무를 주관하여 수행하도록 대통령령으로 정하는 관계 중앙행정기관을 말한다.

## 40 답 ③

재난 및 안전관리 기본법 제1조

제1조(목적)

이 법은 각종 재난으로부터 국토를 보존하고 국민의 생명·신체 및 재산을 보호하기 위하여 국가와 지방자치단체의 재난 및 안전관리체제를 확립하고, 재난의 예방·대비·대응·복구와 안전문화활동, 그 밖에 재난 및 안전관리에 필요한 사항을 규정함을 목적으로 한다.〈개정 2013. 8. 6.〉

## 41 답 ②

"재난관리"란 재난의 예방·대비·대응 및 복구를 위하여 하는 모든 활동을 말한다.

## 42
답 ①

"안전관리"란 재난이나 그 밖의 각종 사고로부터 사람의 생명 · 신체 및 재산의 안전을 확보하기 위하여 하는 모든 활동을 말한다.

## 43
답 ③

안전기준의 분야 및 범위(제2조의2 관련)

| 안전기준의 분야 | 안전기준의 범위 |
|---|---|
| 1. 건축 시설 분야 | 다중이용업소, 문화재 시설, 유해물질 제작 · 공급시설 등 관련 구조나 설비의 유지 · 관리 및 소방 관련 안전기준 |
| 2. 생활 및 여가 분야 | 생활이나 여가활동에서 사용하는 기구, 놀이시설 및 각종 외부활동과 관련된 안전기준 |
| 3. 환경 및 에너지 분야 | 대기환경 · 토양환경 · 수질환경 · 인체에 위험을 유발하는 유해성 물질과 시설, 발전시설 운영과 관련된 안전기준 |
| 4. 교통 및 교통시설 분야 | 육상교통 · 해상교통 · 항공교통 등과 관련된 시설 및 안전 부대시설, 시설의 이용자 및 운영자 등과 관련된 안전기준 |
| 5. 산업 및 공사장 분야 | 각종 공사장 및 산업현장에서의 주변 시설물과 그 시설의 사용자 또는 관리자 등의 안전부주의 등과 관련된 안전기준(공장시설을 포함한다.) |
| 6. 정보통신 분야(사이버 안전 분야는 제외한다) | 정보통신매체 및 관련 시설과 정보보호에 관련된 안전기준 |
| 7. 보건 · 식품 분야 | 의료 · 감염, 보건복지, 축산 · 수산 · 식품 위생 관련 시설 및 물질 관련 안전기준 |
| 8. 그 밖의 분야 | 제1호부터 제7호까지에서 정한 사항 외에 제43조의9에 따른 안전기준심의회에서 안전관리를 위하여 필요하다고 정한 사항과 관련된 안전기준 |

비고 : 위 표에서 규정한 안전기준의 분야, 범위 등에 관한 세부적인 사항은 행정안전부장관이 정한다.

## 44
답 ③

"재난관리주관기관"이란 재난이나 그 밖의 각종 사고에 대하여 그 유형별로 예방 · 대비 · 대응 및 복구 등의 업무를 주관하여 수행하도록 대통령령으로 정하는 관계 중앙행정기관을 말한다.

"재난관리책임기관"이란 재난관리업무를 하는 다음 각 목의 기관을 말한다.

가. 중앙행정기관 및 지방자치단체(「제주특별자치도 설치 및 국제자유도시 조성을 위한 특별법」 제10조제2항에 따른 행정시를 포함한다)

나. 지방행정기관 · 공공기관 · 공공단체(공공기관 및 공공단체의 지부 등 지방조직을 포함한다) 및 재난관리의 대상이 되는 중요시설의 관리기관 등으로서 대통령령으로 정하는 기관

## 45
답 ①

"국가재난관리기준"이란 모든 유형의 재난에 공통적으로 활용할 수 있도록 재난관리의 전 과정을 통일적으로 단순화 · 체계화한 것으로서 행정안전부장관이 고시한 것을 말한다.

## 46
답 ④

재난 및 안전관리기본법 제4조

제4조(국가 등의 책무)

① 국가와 지방자치단체는 재난이나 그 밖의 각종 사고로부터 국민의 생명 · 신체 및 재산을 보호할 책무를 지고, 재난이나 그 밖의 각종 사고를 예방하고 피해를 줄이기 위하여 노력하여야 하며, 발생한 피해를 신속히 대응 · 복구하기 위한 계획을 수립 · 시행하여야 한다. 〈개정 2013. 8. 6.〉

② 제3조제5호나목에 따른 재난관리책임기관의 장은 소관 업무와 관련된 안전관리에 관한 계획을 수립하고 시행하여야 하며, 그 소재지를 관할하는 특별시 · 광역시 · 특별자치시 · 특별자치도(이하 "시 · 도"라 한다)와 시(「제주특별자치도 설치 및 국제자유도시 조성을 위한 특별법」 제10조제2항에 따른 행정시를 포함한다. 이하 같다) · 군 · 구(자치구를 말한다. 이하 같다)의 재난 및 안전관리업무에 협조하여야 한다.

## 47
답 ①

재난 및 안전관리 기본법 제6조

제6조(재난 및 안전관리 업무의 총괄 · 조정)

행정안전부장관은 국가 및 지방자치단체가 행하는 재난 및 안전관리 업무를 총괄 · 조정한다.

## 48
답 ④

재난 및 안전관리 기본법 제9조

제9조(중앙안전관리위원회)

① 재난 및 안전관리에 관한 다음 각 호의 사항을 심의하기 위하여 국무총리 소속으로 중앙안전관리위원회(이하 "중앙위원회"라 한다)를 둔다. 〈개정 2013. 8. 6., 2014. 12. 30., 2016. 1. 7.〉

1. 재난 및 안전관리에 관한 중요 정책에 관한 사항
2. 제22조에 따른 국가안전관리기본계획에 관한 사항

2의2. 제10조의2에 따른 재난 및 안전관리 사업 관련 중기사업계획서, 투자우선순위 의견 및 예산요구서에 관한 사항

3. 중앙행정기관의 장이 수립 · 시행하는 계획, 점검 · 검사, 교육 · 훈련, 평가 등 재난 및 안전관리업무의 조정에 관한

사항
3의2. 안전기준관리에 관한 사항
4. 제36조에 따른 재난사태의 선포에 관한 사항
5. 제60조에 따른 특별재난지역의 선포에 관한 사항
6. 재난이나 그 밖의 각종 사고가 발생하거나 발생할 우려가 있는 경우 이를 수습하기 위한 관계 기관 간 협력에 관한 중요 사항
7. 중앙행정기관의 장이 시행하는 대통령령으로 정하는 재난 및 사고의 예방사업 추진에 관한 사항
8. 그 밖에 위원장이 회의에 부치는 사항

## 49 답 ①

재난 및 안전관리 기본법 제9조 2항

② 중앙위원회의 위원장은 국무총리가 되고, 위원은 대통령령으로 정하는 중앙행정기관 또는 관계 기관·단체의 장이 된다.

## 50 답 ①

재난 및 안전관리 기본법 제9조 2항~9항

② 중앙위원회의 위원장은 국무총리가 되고, 위원은 대통령령으로 정하는 중앙행정기관 또는 관계 기관·단체의 장이 된다.
③ 중앙위원회의 위원장은 중앙위원회를 대표하며, 중앙위원회의 업무를 총괄한다.〈신설 2012. 2. 22.〉
④ 중앙위원회에 간사 1명을 두며, 간사는 행정안전부장관이 된다.〈개정 2013. 8. 6., 2014. 11. 19., 2014. 12. 30., 2017. 7. 26.〉
⑤ 중앙위원회의 위원장이 사고 또는 부득이한 사유로 직무를 수행할 수 없을 때에는 행정안전부장관, 대통령령으로 정하는 중앙행정기관의 장 순으로 위원장의 직무를 대행한다.〈개정 2013. 8. 6., 2014. 11. 19., 2017. 7. 26.〉
⑥ 제5항에 따라 행정안전부장관 등이 중앙위원회 위원장의 직무를 대행할 때에는 행정안전부의 재난안전관리사무를 담당하는 본부장이 중앙위원회 간사의 직무를 대행한다.〈개정 2013. 8. 6., 2014. 11. 19., 2014. 12. 30., 2017. 7. 26.〉
⑦ 중앙위원회는 제1항 각 호의 사무가 국가안전보장과 관련된 경우에는 국가안전보장회의와 협의하여야 한다.〈개정 2013. 8. 6.〉
⑧ 중앙위원회의 위원장은 그 소관 사무에 관하여 재난관리책임기관의 장이나 관계인에게 자료의 제출, 의견 진술, 그 밖에 필요한 사항에 대하여 협조를 요청할 수 있다. 이 경우 요청을 받은 사람은 특별한 사유가 없으면 요청에 따라야 한다.〈신설 2013. 8. 6.〉
⑨ 중앙위원회의 구성과 운영 등에 필요한 사항은 대통령령으로 정한다.〈개정 2012. 2. 22., 2013. 8. 6.〉

## 51 답 ③

재난 및 안전관리 기본법 시행규칙 제5조

제5조(재난상황의 보고 등)
① 법 제20조제1항에 따라 시장(「제주특별자치도 설치 및 국제자유도시 조성을 위한 특별법」 제11조제1항에 따른 행정시장을 포함한다. 이하 같다)·군수·구청장(자치구의 구청장을 말한다. 이하 같다), 소방서장, 해양경찰서장, 법 제3조제5호나목에 따른 재난관리책임기관의 장 또는 법 제26조제1항에 따른 국가기반시설의 장(이하 "재난상황의 보고자"라 한다)은 다음 각 호의 구분에 따라 재난상황을 보고하여야 한다.〈개정 2014. 2. 7., 2015. 8. 11., 2017. 2. 3., 2017. 7. 26.〉
1. 최초 보고 : 인명피해 등 주요 재난 발생 시 지체 없이 서면(전자문서를 포함한다), 팩스, 전화 중 가장 빠른 방법으로 하는 보고
2. 중간 보고 : 별지 제1호서식(법 제3조제1항가목에 따른 재난의 경우에는 별지 제2호서식)에 따라 전산시스템 등을 활용하여 재난 수습기간 중에 수시로 하는 보고
3. 최종 보고 : 재난 수습이 끝나거나 재난이 소멸된 후 영 제24조제1항에 따른 사항을 종합하여 하는 보고

② 법 제20조제1항에 따라 재난상황의 보고자는 응급조치 내용을 별지 제3호서식의 응급복구조치 상황 및 별지 제4호서식의 응급구호조치 상황으로 구분하여 재난기간 중 1일 2회 이상 보고하여야 한다.〈개정 2014. 2. 7., 2015. 8. 11., 2017. 2. 3.〉
③ 법 제20조제3항에 따른 재난상황과 응급조치·수습에 관한 보고 또는 통보는 별지 제5호서식에 따른다.

## 52 답 ①

재난 및 안전관리 기본법 제22조

제22조(국가안전관리기본계획의 수립 등)
① 국무총리는 대통령령으로 정하는 바에 따라 국가의 재난 및 안전관리업무에 관한 기본계획(이하 "국가안전관리기본계획"이라 한다)의 수립지침을 작성하여 관계 중앙행정기관의 장에게 통보하여야 한다.〈개정 2013. 8. 6., 2017. 1. 17.〉
② 제1항에 따른 수립지침에는 부처별로 중점적으로 추진할 안전관리기본계획의 수립에 관한 사항과 국가재난관리체계의 기본방향이 포함되어야 한다.
③ 관계 중앙행정기관의 장은 제1항에 따른 수립지침에 따라 그 소관에 속하는 재난 및 안전관리업무에 관한 기본계획을 작성한 후 국무총리에게 제출하여야 한다.〈개정 2013. 8. 6.〉
④ 국무총리는 제3항에 따라 관계 중앙행정기관의 장이 제출한 기본계획을 종합하여 국가안전관리기본계획을 작성하여 중앙위원회의 심의를 거쳐 확정한 후 이를 관계 중앙행정기관의 장에게 통보하여야 한다.〈개정 2012. 2. 22., 2013. 8. 6., 2017. 1. 17.〉

⑤ 중앙행정기관의 장은 제4항에 따라 확정된 국가안전관리기본계획 중 그 소관 사항을 관계 재난관리책임기관(중앙행정기관과 지방자치단체는 제외한다)의 장에게 통보하여야 한다. 〈개정 2017. 1. 17.〉

⑥ 국가안전관리기본계획을 변경하는 경우에는 제1항부터 제5항까지를 준용한다.

⑦ 국가안전관리기본계획과 제23조의 집행계획, 제24조의 시·도안전관리계획 및 제25조의 시·군·구안전관리계획은 「민방위기본법」에 따른 민방위계획 중 재난관리분야의 계획으로 본다.

⑧ 국가안전관리기본계획에는 다음 각 호의 사항이 포함되어야 한다.〈개정 2017. 1. 17.〉

1. 재난에 관한 대책
2. 생활안전, 교통안전, 산업안전, 시설안전, 범죄안전, 식품안전, 안전취약계층 안전 및 그 밖에 이에 준하는 안전관리에 관한 대책

## 53 　답 ④

재난 및 안전관리 기본법 [제7장 재난의 복구]

제1절 피해조사 및 복구계획
- 제58조 재난피해 신고 및 조사
- 제59조 재난복구계획의 수립시행
- 제59조의2(재난복구계획에 따라 시행하는 사업의 관리)

제2절 특별재난지역 선포 및 지원
- 제60조(특별재난지역의 선포)
- 제61조(특별재난지역에 대한 지원)

제3절 재정 및 보상 등
- 제62조(비용 부담의 원칙)
- 제63조(응급지원에 필요한 비용)
- 제64조(손실보상)
- 제65조(치료 및 보상)
- 제65조의2(포상)
- 제66조(재난지역에 대한 국고보조 등의 지원)
- 제66조의2(복구비 등의 선지급)
- 제66조의3(복구비 등의 반환)

## 54 　답 ④

재난 및 안전관리기본법 제9조

제9조(중앙안전관리위원회)

① 재난 및 안전관리에 관한 다음 각 호의 사항을 심의하기 위하여 국무총리 소속으로 중앙안전관리위원회(이하 "중앙위원회"라 한다)를 둔다.〈개정 2013. 8. 6., 2014. 12. 30., 2016. 1. 7.〉

1. 재난 및 안전관리에 관한 중요 정책에 관한 사항
2. 제22조에 따른 국가안전관리기본계획에 관한 사항

2의2. 제10조의2에 따른 재난 및 안전관리 사업 관련 중기사업계획서, 투자우선순위 의견 및 예산요구서에 관한 사항

3. 중앙행정기관의 장이 수립·시행하는 계획, 점검·검사, 교육·훈련, 평가 등 재난 및 안전관리업무의 조정에 관한 사항

3의2. 안전기준관리에 관한 사항

4. 제36조에 따른 재난사태의 선포에 관한 사항
5. 제60조에 따른 특별재난지역의 선포에 관한 사항
6. 재난이나 그 밖의 각종 사고가 발생하거나 발생할 우려가 있는 경우 이를 수습하기 위한 관계 기관 간 협력에 관한 중요사항
7. 중앙행정기관의 장이 시행하는 대통령령으로 정하는 재난 및 사고의 예방사업 추진에 관한 사항
8. 그 밖에 위원장이 회의에 부치는 사항

## 55 　답 ③

통합하다[integrate]

## 56 　답 ②

## 57 　답 ④

재난 및 안전관리 기본법 제3조(정의) 제3호

3. "재난관리"란 재난의 예방·대비·대응 및 복구를 위하여 하는 모든 활동을 말한다.

## 58 　답 ③

제1조(목적)

이 법은 각종 재난으로부터 국토를 보존하고 국민의 생명·신체 및 재산을 보호하기 위하여 국가와 지방자치단체의 재난 및 안전관리체제를 확립하고, 재난의 예방·대비·대응·복구와 안전문화활동, 그 밖에 재난 및 안전관리에 필요한 사항을 규정함을 목적으로 한다.

## 59 　답 ②

⑤ 그 밖의 중앙대책본부 회의에서 결정한 사항

재난 및 안전관리기본법 제66조 3항

제66조(재난지역에 대한 국고보조 등의 지원)

③ 국가와 지방자치단체는 재난으로 피해를 입은 시설의 복구와 피해주민의 생계 안정을 위하여 다음 각 호의 지원을 할 수 있다. 다만, 다른 법령에 따라 국가 또는 지방자치단체가 같은 종류의 보상금 또는 지원금을 지급하거나, 제3조제1호나목에 해당하는 재난으로 피해를 유발한 원인자가 보험금 등을 지급

하는 경우에는 그 보상금, 지원금 또는 보험금 등에 상당하는 금액은 지급하지 아니한다.〈개정 2013. 8. 6., 2014. 12. 30., 2017. 1. 17.〉

1. 사망자 · 실종자 · 부상자 등 피해주민에 대한 구호
2. 주거용 건축물의 복구비 지원
3. 고등학생의 학자금 면제
4. 관계 법령에서 정하는 바에 따라 농업인 · 임업인 · 어업인의 자금 융자, 농업 · 임업 · 어업 자금의 상환기한 연기 및 그 이자의 감면 또는 중소기업 및 소상공인의 자금 융자
5. 세입자 보조 등 생계안정 지원
6. 관계 법령에서 정하는 바에 따라 국세 · 지방세, 건강보험료 · 연금보험료, 통신요금, 전기요금 등의 경감 또는 납부유예 등의 간접지원
7. 주 생계수단인 농업 · 어업 · 임업 · 염생산업(鹽生産業)에 피해를 입은 경우에 해당 시설의 복구를 위한 지원
8. 공공시설 피해에 대한 복구사업비 지원
9. 그 밖에 제14조제3항 본문에 따른 중앙재난안전대책본부회의에서 결정한 지원 또는 제16조제2항에 따른 지역재난안전대책본부회의에서 결정한 지원

## 60 답 ④

제3조(정의)

7. "긴급구조기관"이란 소방청 · 소방본부 및 소방서를 말한다. 다만, 해양에서 발생한 재난의 경우에는 해양경찰청 · 지방해양경찰청 및 해양경찰서를 말한다.

## 61 답 ③

① 재난의 예방단계 : 재난의 발생가능성을 감소하려는 활동
② 재난의 대비단계 : 재난의 위험을 경감하기 위한 방법을 계획하는 활동
③ 재난의 대응단계 : 피해최소화, 재해확산을 방지하기 위한 활동
④ 재난의 복구단계 : 정상적인 상태로 회복하기 위한 활동

## 62 답 ①

## 63 답 ③

하인리히 도미노이론

사고의 원인이 되는 불안전한 행동이나 기계적 또는 물리적 결함에 가장 큰 관심을 두고 이의 제거에 노력하여 사고를 예방해야 한다고 한다. 즉, 세 번째 도미노를 제거하면, 첫 번째와 두 번째 도미노가 쓰러지더라도 사고는 발생하지 않는다고 본다.

## 64 답 ①

재난 및 안전관리 기본법 제36조 제1항

제36조(재난사태 선포)

① 행정안전부장관은 대통령령으로 정하는 재난이 발생하거나 발생할 우려가 있는 경우 사람의 생명 · 신체 및 재산에 미치는 중대한 영향이나 피해를 줄이기 위하여 긴급한 조치가 필요하다고 인정하면 중앙위원회의 심의를 거쳐 재난사태를 선포할 수 있다. 다만, 행정안전부장관은 재난상황이 긴급하여 중앙위원회의 심의를 거칠 시간적 여유가 없다고 인정하는 경우에는 중앙위원회의 심의를 거치지 아니하고 재난사태를 선포할 수 있다.

## 65 답 ②

재난 및 안전관리 기본법 제49조

제49조(중앙긴급구조통제단)

① 긴급구조에 관한 사항의 총괄 · 조정, 긴급구조기관 및 긴급구조지원기관이 하는 긴급구조활동의 역할 분담과 지휘 · 통제를 위하여 소방청에 중앙긴급구조통제단(이하 "중앙통제단"이라 한다)을 둔다.〈개정 2014. 11. 19., 2017. 7. 26.〉
② 중앙통제단의 단장은 소방청장이 된다.〈개정 2017. 7. 26.〉

## 66 답 ①

재난 및 안전관리 기본법 제60조 제1항, 제2항

제60조(특별재난지역의 선포)

① 중앙대책본부장은 대통령령으로 정하는 규모의 재난이 발생하여 국가의 안녕 및 사회질서의 유지에 중대한 영향을 미치거나 피해를 효과적으로 수습하기 위하여 특별한 조치가 필요하다고 인정하거나 제3항에 따른 지역대책본부장의 요청이 타당하다고 인정하는 경우에는 중앙위원회의 심의를 거쳐 해당 지역을 특별재난지역으로 선포할 것을 대통령에게 건의할 수 있다.
② 제1항에 따라 특별재난지역의 선포를 건의받은 대통령은 해당 지역을 특별재난지역으로 선포할 수 있다.
③ 지역대책본부장은 관할지역에서 발생한 재난으로 인하여 제1항에 따른 사유가 발생한 경우에는 중앙대책본부장에게 특별재난지역의 선포 건의를 요청할 수 있다.

## 67 답 ④

## 68 답 ④

해당 지역의 긴급구조통제단장은 소방본부장, 소방서장이다.

## 69 답 ③

재난 및 안전관리 기본법 제1조

제1조(목적)

이 법은 각종 재난으로부터 국토를 보존하고 국민의 생명 · 신체 및 재산을 보호하기 위하여 국가와 지방자치단체의 재난 및 안전관리체제를 확립하고, 재난의 예방 · 대비 · 대응 · 복구와 안전문화활동, 그 밖에 재난 및 안전관리에 필요한 사항을 규정함을 목적으로 한다.〈개정 2013. 8. 6.〉

## 70 답 ④

재난 및 안전관리 기본법 제9조 제1항

제9조(중앙안전관리위원회)

① 재난 및 안전관리에 관한 다음 각 호의 사항을 심의하기 위하여 국무총리 소속으로 중앙안전관리위원회(이하 "중앙위원회"라 한다)를 둔다.〈개정 2013. 8. 6., 2014. 12. 30., 2016. 1. 7.〉

1. 재난 및 안전관리에 관한 중요 정책에 관한 사항
2. 제22조에 따른 국가안전관리기본계획에 관한 사항

2의2. 제10조의2에 따른 재난 및 안전관리 사업 관련 중기사업계획서, 투자우선순위 의견 및 예산요구서에 관한 사항

3. 중앙행정기관의 장이 수립 · 시행하는 계획, 점검 · 검사, 교육 · 훈련, 평가 등 재난 및 안전 관리업무의 조정에 관한 사항

3의2. 안전기준관리에 관한 사항

4. 제36조에 따른 재난사태의 선포에 관한 사항
5. 제60조에 따른 특별재난지역의 선포에 관한 사항
6. 재난이나 그 밖의 각종 사고가 발생하거나 발생할 우려가 있는 경우 이를 수습하기 위한 관계기관 간 협력에 관한 중요 사항
7. 중앙행정기관의 장이 시행하는 대통령령으로 정하는 재난 및 사고의 예방사업 추진에 관한 사항
8. 그 밖에 위원장이 회의에 부치는 사항

## 71 답 ①

재난 및 안전관리 기본법 제9조 제2항

② 중앙위원회의 위원장은 국무총리가 되고, 위원은 대통령령으로 정하는 중앙행정기관 또는 관계 기관 · 단체의 장이 된다.

## 72 답 ③

재난 및 안전관리 기본법 시행령 제6조

제6조(중앙안전관리위원회의 위원)

① 법 제9조 제2항에 따른 중앙안전관리위원회(이하 "중앙위원회"라 한다)의 위원은 다음 각 호의 사람이 된다.

1. 기획재정부장관, 교육부장관, 과학기술정보통신부장관, 외교부장관, 통일부장관, 법무부장관, 국방부장관, 행정안전부장관, 문화체육관광부장관, 농림축산식품부장관, 산업통상자원부장관, 보건복지부장관, 환경부장관, 고용노동부장관, 여성가족부장관, 국토교통부장관, 해양수산부장관 및 중소벤처기업부장관
2. 국가정보원장, 방송통신위원회위원장, 국무조정실장, 식품의약품안전처장, 금융위원회위원장 및 원자력안전위원회위원장
3. 경찰청장, 소방청장, 문화재청장, 산림청장, 기상청장 및 해양경찰청장
4. 삭제〈2015. 6. 30.〉
5. 그 밖에 중앙위원회의 위원장이 지정하는 기관 및 단체의 장

② 법 제9조 제5항에서 "대통령령으로 정하는 중앙행정기관의 장 순"이란 제1항 제1호에 따른 중앙행정기관의 장의 순서를 말한다.

## 73 답 ④

## 74 답 ②

하인리히 도미노이론

사고의 원인이 되는 불안전한 행동이나 기계적 또는 물리적 결함에 가장 큰 관심을 두고 이의 제거에 노력하여 사고를 예방해야 한다고 한다. 즉, 세 번째 도미노를 제거하면, 첫 번째와 두 번째 도미노가 쓰러지더라도 사고는 발생하지 않는다고 본다.

하인리히(H.W. Heinrich)의 도미노 이론(≒ 고전적 도미노 이론)

① 하인리히는 재해의 발생을 항상 사고요인의 연쇄반응 결과로 발생한다는 연쇄성 이론을 최초로 주장하였다.

② 재해(사고)발생의 연쇄상

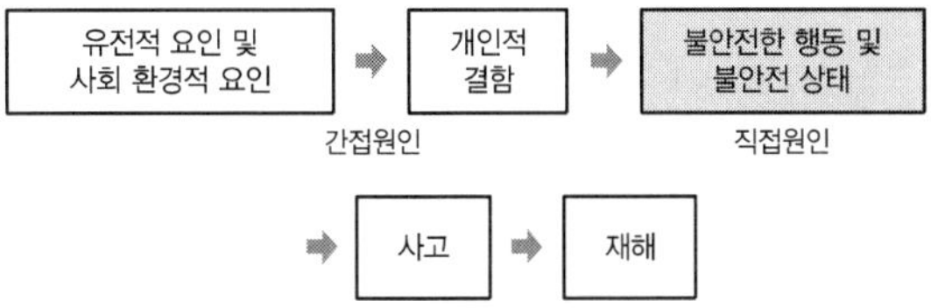


③ 사고발생은 항상 불안전 행동과 불안전 상태로 기인하며, 재해를 수반하는 사고의 대부분은 방지할 수 있다고 한다. 즉, 제3요인인 불안전 행동 및 불안전 상태(직접원인)를 제거하면 재해는 예방된다는 이론이다.

④ 재해발생법칙 → 1(중상) : 29(경상) : 300(무상해 사고)

## 75 답 ①

| | | |
|---|---|---|
| 예방(완화) | 개념 | 평상시 재난을 사전에 예방하고, 발생 가능성을 감소시키며, 피해를 최소화하기 위한 단계이다. |
| | 활동 | • 토지이용관리<br>• 위험지도 작성<br>• 재난취약시설에 대한 일제점검<br>• 평상시 위험예지훈련<br>• 안전법규, 건축기준법규, 기타 관련 법령 · 조례 제정<br>• 안전기준 설정<br>• 재난재해보험<br>• 수해상습지구의 설정과 수해방지시설의 공사 등 |
| 대비(준비) | 개념 | 재난발생 확률이 높아진 경우, 재난 후 대응할 수 있도록 운영적인 장치를 준비하는 단계이다. |
| | 활동 | • 비상방송시스템 구축<br>• 재난관리 우선순위체계 수립<br>• 비상통신시스템 구축<br>• 대응조직(기구)관리<br>• 긴급대응계획의 수립 및 연습<br>• 재난위험성 분석<br>• 자원동원관리체계 구축<br>• 경보시스템 구축<br>• 대응요원들의 교육 · 훈련<br>• 재난방송 및 공공정보자료관리 |

## 76 답 ④

재난 및 안전관리 기본법

제52조(긴급구조 현장지휘)

① 재난현장에서는 시 · 군 · 구긴급구조통제단장이 긴급구조활동을 지휘한다. 다만, 치안활동과 관련된 사항은 관할 경찰관서의 장과 협의하여야 한다.

② 제1항에 따른 현장지휘는 다음 각 호의 사항에 관하여 한다.

1. 재난현장에서 인명의 탐색 · 구조

| | | |
|---|---|---|
| 대응 | 개념 | 일단 재난이 발생한 경우, 신속한 대응활동을 통하여 인명과 재산피해를 최소화하는 단계이다. |
| | 활동 | • 비상방송시스템 가동<br>• 응급의료지원활동의 전개<br>• 긴급대응계획의 가동<br>• 재해대책본부 및 긴급구조통제단의 가동<br>• 피해주민 수용 및 구호<br>• 긴급의약품 조달, 생필품 공급<br>• 긴급대피 및 은신처 제공(피난처 제공)<br>• 대응자원의 동원<br>• 공식적으로 승인된 주민비상경고<br>• 탐색 및 구조활동 |
| 복구 | 개념 | 1. 재해 상황이 어느 정도 안정된 후 재해 이전의 상태로 회복하는 단계이다.<br>2. 단기 복구와 중장기 복구활동으로 구분<br>① 단기 복구는 최소한 필수불가결한 생활지원 활동을 말한다.<br>② 중장기 복구는 정상적인 생활 상태로의 복구 및 보다 향상된 상태로의 복구를 위해 취해지는 활동을 말한다. |
| | 활동 | • 피해주민 및 대응활동요원에 대한 재난심리상담(외상 후 스트레스 치유)<br>• 감염병 예방 및 방역활동<br>• 이재민 지원<br>• 시설복구 및 피해보상<br>• 피해평가<br>• 대부 및 보조금 지원<br>• 잔해물 제거<br>• 임시거주지 마련 |

2. 긴급구조기관 및 긴급구조지원기관의 인력 · 장비의 배치와 운용
3. 추가 재난의 방지를 위한 응급조치
4. 긴급구조지원기관 및 자원봉사자 등에 대한 임무의 부여
5. 사상자의 응급처치 및 의료기관으로의 이송
6. 긴급구조에 필요한 물자의 관리
7. 현장접근 통제, 현장 주변의 교통정리, 그 밖에 긴급구조활동을 효율적으로 하기 위하여 필요한 사항

## 77 답 ④

재난현장에서 재산 및 인명보호를 위해 소방이 주도적 역할을 하는 단계는 일단 재난이 발생한 경우 긴급구조통제를 행하는 대응단계에서 주된 역할을 수행한다.

## 78 답 ③

행정안전부는 긴급구조기관이 아니다.

“긴급구조기관”이란 소방청 · 소방본부 및 소방서를 말한다. 다만, 해양에서 발생한 재난의 경우에는 해양경찰청 · 지방해양경찰청 및 해양경찰서를 말한다.

## 79 답 ②

재난 및 안전관리 기본법 제37조

제37조(응급조치)

① 제50조제2항에 따른 시 · 도긴급구조통제단 및 시 · 군 · 구긴급구조통제단의 단장(이하 “지역통제단장”이라 한다)과 시장 · 군수 · 구청장은 재난이 발생할 우려가 있거나 재난이 발생하였을 때에는 즉시 관계 법령이나 재난대응활동계획 및 위기관리 매뉴얼에서 정하는 바에 따라 수방(水防) · 진화 · 구조 및 구난(救難), 그 밖에 재난 발생을 예방하거나 피해를 줄이기

위하여 필요한 다음 각 호의 응급조치를 하여야 한다. 다만, 지역통제단장의 경우에는 제2호 중 진화에 관한 응급조치와 제4호 및 제6호의 응급조치만 하여야 한다.〈개정 2013. 8. 6., 2014. 12. 30., 2017. 1. 17.〉

1. 경보의 발령 또는 전달이나 피난의 권고 또는 지시

1의2. 제31조에 따른 안전조치

2. 진화 · 수방 · 지진방재, 그 밖의 응급조치와 구호
3. 피해시설의 응급복구 및 방역과 방범, 그 밖의 질서 유지
4. 긴급수송 및 구조 수단의 확보
5. 급수 수단의 확보, 긴급피난처 및 구호품의 확보
6. 현장지휘통신체계의 확보
7. 그 밖에 재난 발생을 예방하거나 줄이기 위하여 필요한 사항으로서 대통령령으로 정하는 사항

## 80 답 ③

① 재난관리책임기관의 장은 지정된 특정관리대상시설 등을 특정관리대상시설 등의 지정 · 관리 등에 관한 지침에서 정하는 안전등급의 평가기준에 따라 다음 각 호의 어느 하나에 해당하는 등급으로 구분하여 관리하여야 한다.

1. A등급 : 안전도가 우수한 경우
2. B등급 : 안전도가 양호한 경우
3. C등급 : 안전도가 보통인 경우
4. D등급 : 안전도가 미흡한 경우
5. E등급 : 안전도가 불량한 경우

② 재난관리책임기관의 장은 다음 각 호의 구분에 따라 특정관리대상시설 등에 대한 안전점검을 실시하여야 한다.

1. 정기안전점검
   가. A등급, B등급 또는 C등급에 해당하는 특정관리대상시설 등 : 반기별 1회 이상
   나. D등급에 해당하는 특정관리대상시설 등 : 월 1회 이상
   다. E등급에 해당하는 특정관리대상시설 등 : 월 2회 이상
2. 수시안전점검 : 재난관리책임기관의 장이 필요하다고 인정하는 경우

## 81 답 ④

재난 및 안전관리 기본법 제9조

제9조(중앙안전관리위원회)

① 재난 및 안전관리에 관한 다음 각 호의 사항을 심의하기 위하여 국무총리 소속으로 중앙안전관리위원회(이하 "중앙위원회"라 한다)를 둔다.〈개정 2013. 8. 6., 2014. 12. 30., 2016. 1. 7.〉

1. 재난 및 안전관리에 관한 중요 정책에 관한 사항
2. 제22조에 따른 국가안전관리기본계획에 관한 사항

2의2. 제10조의2에 따른 재난 및 안전관리 사업 관련 중기사업계획서, 투자우선순위 의견 및 예산요구서에 관한 사항

3. 중앙행정기관의 장이 수립 · 시행하는 계획, 점검 · 검사, 교육 · 훈련, 평가 등 재난 및 안전관리업무의 조정에 관한 사항

3의2. 안전기준관리에 관한 사항

4. 제36조에 따른 재난사태의 선포에 관한 사항
5. 제60조에 따른 특별재난지역의 선포에 관한 사항
6. 재난이나 그 밖의 각종 사고가 발생하거나 발생할 우려가 있는 경우 이를 수습하기 위한 관계 기관 간 협력에 관한 중요 사항
7. 중앙행정기관의 장이 시행하는 대통령령으로 정하는 재난 및 사고의 예방사업 추진에 관한 사항
8. 그 밖에 위원장이 회의에 부치는 사항

## 82 답 ①

중앙긴급구조통제단 구성 및 운영에 관한 규정 제4조

제4조(중앙통제단 임무)

재난 및 안전관리기본법 시행령(이하 '영'이라 한다.) 제55조 제3항에 따라 중앙통제단에 두는 총괄지휘부 · 대응계획부 · 자원지원부 · 현장지휘대 · 긴급복구부의 임무는 다음 각 호와 같다.

1. 총괄지휘부 : 재난상황에서의 긴급구조를 총괄하고 통제단장 및 부단장을 보좌한다.
2. 대응계획부 : 재난상황분석과 상황판단회의 개최, 전반적인 대응활동계획 수립과 조정 · 통제 및 각종 상황보고
3. 자원지원부 : 중앙통제단 각 부의 업무지원 및 현장대응자원 소요판단과 조정 · 통제
4. 현장지휘대 : 지역긴급구조통제단의 구조진압, 응급의료 등 조정 · 통제
5. 긴급복구부 : 긴급구조 활동구역 내 긴급시설복구, 사상자에 대한 긴급구호 지원, 긴급오염통제 조정 등

## 83 답 ①

소방조직의 기본원리 중 '특정사안에 대한 결정에 있어서 의사결정과정에서는 개인의 의견이 참여되지만 결정을 내리는 것은 개인이 아닌 소속기관의 기관장이다.'는 계선의 원리이다.

소방조직의 기본원리

- 분업의 원리 : 한 사람이나 한 부서가 한 가지의 주된 업무를 맡는다는 원리
- 명령계 통일의 원리 : 한 사람의 상급자에게 명령을 받고 보고한다는 원리
- 계층제의 원리 : 상하의 계층제를 형성하는 원리, 조직 구성원들을 책임과 권한, 의무의 정도에 따라 상하계급이나 계층별로 배열하여 집단화한 뒤 각 계층 간에 권한과 책임을 배분하고 명령계통과 지휘, 감독의 체계를 확립하는 것

- 계선의 원리 : 개인의 의견이 참여되지만 결정을 내리는 것은 소속기관의 기관장이다.
- 업무조정의 원리 조직을 통합하고 행동을 통일시키는 것

**84** 답 ③

"화재"란 사람의 의도에 반하거나 고의에 의해 발생하는 연소 현상으로서 소화시설 등을 사용하여 소화할 필요가 있는 것을 말한다.

**85** 답 ①

① 사망 또는 생존가능성이 없는 환자 : 사망자-흑색
② 수 시간 이내에 응급처치를 요하는 환자 : 응급환자-황색
③ 수 시간, 수일 후 치료해도 생명에 지장이 없는 환자 : 비응급환자-녹색
④ 수 분, 수 시간 이내의 응급처치를 요하는 중증 환자 : 긴급환자-적색

**86** 답 ③

**87** 답 ①

화재조사의 종류 및 조사의 범위(제11조 제2항 관련)

1. 화재원인조사

| 종류 | 조사범위 |
|---|---|
| 가. 발화원인 조사 | 화재가 발생한 과정, 화재가 발생한 지점 및 불이 붙기 시작한 물질 |
| 나. 발견통보 및 초기 소화상황 조사 | 화재의 발견·통보 및 초기소화 등 일련의 과정 |
| 다. 연소상황 조사 | 화재의 연소경로 및 확대원인 등의 상황 |
| 라. 피난상황 조사 | 피난경로, 피난상의 장애요인 등의 상황 |
| 마. 소방시설 등 조사 | 소방시설의 사용 또는 작동 등의 상황 |

2. 화재피해조사

| 종류 | 조사범위 |
|---|---|
| 가. 인명피해 조사 | (1) 소방활동 중 발생한 사망자 및 부상자<br>(2) 그 밖에 화재로 인한 사망자 및 부상자 |
| 나. 재산피해 조사 | (1) 열에 의한 탄화, 용융, 파손 등의 피해<br>(2) 소화활동 중 사용된 물로 인한 피해<br>(3) 그 밖에 연기, 물품반출, 화재로 인한 폭발 등에 의한 피해 |

**88** 답 ②

소방신호의 종류

1. 경계신호 : 화재예방상 필요하다고 인정되거나 법 제14조의 규정에 의한 화재위험경보 시 발령
2. 발화신호 : 화재가 발생한 때 발령
3. 해제신호 : 소화활동이 필요 없다고 인정되는 때 발령
4. 훈련신호 : 훈련상 필요하다고 인정되는 때 발령

**89** 답 ②

**90** 답 ②

소방기본법 제8조(소방활동구역의 출입자)

법 제23조 제1항에서 "대통령령으로 정하는 사람"이란 다음 각 호의 사람을 말한다.〈개정 2012. 7. 10.〉

1. 소방활동구역 안에 있는 소방대상물의 소유자·관리자 또는 점유자
2. 전기·가스·수도·통신·교통의 업무에 종사하는 사람으로서 원활한 소방활동을 위하여 필요한 사람
3. 의사·간호사 그 밖의 구조·구급업무에 종사하는 사람
4. 취재인력 등 보도업무에 종사하는 사람
5. 수사업무에 종사하는 사람
6. 그 밖에 소방대장이 소방활동을 위하여 출입을 허가한 사람

**91** 답 ④

관계인과 소방안전관리자의 업무사항

| 특정소방대상물의 관계인 | 소방안전관리대상물의 소방안전관리자 |
|---|---|
| ① 피난시설, 방화구역 및 방화시설의 유지·관리<br>② 소방시설이나 그 밖의 소방 관련 시설의 유지·관리<br>③ 화기(火氣) 취급의 감독<br>④ 그 밖에 소방안전관리에 필요한 업무 | ① 피난계획에 관한 사항과 소방계획서의 작성 및 시행<br>② 자위소방대(自衛消防隊) 및 초기대응체계의 구성·운영·교육<br>③ 피난시설, 방화구획 및 방화시설의 유지·관리<br>④ 소방훈련 및 교육<br>⑤ 소방시설이나 그 밖의 소방 관련 시설의 유지·관리<br>⑥ 화기(火氣) 취급의 감독<br>⑦ 그 밖에 소방안전관리에 필요한 업무 |

**92** 답 ④

- 정부수립과 동시에 국가소방체제로 경찰사무에 포함, 운영
- 1970년~1992년 국가소방과 자치소방의 이원화 시기
- 1972년 서울과 부산에 소방본부 설치
- 1992년 소방본부가 일제히 설치, 시·도지사의 책임으로 일원화

## 93 답 ④

조선시대

① 금화제도가 정착되는 시기로 세종 8년(1426년) 금화법령을 제정하고 금화조직을 설치
② 세종 8년 2월(1426년 2월) 병조에 금화도감을 설치하였는데 이는 우리나라 최초의 소방관서

일제 강점기(1910년~1945년)

① 경무부 소속의 상비소방수제도가 있었으며 일본의 민간소방조직체를 모방한 국내 소방 기본조직인 소방조가 있었다.
② 1925년 종로에 우리나라 최초의 소방서인 경성소방서 설치

정부수립 이후 I (1948년~1970년)

1958년 소방법에 제정, 공포

광역자치소방행정체제의 시작 및 정착(1992년~현재)

2004년 6월 소방방재청을 설립하고 소방업무 및 민방위 재난·재해업무까지 관장

## 94 답 ②

정부수립 이후(초창기, 1948년~1970년)

① 시, 군까지 일괄적으로 관리하는 국가소방체제로 전환
② 독립된 자치소방제도를 폐지하고 경찰에서 소방을 다시 관장
③ 중앙－내무부 치안국 소방과
④ 지방－시, 도 경찰국 소방과
⑤ 소방법 제정(1958년)
⑥ 소방공동시설세 신설(1961년)

## 95 답 ①

재난관리의 과정은 재난의 생애주기(Life-cycle)에 따라 예방 및 완화, 준비, 대응, 그리고 복구의 4단계 과정으로 분류된다.

## 96 답 ④

재난 및 안전관리 기본법 제36조 3항

③ 행정안전부장관 및 지방자치단체의 장은 제1항에 따라 재난사태가 선포된 지역에 대하여 다음 각 호의 조치를 할 수 있다. 〈개정 2014. 12. 30., 2017. 1. 17., 2017. 7. 26.〉

1. 재난경보의 발령, 인력·장비 및 물자의 동원, 위험구역 설정, 대피명령, 응급지원 등 이 법에 따른 응급조치
2. 해당 지역에 소재하는 행정기관 소속 공무원의 비상소집
3. 해당 지역에 대한 여행 등 이동 자제 권고
4. 「유아교육법」 제31조, 「초·중등교육법」 제64조 및 「고등교육법」 제61조에 따른 휴업명령 및 휴원·휴교 처분의 요청
5. 그 밖에 재난예방에 필요한 조치

## 97 답 ②

재해예방의 4원칙

| | |
|---|---|
| ① 예방가능의 원칙 | ② 손실우연의 원칙 |
| ③ 원인연계의 원칙 | ④ 대책선정의 원칙 |

## 98 답 ④

재난 및 안전관리 기본법 제49조

제49조(중앙긴급구조통제단)

① 긴급구조에 관한 사항의 총괄·조정, 긴급구조기관 및 긴급구조지원기관이 하는 긴급구조활동의 역할 분담과 지휘·통제를 위하여 소방청에 중앙긴급구조통제단(이하 "중앙통제단"이라 한다)을 둔다. 〈개정 2014. 11. 19., 2017. 7. 26.〉
② 중앙통제단의 단장은 소방청장이 된다. 〈개정 2017. 7. 26.〉
③ 중앙통제단장은 긴급구조를 위하여 필요하면 긴급구조지원기관 간의 공조체제를 유지하기 위하여 관계 기관·단체의 장에게 소속 직원의 파견을 요청할 수 있다. 이 경우 요청을 받은 기관·단체의 장은 특별한 사유가 없으면 요청에 따라야 한다.
④ 중앙통제단의 구성·기능 및 운영에 필요한 사항은 대통령령으로 정한다.

## 99 답 ②

"재난"이란 국민의 생명·신체·재산과 국가에 피해를 주거나 줄 수 있는 것으로서 다음 각 목의 것을 말한다.

가. 자연재난 : 태풍, 홍수, 호우(豪雨), 강풍, 풍랑, 해일(海溢), 대설, 낙뢰, 가뭄, 지진, 황사(黃砂), 조류(藻類) 대발생, 조수(潮水), 화산활동, 소행성·유성체 등 자연우주물체의 추락·충돌, 그 밖에 이에 준하는 자연현상으로 인하여 발생하는 재해
나. 사회재난 : 화재·붕괴·폭발·교통사고(항공사고 및 해상사고를 포함한다)·화생방사고·환경오염사고 등으로 인하여 발생하는 대통령령으로 정하는 규모 이상의 피해와 에너지·통신·교통·금융·의료·수도 등 국가기반체계(이하 "국가기반체계"라 한다)의 마비, 「감염병의 예방 및 관리에 관한 법률」에 따른 감염병 또는 「가축전염병예방법」에 따른 가축전염병의 확산 등으로 인한 피해

## 100 답 ①

재난 및 안전관리 기본법 제60조

제60조(특별재난지역의 선포)

① 중앙대책본부장은 대통령령으로 정하는 규모의 재난이 발생하여 국가의 안녕 및 사회질서의 유지에 중대한 영향을 미치

거나 피해를 효과적으로 수습하기 위하여 특별한 조치가 필요하다고 인정하거나 제3항에 따른 지역대책본부장의 요청이 타당하다고 인정하는 경우에는 중앙위원회의 심의를 거쳐 해당 지역을 특별재난지역으로 선포할 것을 대통령에게 건의할 수 있다.

② 제1항에 따라 특별재난지역의 선포를 건의 받은 대통령은 해당 지역을 특별재난지역으로 선포할 수 있다.

③ 지역대책본부장은 관할지역에서 발생한 재난으로 인하여 제1항에 따른 사유가 발생한 경우에는 중앙대책본부장에게 특별재난지역의 선포 건의를 요청할 수 있다.

## 소방학개론 모의고사 1회 정답 및 해설

| 01 | 02 | 03 | 04 | 05 | 06 | 07 | 08 | 09 | 10 |
|---|---|---|---|---|---|---|---|---|---|
| ③ | ③ | ② | ④ | ② | ③ | ③ | ③ | ④ | ② |
| 11 | 12 | 13 | 14 | 15 | 16 | 17 | 18 | 19 | 20 |
| ③ | ④ | ② | ② | ① | ③ | ④ | ④ | ④ | ① |

### 01 　답 ③

- 연소의 3요소(표면연소) : 가연물, 산소공급원, 점화원
- 연소의 4요소(불꽃연소) : 가연물, 산소공급원, 점화원, 연쇄반응

### 02 　답 ③

프로판가스의 완전연소반응식

$C_3H_8 + 5O_2 \rightarrow 3CO_2 + 4H_2O$

2몰의 프로판 반응 시 이산화탄소 6몰이 생성

따라서 이산화탄소 $6 \times 44g = 264g$

### 03 　답 ②

시안화수소(HCN)는 맹독성의 유독가스로서 목재나 종이류가 탈 때는 공기 중의 질소가 탄소와 결합하면서 생성되기도 하지만, 주로 질소함유물로 제조되는 수지류, 모직물 및 견직물이 불완전연소되어 발생되는 연소생성물이다.

### 04 　답 ④

화재에 대한 인간의 대응

① 공간적 대응

㉠ 대항성(對抗性) : 건축물의 내화성능, 방화구획성능, 화재방어력, 방연성능, 초기소화대응력 등의 화재사상과 대항하여 저항하는 성능을 가진 항력

㉡ 회피성(回避性) : 건축물의 불연화, 난연화, 내장제한, 구획의 세분화, 방화훈련, 불조심 등과 화기취급의 제한 등과 같은 화재의 예방적 조치 및 상황

㉢ 도피성(逃避性) : 화재발생 시 사람이 궁지에 몰리지 않고 안전하게 피난할 수 있는 공간성과 시스템을 말하며 거실의 배치, 피난통로의 확보, 피난시설의 설치 및 건축물의 구조계획서, 방재계획서 등

② 설비적 대응

화재에 대응하여 설치하는 소화설비, 경보설비, 피난설비 등의 소방시설

### 05 　답 ②

화재하중

$$Q = \frac{\Sigma(G_t \times H_t)}{H \times A}$$

여기서, $Q$ : 화재하중($kg/m^2$)

$G_t$ : 가연물 질량(kg)

$H_t$ : 가연물의 단위발열량(kcal/kg)

$H$ : 목재의 단위발열량(4,500kcal/kg)

$A$ : 화재실의 바닥면적($m^2$)

$$\therefore Q = \frac{\Sigma(G_t \times H_t)}{H \times A}$$

$$= \frac{[20kg \times 15{,}000kJ/kg + 20kg \times 30{,}000kJ/kg] \times 0.24kcal/kJ}{4{,}500kcal/kg \times (4 \times 6)m^2}$$

$$= 2kg/m^2$$

### 06 　답 ③

블레비(BLEVE ; Boiling Liquid Expanding Vapor Explosion, 비등액체팽창증기폭발)

액화가스를 저장하는 용기 주변에 화재 등의 발생으로 용기가 가열되는 경우 액화가스의 비등으로 급격한 압력의 상승이 있다. 이때 안전장치(안전밸브, 봉판)를 통하여 이루어지는 압력의 완화율보다 내부의 압력증가율이 큰 경우 용기가 파열되는 현상을 블레비(BLEVE)라 한다. 또한 액화가스가 가연성인 경우 거대한 화구를 형성하게 되는데 이런 현상을 파이어볼(Fire ball)이라고 한다.

### 07 　답 ③

폭연과 폭굉의 비교

① 폭연(Deflagation) : 연소파의 전파속도가 음속보다 느린 것으로 폭속은 0.1~10m/sec 정도이다.

② 폭굉(Detonation) : 연소파의 전파속도가 음속보다 빠른 것으로 폭속은 1,000~3,500m/sec 정도이며 파면에 충격파(압력파)가 진행되어 심한 파괴작용을 동반한다.

### 08 　답 ③

물의 냉각 특성

① 물은 온도가 낮을수록, 냉각효과가 크다.

② 건조한 상태에서 증발이 용이하다.

③ 물방울 크기가 작은 분무상태일 때 냉각효과가 크다.

## 09 답 ④

HCFC BLENDF A의 주요 성분

- HCFC-123($CHCl_2CF_3$) : 4.75%
- HCFC-22($CHClF_2$) : 82%
- HCFC-124($CHClFCF_3$) : 9.5%
- $C_{10}H_{16}$ : 3.75%

## 10 답 ②

마그네슘(Mg)은 2류 위험물 중 금속분에 해당되는 위험물로 주수 시 가연성 가스인 수소($H_2$)가 발생되므로 사용할 수 없다.

## 11 답 ③

비상방송설비는 경보설비

## 12 답 ④

특정소방대상물별 소화기구의 능력단위기준(제4조제1항제2호 관련)

| 특정소방대상물 | 소화기구의 능력단위 |
|---|---|
| 1. 위락시설 | 해당 용도의 바닥면적 30$m^2$마다 능력단위 1단위 이상 |
| 2. 공연장 · 집회장 · 관람장 · 문화재 · 장례식장 및 의료시설 | 해당 용도의 바닥면적 50$m^2$마다 능력단위 1단위 이상 |
| 3. 근린생활시설 · 판매시설 · 운수시설 · 숙박시설 · 노유자시설 · 전시장 · 공동주택 · 업무시설 · 방송통신시설 · 공장 · 창고시설 · 항공기 및 자동차 관련 시설 및 관광휴게시설 | 해당 용도의 바닥면적 100$m^2$마다 능력단위 1단위 이상 |
| 4. 그 밖의 것 | 해당 용도의 바닥면적 200$m^2$마다 능력단위 1단위 이상 |

## 13 답 ②

① 질산에스테르류 – 자기반응성 물질 – 10kg
③ 아염소산염류 – 산화성 고체 – 50kg
④ 칼륨, 나트륨 – 금수성 물질 – 10kg

## 14 답 ②

위험물안전관리법 시행령 제15조(관계인이 예방규정을 정하여야 하는 제조소 등)

법 제17조 제1항에서 "대통령령이 정하는 제조소 등"이라 함은 다음 각 호의 1에 해당하는 제조소 등을 말한다.

1. 지정수량의 10배 이상의 위험물을 취급하는 제조소
2. 지정수량의 100배 이상의 위험물을 저장하는 옥외저장소
3. 지정수량의 150배 이상의 위험물을 저장하는 옥내저장소
4. 지정수량의 200배 이상의 위험물을 저장하는 옥외탱크저장소
5. 암반탱크저장소
6. 이송취급소
7. 지정수량의 10배 이상의 위험물을 취급하는 일반취급소. 다만, 제4류 위험물(특수인화물을 제외한다)만을 지정수량의 50배 이하로 취급하는 일반취급소(제1석유류 · 알코올류의 취급량이 지정수량의 10배 이하인 경우에 한한다.)로서 다음 각 목의 어느 하나에 해당하는 것을 제외한다.
   가. 보일러 · 버너 또는 이와 비슷한 것으로서 위험물을 소비하는 장치로 이루어진 일반취급소
   나. 위험물을 용기에 옮겨 담거나 차량에 고정된 탱크에 주입하는 일반취급소

## 15 답 ①

이황화탄소

제4류 위험물 중 착화온도(100℃)가 가장 낮고 물 속에 저장한다.

## 16 답 ③

소방행정작용의 특성

- 우월성 : 소방행정기관은 당사자의 허락을 받지 않고 일방적인 결정에 의한 행정조치를 취하는 우월성을 가진다[예방조치, 강제처분].
- 획일성 : 건축물이 사용되는 용도가 같으면 원칙적으로 소방법을 적용할 때 획일적으로 적용되어야 한다는 원칙을 말한다.
- 기술성 : 소방행정은 소방목적을 이루기 위한 수단, 방법을 강구하는 데 윤리성이나 도덕성을 참작하기에 앞서 재난, 재해로부터 국민의 생명과 재산을 보호함이 우선되어야 한다는 특성을 가진다.
- 강제성 : 소방행정의 실효성을 확보하기 위해 소방법에 의해 부과된 의무를 위반한 경우 그에 대해 제재를 가할 수 있는 강제성을 가진다.

## 17 답 ④

- 1946년 4월 10일 : 소방부와 소방위원회를 설치
- 1958년 : 소방법 제정
- 1992년 : 시 · 도(광역)자치소방체제 개편
- 2004년 6월 1일 : 소방방재청 신설

## 18 답 ④

지방소방공무원의 임용권자는 대통령이다.

## 19

답 ④

① 중앙재난안전대책본부장은 행정안전부장관이다.
② 대통령령으로 정하는 대규모 재난(이하 "대규모재난"이라 한다)의 대응 · 복구(이하 "수습"이라 한다) 등에 관한 사항을 총괄 · 조정하고 필요한 조치를 하기 위하여 행정안전부에 중앙재난안전대책본부(이하 "중앙대책본부"라 한다)를 둔다.
③ 중앙대책본부의 본부장(이하 "중앙대책본부장"이라 한다)은 행정안전부장관이 되며, 중앙대책본부장은 중앙대책본부의 업무를 총괄하고 필요하다고 인정하면 중앙재난안전대책본부회의를 소집할 수 있다. 다만, 해외재난의 경우에는 외교부장관이, 「원자력시설 등의 방호 및 방사능 방재대책법」 제2조제1항제8호에 따른 방사능재난의 경우에는 같은 법 제25조에 따른 중앙방사능방재대책본부의 장이 각각 중앙대책본부장의 권한을 행사한다.

## 20

답 ①

"긴급구조기관"이란 소방청 · 소방본부 및 소방서를 말한다. 다만, 해양에서 발생한 재난의 경우에는 해양경찰청 · 지방해양경찰청 및 해양경찰서를 말한다.

## 소방학개론 모의고사 2회 정답 및 해설

| 01 | 02 | 03 | 04 | 05 | 06 | 07 | 08 | 09 | 10 |
|---|---|---|---|---|---|---|---|---|---|
| ③ | ① | ② | ③ | ① | ④ | ④ | ② | ① | ① |
| 11 | 12 | 13 | 14 | 15 | 16 | 17 | 18 | 19 | 20 |
| ① | ② | ① | ② | ④ | ① | ③ | ④ | ② | ④ |

### 01 답 ③

### 02 답 ①

MOC(최소산소농도) = 산소mol수 × 하한계(vol%)

1. 메탄

$CH_4 + 2O_2 \rightarrow CO_2 + 2H_2O$

$MOC = 2 \times 5 = 10vol\%$

2. 에탄

$C_2H_6 + \frac{7}{2}O_2 \rightarrow 2CO_2 + 3H_2O$

$MOC = \frac{7}{2} \times 3 = 10.5vol\%$

3. 프로판

$C_3H_8 + 5O_2 \rightarrow 3CO_2 + 4H_2O$

$MOC = 5 \times 2.1 = 10.5vol\%$

4. 부탄

$C_4H_{10} + \frac{13}{2}O_2 \rightarrow 4CO_2 + 5H_2O$

$MOC = \frac{13}{2} \times 1.8 = 11.7vol\%$

### 03 답 ②

최소점화에너지(최소발화에너지 MIE)에 미치는 영향

① 온도, 압력이 높으면 최소점화에너지가 낮아진다. 따라서 위험도는 증가한다.
② 연소속도가 큰 가스일수록 MIE가 낮다.
③ 가연성 가스의 조성이 완전연소조성농도 부근일 경우 MIE가 가장 낮다.
④ 연소범위에 따라 MIE는 변하며 화학양론비 부근에서 가장 낮다.
⑤ 불활성 기체가 혼합될수록 MIE는 증가한다.

### 04 답 ③

화재의 위험성

(1) 인화점 및 착화점이 낮을수록 위험하다.
(2) 착화에너지(최소점화에너지)가 작을수록 위험하다.
(3) 증기압이 클수록, 비점 및 융점이 낮을수록 위험하다.
(4) 하한값이 낮을수록, 연소범위는 넓을수록 위험하다.

### 05 답 ①

안전구획의 구분

㉠ 제1차 안전구획 : 일시적으로 안전하게 수용하기 위한 구획 – 복도
㉡ 제2차 안전구획 : 불과 연기로부터 장시간 안전하게 보호되는 구획 – 계단전실 또는 부속실
㉢ 제3차 안전구획 : 최종적인 피난 경로 – 계단

### 06 답 ④

DID(폭굉유도거리)가 짧아지는 조건

1. 점화에너지(점화 시 발생에너지)가 클수록
2. 연소속도가 큰 가스일수록
3. 관경이 작을수록
4. 압력이 높을수록
5. 온도가 높을수록
6. 관 속에 이물질이 존재할수록

### 07 답 ④

분진폭발을 일으키는 물질

담뱃가루, 알루미늄분말, 아연분말, 마그네슘분말, 황, 밀가루

| |
|---|
| 분진폭발을 하지 않는 물질 : 시멘트분, 석회석, 생석회 |

### 08 답 ②

$3\%: 3L = 100\% : x\,L$

$x = 100L$ (포수용액의 체적)

팽창비 $= \frac{30,000L}{100L} = 300$

따라서 제2종 기계포

- 팽창비 80 이상 250 미만 : 제1종 기계포
- 팽창비 250 이상 500 미만 : 제2종 기계포
- 팽창비 500 이상 1,000 미만 : 제3종 기계포

### 09 답 ①

- 저압식 이산화탄소소화설비 충전비 : 1.1 이상 1.4 이하
- 고압식 이산화탄소소화설비 충전비 : 1.5 이상 1.9 이하

$$C = \frac{V}{G}$$

여기서, $C$ : 충전비, $G$ : 1병 충전질량(kg)
$V$ : 용기체적($l$)

## 10 답 ①

스프링클러설비의 종류 및 특징

| 설비의 종류 | 사용 헤드 | 유수검지 장치 등 | 배관상태 (1차측/2차측) | 감지기와 연동성 |
|---|---|---|---|---|
| 습식 | 폐쇄형 | 습식유수검지장치 | 가압수/가압수 | 없음 |
| 건식 | 폐쇄형 | 건식유수검지장치 | 가압수/압축공기 | 없음 |
| 준비 작동식 | 폐쇄형 | 준비작동식 유수검지장치 | 가압수/저압공기 | 있음 |
| 부압식 | 폐쇄형 | 준비작동식 유수검지장치 | 가압수/부압수 | 있음 |
| 일제 살수식 | 개방형 | 일제개방밸브 | 가압수/대기압 | 있음 |

## 11 답 ①

- 열감지기 : 차동식, 정온식, 보상식
- 연기감지기 : 이온화식, 광전식

## 12 답 ②

동일한 장소에 저장할 수 있는 위험물의 종류

[1류, 6류], [2류, 4류, 5류] [3류, 4류]

## 13 답 ①

4류 위험물

## 14 답 ②

소방공무원은 경력직 중 특정직 공무원이다. 소방공무원에 관하여 국가공무원법에 우선하여 적용되는 소방공무원법은 소방공무원의 책임 및 직무의 중요성과 신분 및 근무조건의 특수성을 고려하여 그 임용, 교육훈련, 복무, 신분보장 등에 관하여 국가공무원법에 대한 특례를 규정하고 있다.

## 15 답 ④

금화제도(고려) → 금화조건 1423년(세종 5년) → 금화도감 1426년(세종 8년) → 금화군 1431년(세종 13년)

- 고려시대 : 소재, 금화제도(시작), 금화관리자 배치[다]
- 조선시대 : 금화도감 설치[라]
- 일제강점기 : 화재보험회사 대리점설치(1906년)[가]
- 일제강점기 : 1910년 상비소방수 제도의 명문화[나]

## 16 답 ①

## 17 답 ③

재난 및 안전관리 기본법

제49조(중앙긴급구조통제단)

① 긴급구조에 관한 사항의 총괄 · 조정, 긴급구조기관 및 긴급구조지원기관이 하는 긴급구조활동의 역할 분담과 지휘 · 통제를 위하여 소방청에 중앙긴급구조통제단(이하 "중앙통제단"이라 한다)을 둔다.〈개정 2014. 11. 19., 2017. 7. 26.〉

② 중앙통제단의 단장은 소방청장이 된다.〈개정 2017. 7. 26.〉

제50조(지역긴급구조통제단)

① 지역별 긴급구조에 관한 사항의 총괄 · 조정, 해당 지역에 소재하는 긴급구조기관 및 긴급구조지원기관 간의 역할분담과 재난현장에서의 지휘 · 통제를 위하여 시 · 도의 소방본부에 시 · 도긴급구조통제단을 두고, 시 · 군 · 구의 소방서에 시 · 군 · 구긴급구조통제단을 둔다.

② 시 · 도긴급구조통제단과 시 · 군 · 구긴급구조통제단(이하 "지역통제단"이라 한다)에는 각각 단장 1명을 두되, 시 · 도긴급구조통제단의 단장은 소방본부장이 되고 시 · 군 · 구긴급구조통제단의 단장은 소방서장이 된다.

③ 지역통제단장은 긴급구조를 위하여 필요하면 긴급구조지원기관 간의 공조체제를 유지하기 위하여 관계 기관 · 단체의 장에게 소속 직원의 파견을 요청할 수 있다. 이 경우 요청을 받은 기관 · 단체의 장은 특별한 사유가 없으면 요청에 따라야 한다.

④ 지역통제단의 기능과 운영에 관한 사항은 대통령령으로 정한다.

## 18 답 ④

제3조(정의)

이 법에서 사용하는 용어의 뜻은 다음과 같다.

1. "재난"이란 국민의 생명 · 신체 · 재산과 국가에 피해를 주거나 줄 수 있는 것으로서 다음 각 목의 것을 말한다.
   가. 자연재난 : 태풍, 홍수, 호우(豪雨), 강풍, 풍랑, 해일(海溢), 대설, 낙뢰, 가뭄, 지진, 황사(黃砂), 조류(藻類) 대발생, 조수(潮水), 화산활동, 소행성 · 유성체 등 자연우주물체의 추락 · 충돌, 그 밖에 이에 준하는 자연현상으로 인하여 발생하는 재해
   나. 사회재난 : 화재 · 붕괴 · 폭발 · 교통사고(항공사고 및 해상사고를 포함한다) · 화생방사고 · 환경오염사고 등으로 인하여 발생하는 대통령령으로 정하는 규모 이상의 피해와 에너지 · 통신 · 교통 · 금융 · 의료 · 수도 등 국가기반체계(이하 "국가기반체계"라 한다)의 마비, 「감염병의 예방 및 관리에 관한 법률」에 따른 감염병 또는 「가축전염병예방법」에 따른 가축전염병의 확산, 「미세먼지 저감 및 관리에 관한 특별법」에 따른 미세먼지 등으로 인한 피해 등으로 인한 피해

## 19 답 ②

하인리히 도미노이론

사고의 원인이 되는 불안전한 행동이나 기계적 또는 물리적 결함에 가장 큰 관심을 두고 이의 제거에 노력하여 사고를 예방해야 한다고 한다. 즉, 세 번째 도미노를 제거하면, 첫 번째와 두 번째 도미노가 쓰러지더라도 사고는 발생하지 않는다고 본다.

하인리히(H.W. Heinrich)의 도미노 이론(≒ 고전적 도미노 이론)

① 하인리히는 재해의 발생을 항상 사고요인의 연쇄반응 결과로 발생한다는 연쇄성 이론을 최초로 주장하였다.

② 재해(사고)발생의 연쇄상

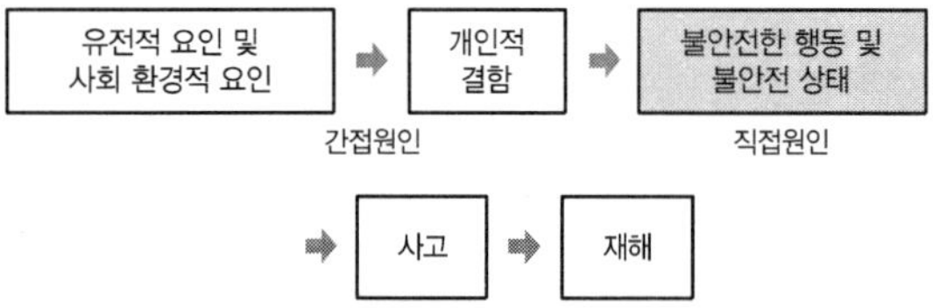


③ 사고발생은 항상 불안전 행동과 불안전 상태로 기인하며, 재해를 수반하는 사고의 대부분은 방지할 수 있다고 한다. 즉, 제3요인인 불안전 행동 및 불안전 상태(직접 원인)를 제거하면 재해는 예방된다는 이론이다.

④ 재해발생법칙 → 1(중상) : 29(경상) : 300(무상해 사고)

## 20 답 ④

"소방대"(消防隊)란 화재를 진압하고 화재, 재난 · 재해, 그 밖의 위급한 상황에서 구조 · 구급 활동 등을 하기 위하여 다음 각 목의 사람으로 구성된 조직체를 말한다.

가. 「소방공무원법」에 따른 소방공무원

나. 「의무소방대설치법」 제3조에 따라 임용된 의무소방원(義務消防員)

다. 「의용소방대 설치 및 운영에 관한 법률」에 따른 의용소방대원(義勇消防隊員)

## 소방학개론 모의고사 3회 정답 및 해설

| 01 | 02 | 03 | 04 | 05 | 06 | 07 | 08 | 09 | 10 |
|---|---|---|---|---|---|---|---|---|---|
| ③ | ③ | ③ | ① | ③ | ② | ③ | ④ | ④ | ④ |
| 11 | 12 | 13 | 14 | 15 | 16 | 17 | 18 | 19 | 20 |
| ① | ④ | ① | ② | ② | ④ | ① | ① | ① | ② |

### 01 답 ③

발화점의 구분

① 나일론 : 532℃
② 순면 : 400℃
③ 양모 : 580℃
④ 폴리에스테르 : 485℃

### 02 답 ③

표면연소와 불꽃연소의 비교

| 구분 | 불꽃연소 | 작열연소(표면연소) |
|---|---|---|
| 화재구분 | 표면화재 | 심부화재 |
| 연소상태 | 아세틸렌, 수소, 메탄, 프로판 등의 가연성 가스 | 코크스, 연탄, 짚, 목탄(숯) 등 고체의 연소 |
| 불꽃여부 | 불꽃을 발생 | 불꽃을 발생하지 않음 |
| CO 발생량 | 적다 | 많다 |
| 연소속도 | 빠르다 | 느리다 |
| 발열량 | 크다 | 작다 |
| 연쇄반응 | 일어남 | 일어나지 않음 |
| 적응화재 | B, C급 화재 | A급 화재 |
| 소화방법 | $CO_2$로 34[%] 질식소화 | $CO_2$로 34[%] 질식소화 및 냉각소화 |

### 03 답 ③

아보가드로 법칙 이용

표준상태(0℃, 1atm)에서 모든 기체 1kmol(mol)이 차지하는 부피는 22.4m$^3$(L)이다.

$$\frac{22.4[L]}{1[mol]}\times\frac{22[g]}{11.2[L]}=44[g/mol]=44[kg/kmol]$$

### 04 답 ①

화재하중

$$Q=\frac{\Sigma(G_t\times H_t)}{H\times A}$$

여기서, $Q$ : 화재하중(kg/m$^2$)
$G_t$ : 가연물 질량(kg)
$H_t$ : 가연물의 단위발열량(kcal/kg)
$H$ : 목재의 단위발열량(4,500kcal/kg)
$A$ : 화재실의 바닥면적(m$^2$)

$$\therefore Q=\frac{\Sigma(G_t\times H_t)}{H\times A}$$

$$=\frac{800\text{kg/m}^3\times(8\times10\times5)\text{m}^3\times9{,}000\text{kcal/kg}}{4{,}500\text{kcal/kg}\times(8\times10)\text{m}^2}$$

$$=8{,}000\text{kg/m}^2$$

### 05 답 ③

피난계획의 기본원칙

㉠ 피난수단은 원시적인 방법으로 한다.
㉡ 피난통로는 2개 방향의 피난으로 한다.
㉢ 피난설비는 고정적인 시설로 한다.
㉣ 피난계단 및 특별피난계단 등은 가급적 분산 배치한다.
㉤ 피난통로의 종단에는 충분한 안전공간을 확보한다.
㉥ 피난의 경로는 간단, 명료하게 한다.
㉦ 인간의 피난특성을 고려한다.
㉧ Fool proof, Fail safe의 원칙에 따른다.

### 06 답 ②

1종 분말의 열분해 반응식

$2NaHCO_3 \rightarrow Na_2CO_3 + CO_2 + H_2O - Q\text{kcal}$

### 07 답 ③

팽창진주암 사용은 피복, 질식소화이다.

### 08 답 ④

①, ②, ③ : 화학적 폭발

물리적인 폭발의 종류

㉠ 화산폭발
㉡ 과열액체비등에 의한 증기폭발
㉢ 고압용기 과압, 과충전 폭발
㉣ 수증기폭발

### 09 답 ④

분진폭발과 가스폭발의 비교

① 가스폭발보다 분진폭발은 최소발화에너지가 크다.
② 가스폭발에 비해 분진폭발은 불완전연소가 심하므로 일산화탄소(CO)가 발생한다.
③ 1차 분진폭발의 영향으로 주위의 분진을 날리게 하여 2차, 3차 폭발이 발생할 수 있다.

④ 가스폭발보다 분진폭발은 연소속도, 폭발압력은 작으나 연소시간이 길고 발생에너지가 크기 때문에 연소 시 그 물질의 파괴력과 그을음이 크다.
⑤ 분진폭발은 입자가 비산하므로 접촉되는 가연물은 국부적으로 심한 탄화 또는 화상도 유발한다.
⑥ 분진폭발의 발생에너지는 가스폭발의 수백 배 이상이고 온도는 탄화수소 양이 많아 약 2천~3천℃까지 올라간다.

분진폭발에 영향을 미치는 요인

① 산소농도 : 산소농도가 높을수록 분진폭발이 잘 일어난다.
※ 예외적으로 산소와 반응성이 큰 분진은 산화성 피막($Al_2O_3$ 등)을 형성하여 폭발성이 약해지는 경우도 있다.
② 분진 내 수분 → 폭발성(↓)
㉠ 분진의 부유성을 억제한다.
㉡ 수분의 증발로서 점화에 필요한 에너지가 부족하게 된다.
㉢ 증발한 수증기가 불활성 가스의 역할을 함으로써 점화온도를 높인다.
㉣ 대전성을 감소시키므로 폭발성을 낮게 한다.
③ 화학적 성질과 조성
㉠ 산화반응으로 생성하는 가연성 기체의 반응이 클수록 폭발이 잘 된다.
㉡ 난류는 화염의 전파속도를 증가시켜 폭발위력이 커진다.
㉢ 분체 중에 휘발성이 크고 발화온도가 낮을수록 폭발이 잘 된다.
㉣ 분진의 발열량이 클수록 폭발이 잘 된다.
④ 분진의 입도
㉠ 입자의 크기 : 약 100$\mu$ 이하이지만 76$\mu$(200mesh) 이하가 적합하다.
㉡ 분진의 입자와 밀도가 작을수록 표면적이 커져서 폭발이 잘 된다.
㉢ 분진의 표면적이 입체면적에 비교하여 증대하면 열의 발생속도가 커서 폭발이 커진다.
⑤ 입자의 표면상태와 형상
구상(둥긂) → 침상(뾰족함) → 평편상(넓음) 입자 순으로 폭발성이 증가한다.

## 10 답 ④

## 11 답 ①

용어정의

1. "경계구역"이란 특정소방대상물 중 화재신호를 발신하고 그 신호를 수신 및 유효하게 제어할 수 있는 구역을 말한다.
2. "수신기"란 감지기나 발신기에서 발하는 화재신호를 직접 수신하거나 중계기를 통하여 수신하여 화재의 발생을 표시 및 경보하여 주는 장치를 말한다.
3. "중계기"란 감지기 · 발신기 또는 전기적 접점 등의 작동에 따른 신호를 받아 이를 수신기의 제어반에 전송하는 장치를 말한다.
4. "감지기"란 화재 시 발생하는 열, 연기, 불꽃 또는 연소생성물을 자동적으로 감지하여 수신기에 발신하는 장치를 말한다.
5. "발신기"란 화재발생 신호를 수신기에 수동으로 발신하는 장치를 말한다.
6. "시각경보장치"란 자동화재탐지설비에서 발하는 화재신호를 시각경보기에 전달하여 청각장애인에게 점멸형태의 시각경보를 하는 것을 말한다.

## 12 답 ④

저장소의 구분

| 지정수량 이상의 위험물을 저장하기 위한 장소 | 저장소의 구분 |
|---|---|
| 1. 옥내(지붕과 기둥 또는 벽 등에 의하여 둘러싸인 곳을 말한다. 이하 같다)에 저장(위험물을 저장하는데 따르는 취급을 포함한다. 이하 이 표에서 같다)하는 장소. 다만, 제3호의 장소를 제외한다. | 옥내저장소 |
| 2. 옥외에 있는 탱크(제4호 내지 제6호 및 제8호에 규정된 탱크를 제외한다. 이하 제3호에서 같다)에 위험물을 저장하는 장소 | 옥외탱크 저장소 |
| 3. 옥내에 있는 탱크에 위험물을 저장하는 장소 | 옥외탱크 저장소 |
| 4. 지하에 매설된 탱크에 위험물을 저장하는 장소 | 지하탱크 저장소 |
| 5. 간이탱크에 위험물을 저장하는 장소 | 간이탱크 저장소 |
| 6. 차량(피견인자동차에 있어서는 앞차축을 갖지 아니하는 것으로서 피견인자동차의 일부가 견인자동차에 적재되고 당해 피견인자동차와 그 적재물의 중량의 상당부분이 견인자동차에 의하여 지탱되는 구조의 것에 한한다.)에 고정된 탱크에 위험물을 저장하는 장소 | 이동탱크 저장소 |
| 7. 옥외에 다음 각 목의 1에 해당하는 위험물을 저장하는 장소. 다만, 제2호의 장소를 제외한다.)<br>가. 제2류 위험물 중 유황 또는 인화성 고체(인화점이 섭씨 0도 이상인 것에 한한다.)<br>나. 제4류 위험물 중 제1석유류(인화점이 섭씨 0도 이상인 것에 한한다.) · 알코올류 · 제2석유류 · 제3석유류 · 제4석유류 및 동식물유류<br>다. 제6류 위험물<br>라. 제2류 위험물 및 제4류 위험물 중 특별시 · 광역시 또는 도의 조례에서 정하는 위험물(「관세법」 제154조의 규정에 의한 보세구역 안에 저장하는 경우에 한한다.)<br>마. 「국제해사기구에 관한 협약」에 의하여 설치된 국제해사기구가 채택한 「국제해상위험물규칙(IMDG Code)」에 적합한 용기에 수납된 위험물 | 옥외저장소 |
| 8. 암반 내의 공간을 이용한 탱크에 액체의 위험물을 저장하는 장소 | 암반탱크 저장소 |

## 13 답 ①

수납하는 위험물에 따라 다음의 규정에 의한 주의사항

㉠ 제1류 위험물 중 알칼리금속의 과산화물 또는 이를 함유한 것에 있어서는 "화기 · 충격주의", "물기엄금" 및 "가연물접촉주의", 그 밖의 것에 있어서는 "화기 · 충격주의" 및 "가연물접촉주의"

㉡ 제2류 위험물 중 철분 · 금속분 · 마그네슘 또는 이들 중 어느 하나 이상을 함유한 것에 있어서는 "화기주의" 및 "물기엄금", 인화성 고체에 있어서는 "화기엄금", 그 밖의 것에 있어서는 "화기주의"

㉢ 제3류 위험물 중 자연발화성 물질에 있어서는 "화기엄금" 및 "공기접촉엄금", 금수성 물질에 있어서는 "물기엄금"

㉣ 제4류 위험물에 있어서는 "화기엄금"

㉤ 제5류 위험물에 있어서는 "화기엄금" 및 "충격주의"

㉥ 제6류 위험물에 있어서는 "가연물접촉주의"

## 14 답 ②

- 조선시대 : 세종 8년~구한말
- 과도기[미군정시대(1945~1948)] : 자치소방체제
- 초창기 정부수립 이후(1948~1970) : 국가소방체제
- 발전기(1970~1992) : 국가 · 자치이원화
- 정착기(1992~2003) : 시 · 도(광역)자치소방
- 제1성장기(2004~2014. 11) : 소방방재청체제
- 제2성장기(2014. 11~2017. 7. 26.) : 국민안전처체제
- 제3성장기(2017. 7. 26.~현재) : 소방청체제

## 15 답 ②

**119 구조구급에 관한 법률 시행령**

**제11조(구급대원의 자격기준)**

구급대원은 소방공무원으로서 다음 각 호의 어느 하나에 해당하는 자격을 갖추어야 한다. 다만, 제4호에 해당하는 구급대원은 구급차 운전과 구급에 관한 보조업무만 할 수 있다.〈개정 2014. 11. 19., 2017. 7. 26.〉

1. 「의료법」 제2조제1항에 따른 의료인
2. 「응급의료에 관한 법률」 제36조제2항에 따라 1급 응급구조사 자격을 취득한 사람
3. 「응급의료에 관한 법률」 제36조제3항에 따라 2급 응급구조사 자격을 취득한 사람
4. 소방청장이 실시하는 구급업무에 관한 교육을 받은 사람

## 16 답 ④

"화재"란 사람의 의도에 반하거나 고의에 의해 발생하는 연소현상으로서 소화시설 등을 사용하여 소화할 필요가 있거나 또는 화학적인 폭발현상을 말한다.

## 17 답 ①

| | | |
|---|---|---|
| 예방(완화) | 개념 | 평상시 재난을 사전에 예방하고, 발생 가능성을 감소시키며, 피해를 최소화하기 위한 단계이다. |
| | 활동 | • 토지이용관리<br>• 위험지도 작성<br>• 재난취약시설에 대한 일제점검<br>• 평상시 위험예지훈련<br>• 안전법규, 건축기준법규, 기타 관련 법령 · 조례 제정<br>• 안전기준 설정<br>• 재난재해보험<br>• 수해상습지구의 설정과 수해방지시설의 공사 등 |
| 대비(준비) | 개념 | 재난발생 확률이 높아진 경우, 재난 후 대응할 수 있도록 운영적인 장치를 준비하는 단계이다. |
| | 활동 | • 비상방송시스템 구축<br>• 재난관리 우선순위체계 수립<br>• 비상통신시스템 구축<br>• 대응조직(기구)관리<br>• 긴급대응계획의 수립 및 연습<br>• 재난위험성 분석<br>• 자원동원관리체계 구축<br>• 경보시스템 구축<br>• 대응요원들의 교육 · 훈련<br>• 재난방송 및 공공정보자료관리 |
| 대응 | 개념 | 일단 재난이 발생한 경우, 신속한 대응활동을 통하여 인명과 재산피해를 최소화하는 단계이다. |
| | 활동 | • 비상방송시스템 가동<br>• 응급의료지원활동의 전개<br>• 긴급대응계획의 가동<br>• 재해대책본부 및 긴급구조통제단의 가동<br>• 피해주민 수용 및 구호<br>• 긴급의약품 조달, 생필품 공급<br>• 긴급대피 및 은신처 제공(피난처 제공)<br>• 대응자원의 동원<br>• 공식적으로 승인된 주민비상경고<br>• 탐색 및 구조활동 |
| 복구 | 개념 | 1. 재해 상황이 어느 정도 안정된 후 재해 이전의 상태로 회복하는 단계이다.<br>2. 단기 복구와 중장기 복구활동으로 구분<br>① 단기 복구는 최소한 필수불가결한 생활지원 활동을 말한다.<br>② 중장기 복구는 정상적인 생활 상태로의 복구 및 보다 향상된 상태로의 복구를 위해 취해지는 활동을 말한다. |
| | 활동 | • 피해주민 및 대응활동요원에 대한 재난심리상담(외상 후 스트레스 치유)<br>• 감염병 예방 및 방역활동<br>• 이재민 지원<br>• 시설복구 및 피해보상<br>• 피해평가<br>• 대부 및 보조금 지원<br>• 잔해물 제거<br>• 임시거주지 마련 |

**18** 답 ①

화재조사의 종류 및 조사의 범위(제11조 제2항 관련)

1. 화재원인조사

| 종류 | 조사범위 |
|---|---|
| 가. 발화원인 조사 | 화재가 발생한 과정, 화재가 발생한 지점 및 불이 붙기 시작한 물질 |
| 나. 발견·통보 및 초기 소화상황 조사 | 화재의 발견·통보 및 초기소화 등 일련의 과정 |
| 다. 연소상황 조사 | 화재의 연소경로 및 확대원인 등의 상황 |
| 라. 피난상황 조사 | 피난경로, 피난상의 장애요인 등의 상황 |
| 마. 소방시설 등 조사 | 소방시설의 사용 또는 작동 등의 상황 |

2. 화재피해조사

| 종류 | 조사범위 |
|---|---|
| 가. 인명피해조사 | (1) 소방활동 중 발생한 사망자 및 부상자<br>(2) 그 밖에 화재로 인한 사망자 및 부상자 |
| 나. 재산피해조사 | (1) 열에 의한 탄화, 용융, 파손 등의 피해<br>(2) 소화활동 중 사용된 물로 인한 피해<br>(3) 그 밖에 연기, 물품반출, 화재로 인한 폭발 등에 의한 피해 |

**19** 답 ①

재난 및 안전관리 기본법 제60조

제60조(특별재난지역의 선포)

① 중앙대책본부장은 대통령령으로 정하는 규모의 재난이 발생하여 국가의 안녕 및 사회질서의 유지에 중대한 영향을 미치거나 피해를 효과적으로 수습하기 위하여 특별한 조치가 필요하다고 인정하거나 제3항에 따른 지역대책본부장의 요청이 타당하다고 인정하는 경우에는 중앙위원회의 심의를 거쳐 해당 지역을 특별재난지역으로 선포할 것을 대통령에게 건의할 수 있다.

② 제1항에 따라 특별재난지역의 선포를 건의받은 대통령은 해당 지역을 특별재난지역으로 선포할 수 있다.

③ 지역대책본부장은 관할지역에서 발생한 재난으로 인하여 제1항에 따른 사유가 발생한 경우에는 중앙대책본부장에게 특별재난지역의 선포 건의를 요청할 수 있다.

**20** 답 ②

인간의 피난특성

갑작스런 화재가 발생하여 맹렬한 불꽃을 뿜을 경우 혼란이 가중되어 이성적인 판단이 어렵게 된다. 그때부터는 동물적 본능에 지배되어 활동하게 되므로 인간의 본능에 따른 피난특성을 고려한 피난계획을 검토하여야 한다.

① 귀소본능(歸巢本能) : 본능적으로 자신의 신체를 보호하기 위하여 자주 이용하는 경로 및 원래 온 길로 돌아가려는 특성이 있다. 따라서 많은 사람의 이동경로가 되는 부분을 가장 안전한 피난경로가 되도록 하고, 피난설비 등도 그 곳에 설치하도록 한다.

② 퇴피본능(退避本能) : 위험사태가 발생하면 반사적으로 그 부분에서 멀어지려는 경향이 있다. 가연물이 많고 화재위험이 있는 부분으로부터 먼 곳으로 피난경로를 설정하고 피난설비를 설치하도록 한다.

③ 지광본능(智光本能) : 화재 시 정전이나 검은 연기에 의해 암흑상태가 되면 사람들은 밝은 곳으로 모이게 된다. 화재가 발생하는 경우 안전한 피난경로부분은 밝게 유지하고 그렇지 않은 부분은 소등하는 것이 바람직하다.

④ 좌회본능(左廻本能) : 사람의 대부분은 오른손잡이이며 이로 인해 오른발이 발달해 있어 어둠 속에서 걷게 되면 왼쪽으로 돌게 된다. 따라서 벽체에 설치하는 피난구는 왼쪽에 설치하는 것이 바람직하다.

⑤ 추종본능(追從本能) : 화재와 같은 급박한 상황에서 리더(Leader) 한 사람의 행동을 따라하는 경향이 있다. 즉, 최초한 사람의 행동이 옳고 그름에 따라 많은 사람의 생명을 지배하는 경우가 많다. 따라서 불특정 다수인이 모이는 시설에는 잘 훈련된 리더의 육성이 필요하다.

## 소방학개론 모의고사 4회 정답 및 해설

| 01 | 02 | 03 | 04 | 05 | 06 | 07 | 08 | 09 | 10 |
|---|---|---|---|---|---|---|---|---|---|
| ① | ④ | ② | ③ | ④ | ④ | ② | ④ | ① | ② |
| 11 | 12 | 13 | 14 | 15 | 16 | 17 | 18 | 19 | 20 |
| ④ | ④ | ③ | ② | ④ | ① | ② | ② | ④ | ③ |

### 01 답 ①

고체의 연소과정

용융 – 열분해 – 기화 – 연소

### 02 답 ④

에너지방출속도 = 연소속도 × 기화면적 × 유효연소열

### 03 답 ②

연소점

㉠ 연소상태에서 점화원을 제거하여도 자발적으로 연소가 지속되는 온도를 연소점이라 한다.

㉡ 자력에 의해 연소를 지속할 수 있는 최저온도를 말하며 인화점보다 약 10℃ 정도 높다.

㉢ 인화점에서는 점화원을 제거하면 연소가 중단되나, 연소점에서는 점화원을 제거하더라도 연소가 중단되지 않는다.

### 04 답 ③

화재하중과 화재가혹도의 비교

- **화재하중** : 화재의 규모를 판단하는 척도로 주수시간을 결정하는 인자이다.
- **화재가혹도** : 화재강도를 판단하는 척도로 주수율($l/m^2 \cdot min$)을 결정하는 인자이다.

### 05 답 ④

보일오버(Boil over) 현상

유류탱크 화재 시 액체 위험물 밑부분에 존재하고 있는 물이 열파에 의해 비점 이상으로 되어 급격히 증발하면서 가연성 액체를 탱크 밖으로 비산시키는 현상

### 06 답 ④

가연물의 종류에 따라 화재를 분류하면 다음과 같다.

| 화재의 분류 | | 소화기 표시색 | 소화 방법 | 특징 |
|---|---|---|---|---|
| A급 | 일반 화재 | 백색 | 냉각효과 | ① 백색 연기 발생<br>② 연소 후 재를 남김 |
| B급 | 유류 화재 | 황색 | 질식효과 | ① 검은색 연기 발생<br>② 연소 후 재가 없음<br>③ 정전기로 인한 착화 가능성 있음 |
| C급 | 전기 화재 | 청색 | 질식효과 | 통전 중인 전기시설물이 점화원의 기능을 함 |
| D급 | 금속 화재 | – | 건조사 피복 | 금속이 열을 생성 |
| E급 | 가스 화재 | – | 질식효과 | 재를 남기지 않음 |
| K급 | 주방 화재 | – | 질식, 냉각효과 | K급 강화액 사용<br>(탄산칼륨+산알칼리수) |

### 07 답 ②

화학적인 폭발

㉠ 산화폭발 : 가스가 공기 중에 누설 또는 인화성 액체 탱크에 공기가 유입되어 탱크 내에 점화원이 유입되어 폭발하는 현상

㉡ 분해폭발 : 아세틸렌, 산화에틸렌, 히드라진과 같이 분해하면서 폭발하는 현상

㉢ 중합폭발 : 산화에틸렌, 시안화수소와 같이 단량체가 일정 온도와 압력으로 반응이 진행되어 분자량이 큰 중합체가 되어 폭발하는 현상

㉣ 분진폭발 : 공기 속을 떠다니는 아주 작은 미립자(75$\mu m$ 이하의 고체입자로서 공기 중에 떠있는 분체)가 적당한 농도 범위에 있을 때 불꽃이나 점화원으로 인하여 폭발하는 현상

- 분진의 폭발범위 : 25~45mg/L(하한값)~80mg/L(상한값)
- 분진의 착화에너지 : $10^{-3}$~$10^{-2}$J,
  화약의 착화에너지 : $10^{-6}$~$10^{-4}$J

### 08 답 ④

방폭구조의 종류

① **내압(耐壓)방폭구조** : 용기 내부에서 가연성 가스를 폭발시켰을 때 그 폭발압력에 견딜 수 있는 특수한 구조로 설계하는 것으로 가장 많이 이용되고 있는 방식이다.

② **압력(壓力)방폭구조** : 용기 내부에 불활성 가스 등을 압입시켜 외부의 폭발성 가스의 유입을 방지하는 구조로 내압의 유지방식에 따라 통풍식, 봉입식, 밀봉식으로 구분한다.

③ **유입방폭구조** : 전기불꽃이 발생될 우려가 있는 부분을 기름 속에 넣어 폭발성 가스와 격리시키는 구조

④ **충전방폭구조** : 전기불꽃이 발생될 우려가 있는 부분을 석영 가루나 유리입자 등의 충전물로 완전히 덮어 폭발성 가스와 격리시키는 구조

⑤ **몰드방폭구조** : 전기불꽃이 발생될 우려가 있는 부분을 절연성이 있는 콤파운드로 포입하는 구조
⑥ **안전증방폭구조** : 전기불꽃 발생부나 고온부가 존재하지 않는 구조로서 특별히 안전도를 증가시켜 고장을 일으키지 않도록 한 구조
⑦ **본질안전방폭구조** : 안전지역과 위험지역 사이에 안전장치를 설치하여 위험지역으로 유입되는 전압과 전류를 제거하여 폭발을 일으킬 수 있는 최소에너지보다 작게 하는 구조

## 09 답 ①

할로겐화합물소화약제
(1) 부촉매효과(소화능력) 크기 : I > Br > Cl > F
(2) 전기음성도(친화력, 결합력) 크기 : F > Cl > Br > I
※ 전기음성도 크기 = 수소와의 결합력 크기

## 10 답 ②

• 탄화칼슘은 물과 반응하여 나오는 가스는 $C_2H_2$(에틴, 아세틸렌)이다.
• 나트륨, 리튬, 칼륨은 물과 반응하여 수소가 발생한다.
• 반응식
① 나트륨 : $2Na+2H_2O \rightarrow 2NaOH+H_2\uparrow$
② 탄화칼슘 : $CaC_2+H_2O \rightarrow CaO_2$(산화칼슘)$+C_2H_2$(에틴, 아세틸렌)
③ 리튬 : $2H_2O+2Li \rightarrow 2LiOH+H_2\uparrow$
④ 칼륨 : $2K+2H_2O=2KOH+H_2\uparrow$

## 11 답 ④

소화의 종류
(1) 냉각소화 : 화재 현장에 물을 주수하여 발화점 이하로 온도를 낮추어 소화하는 방법

> 물 $1l$/min는 건물 내의 일반가연물을 진화할 수 있는 양 : $0.75m^3$

(2) 질식소화 : 공기 중의 산소의 농도를 21%에서 15% 이하로 낮추어 소화하는 방법

> 질식소화 시 산소의 유효 한계농도 : 10~15%

(3) 제거소화 : 화재 현장에서 가연물을 없애주어 소화하는 방법

> 표면연소는 불꽃연소보다 연소속도가 매우 느리다.

(4) 화학소화(부촉매효과) : 연쇄반응을 차단하여 소화하는 방법
(5) 희석소화 : 알코올, 에테르, 에스테르, 케톤류 등 수용성 물질에 다량의 물을 방사하여 가연물의 농도를 낮추어 소화하는 방법과 기체, 고체, 액체에서 나오는 분해가스나 증기의 농도를 낮추어 소화하는 방법
(6) 유화소화 : 물분무 소화설비를 중유에 방사하는 경우 유류표면에 엷은 막으로 유화층을 형성하여 화재를 소화하는 방법
(7) 피복소화 : 이산화탄소 약제 방사 시 가연물의 구석까지 침투하여 피복하므로 연소를 차단하여 소화하는 방법

## 12 답 ④

옥내소화전설비의 구성요소
① 수원(옥상수원)
② 가압송수장치(펌프, 고가수조, 압력수조, 가압수조)
③ 배관(토출측 배관, 흡입측 배관, 성능시험배관, 순환배관, 주배관, 가지배관, 송수구
④ 함 및 방수구, 노즐
⑤ 전원(상용, 비상)
⑥ 제어반(감시제어반, 동력제어반)
⑦ 배선(내화배선, 내열배선)
⑧ 기타 : 압력계, 기동용 수압개폐장치(압력챔버), 진공계 또는 연성계, 물올림장치, 개폐밸브, 유량조절밸브, 유량계, 수위계 등 말단시험장치는 스프링클러설비 구성요소이며 가지배관말단에 설치하며 말단시험장치에는 개폐밸브, 반사판 및 프레임이 제거된 개방형 헤드 또는 오리피스, 압력계를 설치한다.

## 13 답 ③

제연구역의 구획기준
㉠ 하나의 제연구역의 면적은 1,000$m^2$ 이내로 할 것
㉡ 거실과 통로는 상호 제연구획할 것
㉢ 통로상의 제연구역은 보행중심선의 길이가 60m를 초과하지 아니할 것
㉣ 하나의 제연구역은 직경 60m원 내에 들어갈 수 있을 것
㉤ 하나의 제연구역은 2개 이상 층에 미치지 아니하도록 할 것. 다만, 층의 구분이 불분명한 부분은 그 부분을 다른 부분과 별도로 제연구획하여야 한다.

## 14 답 ②

"위험물"이라 함은 인화성 또는 발화성 등의 성질을 가지는 것으로서 대통령령이 정하는 물품을 말한다.

## 15 답 ④

환기설비는 다음의 기준에 의할 것
① 환기는 자연배기방식으로 할 것
② 급기구는 당해 급기구가 설치된 실의 바닥면적 150$m^2$마다 1개 이상으로 하되, 급기구의 크기는 800$cm^2$ 이상으로 할 것. 다만 바닥면적이 150$m^2$ 미만인 경우에는 다음의 크기

로 하여야 한다.

| 바닥면적 | 급기구의 면적 |
|---|---|
| $60m^2$ 미만 | $150cm^2$ 이상 |
| $60m^2$ 이상 $90m^2$ 미만 | $300cm^2$ 이상 |
| $90m^2$ 이상 $120m^2$ 미만 | $450cm^2$ 이상 |
| $120m^2$ 이상 $150m^2$ 미만 | $600cm^2$ 이상 |

③ 급기구는 낮은 곳에 설치하고 가는 눈의 구리망 등으로 인화 방지망을 설치할 것
④ 환기구는 지붕 위 또는 지상 2m 이상의 높이에 회전식 고정 벤틸레이터 또는 루프팬 방식으로 설치할 것

## 16 답 ①

동식물유류
(1) 건성유는 공기 중의 산소와 반응하여 자연발화를 일으킨다.
(2) 요오드값이 클수록 불포화결합은 크다.
(3) 불포화도가 크면 산소와의 결합이 쉽다.
(4) 요오드값

| 구분 | 요오드값 | 종류 |
|---|---|---|
| 건성유 | 130 이상 | 아마인유, 해바라기유, 들기름, 정어리기름, 동유, 상어유 |
| 반건성유 | 100~130 | 참기름, 콩기름, 채종유, 청어유, 옥수수기름, 면실유 |
| 불건성유 | 100 이하 | 피마자유, 올리브유, 야자유, 돼지기름, 쇠기름, 고래기름 |

## 17 답 ②

"재난"이란 국민의 생명 · 신체 · 재산과 국가에 피해를 주거나 줄 수 있는 것으로서 다음 각 목의 것을 말한다.
가. 자연재난 : 태풍, 홍수, 호우(豪雨), 강풍, 풍랑, 해일(海溢), 대설, 낙뢰, 가뭄, 지진, 황사(黃砂), 조류(藻類) 대발생, 조수(潮水), 화산활동, 소행성 · 유성체 등 자연우주물체의 추락 · 충돌, 그 밖에 이에 준하는 자연현상으로 인하여 발생하는 재해
나. 사회재난 : 화재 · 붕괴 · 폭발 · 교통사고(항공사고 및 해상사고를 포함한다) · 화생방사고 · 환경오염사고 등으로 인하여 발생하는 대통령령으로 정하는 규모 이상의 피해와 에너지 · 통신 · 교통 · 금융 · 의료 · 수도 등 국가기반체계(이하 "국가기반체계"라 한다)의 마비, 「감염병의 예방 및 관리에 관한 법률」에 따른 감염병 또는 「가축전염병예방법」에 따른 가축전염병의 확산 등으로 인한 피해

## 18 답 ②

재해예방의 4원칙
① 예방가능의 원칙
② 손실우연의 원칙
③ 원인연계의 원칙
④ 대책선정의 원칙

## 19 답 ④

중증도 분류란 사건현장에서 소방분류반의 구급팀장이 분류하는 것으로 환자의 응급처치에 관여하지 않고 부상 등의 정도에 따라 오직 병원으로 환자의 이송을 위한 분류를 말하며 긴급환자 → 응급환자 → 비응급환자 → 지연(사망)환자의 4단계로 나누고 있다.

환자의 분류

| | |
|---|---|
| 긴급환자 (적색, 토끼) | • 수 분 혹은 수 시간 이내의 응급처치를 요구<br>• 기도폐쇄, 대량의 출혈, 수축기 혈압 80mmHg 이하의 쇼크, 개방성 흉부, 경추손상, 기도화상, 원원부 맥박이 촉지되지 않는 골절, 지속적인 천식, 저체온증, 경련 등 |
| 응급환자 (황색, 거북이) | • 수 시간 이내의 응급처치를 요구<br>• 중증의 출혈, 기도화상을 제외한 화상, 경추를 제외한 척추골절, 척추손상 등 |
| 비응급환자 (녹색, X) | • 수 시간, 수 일 후 치료해도 생명에 지장이 없는 환자<br>• 소량의 출혈, 단순열상 · 골절, 경미한 열상 · 찰과상, 타박상 등 연부조직 손상 |
| 지연환자 (흑색, +) | • 사망 또는 생존의 가능성이 없는 환자<br>• 20분 이상 호흡 · 맥박이 없는 환자, 두부나 몸체가 절단된 경우, 심폐소생술도 효과가 없다고 판단되는 경우 |

## 20 답 ③

화재조사의 특징
1. 현장성
2. 신속성
3. 정밀과학성
4. 보존성
5. 안전성
6. 강제성
7. 프리즘식 : 여러 사람의 견해를 모아서 입체적으로 진행한다.

# 소방학개론 모의고사 5회 정답 및 해설

| 01 | 02 | 03 | 04 | 05 | 06 | 07 | 08 | 09 | 10 |
|---|---|---|---|---|---|---|---|---|---|
| ① | ② | ③ | ③ | ③ | ③ | ② | ① | ④ | ② |
| 11 | 12 | 13 | 14 | 15 | 16 | 17 | 18 | 19 | 20 |
| ① | ① | ② | ③ | ④ | ② | ④ | ③ | ② | ① |

## 01 답 ①

$°F = \frac{9}{5}℃ + 32 = \frac{9}{5} \times 30 + 32 = 86°F$

$R = °F + 460 = 86 + 460 = 546R$

## 02 답 ②

연소 시 가연물의 구비 조건

(1) 열전도율이 작을 것
(2) 발열량이 클 것
(3) 표면적이 넓을 것
(4) 산소와 친화력이 좋을 것
(5) 활성화 에너지가 작을 것
(6) 연쇄반응을 일으키는 물질

**활성화 에너지(최소점화 에너지)**
가연물이 연소하기 위하여 필요로 하는 최소의 에너지로서 $10^{-4} \sim 10^{-6}$[J]이 필요하다.

## 03 답 ③

연소범위

| 가스 | 하한계(%) | 상한계(%) |
|---|---|---|
| 아세틸렌($C_2H_2$) | 2.5 | 81.0 |
| 수소($H_2$) | 4.0 | 75.0 |
| 일산화탄소(CO) | 12.5 | 74.0 |
| 암모니아($NH_3$) | 15.0 | 28.0 |
| 메탄($CH_4$) | 5.0 | 15.0 |
| 에틸렌($C_2H_4$) | 2.7 | 36.0 |
| 프로판($C_3H_8$) | 2.1 | 9.5 |
| 에테르($C_2H_5OC_2H_5$) | 1.9 | 48.0 |

## 04 답 ③

발생 현상

(1) 플래시오버(Flash over) : 가연물이 연소하여 다량의 가연성 가스를 동반하는 연기와 유독가스가 방출하여 실내의 온도가 급격히 상승하여 순간적으로 실내전체로 확산되어 연소하는 현상
(2) 보일 오버(Boil over) : 저유를 저장한 개방탱크의 화재 발생 시에 자연히 발생하는 현상, 장시간 조용히 연소하다가 탱크 내의 잔존기름의 갑작스런 오버플로나 분출이 일어나는 현상이다. 급속히 팽창하는 증기－기름거품을 형성하는 것은 끓는 물이 원인이다.
(3) 백드래프트(Back draft) : 화재로 인하여 산소가 부족한 건물 내에 산소가 새로 유입된 때에는 고열가스의 폭발 또는 급속한 연소가 발생하는 현상으로 감쇠기에서 발생한다.
(4) 백파이어(Back fire) : 연료가스의 분출속도가 연소속도보다 느릴 때 불꽃이 연소기의 내부로 들어가 혼합관 속에서 연소하는 현상

## 05 답 ③

감쇠기단계에서 발생하는 현상은 백드래프트이다.

**롤오버(Roll over)**

① 플래시오버 전 단계로 화재 초기에 발생된 뜨거운 가연성 가스가 천장 부근에 축적되어 있다가 화재 중기에 이르면 실내 공기의 압력 차이가 생기고 그 압력 차이로 천장을 산발적으로 구르다가 화재가 발생하지 않은 쪽으로 빠르게 굴러가는 현상이다.
② 실내 상층부 천장 쪽의 초고온 증기인 가연성 가스의 이동과 착화현상이다.

## 06 답 ③

**분진폭발을 일으키지 않는 물질(물과 반응하여 가연성 기체를 발생하지 않는 것)**

1) 시멘트
2) 석회석
3) 탄산칼슘($CaCO_3$)
4) 생석회(CaO)＝산화칼슘

## 07 답 ②

- 기상폭발 : 기체상태의 폭발(가스폭발, 분진(기상)폭발, 누설가스 착화폭발(UVCE), 분무폭발, 분해폭발)
- 응상(의상)폭발 : 액, 고체상태의 폭발(수증기폭발, 화약류 폭발, 전선폭발, 유기화합물폭발, BLEVE)

## 08 답 ①

알킬알루미늄의 소화제 : 마른 모래, 팽창질석, 팽창알루미늄

## 09 답 ④

대형 소화기의 소화약제 충전량

| 소화기의 종류 | 소화약제의 양 |
|---|---|
| 물 소화기 | 80L |
| 기계포소화기 | 20L |
| 강화액 소화기 | 60L |
| 이산화탄소 소화기 | 50kg |
| 할론 소화기 | 30kg |
| 분말 소화기 | 20kg |

## 10 답 ②

물분무소화설비의 수원 산정식

① 특수가연물을 저장 또는 취급하는 소방대상물

$Q = A(\mathrm{m}^2) \times 10l/\mathrm{m}^2 \cdot \mathrm{min} \times 20\mathrm{min}$

여기서, $Q$ : 수원($l$)

$A$ : 최대방수구역의 바닥면적 (최소 $50\mathrm{m}^2$ 이상)

② 차고 또는 주차장

$Q = A(\mathrm{m}^2) \times 20l/\mathrm{m}^2 \cdot \mathrm{min} \times 20\mathrm{min}$

## 11 답 ①

$2 \times 2.6\mathrm{m}^3 \times 1/3 = 1.73\mathrm{m}^3$

옥상수원의 양

옥내소화전설비의 수원은 제1항에 따라 산출된 유효수량 외에 유효수량의 3분의 1 이상을 옥상(옥내소화전 설비가 설치된 건축물의 주된 옥상을 말한다. 이하 같다)에 설치하여야 한다.

옥내소화전 수원의 양

옥내소화전설비의 수원은 그 저수량이 옥내소화전의 설치개수가 가장 많은 층의 설치개수(2개 이상 설치된 경우에는 2개)에 $2.6\mathrm{m}^3$(호스릴옥내소화전설비를 포함한다)를 곱한 양 이상이 되도록 하여야 한다. 다만, 층수가 30층 이상 49층 이하는 $5.2\mathrm{m}^3$를, 50층 이상은 $7.8\mathrm{m}^3$를 곱한 양 이상이 되도록 하여야 한다.

- 30층 미만의 경우 : 수원의 양($\mathrm{m}^3$)
  $= N \times 2.6\mathrm{m}^3$ 이상 $= N \times 130l/\mathrm{min} \times 20\mathrm{min}$ 이상
- 30층 이상 49층 이하의 경우 : 수원의 양($\mathrm{m}^3$)
  $= N \times 5.2\mathrm{m}^3$ 이상 $= N \times 130l/\mathrm{min} \times 40\mathrm{min}$ 이상
- 50층 이상의 경우 : 수원의 양($\mathrm{m}^3$)
  $= N \times 7.8\mathrm{m}^3$ 이상 $= N \times 130l/\mathrm{min}$ 이상

$N$ : 옥내소화전의 설치개수가 가장 많은 층의 설치 수 (30층 미만 : 최대 2개, 30층 이상 : 최대 5개)

## 12 답 ①

유도등의 비상전원은 다음 각 호의 기준에 적합하게 설치하여야 한다.

㉠ 축전지로 할 것

㉡ 유도등을 20분 이상 유효하게 작동시킬 수 있는 용량으로 할 것. 다만, 다음의 특정소방대상물의 경우에는 그 부분에서 피난층에 이르는 부분의 유도등을 60분 이상 유효하게 작동시킬 수 있는 용량으로 하여야 한다.

㉮ 지하층을 제외한 층수가 11층 이상의 층

㉯ 지하층 또는 무창층으로서 용도가 도매시장 · 소매시장 · 여객자동차터미널 · 지하역사 또는 지하상가

## 13 답 ②

제1류 위험물(산화성 고체)과 제2류 위험물(환원성 물질)은 혼합하면 발화의 위험성이 따른다.

## 14 답 ③

무기과산화물의 일반적인 성질

(1) 대부분 무색 결정 또는 백색분말의 고체이다.

(2) 강산화성 물질이며 불연성 고체이다.

(3) 가열, 충격, 마찰, 타격으로 분해하여 산소를 방출하여 가연물의 연소를 도와준다.

(4) 비중은 1보다 크며 물에 녹는 것도 있고 절산염류와 같이 조해성이 있는 것도 있다.

(5) 물과 반응하면 조연성 가스인 산소를 발생한다.

무기과산화물 : 과산화칼륨($K_2O_2$), 과산화나트륨($Na_2O_2$)

## 15 답 ④

119구조구급에 관한 법률

제20조(구조 · 구급 요청의 거절)

① 구조대원은 법 제13조제3항에 따라 다음 각 호의 어느 하나에 해당하는 경우에는 구조출동 요청을 거절할 수 있다. 다만, 다른 수단으로 조치하는 것이 불가능한 경우에는 그러하지 아니하다.

1. 단순 문 개방의 요청을 받은 경우
2. 시설물에 대한 단순 안전조치 및 장애물 단순 제거의 요청을 받은 경우
3. 동물의 단순 처리 · 포획 · 구조 요청을 받은 경우
4. 그 밖에 주민생활 불편해소 차원의 단순 민원 등 구조활동의 필요성이 없다고 인정되는 경우

② 구급대원은 법 제13조제3항에 따라 구급대상자가 다음 각 호의 어느 하나에 해당하는 비응급환자인 경우에는 구급출동 요청을 거절할 수 있다. 이 경우 구급대원은 구급대상자의 병

력 · 증상 및 주변 상황을 종합적으로 평가하여 구급대상자의 응급 여부를 판단하여야 한다.

1. 단순 치통환자
2. 단순 감기환자. 다만, 섭씨 38도 이상의 고열 또는 호흡곤란이 있는 경우는 제외한다.
3. 혈압 등 생체징후가 안정된 타박상 환자
4. 술에 취한 사람. 다만, 강한 자극에도 의식이 회복되지 아니하거나 외상이 있는 경우는 제외한다.
5. 만성질환자로서 검진 또는 입원 목적의 이송 요청자
6. 단순 열상(裂傷) 또는 찰과상(擦過傷)으로 지속적인 출혈이 없는 외상환자
7. 병원 간 이송 또는 자택으로의 이송 요청자. 다만, 의사가 동승한 응급환자의 병원 간 이송은 제외한다.

## 16 　정답 ②

조선시대

① 금화제도가 정착되는 시기로 세종 8년(1426년) 금화법령을 제정하고 금화조직을 설치
② 세종 8년 2월(1426년 2월) 병조에 금화도감을 설치하였는데 이는 우리나라 최초의 소방관서

일제 강점기(1910년~1945년)

① 경무부 소속의 상비소방수제도가 있었으며 일본의 민간소방조직체를 모방한 국내 소방 기본조직인 소방조가 있었다.
② 1925년 종로에 우리나라 최초의 소방서인 경성소방서가 설치

정부수립 이후 I (1948년~1970년)

1958년 소방법에 제정, 공포

광역자치소방행정체제의 시작 및 정착(1992년~현재)

2004년 6월 소방방재청을 설립하고 소방업무 및 민방위 재난 · 재해업무까지 관장

## 17 　정답 ④

재난 및 안전관리 기본법 제49조

제49조(중앙긴급구조통제단)

① 긴급구조에 관한 사항의 총괄 · 조정, 긴급구조기관 및 긴급구조지원기관이 하는 긴급구조활동의 역할 분담과 지휘 · 통제를 위하여 소방청에 중앙긴급구조통제단(이하 "중앙통제단"이라 한다)을 둔다.〈개정 2014. 11. 19., 2017. 7. 26.〉
② 중앙통제단의 단장은 소방청장이 된다.〈개정 2017. 7. 26.〉
③ 중앙통제단장은 긴급구조를 위하여 필요하면 긴급구조지원기관 간의 공조체제를 유지하기 위하여 관계 기관 · 단체의 장에게 소속 직원의 파견을 요청할 수 있다. 이 경우 요청을 받은 기관 · 단체의 장은 특별한 사유가 없으면 요청에 따라야 한다.
④ 중앙통제단의 구성 · 기능 및 운영에 필요한 사항은 대통령령으로 정한다.

## 18 　정답 ③

제1조(목적)

이 법은 각종 재난으로부터 국토를 보존하고 국민의 생명 · 신체 및 재산을 보호하기 위하여 국가와 지방자치단체의 재난 및 안전관리체제를 확립하고, 재난의 예방 · 대비 · 대응 · 복구와 안전문화활동, 그 밖에 재난 및 안전관리에 필요한 사항을 규정함을 목적으로 한다.

## 19 　정답 ②

제3조(정의)

"긴급구조지원기관"이란 긴급구조에 필요한 인력 · 시설 및 장비, 운영체계 등 긴급구조능력을 보유한 기관이나 단체로서 대통령령으로 정하는 기관과 단체를 말한다.

시행령 제4조(긴급구조지원기관)

법 제3조제8호에서 "대통령령으로 정하는 기관과 단체"란 다음 각 호의 기관과 단체를 말한다.〈개정 2013. 3. 23., 2014. 2. 5., 2014. 11. 19., 2017. 7. 26.〉

1. 교육부, 과학기술정보통신부, 국방부, 산업통상자원부, 보건복지부, 환경부, 국토교통부, 해양수산부, 방송통신위원회, 경찰청, 기상청 및 산림청
2. 국방부장관이 법 제57조제3항제2호에 따른 탐색구조부대로 지정하는 군부대와 그 밖에 긴급구조지원을 위하여 국방부장관이 지정하는 군부대
3. 「대한적십자사 조직법」에 따른 대한적십자사
4. 「의료법」 제3조제2항제3호마목에 따른 종합병원

4의2. 「응급의료에 관한 법률」 제2조제5호에 따른 응급의료기관, 같은 법 제27조에 따른 응급의료정보센터 및 같은 법 제44조제1항제1호 · 제2호에 따른 구급차 등의 운용자

5. 「재해구호법」 제29조에 따른 전국재해구호협회
6. 법 제3조제7호에 따른 긴급구조기관과 긴급구조활동에 관한 응원협정을 체결한 기관 및 단체
7. 그 밖에 긴급구조에 필요한 인력과 장비를 갖춘 기관 및 단체로서 행정안전부령으로 정하는 기관 및 단체

## 20 　정답 ①

시 · 도지사는 다음 각 호의 어느 하나에 해당하는 지역 중 화재가 발생할 우려가 높거나 화재가 발생하는 경우 그로 인하여 피해가 클 것으로 예상되는 지역을 화재경계지구(火災警戒地區)로 지정할 수 있다.

1. 시장지역
2. 공장 · 창고가 밀집한 지역

3. 목조건물이 밀집한 지역
4. 위험물의 저장 및 처리 시설이 밀집한 지역
5. 석유화학제품을 생산하는 공장이 있는 지역
6. 「산업입지 및 개발에 관한 법률」 제2조제8호에 따른 산업단지
7. 소방시설 · 소방용수시설 또는 소방출동로가 없는 지역
8. 그 밖에 제1호부터 제7호까지에 준하는 지역으로서 소방청장 · 소방본부장 또는 소방서장이 화재경계지구로 지정할 필요가 있다고 인정하는 지역

# 소방학개론 모의고사 6회 정답 및 해설

| 01 | 02 | 03 | 04 | 05 | 06 | 07 | 08 | 09 | 10 |
|---|---|---|---|---|---|---|---|---|---|
| ② | ③ | ① | ③ | ① | ① | ③ | ③ | ④ | ② |
| 11 | 12 | 13 | 14 | 15 | 16 | 17 | 18 | 19 | 20 |
| ④ | ① | ② | ③ | ④ | ① | ④ | ④ | ② | ③ |

## 01 　답 ②

$$CO_2(m^3) = \frac{21 - O_2}{O_2} \times V = \frac{21-13}{13} \times 200m^3$$
$$= 123.07m^3$$

## 02 　답 ③

연소의 색과 온도

| 색상 | 담암적색 | 암적색 | 적색 | 휘적색(주황색) | 황적색 | 백색(백적색) | 휘백색 |
|---|---|---|---|---|---|---|---|
| 온도(℃) | 520 | 700 | 850 | 950 | 1,100 | 1,300 | 1,500 이상 |

## 03 　답 ①

① 불완전연소 : 3요소 중 한 가지가 부족하여 완전연소하지 못하는 현상(일산화탄소, 그을음)

② 선화(Lifting) : 가연성 기체가 염공을 통해 분출되는 속도가 연소속도보다 빠를 때, 불꽃이 염공에 붙지 못하고 일정한 간격을 두며 연소하는 현상이다.

> 선화(Lifting)의 발생원인
> • 가스의 분출압력이 높을 때
> • 가스의 분출속도가 빠를 때
> • 1차 공기량이 많을 때
> • 버너가 과랭되었을 때

③ 역화(Back fire) : 가연성 기체의 분출속도가 연소속도보다 느릴 경우 불꽃이 버너의 염공 속으로 진입하는 현상으로 선화(Lifting)와 반대되는 현상이다.

> 역화(Back fire)의 발생원인
> • 가스의 분출압력이 낮을 때
> • 가스의 분출속도가 느릴 때
> • 혼합기체의 양이 과소일 때
> • 버너가 과열되었을 때

④ 블로오프(Blow off) : 화염 주변에 공기의 유동이 심하여 불꽃이 노즐에 정착되지 못하고 떨어지면서 꺼지는 현상이다.

⑤ 옐로팁(Yellow tip) : 불꽃의 끝이 적황색이 되어 연소하는 현상으로 탄화수소의 열분해로 생기는 탄소입자가 미연소 상태로 적열되어 발생되는데, 보통 1차 공기가 부족할 때 발생된다.

## 04 　답 ③

롤오버(Roll over)

① 플래시오버 전 단계로 화재 초기에 발생된 뜨거운 가연성 가스가 천장 부근에 축적되어 있다가 화재 중기에 이르면 실내 공기의 압력 차이가 생기고 그 압력 차이로 천장을 산발적으로 구르다가 화재가 발생하지 않은 쪽으로 빠르게 굴러가는 현상이다.

② 실내 상층부 천장 쪽의 초고온 증기인 가연성 가스의 이동과 착화현상이다.

## 05 　답 ①

플래시오버 발생시간이 빨라질 수 있는 조건

- 내장재가 열분해되기 쉽고, 열전도율이 작을수록
- 내장재의 두께가 얇고, 표면적이 클수록
- 화원의 크기가 클수록
- 개구부의 크기가 클수록 [기존 기출문제 풀이]
- 불에 잘 타는 재질일수록
  - 가연성 재료 : 3~4분
  - 난연성 재료 : 5~6분
  - 준불연성 재료 : 7~8분

## 06 　답 ①

폭연과 폭굉

폭연과 폭굉의 차이는 폭발 시 발생하는 충격파(압력파)의 속도이다.

① 폭연(Deflagration) : 압력파가 미반응 물질 속으로 음속보다 느리게 이동하는 연소현상이며, 그 속도는 0.1~10m/sec이다.

② 폭굉(Detonation) : 압력파가 미반응 물질 속으로 전파하는 속도가 음속보다 빠른 것으로 파면 선단에서 심한 파괴작용을 동반한다. 압력파의 이동속도는 1,000~3,500m/sec이다.

## 07 　답 ③

개방계 증기운 폭발(UVCE ; Unconfined Vapour Cloud Explosion)

탱크나 용기 또는 배관에서 위험물질이 밖으로 누출돼 공기와 혼합하면 가연성 구름(증기운)이 형성된다. 이때 구름 속에 혼합돼 있는 가연성 증기 또는 가스의 농도가 폭발하한농도 이상이 되고 이 구름이 점화원과 접촉하게 되면 구름이 폭발하는 현상을 일으킨다. UVCE는 개방된 상태에서 발생하기 때문에 넓은 지역에 피해를 주게 되고 대형사고로 이어질 가능성이 가장 높다.

## 08 답 ③

과산화나트륨은 무기과산화물로서 1류 위험물이며 물기엄금 위험물이다.
과산화벤조일, 메틸에틸케톤퍼옥사이드는 5류 위험물, 주수소화질산나트륨은 1류 위험물로서 주수소화하는 위험물이다.

## 09 답 ④

TLV(Threshold Limit Value)
독성 물질의 섭취량과 인간에 대한 그 반응정도를 나타내는 관계에서 손상을 입히지 않는 농도 중 가장 큰 값

- $LD_{50}$ : 실험쥐의 50%를 사망시킬 수 있는 물질의 양
- $LC_{50}$ : 실험쥐의 50%를 사망시킬 수 있는 물질의 농도
- ALT(Atmospheric Life Time) 대기잔존연수 : 어떤 물질이 방사되어 분해되지 않은 채로 존재하는 기간
- NOAEL(No Observable Adverse Effect Level) : 농도를 증가시킬 때 아무런 악영향을 감지할 수 없는 최대농도(심장에 영향을 미치지 않는 최대 농도. 최대허용 설계농도)
- LOAEL(Lowest Observable Adverse Effect Level) : 농도를 감소시킬 때 악영향을 감지할 수 있는 최소농도(심장독성 시험시 심장에 영향을 미치는 최소농도)

## 10 답 ②

활성화에너지가 작을수록 불이 붙기 쉽고 연소반응속도가 빨라진다.

## 11 답 ④

물의 방사형태
㉠ 봉상주수 : 옥내소화전, 옥외소화전설비의 노즐에 의한 방사와 같이 대량의 물을 방사하는 방사형태
㉡ 적상(우상)주수 : 스프링클러설비의 헤드를 통한 방사와 같이 빗방울 형태로 방사하는 방사형태
㉢ 무상(분무)주수 : 물분무소화설비 헤드를 통한 방사와 같이 물입자를 안개모양으로 미세하게 방사하는 형태로 분무주수의 물입자는 매우 미세하기 때문에 냉각효과 및 질식효과가 뛰어나며 전기절연성도 우수하여 전기화재에도 사용 가능하다.

## 12 답 ①

다음 각 호의 장소에는 연기감지기를 설치하여야 한다. 다만, 교차회로방식에 따른 감지기가 설치된 장소 또는 제1항 단서에 따른 감지기가 설치된 장소에는 그러하지 아니하다.
㉠ 계단 · 경사로 및 에스컬레이터 경사로
㉡ 복도(30m 미만의 것을 제외한다)
㉢ 엘리베이터 승강로(권상기실이 있는 경우에는 권상기실) · 린넨슈트 · 파이프 피트 및 덕트 기타 이와 유사한 장소
㉣ 천장 또는 반자의 높이가 15m 이상 20m 미만의 장소
㉤ 다음 각 목의 어느 하나에 해당하는 특정소방대상물의 취침 · 숙박 · 입원 등 이와 유사한 용도로 사용되는 거실〈신설 2015.1.23.〉
　㉮ 공동주택 · 오피스텔 · 숙박시설 · 노유자시설 · 수련시설
　㉯ 교육연구시설 중 합숙소
　㉰ 의료시설, 근린생활시설 중 입원실이 있는 의원 · 조산원
　㉱ 교정 및 군사시설
　㉲ 근린생활시설 중 고시원

## 13 답 ②

자연발화의 조건
(1) 주위의 온도가 높을 것
(2) 열전도율이 적을 것
(3) 발열량이 클 것
(4) 표면적이 넓을 것(분말상태이면 표면적이 넓다.)
(5) 방열속도가 발열속도보다 느리다.
(6) 공기의 이동이 적어야 할 것

자연발화 방지법
① 습도를 낮게 할 것
② 주위의 온도를 낮출 것
③ 통풍을 잘 시킬 것
④ 불활성 가스를 주입하여 공기와 접촉을 피할 것

## 14 답 ③

칼륨과 물의 반응식

$2K + 2H_2O \rightarrow 2KOH + H_2 + Q$(발열반응)

## 15 답 ④

(1) 제4류 위험물 제2석유류(비수용성)의 지정수량 : 1,000$l$
(2) 위험물의 1소요단위 : 지정수량의 10배

$$\therefore \text{소요단위} = \frac{\text{저장량}}{\text{지정수량} \times 10} = \frac{40{,}000l}{1{,}000l \times 10} = 4\text{단위}$$

## 16 답 ①

ㄱ. 중앙소방위원회 : 해방, 미군정시대
ㄴ. 국가소방체제로 전환 : 대한민국 정부 수립 이후
ㄷ. 서울과 부산 소방본부설치, 이원화시기 : 성장 · 발전기
ㄹ. 소방사무가 시도사무로 전환, 전국시도소방본부설치 : 성숙기

## 17 답 ④

종합상황실 보고사항

1. 다음 각 목의 1에 해당하는 화재
   가. 사망자가 5인 이상 발생하거나 사상자가 10인 이상 발생한 화재
   나. 이재민이 100인 이상 발생한 화재
   다. 재산피해액이 50억 원 이상 발생한 화재
   라. 관공서 · 학교 · 정부미도정공장 · 문화재 · 지하철 또는 지하구의 화재
   마. 관광호텔, 층수(「건축법 시행령」 제119조제1항제9호의 규정에 의하여 산정한 층수를 말한다. 이하 이 목에서 같다)가 11층 이상인 건축물, 지하상가, 시장, 백화점, 「위험물안전관리법」 제2조제2항의 규정에 의한 지정수량의 3천배 이상의 위험물의 제조소 · 저장소 · 취급소, 층수가 5층 이상이거나 객실이 30실 이상인 숙박시설, 층수가 5층 이상이거나 병상이 30개 이상인 종합병원 · 정신병원 · 한방병원 · 요양소, 연면적 1만5천제곱미터 이상인 공장 또는 소방기본법 시행령(이하 "영"이라 한다) 제4 조제1항 각 목에 따른 화재경계지구에서 발생한 화재
   바. 철도차량, 항구에 매어둔 총 톤수가 1천톤 이상인 선박, 항공기, 발전소 또는 변전소에서 발생한 화재
   사. 가스 및 화약류의 폭발에 의한 화재
   아. 「다중이용업소의 안전관리에 관한 특별법」 제2조에 따른 다중이용업소의 화재
2. 「긴급구조대응활동 및 현장지휘에 관한 규칙」에 의한 통제단장의 현장지휘가 필요한 재난상황
3. 언론에 보도된 재난상황
4. 그 밖에 소방청장이 정하는 재난상황

## 18 답 ④

기본적 임무와 파생적 임무

- 소방의 기본적 임무는 사회공동체 및 구성원의 안전을 화재로부터 보호하는 것이다. 현대 정보의 기능 중 질서기능, 그 가운데에서도 보안기능에 속한다. 화재의 예방경계진압을 통해 국민의 생명과 신체 및 재산을 보호하는 임무가 이에 해당한다.
- 소방의 파생적 임무는 정부의 기능 중 봉사기능, 그 가운데에서도 직접적 서비스 기능에 속하는 것으로 구조대 및 구급대의 운영 등이 이에 해당한다.

## 19 답 ②

제6조(중앙안전관리위원회의 위원)
① 법 제9조제2항에 따른 중앙안전관리위원회(이하 "중앙위원회"라 한다)의 위원은 다음 각 호의 사람이 된다.
1. 기획재정부장관, 교육부장관, 과학기술정보통신부장관, 외교부장관, 통일부장관, 법무부장관, 국방부장관, 행정안전부장관, 문화체육관광부장관, 농림축산식품부장관, 산업통상자원부장관, 보건복지부장관, 환경부장관, 고용노동부장관, 여성가족부장관, 국토교통부장관, 해양수산부장관 및 중소벤처기업부장관
2. 국가정보원장, 방송통신위원회위원장, 국무조정실장, 식품의약품안전처장, 금융위원회위원장 및 원자력안전위원회위원장
3. 경찰청장, 소방청장, 문화재청장, 산림청장, 기상청장 및 해양경찰청장
4. 그 밖에 중앙위원회의 위원장이 지정하는 기관 및 단체의 장

## 20 답 ③

하인리히 도미노이론

사고의 원인이 되는 불안전한 행동이나 기계적 또는 물리적 결함에 가장 큰 관심을 두고 이의 제거에 노력하여 사고를 예방해야 한다고 한다. 즉, 세 번째 도미노를 제거하면, 첫 번째와 두 번째 도미노가 쓰러지더라도 사고는 발생하지 않는다고 본다.

## 소방학개론 모의고사 7회 정답 및 해설

| 01 | 02 | 03 | 04 | 05 | 06 | 07 | 08 | 09 | 10 |
|---|---|---|---|---|---|---|---|---|---|
| ③ | ② | ② | ② | ③ | ④ | ① | ① | ③ | ② |
| 11 | 12 | 13 | 14 | 15 | 16 | 17 | 18 | 19 | 20 |
| ③ | ② | ③ | ① | ① | ① | ① | ② | ① | ③ |

### 01 답 ③

가스분출속도보다 연소속도가 클 때 역화가 발생한다.

역화(Back fire)의 원인

혼합가스량이 적을 때, 노즐 구경이 막혀 가스량이 정상보다 작거나 가스압력이 낮을 때, 버너가 과열되고 노즐을 통과하는 가스가 고온이 되어 연소속도나 그 압력이 과다할 때

### 02 답 ②

점화원

(1) 전기불꽃　(2) 정전기불꽃
(3) 충격마찰의 불꽃　(4) 단열압축
(5) 나화 및 고온표면 등

### 03 답 ②

연소생성물

| 구분 | 완전연소 | 불완전연소 |
|---|---|---|
| 유기화합물 | 이산화탄소($CO_2$) | 일산화탄소(CO) |
| 황화합물 | 아황산가스($SO_2$) | 황화수소($H_2S$) |

### 04 답 ②

- 암모니아($NH_3$) : 질소를 함유한 가연물이 연소 시 발생되는 유독가스로 허용농도가 25ppm이다.
- 포스겐($COCl_2$)
  ㉠ 염소(Cl)가 함유된 가연물이 연소 시 발생된다.
  ㉡ 인체에 맹독성인 독성 가스이다.(허용농도 : 0.1ppm)
- 일산화탄소(CO)
  ㉠ 탄소함유 물질의 불완전연소 시 발생된다.
  ㉡ 무색, 무취의 유독성 가스이다.
  ㉢ 일반가연물 화재 시 가장 많이 발생되는 독성 가스로 허용농도는 50ppm이다.
- 시안화수소(HCN)
  플라스틱의 불완전연소 시 발생되며, 허용농도 10ppm의 유독성 가스로 가연성 기체이다.

### 05 답 ③

연기의 유동속도

수평방향 : 0.5~1m/sec, 수직방향 : 2~3m/sec,
수직공간 : 3~5m/sec의 속도로 이동한다.

### 06 답 ④

연료지배형과 환기지배형 화재의 구분 방법

$A\sqrt{H}$(환기인자)와 $R$(연소속도)의 관계

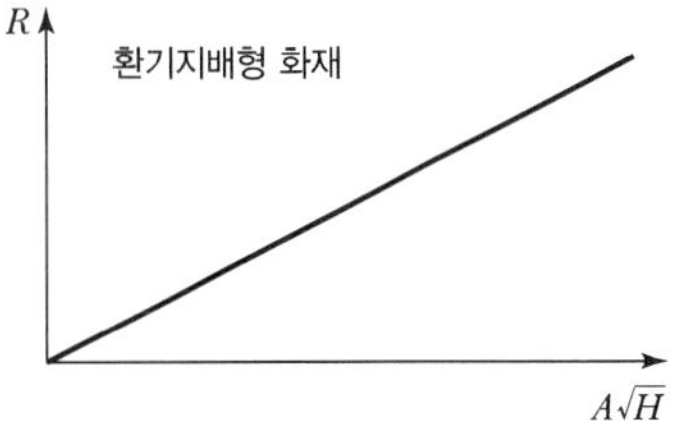


⟹ 환기인자가 클수록 연소속도 증대

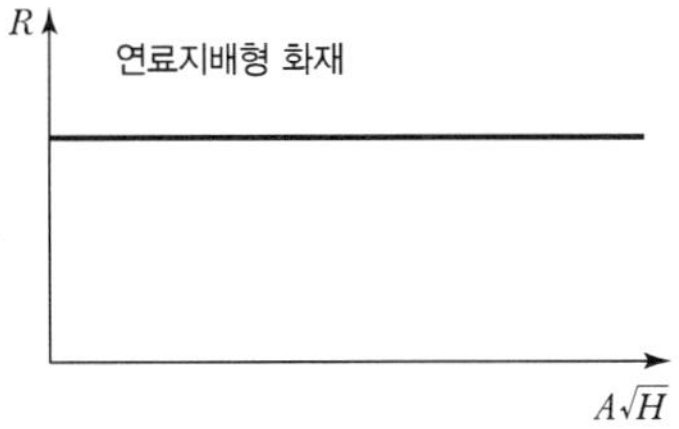


⟹ 환기인자 크기와 연소속도 무관

1. 환기인자 $A\sqrt{H} = (1\times1)\times\sqrt{1} = 1$
2. 환기인자 $A\sqrt{H} = (1\times4)\times\sqrt{4} = 8$

### 07 답 ①

히드라진은 분해폭발한다.

① 산화폭발 : 가스가 공기 중에 누설 또는 인화성 액체탱크에 공기가 유입되어 탱크 내에 점화원이 유입되어 폭발하는 현상
② 분해폭발 : 아세틸렌, 산화에틸렌, 히드라진과 같이 분해하면서 폭발하는 현상
③ 중합폭발 : 산화에틸렌, 시안화수소와 같이 단량체가 일정 온도와 압력으로 반응이 진행되어 분자량이 큰 중합체가 되어 폭발하는 현상

### 08 답 ①

- 분진폭발은 가스폭발보다 발화에너지가 크다.(최소발화에너지가 크다)
- 분진폭발은 가스폭발보다 발생에너지가 크다.(내는 열량에너지가 크다)

가스폭발과 분진폭발의 비교

| 구분 | 가스폭발(기체) | 분진폭발(고체) |
|---|---|---|
| 최초폭발, 연소속도, 폭발압력 | 크다 | 작다 |
| 2차, 3차 연쇄폭발현상 | 없다 | 있다 |
| 발화에너지, 발생에너지, 파괴력 | 작다 | 크다 |
| 일산화탄소 발생률 | 작다 | 크다 |

## 09 답 ③

$$CO_2(\%) = \frac{21 - O_2}{21} \times 100$$

$$34 = \frac{21 - O_2}{21} \times 100$$

$$21 - O_2 = \frac{34 \times 21}{100}$$

$$O_2 = 21 - \frac{34 \times 21}{100} = 13.86\%$$

## 10 답 ②

- 할론 2402 : $C_2F_4Br_2$
- 할론 1211 : $CF_2ClBr$
- 할론 1301 : $CF_3Br$
- 할론 1011 : $CH_2ClBr$
- 할론 1040 : $CCl_4$

할론약제의 명명법

할론 ⓐⓑⓒⓓ

ⓐ : 탄소(C)의 수　ⓑ : 불소(F)의 수

ⓒ : 염소(Cl)의 수　ⓓ : 브롬(Br)의 수

## 11 답 ③

물분무등 소화설비의 종류

1) 물분무소화설비
2) 미분무소화설비
3) 포소화설비
4) 이산화탄소소화설비
5) 할론소화설비
6) 할로겐화합물 및 불활성기체소화설비
7) 분말소화설비
8) 강화액소화설비
9) 고체에어로졸소화설비

## 12 답 ②

소화기의 용량별 구분

㉠ 소형 소화기 : 소형 소화기란 능력단위가 1단위 이상이고 대형 소화기의 능력단위 미만인 소화기를 말한다.

㉡ 대형 소화기 : 대형 소화기란 화재 시 사람이 운반할 수 있도록 운반대와 바퀴가 설치되어 있고 A급 10단위 이상, B급 20단위 이상인 소화기를 말한다.

## 13 답 ③

제3류 위험물의 성질

(1) 황린을 제외한 제3류 위험물은 주수소화는 불가능하다.
(2) 자연발화성 및 금수성 물질이다.
(3) 대부분 무기화합물이다.
(4) 저장 시는 칼륨과 나트륨은 석유류(등유, 경유, 유동파라핀) 속에 저장하여야 한다.

## 14 답 ①

② 2류 위험물은 산소를 가지고 있지 않음
③ 3류 위험물 중 자연발화성 물질은 공기와의 접촉을 방지하고 금수성 물질은 수분침투, 접촉을 방지하여야 함
④ 5류 위험물은 주수, 냉각소화하여야 하는 물질

## 15 답 ①

주유취급소의 표지 및 게시판(위험물법 규칙 별표 13)

(1) 주유 중 엔진정지 : 황색바탕에 흑색문자
(2) 화기엄금 : 적색바탕에 백색문자

## 16 답 ①

소방조직의 기본원리 중 '특정사안에 대한 결정에 있어서 의사결정과정에서는 개인의 의견이 참여되지만 결정을 내리는 것은 개인이 아닌 소속기관의 기관장이다.'는 계선의 원리이다.

소방조직의 기본원리

- 분업의 원리 : 한 사람이나 한 부서가 한 가지의 주된 업무를 맡는다는 원리
- 명령계 통일의 원리 : 한 사람의 상급자에게 명령을 받고 보고한다는 원리
- 계층제의 원리 : 상하의 계층제를 형성하는 원리, 조직 구성원들을 책임과 권한, 의무의 정도에 따라 상하계급이나 계층별로 배열하여 집단화한 뒤 각 계층 간에 권한과 책임을 배분하고 명령계통과 지휘, 감독의 체계를 확립하는 것
- 계선의 원리 : 개인의 의견이 참여되지만 결정을 내리는 것은 소속기관의 기관장이다.
- 업무조정의 원리 : 조직을 통합하고 행동을 통일시키는 것

## 17 답 ①

화재조사 및 보고규정

제26조(화재건수의 결정)

1건의 화재란 1개의 발화지점에서 확대된 것으로 발화부터 진화까지를 말한다. 다만, 다음 각 목의 경우에는 당해 각 호에 의한다.

1. 동일범이 아닌 각기 다른 사람에 의한 방화, 불장난은 동일 대상물에서 발화했더라도 각각 별 건의 화재로 한다.
2. 동일 소방대상물의 발화점이 2개소 이상 있는 다음의 화재는 1건의 화재로 한다.
   가. 누전점이 동일한 누전에 의한 화재
   나. 지진, 낙뢰 등 자연현상에 의한 다발화재

## 18 답 ②

- 대통령 : 특별재난지역선포권자(중앙대책본부장건의, 중앙위원회심의를 거쳐 대통령에게 건의, 대통령이 선포)
- 국무총리 : 중앙(안전관리)위원장, 국가안전관리기본계획 수립
- 행정안전부장관 : 중앙재난안전대책본부장, 재난사태선포권자(행정안전부장관이 중앙위원회심의 거쳐 직접 선포), 재난안전상황실장
- 재난관리주관기관장 : 각 부처 장관=중앙사고수습본부(장)역할수행[코로나(감염병) : 보건복지부장관]
- 소방청장 : 중앙긴급구조통제단장
- 소방본부장 : 시도 긴급구조통제단장
- 소방서장 : 시군구 긴급구조통제단장
- 시도지사 : 시도 재난안전상황실장
- 시군구청장 : 시군구 재난안전상황실장

## 19 답 ①

1. "재난"이란 국민의 생명 · 신체 · 재산과 국가에 피해를 주거나 줄 수 있는 것으로서 다음 각 목의 것을 말한다.
   가. 자연재난 : 태풍, 홍수, 호우(豪雨), 강풍, 풍랑, 해일(海溢), 대설, 낙뢰, 가뭄, 지진, 황사(黃砂), 조류(藻類) 대발생, 조수(潮水), 화산활동, 소행성 · 유성체 등 자연우주물체의 추락 · 충돌, 그 밖에 이에 준하는 자연현상으로 인하여 발생하는 재해
   나. 사회재난 : 화재 · 붕괴 · 폭발 · 교통사고(항공사고 및 해상사고를 포함한다) · 화생방사고 · 환경오염사고 등으로 인하여 발생하는 대통령령으로 정하는 규모 이상의 피해와 에너지 · 통신 · 교통 · 금융 · 의료 · 수도 등 국가기반체계(이하 "국가기반체계"라 한다)의 마비, 「감염병의 예방 및 관리에 관한 법률」에 따른 감염병 또는 「가축전염병예방법」에 따른 가축전염병의 확산, 「미세먼지 저감 및 관리에 관한 특별법」에 따른 미세먼지 등으로 인한 피해

## 20 답 ③

"재난관리주관기관"이란 재난이나 그 밖의 각종 사고에 대하여 그 유형별로 예방 · 대비 · 대응 및 복구 등의 업무를 주관하여 수행하도록 대통령령으로 정하는 관계 중앙행정기관을 말한다.

"재난관리책임기관"이란 재난관리업무를 하는 다음 각 목의 기관을 말한다.

가. 중앙행정기관 및 지방자치단체(「제주특별자치도 설치 및 국제자유도시 조성을 위한 특별법」 제10조제2항에 따른 행정시를 포함한다)

나. 지방행정기관 · 공공기관 · 공공단체(공공기관 및 공공단체의 지부 등 지방조직을 포함한다) 및 재난관리의 대상이 되는 중요시설의 관리기관 등으로서 대통령령으로 정하는 기관

## 소방학개론 모의고사 8회 정답 및 해설

| 01 | 02 | 03 | 04 | 05 | 06 | 07 | 08 | 09 | 10 |
|---|---|---|---|---|---|---|---|---|---|
| ② | ② | ④ | ④ | ① | ③ | ① | ① | ③ | ② |
| 11 | 12 | 13 | 14 | 15 | 16 | 17 | 18 | 19 | 20 |
| ① | ② | ③ | ① | ④ | ③ | ③ | ④ | ① | ④ |

### 01 답 ②

제4류 위험물의 일반적인 성질

(1) 대단히 인화하기 쉬운 인화성 액체이다.
(2) 물보다 가볍고 물에 녹지 않는다.
(3) 증기비중은 공기보다 무겁기 때문에 낮은 곳에 체류하여 연소, 폭발의 위험이 있다.
(4) 연소범위의 하한이 낮기 때문에 공기 중 소량 누설되어도 연소한다.

### 02 답 ②

연소의 형태

(1) 고체의 연소
① 표면연소 : 목탄, 코크스, 숯, 금속분 등이 열분해에 의하여 가연성 가스를 발생하지 않고 그 물질 자체가 연소하는 현상
② 분해연소 : 석탄, 종이, 목재, 플라스틱 등의 연소 시 열분해에 의해 발생된 가스와 공기가 혼합하여 연소하는 현상
③ 증발연소 : 황, 나프탈렌, 왁스, 파라핀 등과 같이 고체를 가열하면 열분해는 일어나지 않고 고체가 액체로 되어 일정 온도가 되면 액체가 기체로 변화하여 기체가 연소하는 현상
④ 자기연소(내부연소) : 제5류 위험물인 니트로셀룰로오스, 질화면 등 그 물질이 가연물과 산소를 동시에 가지고 있는 가연물이 연소하는 현상

(2) 액체의 연소
① 증발연소 : 아세톤, 휘발유, 등유, 경유와 같이 액체를 가열하면 증기가 되어 증기가 연소하는 현상
② 분해연소 : 비점이 높아 증발이 어려운 액체가연물에 계속 열을 가하면 복잡한 경로의 열분해 과정을 거쳐 탄소수가 적은 저급탄화수소가 되어 연소하는 형태
③ 액적연소 : 벙커C유와 같이 가열하여 점도를 낮추어 버너 등을 사용하여 액체의 입자를 안개상으로 분출하여 연소하는 현상

(3) 기체의 연소
① 확산연소 : 수소, 아세틸렌, 프로판, 부탄 등 화염의 안정범위가 넓고 조작이 용이하여 액화의 위험이 없는 연소
② 폭발연소 : 밀폐된 용기에 공기와 혼합가스가 있을 때 점화되면 연소속도가 증가하여 폭발적으로 연소하는 현상
③ 예혼합연소 : 가연성 기체와 공기 중의 산소를 미리 혼합하여 연소하는 현상

### 03 답 ④

스테판-볼츠만의 법칙(Stefan-Boltzman's low)

복사에너지는 면적에 비례하고 절대온도의 4승에 비례한다.

$$Q = aAf(T_1^4 - T_2^4)\text{kcal/hr}$$
$$Q_1 : Q_2 = (T_1+273)^4 : (T_2+273)^4$$

여기서, $Q$ : 복사열량(kcal/hr)
$A$ : 단면적($m^2$)
$\varepsilon$ : 계수
$T_1$ : 고온체의 절대온도(K)
$T_2$ : 저온체의 절대온도(K)

### 04 답 ④

굴뚝효과(Stack Effect)

건물의 내·외부 공기 사이의 온도와 밀도차에 의하여 건물의 수직공간을 통한 자연적인 공기의 수직 이동현상

굴뚝효과에 영향을 주는 요인

① 건물의 높이 ② 외벽의 기밀성 ③ 건물의 층간 공기누설
④ 누설틈새 ⑤ 공조시설 ⑥ 내·외부 온도차

### 05 답 ①

플래시오버 이후에는 환기지배형 화재의 특성을 가진다

### 06 답 ③

내화구조건축물의 화재 시 온도

| 시간 | 30분 후 | 1시간 후 | 2시간 후 | 3시간 후 |
|---|---|---|---|---|
| 온도 | 840℃ | 950℃ | 1,010℃ | 1,050℃ |

### 07 답 ①

$$\frac{50}{L} = \frac{V_1}{L_1} + \frac{V_2}{L_2} + \frac{V_3}{L_3}$$

$$L = \frac{50}{\frac{V_1}{L_1} + \frac{V_2}{L_2} + \frac{V_3}{L_3}} = \frac{50}{\frac{35}{2.0} + \frac{12}{1.8} + \frac{3}{5.0}} = 2.02\%$$

**08** 답 ①

불활성 가스를 첨가할수록 연소범위는 좁아진다.(안전해진다)

**09** 답 ③

분말의 구분

| 종류 | 소화약제 | 착색 | 화학반응식 | 적응 화재 |
|---|---|---|---|---|
| 제1종 | 중탄산나트륨 ($NaHCO_3$) | 백색 | $2NaHCO_3 \rightarrow Na_2CO_3 + CO_2 + H_2O$ | BC급 |
| 제2종 | 중탄산칼륨 ($KHCO_3$) | 담자색 (담회색) | $2KHCO_3 \rightarrow K_2CO_3 + CO_2 + H_2O$ | BC급 |
| 제3종 | 인산암모늄 ($NH_4H_2PO_4$) | 담홍색 | $NH_4H_2PO_4 \rightarrow HPO_3 + NH_3 + H_2O$ | ABC급 |
| 제4종 | 중탄산칼륨+요소 ($KHCO_3 + (NH_2)_2CO$) | 회(백색) | $2KHCO_3 + (NH_2)_2CO \rightarrow K_2CO_3 + 2NH_3 + 2CO_2$ | BC급 |

**10** 답 ②

수성막포 소화약제

불소계 계면활성제포의 일종으로 3%, 6%형으로 사용되고 유류화재에 가장 뛰어난 포 약제이며 일명 Light Water라고 한다. 이 포 약제는 연소하고 있는 액체 위에 수성막을 생성하여 공기를 차단하고 증기의 발생을 억제하는 질식과 냉각작용으로 소화한다.

ⓐ 약제변질이 없어 장기간 보존이 가능하다.

ⓑ 유출유 화재와 같은 유층이 얇은 화재에 대한 소화력이 우수하다.

ⓒ 내유염성이 좋으므로 표면하 주입방식에도 사용 가능하다.

ⓓ 유동성이 우수하다.

**11** 답 ①

소화기는 각 층마다 설치하되, 소방대상물의 각 부분으로부터 1개의 소화기까지의 보행거리가 소형 소화기의 경우에는 20m 이내, 대형 소화기의 경우에는 30m 이내가 되도록 배치하여야 한다.

**12** 답 ②

소화기의 사용온도 범위

| 소화기 종류 | 사용온도 범위 |
|---|---|
| 강화액 소화기 | −20℃ 이상 40℃ 이하 |
| 포 소화기 | 5℃ 이상 40℃ 이하 |
| 분말 소화기 | −20℃ 이상 40℃ 이하 |
| 청정 소화기 | 55℃ 이하에 사용할 수 있다. |
| 기타 소화기 | 0℃ 이상 40℃ 이하 |

**13** 답 ③

- 삽을 상비한 마른 모래(50[$l$], 1포)=0.5단위
- 삽을 상비한 팽창질석(80[$l$], 1포)=0.5단위

4포씩 비치하였으므로 2단위씩 총 4단위

**14** 답 ①

제1류 위험물의 일반적인 성질

(1) 모두 무기화합물로서 대부분 무색 결정 또는 백색분말의 산화성 고체이다.

(2) 강산화성 물질이며 불연성 고체이다.

(3) 가열, 충격, 마찰, 타격으로 분해하여 산소를 방출하여 가연물의 연소를 도와준다.

(4) 비중은 1보다 크며 물에 녹는 것도 있고 질산염류와 같이 조해성이 있는 것도 있다.

(5) 대부분 물에 잘 녹는다.

(6) 가열하여 용융된 진한 용액은 가연성 물질과 접촉 시 혼촉발화의 위험이 있다.

**15** 답 ④

채광 · 조명 및 환기설비

1. 채광설비는 불연재료로 하고, 연소의 우려가 없는 장소에 설치하되 채광면적을 최소로 할 것
2. 조명설비는 다음 기준에 적합하게 설치할 것
   ① 가연성 가스 등이 체류할 우려가 있는 장소의 조명등은 방폭등으로 할 것
   ② 전선은 내화 · 내열전선으로 할 것
   ③ 점멸스위치는 출입구 바깥부분에 설치할 것. 다만, 스위치의 스파크로 인한 화재 · 폭발의 우려가 없을 경우에는 그러하지 아니하다.
3. 환기설비는 다음의 기준에 의할 것
   ① 환기는 자연배기방식으로 할 것
   ② 급기구는 당해 급기구가 설치된 실의 바닥면적 150$m^2$마다 1개 이상으로 하되, 급기구의 크기는 800$cm^2$ 이상으로 할 것. 다만 바닥면적이 150$m^2$ 미만인 경우에는 다음의 크기로 하여야 한다.

③ 급기구는 낮은 곳에 설치하고 가는 눈의 구리망 등으로 인화방지망을 설치할 것
④ 환기구는 지붕위 또는 지상 2m 이상의 높이에 회전식 고정벤틸레이터 또는 루프팬 방식으로 설치할 것

| 바닥면적 | 급기구의 면적 |
|---|---|
| $60m^2$ 미만 | $150cm^2$ 이상 |
| $60m^2$ 이상 $90m^2$ 미만 | $300cm^2$ 이상 |
| $90m^2$ 이상 $120m^2$ 미만 | $450cm^2$ 이상 |
| $120m^2$ 이상 $150m^2$ 미만 | $600cm^2$ 이상 |

## 16 답 ③

제5류 위험물
자기반응성(연소성) 물질

## 17 답 ③

화재조사 및 보고규정
제38조(조사의 개시)
조사관은 화재발생 사실을 인지함과 동시에 조사활동을 시작하여야 한다.

## 18 답 ④

① 작위하명 : 특정한 행위를 적극적으로 해야 할 의무를 명하는 행정행위
  ㉠ 화재예방 조치명령
    • 타고 남은 불이나 재의 처리
    • 함부로 버려두거나 방치된 위험물 그 밖에 불에 탈 수 있는 물건을 관계인으로 하여금 옮기거나 치우게 하는 조치
    • 위험물 또는 물건의 관계인의 주소와 성명을 알 수 없어서 소속 공무원으로 하여금 옮기거나 치우게 하는 조치
  ㉡ 화재경계지구 지정에 대한 명령
  ㉢ 소방활동 종사명령
  ㉣ 피난명령
  ㉤ 화재조사를 위한 보고 및 자료제출명령
  ㉥ 소방특별조사
  ㉦ 소방특별조사 결과에 따른 조치명령
  ㉧ 특정소방대상물에 설치하는 소방시설 및 방염에 관한 명령
  ㉨ 위험물 제조소 등의 예방규정 변경명령
  ㉩ 위험물 제조소 등의 감독 및 조치명령
  ㉪ 무허가 위험물시설의 조치명령
② 부작위하명 : 특정한 행위를 금지하도록 하는 의무를 명하는 행정행위
  ㉠ 화재예방 조치명령 : 모닥불, 불장난, 흡연, 화기취급행위 등의 금지명령
  ㉡ 소방용수시설의 사용금지명령
    • 정당한 사유 없이 소방용수시설을 사용하는 행위
    • 정당한 사유 없이 소방용수시설의 효용을 해치는 행위
    • 소방용수시설의 정당한 사용을 방해하는 행위
  ㉢ 소방특별조사 결과에 따른 조치명령
    • 소방대상물의 개수, 이전, 제거, 사용금지, 제한, 폐쇄명령
    • 공사의 정지, 중지명령
③ 급부하명 : 소방의 목적으로 금전, 물품, 노력 등을 제공할 의무를 명하는 행정행위
  ㉠ 위험물제조소 등의 설치 또는 변경허가의 수수료 납입 등을 명하는 행위
  ㉡ 위험물제조소 등의 탱크안전성능검사에 따른 수수료 납입 등을 명하는 행위
  ㉢ 지정수량 이상의 위험물의 임시저장 및 취급의 승인에 따른 수수료 납입 등을 명하는 행위
  ㉣ 위험물제조소 등의 완공검사에 따른 수수료 납입 등을 명하는 행위
  ㉤ 제조소 등 설치자의 지위승계신고에 따른 수수료 납입 등을 명하는 행위
  ㉥ 탱크안전성능시험자의 등록에 따른 수수료 납입 등을 명하는 행위
  ㉦ 탱크안전성능시험자의 등록사항 변경신고에 따른 수수료 납입 등을 명하는 행위
  ㉧ 위험물운반용기의 검사에 따른 수수료 납입 등을 명하는 행위
  ㉨ 안전교육에 따른 교육비 납입 등을 명하는 행위
④ 수인하명 : 행정주체(행정청)의 권한 행사에 대하여 저항하지 아니할 의무를 명하는 행정행위
  ㉠ 강제처분명령
    • 화재가 발생하거나 불이 번질 우려가 있는 소방대상물 및 토지의 일시적인 사용, 그 사용의 제한 또는 소방활동에 필요한 처분명령
    • 긴급 출동 시 소방자동차의 통행과 소방활동에 방해가 되는 주차 또는 정차된 차량 및 물건의 이동, 제거처분명령
  ㉡ 소방대의 긴급통행
  ㉢ 소방자동차의 우선통행
  ㉣ 소방공무원의 출입 · 조사

## 19 답 ①

"국가재난관리기준"이란 모든 유형의 재난에 공통적으로 활용할 수 있도록 재난관리의 전 과정을 통일적으로 단순화 · 체계화한 것으로서 행정안전부장관이 고시한 것을 말한다.

## 20 답 ④

존스(Jones)의 재해분류

<table>
<tr><th colspan="6">재해</th></tr>
<tr><th colspan="4">자연 재해</th><th rowspan="3">준자연 재해</th><th rowspan="3">인위 재해</th></tr>
<tr><th colspan="3">지구물리학적 재해</th><th rowspan="2">생물학적 재해</th></tr>
<tr><th>지질학적 재해</th><th>지형학적 재해</th><th>기상학적 재해</th></tr>
<tr><td>지진, 화산, 쓰나미 등</td><td>산사태, 염수토양 등</td><td>안개, 눈, 해일, 번개, 토네이도, 폭풍, 태풍, 가뭄, 이상기온 등</td><td>세균질병, 유독식물, 유독동물</td><td>스모그현상, 온난화현상, 사막화현상, 염수화현상, 눈사태, 산성화, 홍수, 토양 침식 등</td><td>공해, 광화학연무, 폭동, 교통사고, 폭발사고, 태업, 전쟁 등</td></tr>
</table>

# 소방학개론 모의고사 9회 정답 및 해설

| 01 | 02 | 03 | 04 | 05 | 06 | 07 | 08 | 09 | 10 |
|---|---|---|---|---|---|---|---|---|---|
| ④ | ④ | ① | ③ | ① | ③ | ② | ① | ① | ② |
| 11 | 12 | 13 | 14 | 15 | 16 | 17 | 18 | 19 | 20 |
| ② | ③ | ③ | ② | ④ | ② | ③ | ④ | ② | ① |

## 01

답 ④

인화점과 발화점

| 종류 | 휘발유 | 등유 |
|---|---|---|
| 인화점 | −43∼−20℃ | 40∼70℃ |
| 발화점 | ≒300℃ | 220℃ |

∴ 인화점이 높다고 해서 발화점이 높은 것은 아니다.

## 02

답 ④

액면연소는 등유의 pot bunner의 연소로서 경계층의 연소, 전파화염이 해당된다.

## 03

답 ①

플라스틱의 성상

(1) 열가소성 수지 : 열에 의하여 변형되는 수지(폴리에틸렌수지, 폴리스틸렌수지, PVC 수지 등)
(2) 열경화성 수지 : 열에 의하여 굳어지는 수지(페놀수지, 요소수지, 멜라민수지)

## 04

답 ③

훈소화재

(1) 정의 : 물질이 착화되어 불꽃없이 연기를 내면서 타거나 타다가 어느 정도 시간이 지나면서 발염될 때까지의 연소상태
(2) 훈소화재의 특성
  ① 거의 밀폐된 내화구조로 된 실내화재 시 많이 일어난다.
  ② 신선한 공기의 공급이 불충분하여 연소가 거의 정지 또는 매우 느리게 진행된다.
  ③ 화재의 초기단계에 나타나는 현상이다.
  ④ 훈소 중에도 열축적은 계속되어 외부공기가 갑자기 유입될 때에는 급격한 연소가 일어날 수 있는 상태를 말한다.

> 훈소흔 : 목재에 남겨진 흔적

## 05

답 ①

a－목조건축물(고온 단기) : 1,300℃
d－내화건축물(저온 장기) : 800℃

## 06

답 ③

제연방식의 종류

(1) 밀폐 제연방식 : 화재발생 시 연기를 밀폐하여 연기의 외부유출, 외부의 신선한 공기의 유입을 막아 제연하는 방식
(2) 자연 제연방식 : 화재 시 발생되는 온도 상승에 의해 발생한 부력 또는 외부 공기의 흡출효과에 의하여 내부의 실 상부에 설치된 창 또는 전용의 제연구로부터 연기를 옥외로 배출하는 방식
(3) 스모크 타워 제연방식 : 전용 샤프트를 설치하여 건물 내·외부의 온도차와 화재 시 발생되는 열기에 의한 밀도차이를 이용하여 지붕외부의 루프모니터 등을 이용하여 옥외로 배출·환기시키는 방식
(4) 기계 제연방식
  ① 제1종 기계 제연방식 : 화재 발생지역이나 복도나 계단을 통해서 기계력에 의한 제연을 행하는 방식으로서 급기와 제연 모두가 기계에 의존하므로 풍력조절에 주의해야 하며 장치가 복잡하다.
  ② 제2종 기계 제연방식 : 화재 발생 시 발생한 연기를 발생한 곳의 상부에 설치되어 있는 제연기로 흡입하여 외부로 방출하는 방식
  ③ 제3종 기계 제연방식 : 화재 발생 시 발생한 연기를 발생한 곳의 상부에 설치되어 있는 제연기로 흡입하여 외부로 방출하는 방식으로 제연기의 흡입력에 의해서 연기가 다른 구역으로 이동되지 않는 장점이 있어 많이 사용하고 있다.

## 07

답 ②

DID(Detonation Induced Distance, 폭굉유도거리)

최초의 완만한 연소로부터 폭굉까지 이르는 데 필요한 거리

DID가 짧아질 수 있는 조건

- 점화에너지(점화 시 발생에너지)가 강할수록
- 연소속도가 큰 가스일수록
- 관경이 가늘거나 관 속에 이물질이 있을수록
- 압력이 높을수록
- 주위온도가 높을수록

### 08 답 ①

증기운 폭발(Vapor Cloud Explosion, VCE)의 발생 조건

(1) 누출되는 물질이 가연성 물질일 때
(2) 발화하기 전에 증기운의 형성이 좋을 때
(3) 가연성 증기가 폭발 한계 내에 존재할 때
(4) 증기운이 고립된 지역에서 형성되거나 증기운의 일부분이 난류성 혼합으로 존재할 때

> **증기운 폭발**
> 저장탱크에서 유출된 가스가 대기 중의 공기와 혼합하여 구름을 형성하여 떠다니다가 점화원과 접촉하면 격렬하게 폭발하여 Fire Ball을 형성하는 것으로 영어로는 VCE(Vapor Cloud Explosion) 또는 UVCE(Unconfined Vapor Cloud Explosion)이라고 한다.

### 09 답 ①

② 질식소화 ③ 냉각소화 ④ 제거소화

### 10 답 ②

불연성 · 불활성청정소화약제

헬륨(He), 네온(Ne), 아르곤(Ar) 또는 질소($N_2$) 가스 중 하나 이상의 원소를 기본성분으로 하는 소화약제

ⓐ IG－01 : Ar(100%)
ⓑ IG－100 : $N_2$(100%)
ⓒ IG－541 : $N_2$(52%), Ar(40%), $CO_2$(8%)
ⓓ IG－55 : $N_2$(50%), Ar(50%)

### 11 답 ②

### 12 답 ③

옥내소화전설비의 가압송수장치의 종류

펌프방식, 고가수조방식, 압력수조방식, 가압수조방식
지하수조방식은 없으며, 수원의 종류에서 지하수조를 포함할 수는 있다.

### 13 답 ③

하나의 제연구역의 면적은 1,000$m^2$ 이내로 할 것

제연구역의 구획기준

㉠ 하나의 제연구역의 면적은 1,000$m^2$ 이내로 할 것
㉡ 거실과 통로는 상호 제연구획할 것
㉢ 통로상의 제연구역은 보행중심선의 길이가 60m를 초과하지 아니할 것
㉣ 하나의 제연구역은 직경 60m 원 내에 들어갈 수 있을 것
㉤ 하나의 제연구역은 2개 이상 층에 미치지 아니하도록 할 것. 다만, 층의 구분이 불분명한 부분은 그 부분을 다른 부분과 별도로 제연구획하여야 한다.

제연설비 주요 설치기준

① 배출구 설치기준 : 예상 제연구역의 각 부분으로부터 하나의 배출구까지의 수평거리는 10m 이내가 되도록 한다.
② 공기유입방식 및 유입구 설치기준 : 예상 제연구역에 공기가 유입되는 순간의 풍속은 초속 5m 이하가 되도록 한다. 유입구 구조는 공기를 하향 60° 이내로 분출할 수 있도록 하여야 한다.
③ 배출풍도(배출 덕트) 설치기준 : 배출기의 흡입측 풍도 안의 풍속은 15m/s 이하로 하고, 배출측 풍속은 20m/s 이하로 한다.
④ 유입풍도 설치기준 : 유입풍도 안의 풍속은 20m/s 이하로 한다.

### 14 답 ②

제4류 위험물의 분류

① 특수인화물 : 이황화탄소, 디에틸에테르 그 밖에 1기압에서 발화점이 100℃ 이하인 것 또는 인화점이 －20℃ 이하이고 비점이 40℃ 이하인 것
② 제1석유류 : 아세톤, 휘발유 그 밖에 1기압에서 인화점이 21℃ 미만인 것
③ 알코올류 : 1분자를 구성하는 탄소원자의 수가 1개부터 3개까지인 포화 1가 알코올(변성 알코올을 포함한다)
④ 제2석유류 : 등유, 경유 그 밖에 1기압에서 인화점이 21℃ 이상 70℃ 미만인 것
⑤ 제3석유류 : 중유, 크레오소트유 그 밖에 1기압에서 인화점이 70℃ 이상 200℃ 미만인 것
⑥ 제4석유류 : 기어유, 실린더유 그 밖에 1기압에서 인화점이 200℃ 이상 250℃ 미만인 것
⑦ 동식물유류 : 동물의 지육 등 또는 식물의 종자나 과육에서 추출한 것으로서 1기압에서 인화점이 250℃ 미만인 것

### 15 답 ④

정전기 방지법

(1) 접지를 할 것
(2) 공기를 이온화 할 것
(3) 상대습도를 70% 이상으로 할 것
(4) 유속을 느리게(1m/sec 이하) 할 것

## 16 답 ②

화재조사의 종류 및 조사의 범위(제11조 제2항 관련)

1. 화재원인조사

| 종류 | 조사범위 |
|---|---|
| 가. 발화원인 조사 | 화재가 발생한 과정, 화재가 발생한 지점 및 불이 붙기 시작한 물질 |
| 나. 발견·통보 및 초기 소화상황 조사 | 화재의 발견·통보 및 초기소화 등 일련의 과정 |
| 다. 연소상황 조사 | 화재의 연소경로 및 확대원인 등의 상황 |
| 라. 피난상황 조사 | 피난경로, 피난상의 장애요인 등의 상황 |
| 마. 소방시설 등 조사 | 소방시설의 사용 또는 작동 등의 상황 |

2. 화재피해조사

| 종류 | 조사범위 |
|---|---|
| 가. 인명피해조사 | (1) 소방활동 중 발생한 사망자 및 부상자<br>(2) 그 밖에 화재로 인한 사망자 및 부상자 |
| 나. 재산피해조사 | (1) 열에 의한 탄화, 용융, 파손 등의 피해<br>(2) 소화활동 중 사용된 물로 인한 피해<br>(3) 그 밖에 연기, 물품반출, 화재로 인한 폭발 등에 의한 피해 |

## 17 답 ③

소방령 이상의 소방공무원은 소방청장의 제청으로 국무총리를 거쳐 대통령이 임용한다. 다만, 소방총감은 대통령이 임용하고 소방령 이상 소방준감 이하의 소방공무원에 대한 전보, 휴직, 직위해제, 강등, 정직 및 복직은 소방청장이 한다.

## 18 답 ④

1. 주요구조부가 하나로 연결되어 있는 것은 1동으로 한다. 다만 건널 복도 등으로 2 이상의 동에 연결되어 있는 것은 그 부분을 절반으로 분리하여 각 동으로 본다.
2. 건물의 외벽을 이용하여 실을 만들어 헛간, 목욕탕, 작업실, 사무실 및 기타 건물 용도로 사용하고 있는 것은 주건물과 같은 동으로 본다.
3. 구조에 관계없이 지붕 및 실이 하나로 연결되어 있는 것은 같은 동으로 본다.
4. 목조 또는 내화조 건물의 경우 격벽으로 방화구획이 되어 있는 경우도 같은 동으로 한다.
5. 독립된 건물과 건물 사이에 차광막, 비막이 등의 덮개를 설치하고 그 밑을 통로 등으로 사용하는 경우는 다른 동으로 한다.
6. 내화조 건물의 옥상에 목조 또는 방화구조 건물이 별도 설치되어 있는 경우는 다른 동으로 한다. 다만, 이들 건물의 기능상 하나인 경우(옥내 계단이 있는 경우)는 같은 동으로 한다.
7. 내화조 건물의 외벽을 이용하여 목조 또는 방화구조건물이 별도 설치되어 있고 건물 내부와 구획되어 있는 경우 다른 동으로 한다. 다만, 주된 건물에 부착된 건물이 옥내로 출입구가 연결되어 있는 경우와 기계설비 등이 쌍방에 연결되어 있는 경우 등 건물 기능상 하나인 경우는 같은 동으로 한다.

## 19 답 ②

제30조(화재의 소실정도)

① 건축 · 구조물 화재의 소실 정도는 3종류로 구분하며 그 내용은 다음의 각 호에 따른다.

1. 전소 : 건물의 70% 이상(입체면적에 대한 비율을 말한다. 이하 같다)이 소실되었거나 또는 그 미만이라도 잔존부분을 보수하여도 재사용이 불가능한 것
2. 반소 : 건물의 30% 이상 70% 미만이 소실된 것
3. 부분소 : 전소, 반소화재에 해당되지 아니하는 것

## 20 답 ①

아네스의 재해분류

| 대분류 | 세분류 | 재해의 종류 |
|---|---|---|
| 자연재해 | 기후성 재해 | 태풍 |
| | 지진성 재해 | 지진, 화산폭발, 해일 |
| 인위재해 | 사고성 재해 | • 화재사고<br>• 교통사고(자동차, 철도, 항공, 선박사고)<br>• 생물학적 재해(박테리아, 바이러스, 독혈증)<br>• 화학적 재해(부식성 물질, 유독물질)<br>• 산업사고(건축물 붕괴)<br>• 폭발사고(갱도, 가스, 화학, 폭발물)<br>• 방사능재해 |
| | 계획적 재해 | 테러, 폭동, 전쟁 |

## 소방학개론 모의고사 10회 정답 및 해설

| 01 | 02 | 03 | 04 | 05 | 06 | 07 | 08 | 09 | 10 |
|---|---|---|---|---|---|---|---|---|---|
| ④ | ④ | ③ | ① | ④ | ④ | ② | ② | ① | ③ |
| 11 | 12 | 13 | 14 | 15 | 16 | 17 | 18 | 19 | 20 |
| ① | ③ | ② | ③ | ① | ④ | ④ | ④ | ② | ③ |

### 01 답 ④

$2C_3H_8 + 10O_2 \rightarrow 6CO_2 + 8H_2O + Q\,kcal$

프로판 2몰 연소 시 산소 10mol이 필요

따라서 필요한 공기의 몰수는

$10mol \times \frac{1}{0.2} = 50mol$

### 02 답 ④

④ 높다. → 낮다.

연소범위와 화재위험도

(1) 연소범위의 폭이 클수록 화재위험이 높다.
(2) 연소범위의 하한계가 낮을수록 화재위험이 높다.
(3) 연소범위의 상한계가 낮을수록 화재위험이 높다.
(4) 연소범위의 **하한계**가 높을수록 화재위험이 **낮다**.

- 연소범위 = 연소한계 = 가연한계 = 가연범위 = 폭발
- 하한계 = 연소하한값
- 상한계 = 연소상한값

### 03 답 ③

소염이란 연소가 계속되지 않고 화염이 없어지는 현상으로 연소반응의 활성기가 미연소 물질로 Feedback되지 않을 때 일어난다.

### 04 답 ①

건축물의 피난 · 방화구조 등의 기준에 관한 규칙 제22조

연면적이 $1,000m^2$ 이상인 목조의 건축물은 그 외벽 및 처마 밑의 연소할 우려가 있는 부분을 방화구조로 하되, 그 지붕은 불연재료로 하여야 한다.

### 05 답 ④

방화구획

| 구획 종류 | 구획 단위 | 구획부분의 구조 |
|---|---|---|
| 면적별 구획 | ① 10층 이하의 층 : 바닥면적 $1,000m^2$ 이내마다 구획(자동식 소화설비가 설치된 경우 : $3,000m^2$ 이내마다 구획)<br>② 11층 이상의 층 : 바닥면적 $200m^2$ 이내마다 구획(자동식 소화설비가 설치된 경우 : $600m^2$ 이내마다 구획)<br>③ 11층 이상의 층(불연재료를 사용한 경우) : 바닥면적 $500m^2$ 이내마다 구획(자동식 소화설비가 설치된 경우 : $1,500m^2$ 이내마다 구획) | ① 내화구조의 바닥, 벽<br>② 60분+, 60분방화문<br>③ 자동방화셔터 |
| 층별 구획 | 모든 층마다 구획 | |
| 용도별 구획 | 주요 구조부를 내화구조로 하여야 하는 대상 부분과 기타 부분 사이의 구획 | |
| 목조건축물 등의 방화벽 | 바닥면적 $1,000m^2$ 이내마다 구획 | ① 방화벽<br>② 60분+, 60분방화문 |

### 06 답 ④

화학적인 폭발

㉠ 산화폭발 : 가스가 공기 중에 누설 또는 인화성 액체 탱크에 공기가 유입되어 탱크 내에 점화원이 유입되어 폭발하는 현상

㉡ 분해폭발 : 아세틸렌, 산화에틸렌, 히드라진과 같이 분해하면서 폭발하는 현상

㉢ 중합폭발 : 산화에틸렌, 시안화수소와 같이 단량체가 일정 온도와 압력으로 반응이 진행되어 분자량이 큰 중합체가 되어 폭발하는 현상

### 07 답 ②

공동(Cavitation) 현상

펌프 흡입측 배관에서 발생될 수 있는 현상으로 흡수되는 물의 압력이 그 온도에서의 포화증기압보다 작게 되면 물이 급격하게 증발되어 기포가 생성되는 현상이다. 기포가 흐름을 따라 이동하면서 진동, 소음을 수반하고 심한 경우 양수불능까지도 초래하게 된다.

① 발생 원인
- ㉠ 펌프가 수원보다 높고 흡입수두가 클 때
- ㉡ 펌프의 임펠러 회전속도가 클 때
- ㉢ 펌프의 흡입관경이 작을 때
- ㉣ 흡입측 배관의 유속이 빠를 때
- ㉤ 흡입측 배관의 마찰손실이 클 때

ⓑ 물의 온도가 높을 때

② 발생현상

㉠ 소음과 진동이 생긴다.

㉡ 침식이 생긴다.

㉢ 토출량 및 양정이 감소되고 전체적인 펌프의 효율이 감소된다.

③ 방지법

㉠ 펌프의 설치위치를 가급적 낮춘다.

㉡ 회전차를 수중에 완전히 잠기게 한다.

㉢ 흡입 관경을 크게 한다.

㉣ 펌프의 회전수를 낮춘다.

㉤ 2대 이상의 펌프를 사용한다.

㉥ 양(兩)흡입 펌프를 사용한다.

## 08

답 ②

연기의 농도에 따른 현상

| 감광계수 | 가시거리 | 상황 설명 |
|---|---|---|
| 0.1Cs | 20~30m | • 희미하게 연기가 감도는 정도의 농도<br>• 연기감지기가 작동되는 농도<br>• 건물구조에 익숙지 않은 사람이 피난에 지장을 받을 수 있는 농도 |
| 0.3Cs | 5m | 건물구조를 잘 아는 사람이 피난에 지장을 받을 수 있는 농도 |
| 0.5Cs | 3m | 약간 어두운 정도의 농도 |
| 1.0Cs | 1~2m | 전방이 거의 보이지 않을 정도의 농도 |
| 10Cs | 수십cm | • 최성기 때 화재층의 연기농도<br>• 유도등도 보이지 않는 암흑상태의 농도 |
| 30Cs | – | 출화실에서 연기가 배출될 때의 농도 |

## 09

답 ①

기체를 이상기체로 가정하면 보일－샤를(Boyle－Charles)의 법칙을 만족한다.

$\frac{P_1 V_1}{T_1} = \frac{P_2 V_2}{T_2}$에서 압력의 변화가 없으므로

$\frac{V_1}{T_1} = \frac{V_2}{T_2}$이다.

$$\therefore\ V_2 = \frac{T_2}{T_1} \times V_1 = \frac{(600+273)\text{K}}{(20+273)\text{K}} \times 1 = 2.98$$

## 10

답 ③

분스탬프에 의한 구분

| 종류 | 주성분 | 착색 |
|---|---|---|
| 제1종 분말 | 탄산수소나트륨($NaHCO_3$) | 백색 |
| 제2종 분말 | 탄산수소칼륨($KHCO_3$) | 보라색<br>(자색) |
| 제3종 분말 | 인산암모늄($NH_4H_2PO_4$) | 핑크색<br>(담홍색) |
| 제4종 분말 | 탄산수소칼륨＋요소<br>($KHCO_3+NH_2CONH_2$) | 회색 |

## 11

답 ①

기계제연방식

실내의 연기를 기계적인 동력을 이용하여 강제로 배출하는 방식으로 1종, 2종, 3종 기계제연으로 분류된다.

[기계제연의 분류]

| 기계제연의 종류 | 송풍기 | 배출기 |
|---|---|---|
| 제1종 기계제연 | ○ | ○ |
| 제2종 기계제연 | ○ | × |
| 제3종 기계제연 | × | ○ |

## 12

답 ③

연결살수설비에는 자동 감지기능이 없는 수동식 소화설비이다.

연결살수설비

화재 시에 연기나 열기가 차기 쉬운 지하층을 대상으로 하여 소방펌프차에서 송수구를 통해 압력수를 보내고, 살수 헤드에서 살수하여 소화하는 설비. 살수 헤드에는 폐쇄형과 개방형이 있다.

## 13

답 ②

$Q = 0.653D^2\sqrt{10P}$

여기서, $Q$ : 방수량($l$/min)

$D$ : 노즐직경(mm)

$P$ : 방수압(MPa)

∴ 방사압 4배, 노즐구경 2배 시 방수량은 8배

$[2^2 \times \sqrt{4} = 8]$

## 14 답 ③

위험물의 혼재 가능(위험물안전관리법 시행규칙 별표 19)

| 위험물의 구분 | 제1류 | 제2류 | 제3류 | 제4류 | 제5류 | 제6류 |
|---|---|---|---|---|---|---|
| 제1류 | | × | × | × | × | ○ |
| 제2류 | × | | × | ○ | ○ | × |
| 제3류 | × | × | | ○ | × | × |
| 제4류 | × | ○ | ○ | | ○ | × |
| 제5류 | × | ○ | × | ○ | | × |
| 제6류 | ○ | × | × | × | × | |

[비고]

1. "×"표시는 혼재할 수 없음을 표시한다.
2. "○"표시는 혼재할 수 있음을 표시한다.
3. 이 표는 지정수량의 $\frac{1}{10}$ 이하의 위험물에 대하여는 적용하지 아니한다.

제2류 위험물(적린, 유황, 철)+제4류 위험물=혼재 가능

## 15 답 ①

금속분, 마그네슘은 위험등급 Ⅲ에 해당한다.

## 16 답 ④

성장 / 발전기(1970~1992)

- 국가소방과 자치소방의 이원화 시기였다.
- 1972년 : 서울과 부산에 소방본부를 설치하였고, 다른 지역은 국가소방체제였다.
- 1973년 : 지방소방공무원법이 제정되어 소방공무원의 신분(국가직 소방공무원 : 경찰공무원, 지방직 소방공무원 : 지방소방공무원)이 이원화되었다.
- 1975년 : 내무부에 민방위본부 설치로 민방위제도를 실시하게 되면서 치안본부 소방과에서 민방위본부 소방국으로 이관되면서 소방이 경찰로부터 분리되었다.
- 1977년 : 소방공무원법이 제정되었고, 1년 뒤인 1978년 시행되어 소방공무원은 국가공무원 및 지방공무원 모두 소방공무원으로 신분이 일원화되었다.

## 17 답 ④

화재조사 보고규정

제28조(화재의 유형)

① 화재는 다음 각 호와 같이 구분한다.

1. 건축 · 구조물 화재 : 건축물, 구조물 또는 그 수용물이 소손된 것
2. 자동차 · 철도차량 화재 : 자동차, 철도차량 및 피견인 차량 또는 그 적재물이 소손된 것
3. 위험물 · 가스제조소 등 화재 : 위험물제조소 등, 가스제조 · 저장 · 취급시설 등이 소손된 것
4. 선박 · 항공기 화재 : 선박, 항공기 또는 그 적재물이 소손된 것
5. 임야 화재 : 산림, 야산, 들판의 수목, 잡초, 경작물 등이 소손된 것
6. 기타 화재 : 위의 각 호에 해당되지 않는 화재

② 제1항의 화재가 복합되어 발생한 경우에는 화재의 구분을 화재피해액이 큰 것으로 한다.

③ 제2항의 경우 화재피해액이 같은 경우나 화재피해액이 큰 것으로 구분하는 것이 사회관념상 적당치 않을 경우에는 발화장소로 화재를 구분한다.

## 18 답 ④

제45조(긴급상황보고)

① 조사활동 중 본부장 또는 서장이 소방청장에게 긴급상황을 보고하여야 할 화재는 다음 각 호와 같다.

1. 대형 화재
   가. 인명피해 : 사망 5명 이상이거나 사상자 10명 이상 발생화재
   나. 재산피해 : 50억 원 이상 추정되는 화재
2. 중요화재
   가. 관공서, 학교, 정부미도정공장, 문화재, 지하철, 지하구 등 공공건물 및 시설의 화재
   나. 관광호텔, 고층건물, 지하상가, 시장, 백화점, 대량위험물을 제조 · 저장 · 취급하는 장소, 대형 화재취약대상 및 화재경계지구
   다. 이재민 100명 이상 발생화재
3. 특수화재
   가. 철도, 항구에 매어둔 외항선, 항공기, 발전소 및 변전소의 화재
   나. 특수사고, 방화 등 화재원인이 특이하다고 인정되는 화재
   다. 외국공관 및 그 사택
   라. 그 밖에 대상이 특수하여 사회적 이목이 집중될 것으로 예상되는 화재

## 19 답 ②

재해는 기본원인에 의해 발생한다고 주장하는 것은 프랭크 버드의 최신 도미노이론이다.

도미노이론(프랭크버드)

버드는 손실제어요인이 연쇄반응의 결과이며 이로 인해 재해가 발생한다는 연쇄성 이론(Domino's Theory)을 제시하였다. 재해는 불안전한 행동 및 상태로서 하인리히의 연쇄이론에서도 가장 중요한 대책사항으로 취급된 직접적인 원인(징후)이다.

그러나 버드(Bird)는 직접 원인을 제거하는 것만으로는 재해는 다시 발생한다고 주장하였다. 따라서 버드는 직접 원인의 배경인 기본원인(4M)을 반드시 제거해야만 재해를 예방할 수 있다고 강조했다.

• 4M : Man(인간적 요인), Media(작업적 요인), Machine(기계 · 설비적 요인), Management(관리적 요인)
버드는 17만 5천여 건의 사고를 분석한 결과, 1(중상 또는 폐질) : 10(경상) : 30(무상해사고, 물리적 손실) : 600(무상해, 무사고 고장, 위험순간)의 비율로 사고가 발생한다는 법칙을 발표하였다.

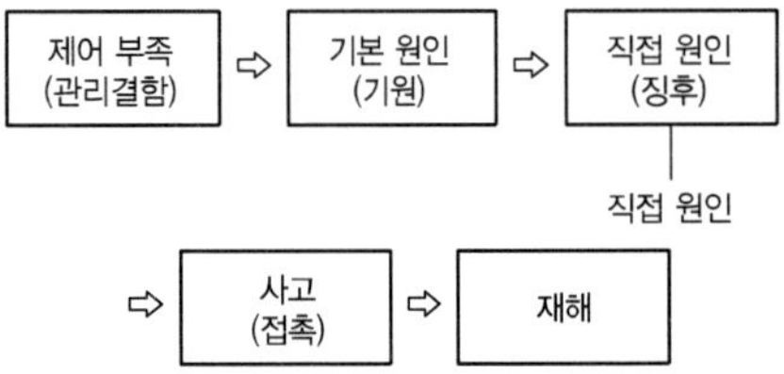

버드(Frank Bird)의 연쇄성 이론

**20** 답 ③

# 소방학개론 파이널 핵심문제

## 단원별 핵심 800제 + 모의고사 10회


**발행일** | 2021. 2. 10　초판발행
2022. 1. 10　개정 1판1쇄

**저　자** | 김종상 · 정치근
**발행인** | 정용수
**발행처** | 예문사
**주　소** | 경기도 파주시 직지길 460(출판도시) 도서출판 예문사
**T E L** | 031) 955-0550
**F A X** | 031) 955-0660
**등록번호** | 11-76호





**정가 : 20,000원**

**ISBN 978-89-274-4296-7 13350**

# 소방학개론[연소]

| | | | | | | | | | | | | | | | | | | | | | | | | |
|---|---|---|---|---|---|---|---|---|---|---|---|---|---|---|---|---|---|---|---|---|---|---|---|---|
| 1 | ① | ② | ③ | ④ | 21 | ① | ② | ③ | ④ | 41 | ① | ② | ③ | ④ | 61 | ① | ② | ③ | ④ | 81 | ① | ② | ③ | ④ |
| 2 | ① | ② | ③ | ④ | 22 | ① | ② | ③ | ④ | 42 | ① | ② | ③ | ④ | 62 | ① | ② | ③ | ④ | 82 | ① | ② | ③ | ④ |
| 3 | ① | ② | ③ | ④ | 23 | ① | ② | ③ | ④ | 43 | ① | ② | ③ | ④ | 63 | ① | ② | ③ | ④ | 83 | ① | ② | ③ | ④ |
| 4 | ① | ② | ③ | ④ | 24 | ① | ② | ③ | ④ | 44 | ① | ② | ③ | ④ | 64 | ① | ② | ③ | ④ | 84 | ① | ② | ③ | ④ |
| 5 | ① | ② | ③ | ④ | 25 | ① | ② | ③ | ④ | 45 | ① | ② | ③ | ④ | 65 | ① | ② | ③ | ④ | 85 | ① | ② | ③ | ④ |
| 6 | ① | ② | ③ | ④ | 26 | ① | ② | ③ | ④ | 46 | ① | ② | ③ | ④ | 66 | ① | ② | ③ | ④ | 86 | ① | ② | ③ | ④ |
| 7 | ① | ② | ③ | ④ | 27 | ① | ② | ③ | ④ | 47 | ① | ② | ③ | ④ | 67 | ① | ② | ③ | ④ | 87 | ① | ② | ③ | ④ |
| 8 | ① | ② | ③ | ④ | 28 | ① | ② | ③ | ④ | 48 | ① | ② | ③ | ④ | 68 | ① | ② | ③ | ④ | 88 | ① | ② | ③ | ④ |
| 9 | ① | ② | ③ | ④ | 29 | ① | ② | ③ | ④ | 49 | ① | ② | ③ | ④ | 69 | ① | ② | ③ | ④ | 89 | ① | ② | ③ | ④ |
| 10 | ① | ② | ③ | ④ | 30 | ① | ② | ③ | ④ | 50 | ① | ② | ③ | ④ | 70 | ① | ② | ③ | ④ | 90 | ① | ② | ③ | ④ |
| 11 | ① | ② | ③ | ④ | 31 | ① | ② | ③ | ④ | 51 | ① | ② | ③ | ④ | 71 | ① | ② | ③ | ④ | 91 | ① | ② | ③ | ④ |
| 12 | ① | ② | ③ | ④ | 32 | ① | ② | ③ | ④ | 52 | ① | ② | ③ | ④ | 72 | ① | ② | ③ | ④ | 92 | ① | ② | ③ | ④ |
| 13 | ① | ② | ③ | ④ | 33 | ① | ② | ③ | ④ | 53 | ① | ② | ③ | ④ | 73 | ① | ② | ③ | ④ | 93 | ① | ② | ③ | ④ |
| 14 | ① | ② | ③ | ④ | 34 | ① | ② | ③ | ④ | 54 | ① | ② | ③ | ④ | 74 | ① | ② | ③ | ④ | 94 | ① | ② | ③ | ④ |
| 15 | ① | ② | ③ | ④ | 35 | ① | ② | ③ | ④ | 55 | ① | ② | ③ | ④ | 75 | ① | ② | ③ | ④ | 95 | ① | ② | ③ | ④ |
| 16 | ① | ② | ③ | ④ | 36 | ① | ② | ③ | ④ | 56 | ① | ② | ③ | ④ | 76 | ① | ② | ③ | ④ | 96 | ① | ② | ③ | ④ |
| 17 | ① | ② | ③ | ④ | 37 | ① | ② | ③ | ④ | 57 | ① | ② | ③ | ④ | 77 | ① | ② | ③ | ④ | 97 | ① | ② | ③ | ④ |
| 18 | ① | ② | ③ | ④ | 38 | ① | ② | ③ | ④ | 58 | ① | ② | ③ | ④ | 78 | ① | ② | ③ | ④ | 98 | ① | ② | ③ | ④ |
| 19 | ① | ② | ③ | ④ | 39 | ① | ② | ③ | ④ | 59 | ① | ② | ③ | ④ | 79 | ① | ② | ③ | ④ | 99 | ① | ② | ③ | ④ |
| 20 | ① | ② | ③ | ④ | 40 | ① | ② | ③ | ④ | 60 | ① | ② | ③ | ④ | 80 | ① | ② | ③ | ④ | 100 | ① | ② | ③ | ④ |

※ 본 답안지는 마킹 연습용입니다.

# 소방학개론[화재]

| | | | | | | | | | | | | | | | | | | | | | | | | |
|---|---|---|---|---|---|---|---|---|---|---|---|---|---|---|---|---|---|---|---|---|---|---|---|---|
| 1 | ① | ② | ③ | ④ | 21 | ① | ② | ③ | ④ | 41 | ① | ② | ③ | ④ | 61 | ① | ② | ③ | ④ | 81 | ① | ② | ③ | ④ |
| 2 | ① | ② | ③ | ④ | 22 | ① | ② | ③ | ④ | 42 | ① | ② | ③ | ④ | 62 | ① | ② | ③ | ④ | 82 | ① | ② | ③ | ④ |
| 3 | ① | ② | ③ | ④ | 23 | ① | ② | ③ | ④ | 43 | ① | ② | ③ | ④ | 63 | ① | ② | ③ | ④ | 83 | ① | ② | ③ | ④ |
| 4 | ① | ② | ③ | ④ | 24 | ① | ② | ③ | ④ | 44 | ① | ② | ③ | ④ | 64 | ① | ② | ③ | ④ | 84 | ① | ② | ③ | ④ |
| 5 | ① | ② | ③ | ④ | 25 | ① | ② | ③ | ④ | 45 | ① | ② | ③ | ④ | 65 | ① | ② | ③ | ④ | 85 | ① | ② | ③ | ④ |
| 6 | ① | ② | ③ | ④ | 26 | ① | ② | ③ | ④ | 46 | ① | ② | ③ | ④ | 66 | ① | ② | ③ | ④ | 86 | ① | ② | ③ | ④ |
| 7 | ① | ② | ③ | ④ | 27 | ① | ② | ③ | ④ | 47 | ① | ② | ③ | ④ | 67 | ① | ② | ③ | ④ | 87 | ① | ② | ③ | ④ |
| 8 | ① | ② | ③ | ④ | 28 | ① | ② | ③ | ④ | 48 | ① | ② | ③ | ④ | 68 | ① | ② | ③ | ④ | 88 | ① | ② | ③ | ④ |
| 9 | ① | ② | ③ | ④ | 29 | ① | ② | ③ | ④ | 49 | ① | ② | ③ | ④ | 69 | ① | ② | ③ | ④ | 89 | ① | ② | ③ | ④ |
| 10 | ① | ② | ③ | ④ | 30 | ① | ② | ③ | ④ | 50 | ① | ② | ③ | ④ | 70 | ① | ② | ③ | ④ | 90 | ① | ② | ③ | ④ |
| 11 | ① | ② | ③ | ④ | 31 | ① | ② | ③ | ④ | 51 | ① | ② | ③ | ④ | 71 | ① | ② | ③ | ④ | 91 | ① | ② | ③ | ④ |
| 12 | ① | ② | ③ | ④ | 32 | ① | ② | ③ | ④ | 52 | ① | ② | ③ | ④ | 72 | ① | ② | ③ | ④ | 92 | ① | ② | ③ | ④ |
| 13 | ① | ② | ③ | ④ | 33 | ① | ② | ③ | ④ | 53 | ① | ② | ③ | ④ | 73 | ① | ② | ③ | ④ | 93 | ① | ② | ③ | ④ |
| 14 | ① | ② | ③ | ④ | 34 | ① | ② | ③ | ④ | 54 | ① | ② | ③ | ④ | 74 | ① | ② | ③ | ④ | 94 | ① | ② | ③ | ④ |
| 15 | ① | ② | ③ | ④ | 35 | ① | ② | ③ | ④ | 55 | ① | ② | ③ | ④ | 75 | ① | ② | ③ | ④ | 95 | ① | ② | ③ | ④ |
| 16 | ① | ② | ③ | ④ | 36 | ① | ② | ③ | ④ | 56 | ① | ② | ③ | ④ | 76 | ① | ② | ③ | ④ | 96 | ① | ② | ③ | ④ |
| 17 | ① | ② | ③ | ④ | 37 | ① | ② | ③ | ④ | 57 | ① | ② | ③ | ④ | 77 | ① | ② | ③ | ④ | 97 | ① | ② | ③ | ④ |
| 18 | ① | ② | ③ | ④ | 38 | ① | ② | ③ | ④ | 58 | ① | ② | ③ | ④ | 78 | ① | ② | ③ | ④ | 98 | ① | ② | ③ | ④ |
| 19 | ① | ② | ③ | ④ | 39 | ① | ② | ③ | ④ | 59 | ① | ② | ③ | ④ | 79 | ① | ② | ③ | ④ | 99 | ① | ② | ③ | ④ |
| 20 | ① | ② | ③ | ④ | 40 | ① | ② | ③ | ④ | 60 | ① | ② | ③ | ④ | 80 | ① | ② | ③ | ④ | 100 | ① | ② | ③ | ④ |

※ 본 답안지는 마킹 연습용입니다.

# 소방학개론[폭발]

| | | | | | | | | | | | | | | | | | | | | | | | | |
|---|---|---|---|---|---|---|---|---|---|---|---|---|---|---|---|---|---|---|---|---|---|---|---|---|
| 1 | ① | ② | ③ | ④ | 21 | ① | ② | ③ | ④ | 41 | ① | ② | ③ | ④ | 61 | ① | ② | ③ | ④ | 81 | ① | ② | ③ | ④ |
| 2 | ① | ② | ③ | ④ | 22 | ① | ② | ③ | ④ | 42 | ① | ② | ③ | ④ | 62 | ① | ② | ③ | ④ | 82 | ① | ② | ③ | ④ |
| 3 | ① | ② | ③ | ④ | 23 | ① | ② | ③ | ④ | 43 | ① | ② | ③ | ④ | 63 | ① | ② | ③ | ④ | 83 | ① | ② | ③ | ④ |
| 4 | ① | ② | ③ | ④ | 24 | ① | ② | ③ | ④ | 44 | ① | ② | ③ | ④ | 64 | ① | ② | ③ | ④ | 84 | ① | ② | ③ | ④ |
| 5 | ① | ② | ③ | ④ | 25 | ① | ② | ③ | ④ | 45 | ① | ② | ③ | ④ | 65 | ① | ② | ③ | ④ | 85 | ① | ② | ③ | ④ |
| 6 | ① | ② | ③ | ④ | 26 | ① | ② | ③ | ④ | 46 | ① | ② | ③ | ④ | 66 | ① | ② | ③ | ④ | 86 | ① | ② | ③ | ④ |
| 7 | ① | ② | ③ | ④ | 27 | ① | ② | ③ | ④ | 47 | ① | ② | ③ | ④ | 67 | ① | ② | ③ | ④ | 87 | ① | ② | ③ | ④ |
| 8 | ① | ② | ③ | ④ | 28 | ① | ② | ③ | ④ | 48 | ① | ② | ③ | ④ | 68 | ① | ② | ③ | ④ | 88 | ① | ② | ③ | ④ |
| 9 | ① | ② | ③ | ④ | 29 | ① | ② | ③ | ④ | 49 | ① | ② | ③ | ④ | 69 | ① | ② | ③ | ④ | 89 | ① | ② | ③ | ④ |
| 10 | ① | ② | ③ | ④ | 30 | ① | ② | ③ | ④ | 50 | ① | ② | ③ | ④ | 70 | ① | ② | ③ | ④ | 90 | ① | ② | ③ | ④ |
| 11 | ① | ② | ③ | ④ | 31 | ① | ② | ③ | ④ | 51 | ① | ② | ③ | ④ | 71 | ① | ② | ③ | ④ | 91 | ① | ② | ③ | ④ |
| 12 | ① | ② | ③ | ④ | 32 | ① | ② | ③ | ④ | 52 | ① | ② | ③ | ④ | 72 | ① | ② | ③ | ④ | 92 | ① | ② | ③ | ④ |
| 13 | ① | ② | ③ | ④ | 33 | ① | ② | ③ | ④ | 53 | ① | ② | ③ | ④ | 73 | ① | ② | ③ | ④ | 93 | ① | ② | ③ | ④ |
| 14 | ① | ② | ③ | ④ | 34 | ① | ② | ③ | ④ | 54 | ① | ② | ③ | ④ | 74 | ① | ② | ③ | ④ | 94 | ① | ② | ③ | ④ |
| 15 | ① | ② | ③ | ④ | 35 | ① | ② | ③ | ④ | 55 | ① | ② | ③ | ④ | 75 | ① | ② | ③ | ④ | 95 | ① | ② | ③ | ④ |
| 16 | ① | ② | ③ | ④ | 36 | ① | ② | ③ | ④ | 56 | ① | ② | ③ | ④ | 76 | ① | ② | ③ | ④ | 96 | ① | ② | ③ | ④ |
| 17 | ① | ② | ③ | ④ | 37 | ① | ② | ③ | ④ | 57 | ① | ② | ③ | ④ | 77 | ① | ② | ③ | ④ | 97 | ① | ② | ③ | ④ |
| 18 | ① | ② | ③ | ④ | 38 | ① | ② | ③ | ④ | 58 | ① | ② | ③ | ④ | 78 | ① | ② | ③ | ④ | 98 | ① | ② | ③ | ④ |
| 19 | ① | ② | ③ | ④ | 39 | ① | ② | ③ | ④ | 59 | ① | ② | ③ | ④ | 79 | ① | ② | ③ | ④ | 99 | ① | ② | ③ | ④ |
| 20 | ① | ② | ③ | ④ | 40 | ① | ② | ③ | ④ | 60 | ① | ② | ③ | ④ | 80 | ① | ② | ③ | ④ | 100 | ① | ② | ③ | ④ |

※ 본 답안지는 마킹 연습용입니다.

# 소방학개론[소화]

| | | | | | | | | | | | | | | | | | | | | | | | | |
|---|---|---|---|---|---|---|---|---|---|---|---|---|---|---|---|---|---|---|---|---|---|---|---|---|
| 1 | ① | ② | ③ | ④ | 21 | ① | ② | ③ | ④ | 41 | ① | ② | ③ | ④ | 61 | ① | ② | ③ | ④ | 81 | ① | ② | ③ | ④ |
| 2 | ① | ② | ③ | ④ | 22 | ① | ② | ③ | ④ | 42 | ① | ② | ③ | ④ | 62 | ① | ② | ③ | ④ | 82 | ① | ② | ③ | ④ |
| 3 | ① | ② | ③ | ④ | 23 | ① | ② | ③ | ④ | 43 | ① | ② | ③ | ④ | 63 | ① | ② | ③ | ④ | 83 | ① | ② | ③ | ④ |
| 4 | ① | ② | ③ | ④ | 24 | ① | ② | ③ | ④ | 44 | ① | ② | ③ | ④ | 64 | ① | ② | ③ | ④ | 84 | ① | ② | ③ | ④ |
| 5 | ① | ② | ③ | ④ | 25 | ① | ② | ③ | ④ | 45 | ① | ② | ③ | ④ | 65 | ① | ② | ③ | ④ | 85 | ① | ② | ③ | ④ |
| 6 | ① | ② | ③ | ④ | 26 | ① | ② | ③ | ④ | 46 | ① | ② | ③ | ④ | 66 | ① | ② | ③ | ④ | 86 | ① | ② | ③ | ④ |
| 7 | ① | ② | ③ | ④ | 27 | ① | ② | ③ | ④ | 47 | ① | ② | ③ | ④ | 67 | ① | ② | ③ | ④ | 87 | ① | ② | ③ | ④ |
| 8 | ① | ② | ③ | ④ | 28 | ① | ② | ③ | ④ | 48 | ① | ② | ③ | ④ | 68 | ① | ② | ③ | ④ | 88 | ① | ② | ③ | ④ |
| 9 | ① | ② | ③ | ④ | 29 | ① | ② | ③ | ④ | 49 | ① | ② | ③ | ④ | 69 | ① | ② | ③ | ④ | 89 | ① | ② | ③ | ④ |
| 10 | ① | ② | ③ | ④ | 30 | ① | ② | ③ | ④ | 50 | ① | ② | ③ | ④ | 70 | ① | ② | ③ | ④ | 90 | ① | ② | ③ | ④ |
| 11 | ① | ② | ③ | ④ | 31 | ① | ② | ③ | ④ | 51 | ① | ② | ③ | ④ | 71 | ① | ② | ③ | ④ | 91 | ① | ② | ③ | ④ |
| 12 | ① | ② | ③ | ④ | 32 | ① | ② | ③ | ④ | 52 | ① | ② | ③ | ④ | 72 | ① | ② | ③ | ④ | 92 | ① | ② | ③ | ④ |
| 13 | ① | ② | ③ | ④ | 33 | ① | ② | ③ | ④ | 53 | ① | ② | ③ | ④ | 73 | ① | ② | ③ | ④ | 93 | ① | ② | ③ | ④ |
| 14 | ① | ② | ③ | ④ | 34 | ① | ② | ③ | ④ | 54 | ① | ② | ③ | ④ | 74 | ① | ② | ③ | ④ | 94 | ① | ② | ③ | ④ |
| 15 | ① | ② | ③ | ④ | 35 | ① | ② | ③ | ④ | 55 | ① | ② | ③ | ④ | 75 | ① | ② | ③ | ④ | 95 | ① | ② | ③ | ④ |
| 16 | ① | ② | ③ | ④ | 36 | ① | ② | ③ | ④ | 56 | ① | ② | ③ | ④ | 76 | ① | ② | ③ | ④ | 96 | ① | ② | ③ | ④ |
| 17 | ① | ② | ③ | ④ | 37 | ① | ② | ③ | ④ | 57 | ① | ② | ③ | ④ | 77 | ① | ② | ③ | ④ | 97 | ① | ② | ③ | ④ |
| 18 | ① | ② | ③ | ④ | 38 | ① | ② | ③ | ④ | 58 | ① | ② | ③ | ④ | 78 | ① | ② | ③ | ④ | 98 | ① | ② | ③ | ④ |
| 19 | ① | ② | ③ | ④ | 39 | ① | ② | ③ | ④ | 59 | ① | ② | ③ | ④ | 79 | ① | ② | ③ | ④ | 99 | ① | ② | ③ | ④ |
| 20 | ① | ② | ③ | ④ | 40 | ① | ② | ③ | ④ | 60 | ① | ② | ③ | ④ | 80 | ① | ② | ③ | ④ | 100 | ① | ② | ③ | ④ |

※ 본 답안지는 마킹 연습용입니다.

# 소방학개론[소방시설론]

| | | | | | | | | | | | | | | | | | | | | | | | | |
|---|---|---|---|---|---|---|---|---|---|---|---|---|---|---|---|---|---|---|---|---|---|---|---|---|
| 1 | ① | ② | ③ | ④ | 21 | ① | ② | ③ | ④ | 41 | ① | ② | ③ | ④ | 61 | ① | ② | ③ | ④ | 81 | ① | ② | ③ | ④ |
| 2 | ① | ② | ③ | ④ | 22 | ① | ② | ③ | ④ | 42 | ① | ② | ③ | ④ | 62 | ① | ② | ③ | ④ | 82 | ① | ② | ③ | ④ |
| 3 | ① | ② | ③ | ④ | 23 | ① | ② | ③ | ④ | 43 | ① | ② | ③ | ④ | 63 | ① | ② | ③ | ④ | 83 | ① | ② | ③ | ④ |
| 4 | ① | ② | ③ | ④ | 24 | ① | ② | ③ | ④ | 44 | ① | ② | ③ | ④ | 64 | ① | ② | ③ | ④ | 84 | ① | ② | ③ | ④ |
| 5 | ① | ② | ③ | ④ | 25 | ① | ② | ③ | ④ | 45 | ① | ② | ③ | ④ | 65 | ① | ② | ③ | ④ | 85 | ① | ② | ③ | ④ |
| 6 | ① | ② | ③ | ④ | 26 | ① | ② | ③ | ④ | 46 | ① | ② | ③ | ④ | 66 | ① | ② | ③ | ④ | 86 | ① | ② | ③ | ④ |
| 7 | ① | ② | ③ | ④ | 27 | ① | ② | ③ | ④ | 47 | ① | ② | ③ | ④ | 67 | ① | ② | ③ | ④ | 87 | ① | ② | ③ | ④ |
| 8 | ① | ② | ③ | ④ | 28 | ① | ② | ③ | ④ | 48 | ① | ② | ③ | ④ | 68 | ① | ② | ③ | ④ | 88 | ① | ② | ③ | ④ |
| 9 | ① | ② | ③ | ④ | 29 | ① | ② | ③ | ④ | 49 | ① | ② | ③ | ④ | 69 | ① | ② | ③ | ④ | 89 | ① | ② | ③ | ④ |
| 10 | ① | ② | ③ | ④ | 30 | ① | ② | ③ | ④ | 50 | ① | ② | ③ | ④ | 70 | ① | ② | ③ | ④ | 90 | ① | ② | ③ | ④ |
| 11 | ① | ② | ③ | ④ | 31 | ① | ② | ③ | ④ | 51 | ① | ② | ③ | ④ | 71 | ① | ② | ③ | ④ | 91 | ① | ② | ③ | ④ |
| 12 | ① | ② | ③ | ④ | 32 | ① | ② | ③ | ④ | 52 | ① | ② | ③ | ④ | 72 | ① | ② | ③ | ④ | 92 | ① | ② | ③ | ④ |
| 13 | ① | ② | ③ | ④ | 33 | ① | ② | ③ | ④ | 53 | ① | ② | ③ | ④ | 73 | ① | ② | ③ | ④ | 93 | ① | ② | ③ | ④ |
| 14 | ① | ② | ③ | ④ | 34 | ① | ② | ③ | ④ | 54 | ① | ② | ③ | ④ | 74 | ① | ② | ③ | ④ | 94 | ① | ② | ③ | ④ |
| 15 | ① | ② | ③ | ④ | 35 | ① | ② | ③ | ④ | 55 | ① | ② | ③ | ④ | 75 | ① | ② | ③ | ④ | 95 | ① | ② | ③ | ④ |
| 16 | ① | ② | ③ | ④ | 36 | ① | ② | ③ | ④ | 56 | ① | ② | ③ | ④ | 76 | ① | ② | ③ | ④ | 96 | ① | ② | ③ | ④ |
| 17 | ① | ② | ③ | ④ | 37 | ① | ② | ③ | ④ | 57 | ① | ② | ③ | ④ | 77 | ① | ② | ③ | ④ | 97 | ① | ② | ③ | ④ |
| 18 | ① | ② | ③ | ④ | 38 | ① | ② | ③ | ④ | 58 | ① | ② | ③ | ④ | 78 | ① | ② | ③ | ④ | 98 | ① | ② | ③ | ④ |
| 19 | ① | ② | ③ | ④ | 39 | ① | ② | ③ | ④ | 59 | ① | ② | ③ | ④ | 79 | ① | ② | ③ | ④ | 99 | ① | ② | ③ | ④ |
| 20 | ① | ② | ③ | ④ | 40 | ① | ② | ③ | ④ | 60 | ① | ② | ③ | ④ | 80 | ① | ② | ③ | ④ | 100 | ① | ② | ③ | ④ |

※ 본 답안지는 마킹 연습용입니다.

# 소방학개론[위험물성상 및 시설기준]

| | | | | | | | | | | | | | | | | | | | | | | | | |
|---|---|---|---|---|---|---|---|---|---|---|---|---|---|---|---|---|---|---|---|---|---|---|---|---|
| 1 | ① | ② | ③ | ④ | 21 | ① | ② | ③ | ④ | 41 | ① | ② | ③ | ④ | 61 | ① | ② | ③ | ④ | 81 | ① | ② | ③ | ④ |
| 2 | ① | ② | ③ | ④ | 22 | ① | ② | ③ | ④ | 42 | ① | ② | ③ | ④ | 62 | ① | ② | ③ | ④ | 82 | ① | ② | ③ | ④ |
| 3 | ① | ② | ③ | ④ | 23 | ① | ② | ③ | ④ | 43 | ① | ② | ③ | ④ | 63 | ① | ② | ③ | ④ | 83 | ① | ② | ③ | ④ |
| 4 | ① | ② | ③ | ④ | 24 | ① | ② | ③ | ④ | 44 | ① | ② | ③ | ④ | 64 | ① | ② | ③ | ④ | 84 | ① | ② | ③ | ④ |
| 5 | ① | ② | ③ | ④ | 25 | ① | ② | ③ | ④ | 45 | ① | ② | ③ | ④ | 65 | ① | ② | ③ | ④ | 85 | ① | ② | ③ | ④ |
| 6 | ① | ② | ③ | ④ | 26 | ① | ② | ③ | ④ | 46 | ① | ② | ③ | ④ | 66 | ① | ② | ③ | ④ | 86 | ① | ② | ③ | ④ |
| 7 | ① | ② | ③ | ④ | 27 | ① | ② | ③ | ④ | 47 | ① | ② | ③ | ④ | 67 | ① | ② | ③ | ④ | 87 | ① | ② | ③ | ④ |
| 8 | ① | ② | ③ | ④ | 28 | ① | ② | ③ | ④ | 48 | ① | ② | ③ | ④ | 68 | ① | ② | ③ | ④ | 88 | ① | ② | ③ | ④ |
| 9 | ① | ② | ③ | ④ | 29 | ① | ② | ③ | ④ | 49 | ① | ② | ③ | ④ | 69 | ① | ② | ③ | ④ | 89 | ① | ② | ③ | ④ |
| 10 | ① | ② | ③ | ④ | 30 | ① | ② | ③ | ④ | 50 | ① | ② | ③ | ④ | 70 | ① | ② | ③ | ④ | 90 | ① | ② | ③ | ④ |
| 11 | ① | ② | ③ | ④ | 31 | ① | ② | ③ | ④ | 51 | ① | ② | ③ | ④ | 71 | ① | ② | ③ | ④ | 91 | ① | ② | ③ | ④ |
| 12 | ① | ② | ③ | ④ | 32 | ① | ② | ③ | ④ | 52 | ① | ② | ③ | ④ | 72 | ① | ② | ③ | ④ | 92 | ① | ② | ③ | ④ |
| 13 | ① | ② | ③ | ④ | 33 | ① | ② | ③ | ④ | 53 | ① | ② | ③ | ④ | 73 | ① | ② | ③ | ④ | 93 | ① | ② | ③ | ④ |
| 14 | ① | ② | ③ | ④ | 34 | ① | ② | ③ | ④ | 54 | ① | ② | ③ | ④ | 74 | ① | ② | ③ | ④ | 94 | ① | ② | ③ | ④ |
| 15 | ① | ② | ③ | ④ | 35 | ① | ② | ③ | ④ | 55 | ① | ② | ③ | ④ | 75 | ① | ② | ③ | ④ | 95 | ① | ② | ③ | ④ |
| 16 | ① | ② | ③ | ④ | 36 | ① | ② | ③ | ④ | 56 | ① | ② | ③ | ④ | 76 | ① | ② | ③ | ④ | 96 | ① | ② | ③ | ④ |
| 17 | ① | ② | ③ | ④ | 37 | ① | ② | ③ | ④ | 57 | ① | ② | ③ | ④ | 77 | ① | ② | ③ | ④ | 97 | ① | ② | ③ | ④ |
| 18 | ① | ② | ③ | ④ | 38 | ① | ② | ③ | ④ | 58 | ① | ② | ③ | ④ | 78 | ① | ② | ③ | ④ | 98 | ① | ② | ③ | ④ |
| 19 | ① | ② | ③ | ④ | 39 | ① | ② | ③ | ④ | 59 | ① | ② | ③ | ④ | 79 | ① | ② | ③ | ④ | 99 | ① | ② | ③ | ④ |
| 20 | ① | ② | ③ | ④ | 40 | ① | ② | ③ | ④ | 60 | ① | ② | ③ | ④ | 80 | ① | ② | ③ | ④ | 100 | ① | ② | ③ | ④ |

※ 본 답안지는 마킹 연습용입니다.

# 소방학개론[소방조직론]

| | | | | | | | | | | | | | | | | | | | | | | | | |
|---|---|---|---|---|---|---|---|---|---|---|---|---|---|---|---|---|---|---|---|---|---|---|---|---|
| 1 | ① | ② | ③ | ④ | 21 | ① | ② | ③ | ④ | 41 | ① | ② | ③ | ④ | 61 | ① | ② | ③ | ④ | 81 | ① | ② | ③ | ④ |
| 2 | ① | ② | ③ | ④ | 22 | ① | ② | ③ | ④ | 42 | ① | ② | ③ | ④ | 62 | ① | ② | ③ | ④ | 82 | ① | ② | ③ | ④ |
| 3 | ① | ② | ③ | ④ | 23 | ① | ② | ③ | ④ | 43 | ① | ② | ③ | ④ | 63 | ① | ② | ③ | ④ | 83 | ① | ② | ③ | ④ |
| 4 | ① | ② | ③ | ④ | 24 | ① | ② | ③ | ④ | 44 | ① | ② | ③ | ④ | 64 | ① | ② | ③ | ④ | 84 | ① | ② | ③ | ④ |
| 5 | ① | ② | ③ | ④ | 25 | ① | ② | ③ | ④ | 45 | ① | ② | ③ | ④ | 65 | ① | ② | ③ | ④ | 85 | ① | ② | ③ | ④ |
| 6 | ① | ② | ③ | ④ | 26 | ① | ② | ③ | ④ | 46 | ① | ② | ③ | ④ | 66 | ① | ② | ③ | ④ | 86 | ① | ② | ③ | ④ |
| 7 | ① | ② | ③ | ④ | 27 | ① | ② | ③ | ④ | 47 | ① | ② | ③ | ④ | 67 | ① | ② | ③ | ④ | 87 | ① | ② | ③ | ④ |
| 8 | ① | ② | ③ | ④ | 28 | ① | ② | ③ | ④ | 48 | ① | ② | ③ | ④ | 68 | ① | ② | ③ | ④ | 88 | ① | ② | ③ | ④ |
| 9 | ① | ② | ③ | ④ | 29 | ① | ② | ③ | ④ | 49 | ① | ② | ③ | ④ | 69 | ① | ② | ③ | ④ | 89 | ① | ② | ③ | ④ |
| 10 | ① | ② | ③ | ④ | 30 | ① | ② | ③ | ④ | 50 | ① | ② | ③ | ④ | 70 | ① | ② | ③ | ④ | 90 | ① | ② | ③ | ④ |
| 11 | ① | ② | ③ | ④ | 31 | ① | ② | ③ | ④ | 51 | ① | ② | ③ | ④ | 71 | ① | ② | ③ | ④ | 91 | ① | ② | ③ | ④ |
| 12 | ① | ② | ③ | ④ | 32 | ① | ② | ③ | ④ | 52 | ① | ② | ③ | ④ | 72 | ① | ② | ③ | ④ | 92 | ① | ② | ③ | ④ |
| 13 | ① | ② | ③ | ④ | 33 | ① | ② | ③ | ④ | 53 | ① | ② | ③ | ④ | 73 | ① | ② | ③ | ④ | 93 | ① | ② | ③ | ④ |
| 14 | ① | ② | ③ | ④ | 34 | ① | ② | ③ | ④ | 54 | ① | ② | ③ | ④ | 74 | ① | ② | ③ | ④ | 94 | ① | ② | ③ | ④ |
| 15 | ① | ② | ③ | ④ | 35 | ① | ② | ③ | ④ | 55 | ① | ② | ③ | ④ | 75 | ① | ② | ③ | ④ | 95 | ① | ② | ③ | ④ |
| 16 | ① | ② | ③ | ④ | 36 | ① | ② | ③ | ④ | 56 | ① | ② | ③ | ④ | 76 | ① | ② | ③ | ④ | 96 | ① | ② | ③ | ④ |
| 17 | ① | ② | ③ | ④ | 37 | ① | ② | ③ | ④ | 57 | ① | ② | ③ | ④ | 77 | ① | ② | ③ | ④ | 97 | ① | ② | ③ | ④ |
| 18 | ① | ② | ③ | ④ | 38 | ① | ② | ③ | ④ | 58 | ① | ② | ③ | ④ | 78 | ① | ② | ③ | ④ | 98 | ① | ② | ③ | ④ |
| 19 | ① | ② | ③ | ④ | 39 | ① | ② | ③ | ④ | 59 | ① | ② | ③ | ④ | 79 | ① | ② | ③ | ④ | 99 | ① | ② | ③ | ④ |
| 20 | ① | ② | ③ | ④ | 40 | ① | ② | ③ | ④ | 60 | ① | ② | ③ | ④ | 80 | ① | ② | ③ | ④ | 100 | ① | ② | ③ | ④ |

※ 본 답안지는 마킹 연습용입니다.

# 소방학개론[재난관리론]

| | | | | | | | | | | | | | | | | | | | | | | | | |
|---|---|---|---|---|---|---|---|---|---|---|---|---|---|---|---|---|---|---|---|---|---|---|---|---|
| 1 | ① | ② | ③ | ④ | 21 | ① | ② | ③ | ④ | 41 | ① | ② | ③ | ④ | 61 | ① | ② | ③ | ④ | 81 | ① | ② | ③ | ④ |
| 2 | ① | ② | ③ | ④ | 22 | ① | ② | ③ | ④ | 42 | ① | ② | ③ | ④ | 62 | ① | ② | ③ | ④ | 82 | ① | ② | ③ | ④ |
| 3 | ① | ② | ③ | ④ | 23 | ① | ② | ③ | ④ | 43 | ① | ② | ③ | ④ | 63 | ① | ② | ③ | ④ | 83 | ① | ② | ③ | ④ |
| 4 | ① | ② | ③ | ④ | 24 | ① | ② | ③ | ④ | 44 | ① | ② | ③ | ④ | 64 | ① | ② | ③ | ④ | 84 | ① | ② | ③ | ④ |
| 5 | ① | ② | ③ | ④ | 25 | ① | ② | ③ | ④ | 45 | ① | ② | ③ | ④ | 65 | ① | ② | ③ | ④ | 85 | ① | ② | ③ | ④ |
| 6 | ① | ② | ③ | ④ | 26 | ① | ② | ③ | ④ | 46 | ① | ② | ③ | ④ | 66 | ① | ② | ③ | ④ | 86 | ① | ② | ③ | ④ |
| 7 | ① | ② | ③ | ④ | 27 | ① | ② | ③ | ④ | 47 | ① | ② | ③ | ④ | 67 | ① | ② | ③ | ④ | 87 | ① | ② | ③ | ④ |
| 8 | ① | ② | ③ | ④ | 28 | ① | ② | ③ | ④ | 48 | ① | ② | ③ | ④ | 68 | ① | ② | ③ | ④ | 88 | ① | ② | ③ | ④ |
| 9 | ① | ② | ③ | ④ | 29 | ① | ② | ③ | ④ | 49 | ① | ② | ③ | ④ | 69 | ① | ② | ③ | ④ | 89 | ① | ② | ③ | ④ |
| 10 | ① | ② | ③ | ④ | 30 | ① | ② | ③ | ④ | 50 | ① | ② | ③ | ④ | 70 | ① | ② | ③ | ④ | 90 | ① | ② | ③ | ④ |
| 11 | ① | ② | ③ | ④ | 31 | ① | ② | ③ | ④ | 51 | ① | ② | ③ | ④ | 71 | ① | ② | ③ | ④ | 91 | ① | ② | ③ | ④ |
| 12 | ① | ② | ③ | ④ | 32 | ① | ② | ③ | ④ | 52 | ① | ② | ③ | ④ | 72 | ① | ② | ③ | ④ | 92 | ① | ② | ③ | ④ |
| 13 | ① | ② | ③ | ④ | 33 | ① | ② | ③ | ④ | 53 | ① | ② | ③ | ④ | 73 | ① | ② | ③ | ④ | 93 | ① | ② | ③ | ④ |
| 14 | ① | ② | ③ | ④ | 34 | ① | ② | ③ | ④ | 54 | ① | ② | ③ | ④ | 74 | ① | ② | ③ | ④ | 94 | ① | ② | ③ | ④ |
| 15 | ① | ② | ③ | ④ | 35 | ① | ② | ③ | ④ | 55 | ① | ② | ③ | ④ | 75 | ① | ② | ③ | ④ | 95 | ① | ② | ③ | ④ |
| 16 | ① | ② | ③ | ④ | 36 | ① | ② | ③ | ④ | 56 | ① | ② | ③ | ④ | 76 | ① | ② | ③ | ④ | 96 | ① | ② | ③ | ④ |
| 17 | ① | ② | ③ | ④ | 37 | ① | ② | ③ | ④ | 57 | ① | ② | ③ | ④ | 77 | ① | ② | ③ | ④ | 97 | ① | ② | ③ | ④ |
| 18 | ① | ② | ③ | ④ | 38 | ① | ② | ③ | ④ | 58 | ① | ② | ③ | ④ | 78 | ① | ② | ③ | ④ | 98 | ① | ② | ③ | ④ |
| 19 | ① | ② | ③ | ④ | 39 | ① | ② | ③ | ④ | 59 | ① | ② | ③ | ④ | 79 | ① | ② | ③ | ④ | 99 | ① | ② | ③ | ④ |
| 20 | ① | ② | ③ | ④ | 40 | ① | ② | ③ | ④ | 60 | ① | ② | ③ | ④ | 80 | ① | ② | ③ | ④ | 100 | ① | ② | ③ | ④ |

※ 본 답안지는 마킹 연습용입니다.

# 소방학개론[파이널 모의고사 1~5회]

| | | | | | | | | | | | | | | | | | | | | | | | | |
|---|---|---|---|---|---|---|---|---|---|---|---|---|---|---|---|---|---|---|---|---|---|---|---|---|
| 1 | ① | ② | ③ | ④ | 1 | ① | ② | ③ | ④ | 1 | ① | ② | ③ | ④ | 1 | ① | ② | ③ | ④ | 1 | ① | ② | ③ | ④ |
| 2 | ① | ② | ③ | ④ | 2 | ① | ② | ③ | ④ | 2 | ① | ② | ③ | ④ | 2 | ① | ② | ③ | ④ | 2 | ① | ② | ③ | ④ |
| 3 | ① | ② | ③ | ④ | 3 | ① | ② | ③ | ④ | 3 | ① | ② | ③ | ④ | 3 | ① | ② | ③ | ④ | 3 | ① | ② | ③ | ④ |
| 4 | ① | ② | ③ | ④ | 4 | ① | ② | ③ | ④ | 4 | ① | ② | ③ | ④ | 4 | ① | ② | ③ | ④ | 4 | ① | ② | ③ | ④ |
| 5 | ① | ② | ③ | ④ | 5 | ① | ② | ③ | ④ | 5 | ① | ② | ③ | ④ | 5 | ① | ② | ③ | ④ | 5 | ① | ② | ③ | ④ |
| 6 | ① | ② | ③ | ④ | 6 | ① | ② | ③ | ④ | 6 | ① | ② | ③ | ④ | 6 | ① | ② | ③ | ④ | 6 | ① | ② | ③ | ④ |
| 7 | ① | ② | ③ | ④ | 7 | ① | ② | ③ | ④ | 7 | ① | ② | ③ | ④ | 7 | ① | ② | ③ | ④ | 7 | ① | ② | ③ | ④ |
| 8 | ① | ② | ③ | ④ | 8 | ① | ② | ③ | ④ | 8 | ① | ② | ③ | ④ | 8 | ① | ② | ③ | ④ | 8 | ① | ② | ③ | ④ |
| 9 | ① | ② | ③ | ④ | 9 | ① | ② | ③ | ④ | 9 | ① | ② | ③ | ④ | 9 | ① | ② | ③ | ④ | 9 | ① | ② | ③ | ④ |
| 10 | ① | ② | ③ | ④ | 10 | ① | ② | ③ | ④ | 10 | ① | ② | ③ | ④ | 10 | ① | ② | ③ | ④ | 10 | ① | ② | ③ | ④ |
| 11 | ① | ② | ③ | ④ | 11 | ① | ② | ③ | ④ | 11 | ① | ② | ③ | ④ | 11 | ① | ② | ③ | ④ | 11 | ① | ② | ③ | ④ |
| 12 | ① | ② | ③ | ④ | 12 | ① | ② | ③ | ④ | 12 | ① | ② | ③ | ④ | 12 | ① | ② | ③ | ④ | 12 | ① | ② | ③ | ④ |
| 13 | ① | ② | ③ | ④ | 13 | ① | ② | ③ | ④ | 13 | ① | ② | ③ | ④ | 13 | ① | ② | ③ | ④ | 13 | ① | ② | ③ | ④ |
| 14 | ① | ② | ③ | ④ | 14 | ① | ② | ③ | ④ | 14 | ① | ② | ③ | ④ | 14 | ① | ② | ③ | ④ | 14 | ① | ② | ③ | ④ |
| 15 | ① | ② | ③ | ④ | 15 | ① | ② | ③ | ④ | 15 | ① | ② | ③ | ④ | 15 | ① | ② | ③ | ④ | 15 | ① | ② | ③ | ④ |
| 16 | ① | ② | ③ | ④ | 16 | ① | ② | ③ | ④ | 16 | ① | ② | ③ | ④ | 16 | ① | ② | ③ | ④ | 16 | ① | ② | ③ | ④ |
| 17 | ① | ② | ③ | ④ | 17 | ① | ② | ③ | ④ | 17 | ① | ② | ③ | ④ | 17 | ① | ② | ③ | ④ | 17 | ① | ② | ③ | ④ |
| 18 | ① | ② | ③ | ④ | 18 | ① | ② | ③ | ④ | 18 | ① | ② | ③ | ④ | 18 | ① | ② | ③ | ④ | 18 | ① | ② | ③ | ④ |
| 19 | ① | ② | ③ | ④ | 19 | ① | ② | ③ | ④ | 19 | ① | ② | ③ | ④ | 19 | ① | ② | ③ | ④ | 19 | ① | ② | ③ | ④ |
| 20 | ① | ② | ③ | ④ | 20 | ① | ② | ③ | ④ | 20 | ① | ② | ③ | ④ | 20 | ① | ② | ③ | ④ | 20 | ① | ② | ③ | ④ |

※ 본 답안지는 마킹 연습용입니다.

# 소방학개론[파이널 모의고사 6~10회]

| | | | | | | | | | | | | | | | | | | | | | | | | |
|---|---|---|---|---|---|---|---|---|---|---|---|---|---|---|---|---|---|---|---|---|---|---|---|---|
| 1 | ① | ② | ③ | ④ | 1 | ① | ② | ③ | ④ | 1 | ① | ② | ③ | ④ | 1 | ① | ② | ③ | ④ | 1 | ① | ② | ③ | ④ |
| 2 | ① | ② | ③ | ④ | 2 | ① | ② | ③ | ④ | 2 | ① | ② | ③ | ④ | 2 | ① | ② | ③ | ④ | 2 | ① | ② | ③ | ④ |
| 3 | ① | ② | ③ | ④ | 3 | ① | ② | ③ | ④ | 3 | ① | ② | ③ | ④ | 3 | ① | ② | ③ | ④ | 3 | ① | ② | ③ | ④ |
| 4 | ① | ② | ③ | ④ | 4 | ① | ② | ③ | ④ | 4 | ① | ② | ③ | ④ | 4 | ① | ② | ③ | ④ | 4 | ① | ② | ③ | ④ |
| 5 | ① | ② | ③ | ④ | 5 | ① | ② | ③ | ④ | 5 | ① | ② | ③ | ④ | 5 | ① | ② | ③ | ④ | 5 | ① | ② | ③ | ④ |
| 6 | ① | ② | ③ | ④ | 6 | ① | ② | ③ | ④ | 6 | ① | ② | ③ | ④ | 6 | ① | ② | ③ | ④ | 6 | ① | ② | ③ | ④ |
| 7 | ① | ② | ③ | ④ | 7 | ① | ② | ③ | ④ | 7 | ① | ② | ③ | ④ | 7 | ① | ② | ③ | ④ | 7 | ① | ② | ③ | ④ |
| 8 | ① | ② | ③ | ④ | 8 | ① | ② | ③ | ④ | 8 | ① | ② | ③ | ④ | 8 | ① | ② | ③ | ④ | 8 | ① | ② | ③ | ④ |
| 9 | ① | ② | ③ | ④ | 9 | ① | ② | ③ | ④ | 9 | ① | ② | ③ | ④ | 9 | ① | ② | ③ | ④ | 9 | ① | ② | ③ | ④ |
| 10 | ① | ② | ③ | ④ | 10 | ① | ② | ③ | ④ | 10 | ① | ② | ③ | ④ | 10 | ① | ② | ③ | ④ | 10 | ① | ② | ③ | ④ |
| 11 | ① | ② | ③ | ④ | 11 | ① | ② | ③ | ④ | 11 | ① | ② | ③ | ④ | 11 | ① | ② | ③ | ④ | 11 | ① | ② | ③ | ④ |
| 12 | ① | ② | ③ | ④ | 12 | ① | ② | ③ | ④ | 12 | ① | ② | ③ | ④ | 12 | ① | ② | ③ | ④ | 12 | ① | ② | ③ | ④ |
| 13 | ① | ② | ③ | ④ | 13 | ① | ② | ③ | ④ | 13 | ① | ② | ③ | ④ | 13 | ① | ② | ③ | ④ | 13 | ① | ② | ③ | ④ |
| 14 | ① | ② | ③ | ④ | 14 | ① | ② | ③ | ④ | 14 | ① | ② | ③ | ④ | 14 | ① | ② | ③ | ④ | 14 | ① | ② | ③ | ④ |
| 15 | ① | ② | ③ | ④ | 15 | ① | ② | ③ | ④ | 15 | ① | ② | ③ | ④ | 15 | ① | ② | ③ | ④ | 15 | ① | ② | ③ | ④ |
| 16 | ① | ② | ③ | ④ | 16 | ① | ② | ③ | ④ | 16 | ① | ② | ③ | ④ | 16 | ① | ② | ③ | ④ | 16 | ① | ② | ③ | ④ |
| 17 | ① | ② | ③ | ④ | 17 | ① | ② | ③ | ④ | 17 | ① | ② | ③ | ④ | 17 | ① | ② | ③ | ④ | 17 | ① | ② | ③ | ④ |
| 18 | ① | ② | ③ | ④ | 18 | ① | ② | ③ | ④ | 18 | ① | ② | ③ | ④ | 18 | ① | ② | ③ | ④ | 18 | ① | ② | ③ | ④ |
| 19 | ① | ② | ③ | ④ | 19 | ① | ② | ③ | ④ | 19 | ① | ② | ③ | ④ | 19 | ① | ② | ③ | ④ | 19 | ① | ② | ③ | ④ |
| 20 | ① | ② | ③ | ④ | 20 | ① | ② | ③ | ④ | 20 | ① | ② | ③ | ④ | 20 | ① | ② | ③ | ④ | 20 | ① | ② | ③ | ④ |

※ 본 답안지는 마킹 연습용입니다.